冷戰與中國外交決策

牛軍 著

崧燁文化

目錄

扉頁

作者簡介

代序：冷戰國際史研究：世界與中國

    一、冷戰國際史研究的學術特徵

    二、冷戰國際史研究的熱門焦點問題

    三、冷戰國際史研究發展的新趨勢

前言

冷戰與中國外交

    解放戰爭時期的美蘇國共關係——東亞冷戰的前奏

        一、「蔣（介石）之下的和平」：機會是否存在

        二、內戰與冷戰

        三、革命中的新格局

    論新中國外交的形成及其主要特徵

        一、「一邊倒」與新中國外交的革命性

        二、三大決策與新中國外交的內在矛盾

        三、和平共處五項原則的歷史含義

    1962：中國對外政策「左」轉的前夜

        一、50年代後期中國對外關係動盪的緣起

        二、1960年開始的對外政策調整及其原因

        三、1962年的對外政策向左轉

    「告別冷戰」：中國實現中蘇關係正常化的歷史涵義

中蘇關係
　　論中蘇同盟的起源
　　毛澤東的「危機意識」與中蘇同盟破裂的緣起（1957—1959）
　　　　一、「原子彈」——危機與裂痕之一
　　　　二、「美蘇緩和」——危機與裂痕之二
　　　　三、「大躍進」——危機與裂痕之三
　　1969年中蘇邊界衝突與中國外交戰略的調整
　　　　一、中蘇關係破裂後的中國外交戰略
　　　　二、中蘇邊界軍事衝突與中國的反應
　　　　三、中蘇邊界衝突與中國對美政策的轉變
　　1980年代中蘇關係研究
　　　　一、中蘇關係的研究框架
　　　　二、「正常化」問題的緣起及涵義
　　　　三、「三大障礙」的提出及其影響
　　　　四、解決印支問題與「正常化」

抗美援朝決策
　　韓戰中中美決策比較研究——抗美援朝決策研究之一
　　　　一、美國決定軍事干涉與中國決定抗美援朝
　　　　二、越過三八線決策
　　　　三、「停戰談判」決策
　　越過三八線——抗美援朝決策研究之二
　　　　一、中國參戰目標：「草鞋沒樣，邊打邊像」
　　　　二、「取法乎上得其中」
　　　　三、「戰爭是政治的繼續」
　　論「戰爭局部化」與停戰談判決策——抗美援朝決策研究之三
　　　　一、「戰爭局部化」與出兵前的軍事目標

二、停戰談判設想的提出

　　三、停戰談判決策的形成

地區問題

　　重建「中間地帶」：中國亞洲政策的緣起（1949—1955）

　　　　一、「中間地帶」：一種新認同的緣起

　　　　二、「一邊倒」中的亞洲政策定位

　　　　三、重返「中間地帶」

　　中國援越抗法政策再探討

　　　　一、「援越抗法」政策的緣起

　　　　二、「積極援助，但不包辦」

　　　　三、推廣「中國革命經驗」

　　　　四、分歧的由來

　　「回歸亞洲」：中蘇關係與中國印度支那政策的演變
　　（1979—1989）

　　　　一、提出問題

　　　　二、「項莊舞劍」與「一石二鳥」

　　　　三、成為中蘇正常化的「障礙」

　　　　四、成為唯一的「障礙」

　　　　五、回歸「地區」

中美關係

　　未確定的開端：內戰末期中共對美政策再探討

　　　　一、從「承認」到「擠走」

　　　　二、「不承認」與「不斷絕」

　　　　三、南京祕密交往與中斷

　　1958年炮擊金門決策的再探討

一、東南沿海作戰計劃的形成
　　　二、1958 年炮擊金門的背景與起因
　　　三、炮擊金門決策過程探析
論 60 年代末中國對美政策轉變的歷史背景
　　　一、中國安全戰略的演變
　　　二、中國外交政策演變與決策機制的重建
　　　三、中國與北越關係的變化
略論 60 年代中期的美國對華政策
　　　一、甘迺迪上台前後有關對華政策的討論
　　　二、1960 年代中期的困境
　　　三、美國對華輿論的變化及其特點
中國、印度支那戰爭與尼克森政府的東亞政策（1969—1973）

代結語

論中華人民共和國對外關係 60 年之經線
　　　一、中國革命運動的影響
　　　二、中國內政與中國對外關係
　　　三、國際環境及其與中國對外關係的互動

作者簡介

牛軍

　　北京大學國際關係學院教授，法學博士。長期從事中國對外政策和對外關係、美國對外政策等領域的研究。曾應邀在美歐日多所大學、研究機構等做訪問學者、高級研究員或兼職教授。出版中、英、日等文字專著多部。代表作《從延安走向世界：中國共產黨對外關係的起源》獲「第七屆中國圖書獎」和「華東地區優秀政治理論圖書一等獎」，該書英文版由美國Eastern Bridge出版公司2005年出版。專著《冷戰與新中國外交的緣起（1949—1955）》獲選2011年度《國家哲學社會科學成果文庫》。在中國國內外刊物上發表中、英、韓、日等文字的論文多篇，獲優秀科學研究成果和優秀教學獎多項。

代序：冷戰國際史研究：世界與中國

代序：冷戰國際史研究：世界與中國

沈志華

在20世紀的最後10年，人們驚異地發現，國際史學界有一項研究取得了突飛猛進的發展，其學術成果之多、之新，學術活動之廣泛、之頻繁，令其他研究領域望塵莫及，以至人們不得不考慮賦予這一研究以新的概念，這就是關於冷戰歷史的研究。著名的美國伍德羅・威爾遜國際學者中心（The Woodrow Wilson International Center for Scholars）於1991年成立了冷戰國際史項目（The Cold War International History Project），同時創辦了專業刊物《冷戰國際史項目公報》（CWIHP Bulletin）。此後，「冷戰國際史」這一概念便開始流行，並被國際學界廣為接受。所謂「國際史」，其含義在於，無論是學者隊伍和史料來源，還是研究對象和觀察視角，凡在冷戰史的範圍內，都不能再以某一個或幾個國家為中心，而已經構成了一種國際現象。在各國學者的共同努力下，冷戰結束後二十年來，在參與者的人數和國度、研究的角度和方法、題目的種類和範圍以及檔案資料所涉及的語種和國家等方面，冷戰國際史研究的確為歷史學發展打開了一個新局面。因此，中國《歷史研究》雜誌前主編徐思彥提出的看法——冷戰史研究已經成為「一個新的學術增長點」——毫不為過。在筆者看來，可以進一步指出，冷戰國際史研究已經成為一個新的學科增長點。

冷戰國際史研究是國際學術界在1990年代以來發展起來的前瞻性、跨學科學研究領域，當前在世界主要國家已成為發揮重要影響的學術潮流，並受到很多國家相關決策部門的重視。本文打算從學術特徵、熱門焦點問題及發展趨勢等方面談談冷戰國際史的研究狀況及其在中國的表現。

一、冷戰國際史研究的學術特徵

把冷戰國際史看作一個新的學科增長點，是因為在學者隊伍、研究方法、活動方式等方面，它確有一些引起人們注意的學術特徵。這些具有全球化時代學術代表性的特徵主要表現在以下幾個方面：

1.以眾多冷戰史研究群構成的國際學者

與其他學科不同，冷戰史研究者們沒有組建一個世界性、地區性或全國性的研究會，而是建立起一個個的研究中心或研究群。這些機構和群體的建立，或者以各自的學校為依託，或者以不斷設立的研究項目為基礎，但無論是常設機構，還是臨時組合，他們都異常活躍，並經常按照不同的課題相互結合，交換文獻資料，溝通研究訊息，召開各種研討會、書評會、講演會等。各中心（研究組）幾乎都設立了自己的英文網站，用以發布檔案文獻、研究訊息、學術論文等。網路和會議是世界各地冷戰史研究者溝通和聯繫的主要渠道。

美國威爾遜國際學者中心下設的冷戰國際史項目，是美國也是全世界最主要的冷戰史研究中心。該項目透過出版刊物和組織各種國際會議，大量收集、整理、翻譯並公布前社會主義國家的檔案文獻，還接受各國訪問學者和學生，為他們提供收集資料、開闊視野、參與討論的機會。目前，該項目的工作重心已經從莫斯科轉向北京，並已同中國外交部簽訂幾個有關公布或出版中國檔案的協議。

位於喬治‧華盛頓大學的國家安全檔案館（National Security Archive）是另一個引起世人注意的冷戰史研究中心。檔案館致力解密美國政府涉及安全問題的檔案，同時也收藏了大批俄國、東歐、拉美及其他地區的檔案，其中很多文件已經電子化，供研究人員免費訂閱下載。此外，檔案館還為世界其他國家的檔案館就資訊自由法（Freedom of Information Act）的程序問題提供諮詢，並成為這些文件的收藏中心。自2001年以來，該檔案館定期在俄國舉辦冷戰史研究暑期培訓班，每年設立不同的專題。

倫敦政治經濟學院冷戰研究項目是英國最主要的冷戰史研究中心。該中心重點進行冷戰在歐洲和第三世界的研究，出版的學術刊物（Cold War History）注重刊登各國學者關於冷戰史研究新解釋和新研究的論文，還編輯冷戰研究系列叢書。中心創造跨學科的研究條件，研究人員有機會與國際組織、政府機構以及其他世界範圍的機構就教學和研究問題合作。北京大學國際關係學院與該中心建立了研究生交流項目。

以位於蘇黎世的瑞士聯邦理工學院安全研究中心為依託的合作安全平行歷史項目（The Parallel History Project on Cooperative Security）是歐洲最著名的冷戰史研究中心，主要從軍事史的角度研究冷戰，其聯繫和活動範圍甚廣。義大利的佛羅倫斯大學冷戰研究中心則重點研究歐洲的冷戰及義大利對外關係。

在美國還有許多以大學為依託設立的冷戰史研究中心，這些中心都開設大學生和研究生冷戰史課程，並舉辦公共講座和研討會、接受訪問學者等。俄國歷史學家一開始就十分關注冷戰史研究，1995年在俄羅斯科學院世界通史研究所的基礎上專門成立了冷戰史研究中心，莫斯科國立國際關係學院以及俄羅斯科學院的世界經濟和國際關係研究所、歐洲研究所、斯拉夫研究所，還有一些大學，都有學者參與其中。中東歐各國幾乎都建立了冷戰史研究機構，其中經常在國際學界露面的是匈牙利冷戰史研究中心和保加利亞冷戰研究組，它們分別設在匈牙利科學院，1956年匈牙利革命歷史研究所和保加利亞軍事史協會之下，研究內容集中在冷戰時期有關社會主義陣營內部關係的問題上。在亞洲，日本的冷戰研究群主要是以申請研究項目為基礎建立的，比較活躍的有早稻田大學現代中國研究中心和北海道大學斯拉夫研究中心。這兩個中心透過在日本文部省申請研究項目的方式，重點從事東亞冷戰史研究。韓國目前沒有專門的冷戰史研究機構，參與冷戰史研究的主要是韓戰研究會和國防部軍史編纂研究所，他們經常以韓戰研究為題，與各國學者進行討論。慶南大學極東研究所、北韓大學院大學也有一批較為固定的學者參與國際學界有關朝鮮半島統一和危機等問題的研討。新加坡國立大學近年也成立了冷戰研究中心，側重於冷戰在東南亞的歷史研究。香港大學歷史系的美國研究中心經常與各國冷戰中心合作舉辦國際會議，是亞洲冷戰研究的主力之一。在臺灣，中研院近代史研究所組建了一個專門研究冷戰時期海峽兩岸

關係的研究群，召開會議，並出版了論文集。國立政治大學歷史系也在碩士生和博士生中成立了冷戰史研究小組，經常舉辦讀書會。此外，印度學者最近也開始加入了冷戰史的研究隊伍。

中國的冷戰史研究在國際學界占有非常重要的地位，這不僅是因為中國本身在冷戰格局演變中所造成的特殊作用——毛澤東的外交戰略決策兩次改變了世界政治格局，而且在於中國學界的不懈努力。早在1980年代後期，中國學者就參與了國際舞台上有關中美關係史的討論。90年代以來，隨著中國檔案文獻的不斷披露，各級檔案館的陸續開放，中國學者的研究愈來愈受到國際學界的重視。其中，重要的突破就在1996年1月美國CWIHP在香港召開「冷戰在亞洲」大型國際學術會議。中國學者不僅提交了多篇引人注目的論文，而且就國際學界當時爭論的一個重要問題，即1950年10月2日毛澤東關於出兵朝鮮的電報的真偽問題，回答了俄國學者的質疑，得到與會者的普遍贊同和好評。以後不久，凡是涉及亞洲和第三世界的冷戰史國際會議，都會有許多中國學者受到邀請。中國學者的研究成果開始被大量譯成英文在國外發表，他們的看法也越來越受到重視。2004年美國國家情報委員會在評估中央情報局（1948-1976年）對華情報工作時，專門聘請了4位中國冷戰史學者出席會議，與中情局官員展開了頗具特色的對話。

客觀地講，中國的冷戰史研究隊伍一開始是學者自身在民間自發組織起來的。筆者那時剛剛從商界返回學術界，感到有兩個新事物值得重視：一是俄國檔案大規模的解密，為歷史研究提供了無限機會；一是冷戰史的研究，開闢了一種新的領域、思路和方式。於是，筆者和一些志同道合者，一方面積極組織收集、整理俄國檔案，一方面開始有意識地集合對冷戰史研究感興趣的學者。我們差不多每年自費組成一次國內學者的討論會，不分地區，不論單位，不要會務費，只要論文水準高，使用了新的檔案文獻，誰都可以參加。每次會議還有一些國外學者參加。幾年下來，這支研究隊伍便自然形成了。當時的客觀條件是，第一，國家對學術研究的投入較少，能夠用於基礎學科學研究究的資金更是短缺；第二，從傳統的觀點看，冷戰史是否可以作為一門學問還受到質疑，甚至「冷戰」一詞的出現都令人敏感。所以，沒有民間自發的渠道，中國的冷戰史研究很難起步。

進入21世紀後，隨著改革開放的深入，情況大大改觀。華東師範大學在陳兼教授的倡議下，在國內首先成立了冷戰國際史研究中心。幾年後，學校領導投入大量資金，中心不斷引進人才，連續開發項目，招收研究生，開設專業課，還辦起了專業雜誌和網站，從國外購買了大量檔案文獻，並加強了國內學者之間以及同國外學者的交流。這時，「游擊隊」變成了「正規軍」。2009年夏，各校冷戰史研究者在張家界會議上提出：共建中國的冷戰國際史研究論壇，共同加強雜誌和網站的建設。相信這支隊伍將繼續活躍在冷戰史國際學界的前沿。

2.檔案開放、收集的國際化與多國檔案的綜合利用

冷戰國際史研究的基本要求就是必須以第一手的檔案文獻構成學術論著的敘述主體，不僅如此，這項研究還強調綜合利用雙邊檔案或多國檔案從事學術考察。以往的冷戰史研究，依靠的主要是美國檔案，故形成「美國中心論」——冷戰史實際上是美國外交史——在所難免。目前，各國檔案的開放、收集、整理、翻譯及綜合利用，已經成為冷戰史研究領域首先關注的事情。正是這種檔案收集和利用的國際化趨勢，從根本上突破了「美國中心論」，使冷戰史研究成為真正意義上的冷戰國際史研究。

要説檔案開放最規範、檔案收集最便利、檔案利用最有效的，還是美國。目前，位於馬里蘭州的美國國家第二檔案館已經相繼解密了冷戰時期從杜魯門到福特各位總統的檔案。維吉尼亞大學米勒中心的總統錄音項目則收集了從羅斯福到尼克森六位總統大約5000小時的會議錄音和電話錄音，其中很多已用文字公布，可以從網站下載。國會圖書館、哈佛大學、普林斯頓大學、耶魯大學、喬治城大學、史丹福大學胡佛研究所還收藏有美國政府前官員的個人檔案和訪談記錄。特別是喬治城大學設有一個外交口述史項目，收藏有美國許多外交官的訪談錄和口述史的錄音和文字記錄。此外，聯合國、世界銀行、國際貨幣基金組織以及國際發展署的檔案館也有很多有價值的檔案材料。值得關注的是，美國國會訊息服務公司和美國大學出版公司將大批檔案製成縮微膠卷，其中包括國務院、中情局和國家安全委員會的檔案，由萊斯公司（LexisNexis）負責全球統一銷售。此外，上述各冷戰研究機構的網站，以及一些專業網站——如聖塔·克勞拉大學

的冷戰電子訊息資源網，也大都發布各種檔案文獻。特別是國家安全檔案館為督促政府解密檔案所做出的努力，深得各國學者的好評，有關中美緩和的季辛吉文件、尼克森文件，就是在他們的催促下得以及時解密的。頗受中國學者關注的蔣介石日記，也收藏在美國（胡佛研究所檔案館）。至於學者最常使用的《美國外交文件》（FRUS）系列文獻以及最近解密的中央情報局解密文件，目前已經陸續上網，研究者可以自由下載。

英國有關冷戰歷史的檔案到1970年代中期開始解密，外交部編輯出版了《英國海外政策文件集》（DBPO：Documents on British Policy Overseas），現已出版第一系列8卷（1945—1950）；第二系列4卷（1950—1960）；第三系列5卷（1960—）。在義大利，備受關注的是保存在葛蘭西學院的義大利共產黨的檔案。

俄國在冷戰結束初期曾大規模地解密和開放以往鮮為人知的歷史檔案，這已經成為歷史學界和檔案學界的一件具有歷史意義和轟動效應的大事，並令各國學者歡欣鼓舞、興奮不已。不過，到90年代中期以後，許多已經開放的檔案對於外國學者再度封存，不僅國防部和克格勃檔案館門禁森嚴，就是以前開放的外交部和蘇共中央檔案館，也令國外研究者望而卻步。當然，政府的控制已經無法改變俄國檔案開放並得到廣泛利用的大趨勢，目前涉及冷戰時期俄國檔案的收集和使用主要依靠三個來源。

第一，俄國學者利用近水樓臺和內外有別的便利條件，在各種刊物上陸續披露了一些解密文件。這些文件數量有限，未成系統，且常帶有披露者的主觀色彩，未必能夠全面和客觀地反映歷史的本來面目。不過，這種缺陷並不否定這些檔案文獻本身的重要性和真實性，況且其中有許多文件迄今為止尚屬唯一的版本。

第二，在俄國檔案館採取收縮政策以後，俄國學者及研究機構陸續編輯和出版了大量專題性檔案集，其中引起冷戰史研究者注意的內容有：1945—1954年蘇聯的核計劃，共產黨情報局歷次會議記錄，蘇共二十大與非史達林化，導致赫魯雪夫下台的「宮廷政變」，至1960年前克格勃的工作，蘇共中央意識形態委

員會的活動,中央與地方黨組織的關係,書刊和新聞檢查制度,1956年匈牙利危機,中近東的衝突,還有蘇聯與美國、德國、奧地利、芬蘭、以色列及東歐、非洲的關係等等。作為蘇共高層決策的檔案,出版了1945—1953年聯共(布)中央政治局和蘇聯部長會議的部分歷史文件,1954—1964年蘇共中央主席團的部分會議記錄和決議。至於中蘇關係,已經出版的三部文件集則公布了1945—1950年中蘇關係檔案共815件之多,此外還有作為附錄的幾十個文件。這些文件集對於冷戰史專題研究十分重要,需要注意的是編者的選擇未必全面,有些關鍵性檔案還要研究者透過其他渠道獲取。

第三,俄國檔案館開放初期,許多國外學者或研究機構紛紛趕赴莫斯科收集檔案,尤其是美國的一些機構捷足先登,花重金複製了大量俄國檔案,其中專門收集冷戰時期檔案文獻的主要有威爾遜國際學者中心冷戰國際史項目、國家安全檔案館。此外,國會圖書館、哈佛大學圖書館、耶魯大學圖書館和胡佛研究所檔案館也收藏了大量俄國檔案。以這種方式收集的檔案文獻雖然顯得分散零亂,查找起來也頗費工夫,但其最大的好處是研究者自己有選擇權,而不會受制於人。

在俄國檔案館收縮的同時,東歐前社會主義國家的檔案館開始陸續對外開放。筆者最近去東歐和中歐七國訪問,參觀了二十多個檔案館。那裡的國家檔案館和外交部檔案館在幾年前已全面開放,特別是前共產黨的檔案,沒有解密期限制。這種狀況,對於研究者瞭解冷戰時期鐵幕另一邊的情況,尤其是涉及華沙條約組織、經濟互助委員會,以及東歐各國與蘇聯關係的內容,在很大程度上彌補了俄國和中國檔案管理政策緊縮的不足。目前在冷戰國際史研究較多利用的有捷克、匈牙利、波蘭、保加利亞和羅馬尼亞的檔案,以及德國檔案館收藏的東德檔案。一些國家的冷戰史研究機構也收藏和整理了大量專題檔案,如匈牙利中歐大學社會檔案館收藏的自由歐洲電臺檔案,匈牙利冷戰研究中心所從事的項目:1945—1991年蘇聯集團活動年表、1988—1991年共產主義瓦解與冷戰結束、匈牙利與東西方關係等。還有很多研究機構與冷戰國際史項目或平行歷史項目(PHP)合作,在這兩個中心的網站或雜誌上經過公布他們整理的各國檔案,其內容涉及共產黨情報局、華沙條約組織、蘇南關係、阿南關係、中朝關係,以及羅馬尼亞與華約關係、羅馬尼亞與中美關係正常化、南斯拉夫與冷戰、南斯拉夫

與匈牙利事件的專題。在很大程度上可以認為，東歐各國檔案的開放將推動冷戰國際史研究邁上一個新臺階，其意義不亞於90年代俄國檔案的解密。這一點，非常值得引起注意。華東師大冷戰國際史研究中心正在策劃收集、整理和翻譯東歐檔案的項目。

在亞洲，經過若干年的整頓，目前臺灣的檔案開放最為規範，使用也十分便利。應廣大學者要求，內容豐富的「國民政府外交部」檔案几年前已從臺北郊區的北投外交部檔案館移至中研院近代史研究所檔案館，目前已經基本完成數位化整理，至1975年以前的所有檔案均製成可供下載的PDF格式，使用者也可以上網查詢目錄。此外，「國史館」所藏「蔣中正總統文物」、「國民政府」目錄中也有大量涉及冷戰歷史的檔案，為了方便使用者，「國史館」今年已在臺北市內開設閱覽室。香港大學的主圖書館則是亞洲地區收藏美國、英國檔案（縮微膠卷和縮微膠片）最多的地方。

根據《國家公文書公開法》，自1976年以來，日本政府分21批陸續解密了外務省所藏戰後的檔案。目前檔案的解密時間已到1972年，從解密的卷宗主題看，首先是有關美國對日占領政策和日美關係的文件，其次如日本對東南亞各國政策、對中國海峽兩岸政策、對朝鮮半島政策，以及日本與阿拉伯世界各國、拉丁美洲各國和歐洲各國關係的檔案，都已基本解密。此外，日本學者還注重整理和出版美國政府最新解密的對日政策檔案。

韓國的國家檔案館也是對外開放的，但很少看到韓國學者直接引用韓國檔案，據說是因為卷宗管理混亂，不易查找，外交通商部也沒有專門的檔案館。不過，韓國學者也做出了很大努力。有關韓戰及此前的檔案，韓國本身的文件大部毀於戰火，但學者們注意收集和編輯了主要參戰國的檔案。如美國文件：原主文化社1993年編輯、出版的《1945—1948年駐韓美軍軍政廳官報》、翰林大學亞洲文化研究所1995年編輯、出版的《美軍政期情報資料集（1945—1949年）》等。中國文件：將戰爭中繳獲的中國人民志願軍基層部隊的文件、命令、戰士家書等編輯、影印成冊，成為一套很有價值的文獻集。俄國檔案：把在朝鮮的蘇聯軍事顧問團的900餘件檔案影印出版，其中主要是顧問團關於朝鮮領導人的背

景、朝鮮政治經濟狀況、朝鮮人民軍的情況以及戰爭各階段進程給莫斯科的報告。此外，國防部軍史編纂研究所還在整理有關戰俘問題的歷史文獻。

以威爾遜中心的冷戰國際史項目為主要牽頭人，透過到當事國舉辦或邀請當事國學者參與國際學術會議，各國學者正在一致努力，敦促越南、蒙古、古巴、印度和朝鮮政府打開他們那裡檔案館的大門。特別是2009年5月在新加坡召集的亞太地區各國檔案館負責人的會議，新加坡、馬來西亞、柬埔寨、菲律賓、印尼和澳洲等國家檔案館均表示了積極態度。顯而易見，這些國家檔案的解密，對於推動冷戰國際史研究向縱深發展具有十分重大的意義。

中國在改革開放之際也公布了檔案法，解密年限為30年。但是迄今為止，檔案制度及其管理方式幾乎還停留在原地，沒有出現本質性的改變。且不說西方發達國家，就是與近年來的俄國相比，中國大陸的檔案管理、開放和利用，也存在著一些令人遺憾的缺陷。

其一，開放程度極其有限，特別是中央一級和各國務院主管部門的檔案，根本就沒有對社會開放。據說在1998年檔案法修訂和公布以後，有關機構還下達了「十不准看」的內部規定，照此排列下來，可以對公眾開放的有研究價值的檔案就所剩無幾了。甚至南京的第二檔案館，儘管都是民國時期的文件，一般學者也很難看到。省級檔案雖然好一些，但也有類似現象，而且很具中國特色——人際關係超於法律規定。中共中央、國務院及所屬各主管部委都是決策機構，那裡的檔案不開放，對冷戰時期中國的決策過程當然是無從瞭解的。不過，也有例外，外交部的檔案已於2004年對社會公開，到目前為止已經分三批解密了1949—1965年的檔案。不僅一般中國公民，甚至國外學者亦可前往查閱。

其二，中國的高層檔案文獻主要是經專門機關挑選和編輯後出版的，其優缺點如上所述，是十分明顯的。此外，在中國，只有極少數機構的研究者得以利用職務和工作之便，直接使用中央一級的檔案文獻進行研究，一般學者只能從他們的研究著作中間接引用一些重要史料。且不說這種狀況對廣大學者來講是十分不公平的，而且也是很危險的，因為一旦直接引用者由於疏忽或受其觀點和水準的限制，片面以至錯誤地使用了檔案文獻，就會以訛傳訛，影響其他學者的研究思

路。

其三，中國沒有專門的檔案解密機構，也沒有規範的和科學的解密程序，某一文件是否可以開放和利用，往往是主管人說了算，於是便出現了種種奇怪的現象：同樣一件檔案，在這個檔案館可以看，在另一個檔案館就不能看；甚至在同一個檔案館，這個館長批准查閱，另一個館長卻予以拒絕。更為可憐的是，中國許多檔案是否可以利用——這在一定程度上影響了研究的進度和深度——竟取決於一個檔案保管者的知識和政策水準。

中國限制檔案開放的做法，最終受害的是中國自己。同一個事件，你不解密，人家解密，結果是研究者只能利用國外檔案進行研究，不僅話語權旁落，也往往難以全面掌握歷史真相。問題的關鍵，一方面在於中國有關檔案管理和利用的法律制度不健全、不嚴謹，一方面在於檔案管理者的觀念需要根本轉變：檔案文獻屬於國家還是屬於社會？查閱和使用歷史檔案是不是一個公民的基本權力？檔案管理者對檔案文獻的責任，是重在保管收藏，還是重在為社會提供和利用？雖然這兩方面的改進，在中國均非普通學者力所能及，但是作為檔案的使用者，中國的冷戰歷史研究者也不能只是被動地、消極地等待。在期待中國檔案文獻進一步開放，期待中國檔案制度提高其公正性、公平性和法律化水準的同時，學者也必須而且應該努力有所作為。充分利用地方檔案進行個案研究，就是一個突破口。面對21世紀學術研究發展的國際化和公開性前景，中國學者只有在收集和利用檔案文獻方面開拓出一個新局面，才能進一步推動中國的冷戰國際史研究。在目前的條件下，應該說，研究者在這方面的工作還是可以有所作為的，而且也是有很大的拓展空間的。華東師範大學、北京大學、首都師範大學、東北師範大學、上海交通大學、南開大學等學校都已經收集了相當數量的檔案文獻，如果這些單位聯合起來，對於中國學者利用檔案將是一件很有意義的事情。

各國檔案的解密和利用推動著冷戰史研究的深入，反過來，冷戰史研究的發展也推動著各國檔案的解密，這是一個相輔相成的運動。綜合利用各國檔案文獻研究一個專題，的確是冷戰國際史研究的一個特點。自不待言，研究雙邊關係要利用雙邊檔案，而各國檔案的解密則為學者提供了更為廣闊的視野和資料來源。

如研究中蘇關係時人們發現，由於蘇聯與東歐各國的特殊關係，在後者的檔案館裡收藏著許多涉及中蘇分裂時期蘇共與東歐各黨的往來函電，而這些材料無疑是判斷蘇聯立場和態度轉變的重要依據。同樣，俄國外交部檔案館中保存的蘇聯駐朝使館的大量電報和報告，也是研究中朝關係不可或缺的史料。至於研究冷戰時期發生的一系列重大事件和危機，就更離不開對多邊檔案的利用了。以韓戰為例，在目前冷戰歷史的所有重大事件中，關於這個專題所發表和披露的各國檔案數量最多，範圍最廣。唯其如此，韓戰研究才在前幾年形成了高潮，成為冷戰史研究中最深入的一個課題。其他像研究馬歇爾計劃、柏林危機、印度支那戰爭、匈牙利事件、臺海危機、柏林圍牆危機、古巴飛彈危機、核子武器問題等等，亦無不如此。總之，對於讀冷戰國際史碩士和博士學位的研究生來說，沒有檔案文獻的題目是不會去做的，做了也不會通透。

3.研究者學術關懷的重點集中在重建歷史事實

冷戰國際史之所以被稱為「新冷戰史」或「冷戰史新研究」，並不是因為研究者持有相同的、統一的觀點，更不是因為他們形成了一個學術流派，恰恰相反，學者之間在很多觀念、概念、定義以及對史料的解讀方面，往往存在不同的釋義和看法。就學術關懷而言，研究者的共同努力首先和重點在於重新描述歷史過程，重新構建歷史事實。

在過去的冷戰史研究中存在不同學派（如傳統派、修正派、後修正派等），其區別主要是觀點不同，而對基本史實的認定則沒有根本的分歧。冷戰結束後的情況就完全不同了，即在基本史實的認定方面出現了顛覆性的變化。由於意識形態的對立和檔案文獻的缺失，過去冷戰雙方的研究者無法看到或不想看到鐵幕另一邊究竟發生了什麼，學者眼中的歷史往往是片面的、虛假的、錯誤的，甚至是被歪曲的。現在，雙邊的檔案文獻可以看到了，在學術研究中的意識形態對立也淡漠了，人們才發現，原來冷戰的歷史過程並不是以往理解的那樣。例如，過去研究者以為史達林、毛澤東和金日成1950年1-2月曾在莫斯科祕密會面，從而產生了關於韓戰起源的「共謀論」解釋。現在我們知道了，金日成4月10日到達莫斯科，而毛澤東在2月17日已經離開了那裡。沒有這種對史實的重新認定，研

者就無法瞭解韓戰爆發的複雜過程和真正原因。還有，過去人們都認為，在波蘭十月事件初期，是毛澤東的反對立場迫使赫魯雪夫做出了從華沙周圍撤兵的決定。現在我們知道了，在10月19日和20日蘇共中央決定放棄在波蘭的軍事行動時，毛澤東還不知道在華沙究竟發生了什麼。儘管新的史實認定並不否定中國後來在促成蘇波關係緩和方面所起的作用，但如果看不到這一點，卻很可能導致對中、蘇、波三角關係的簡單化理解。類似的案例在新冷戰史研究中比比皆是，整個冷戰歷史的過程正在重建，而在一個相當長的時間裡，各國學者首要的和主要的任務就是恢復歷史的本來面目。

當然，在史實認定的過程中，也會出現對同一事實的不同解釋，也不排除會發生分歧，甚至激烈的爭論，但其總體目標是澄清史實，研究者首先要做的也是對歷史過程做出正確的和準確的判斷，只有在這一基礎上，才有可能進行觀點方面的辯論，並逐漸形成不同的學派。由於新的檔案文獻大量地、成系統地湧現，冷戰史研究不得不著力於重構歷史，但也正是由於這些檔案正在不斷地、陸續地被披露或挖掘出來，根據言必有據、有一分史料說一分話的學術準則，在一段時間內，歷史學家不可能講述一個完整的故事。因此，只有經過歷史研究者細緻地對他們所得到的檔案文獻進行考證和分析，並耐心等待和努力發掘尚未被發現的檔案資料，人們才會把斷裂的歷史鏈條連接起來，才有可能獲得一幅越來越接近於真實的歷史畫面。同時，也只有在這個基礎上，研究者才有可能逐步實現理論的昇華。

4.在檔案交流和專題研究中盛行的國際合作

冷戰國際史研究國際化的另一個突出特點就是在檔案交流和專題研究方面所進行的廣泛的國際合作。冷戰史研究走向國際化的趨勢，是冷戰結束以來各國檔案大規模開放的現實促成的，也是其研究領域本身內涵決定的。

冷戰史學者的國際合作首先表現在檔案文獻的收集、利用和交流方面。凡是參加冷戰國際史的學術會議，各國學者關心的第一件事情就是誰帶來了什麼新的檔案，會議組織者也經常要求各國學者帶來相關的檔案或訊息。休會和茶歇時，會場內外見到的都是學者們在交流檔案資料。這種景像在冷戰史的一系列國際會

議上均可見到。有些會議的主旨就在於介紹和推薦最新解密的檔案，如2006年2月在華盛頓召開的國際會議「1954年日內瓦會議與亞洲冷戰」，其主要目的之一就是讓剛剛解密的中國外交部檔案在國際學界亮相。還有的會議則是專門為了促進某一國家的檔案開放，如2000年1月在河內、2003年在烏蘭巴托舉辦的專題討論會，以及2009年6月在威爾遜中心召開的國際會議「印度與冷戰」，都體現了這樣的功能。中國學者積極參與了上述活動，並廣泛邀請國外學者參加在中國舉辦的學術討論。一般說來，冷戰史的學術討論會只要稍具規模，就一定是國際會議。

　　冷戰國際史可以納入國際關係史的範疇，但它又不僅僅是研究國際間雙邊或多邊關係，而是在這一研究的基礎上，向外擴展，探討某一地區乃至全球的政治、外交、軍事格局的形成和走向；向內延伸，分析在已經形成的世界格局中各國國內政策的變化和發展，以及由此而產生的對國際關係的影響。例如中蘇同盟破裂引起的社會主義陣營大改組及中國國內政策的變化，中美關係緩和造成的國際政治格局變動及其對多重雙邊關係的影響，還有馬歇爾計劃、韓戰、越南戰爭、波匈事件等等，無不如此。因此，在冷戰史研究領域的重大專題研討會，幾乎都無法單獨由一個國家召開，這是導致冷戰史雙邊會議和國際會議頻頻召開、冷戰史學者在國際舞台異常活躍的主要原因。此外，冷戰史研究中檔案利用的多國性和綜合性，也要求相關專題的各國學者必須坐在一起討論問題。從形式上看，這種國際合作除了經常或定期召開雙邊會議和國際會議外，還有檔案利用培訓班、雙邊博士論壇、跨國口述訪談等，如威爾遜中心與喬治‧華盛頓大學每年夏季組織的檔案培訓班，華東師大和喬治‧華盛頓大學連續舉辦的兩次冷戰史中美博士論壇，都極受各國學生歡迎。在某些專題研究方面，甚至出現了不同國家學者共同參與的國際項目，如威爾遜中心組織的北朝鮮際文獻開發項目（North Korea International Documentation Project）。華東師大最近設計的關於社會主義同盟理論及社會主義發展道路比較研究的項目，都邀請了多國學者參與，組織了國際團隊。此外，華東師大冷戰國際史研究中心正在與威爾遜中心商談，準備明年在華盛頓設立駐美國的常設聯絡機構。

　　如果用一句話來概括冷戰國際史研究的學術特徵，那就是從史料收集、研究

方法到成果形式等各方面都體現出來的國際化現象。

二、冷戰國際史研究的熱門焦點問題

　　冷戰國際史的研究成果，因其對當代人記憶中的歷史所進行的顛覆性描述和闡釋而備受世人關注，甚至學術著作也能成為暢銷書。不僅如此，隨著檔案文獻的解密，研究中的熱門焦點問題也是層出不窮，簡直令人目不暇接。這裡重點介紹一些中國學者比較關注和參與較多的學術成果。

　　1.關於冷戰起源和結束的討論持續不斷

　　冷戰結束的最初幾年，美國學術專著、報刊雜誌甚至國家領導人經常討論的話題就是冷戰的起源，人們似乎又回到了傳統派的觀點，認為蘇聯應對冷戰的出現承擔責任。至於冷戰的結束，則是美國和西方所取得的勝利。最具代表性，也最有影響的，當屬美國最著名的冷戰史專家蓋迪斯在1997年出版的專著《我們現在知道了：重新思考冷戰歷史》。作者是以勝利者的心態和姿態重新審視冷戰歷史的，認為冷戰的形成都是共產主義的錯誤，而冷戰的結束則是西方領導人——特別是像雷根、柴契爾夫人這樣強硬派和保守派領導人正確決策的結果。蓋迪斯的著作受到美國主流媒體的高度評價，在中國也頗有影響。不過，冷戰史研究學者中還是有不同的看法。不少學者對他提出批評，如把冷戰的責任完全推給史達林有失偏頗；把冷戰的結束看成是正義戰勝邪惡則忽視了美國外交政策中不道德和違背法律的現象；認為70年代美蘇緩和只是維持戰後的均勢就低估了西歐國家的重要性；對中國和第三世界如何影響冷戰的進程缺乏關注和認識等。特別是進入21世紀後，「911」事件的發生使西方的價值觀再次受到威脅，因冷戰結束而產生的西方優越感頓時消失，「歷史終結論」也很快被人遺忘，人們需要再次重新審視冷戰。在這方面的代表性著作是2007年出版的維吉尼亞大學教授萊夫勒的專著《為了人類的靈魂：美國、蘇聯與冷戰》。作者強調：導致冷戰爆發和延續的主要因素在於美蘇的國內體制及國際機制，對美國政策提出了更多的批評；至於冷戰的結束，則是蘇聯和戈巴契夫個人起了主要作用。中國學者對於冷戰的起源也提出了自己的看法，有的從戰後國際秩序建立的角度提出了新看

法，有的認為蘇聯是被動地捲入冷戰的，史達林的冷戰戰略是「內線進攻，外線防禦」。

2.關於蘇聯與冷戰關係的研究引人注意

俄國檔案館開放的直接後果之一，就是對蘇聯與冷戰關係的研究在國際學界掀起了引人注意的熱潮。在英語世界比較有影響的著作有：馬斯特尼的《冷戰與蘇聯的不安全感》，他的觀點與蓋迪斯比較接近，認為史達林由於從不相信別人而總有一種不安全感，他不斷尋求建立新的緩衝地帶，以控制蘇聯的周邊地區。旅美俄裔學者祖博克和普列沙科夫合著的《克里姆林宮的冷戰：從史達林到赫魯雪夫》，充分利用了大量公布的俄國檔案，重點在於描述戰後蘇聯領導人的思想傾向，強調領袖個性、馬列主義意識形態、俄羅斯歷史文化以及地緣政治在冷戰初期的重要性。祖博克的新著《失敗的帝國：從史達林到戈巴契夫的蘇聯冷戰》，則全面地考察了整個冷戰時期蘇聯對外政策的變化及社會走向。在這方面，俄國學者自然做出了極大努力，他們對蘇聯參與冷戰的研究涉及更為廣闊的領域。冷戰結束初期，俄國學者依靠集體的力量，側重於利用新檔案比較全面地描述冷戰時期蘇聯的對外政策。研究很快就擴展開了，有的討論冷戰起源，有的研究緩和年代，有的專門考察蘇聯的軍事工業綜合體，還有的集中探尋蘇聯的核計劃和核政策。俄國學者研究最深、成果最多的主要體現在戰後蘇聯與東歐國家關係的領域。中國學者在這方面研究成果不是很多，主要原因是俄語人才短缺。現有比較重要的成果主要是張盛發的一部專著和筆者的幾篇論文。最近幾年年輕學者開始進入這一領域，從已經完成的博士論文即可看出，其中涉及蘇捷關係、蘇以關係、特殊移民、猶委會案件、阿富汗戰爭等等。

3.對於中美關係的考察經久不衰

中美關係是冷戰國際史最早吸引研究者的領域之一，並且隨著時間推移，到期解密的檔案逐漸增多，人們的關注點和研究範圍不斷擴大。冷戰結束後不久，在中美關係研究中，學者們最初比較感興趣的還是新中國建立之初中美關係是否有可能實現正常化的問題，即以往美國冷戰史各學派有關「失去的機會」的爭論。研究者根據新的史料再次進行了討論，比較一致的看法是實際上不存在所謂

的「失去機會」。他們強調中共與莫斯科之間已經建立的良好關係使毛澤東在1949年不願意去發展同美國的關係，有限的外交及貿易聯繫不足以構成中美和解的契機。隨後，人們較多研究的是1950年代的中美衝突問題。學者們對中美衝突的起源、韓戰期間的中美關係、臺海危機等都有較為深入的研究，出版了很多有份量的專著。在詹森和尼克森政府檔案解密後，學者們討論的焦點開始轉向中美和解的進程。吳翠玲的專著討論從1961年到1974年美國關於中美和解政策的實施過程，認為美國官場在60年代就開始提出並討論與中國緩和關係的想法。朗巴斯的新著則考察詹森政府為改善對華關係所採取的一些新舉措，並指出尼克森和季辛吉打開中美關係的思想是建立在詹森政府對華新嘗試的基礎上的。伯爾、詹姆斯曼、唐奈心、夏亞峰以及麥米倫等學者的著作，利用最新解密的美國檔案，對70年代初中美關係緩和進程從不同角度做了深入的研究和探討。中國學者最早參與國際討論的課題就在這一領域，領銜者是資中筠、陶文釗等，跟進的有章百家、時殷弘、牛軍等，復旦大學美國研究中心也有一批優秀成果問世。那時中國中美關係研究完全可以同美國學者媲美。隨著時間的推移，關於中美緩和時期的美國檔案繼續開放，而中國檔案很少見到，所以中國的研究人數雖然很多，但基本上是跟在美國學者的後邊走。即使有一些比較重要的成果發表，其作者也是在美國接受學術訓練的。無疑，中美關係研究的進一步發展，有待於中國檔案文獻的開放。

4.對於中蘇關係的研究邁上新臺階

由於以往難以見到的中國和俄國檔案的大量披露，冷戰國際史學者對中蘇關係的研究取得了比較大的突破。在西方出版的論著中，德國學者海因里希對中蘇同盟建立的過程進行了詳盡討論，旅美華人學者張曙光、在加拿大教書的瑞士籍學者呂德良和在中國工作的俄國學者拉琴科從不同的角度和時段，集中研究了中蘇同盟破裂的過程；美國學者陳兼講述毛澤東的對外政策，魏麗莎分析布里茲涅夫的對華政策，但主要落腳點都是中蘇關係。　此外，筆者還看到一部英文的博士論文，作者利用了大量俄國檔案及中國人民大學的校史材料，討論蘇聯如何幫助中國建立、發展教育事業，其內容和觀點都十分吸引人。在俄國，綜合性專著的作者大致上都是負責對華事務的職業外交官或黨內幹部，他們的論述還帶有較

多的意識形態色彩，在很大程度上都是為蘇聯特別是史達林的政策進行辯護。不過，其史料價值還是不容忽視的。在專題性著作中，比較集中討論的是關於中蘇邊界問題。涉及的其他領域還有新疆問題、在華蘇聯專家問題及中蘇科學技術合作等。這些專題性研究著作的學術性較強，很有參考價值。中國學者在這方面的成就目前已經走到世界前列，其中特別是楊奎松、李丹慧、牛軍和筆者本人的研究，引起國際學界的重視，很多論文和專著已經或正在譯成英文。中國學者的突出特點有兩個方面，一是大量使用中國和俄國的雙邊檔案，這就比西方學者占了先機；二是中國學者看問題的角度和對史料的解讀要勝過西方學者，畢竟中國人對蘇聯的理解更為深刻。例如關於中蘇同盟破裂的過程及其原因的討論，中國學者的看法對現在通行的國家關係理論的某些觀點提出了挑戰。

5.韓戰仍然是研究者最感興趣的課題

韓戰不僅在東亞各國膾炙人口，在美國也是經久不衰的研究課題。各有關國家的檔案大量解密，為新的研究注入了活力。除了比較全面地講述戰爭過程的專著，學者們還充分利用新檔案、新史料考察了美國以外的國家參與這場戰爭的情況。關於蘇聯與韓戰的關係，學者們不僅討論了史達林對朝鮮半島政策的演變及蘇聯在戰爭起源和停戰談判中的作用，還描述了蘇聯空軍參戰的情景。至於中國與韓戰，討論比較集中在中國出兵及其在戰爭中的形象等問題上。還有一些學者研究了美國的盟國與戰爭的關係，如日本、英國、土耳其等。即使在韓戰研究中最為敏感和有爭議的問題，比如戰俘、細菌戰等問題，也有不少學者涉獵。在這一研究領域，中國學者也處於領先地位，特別是關於鐵幕另一邊的故事，西方人如霧裡看花，很難說清。在原來的東方陣營中，朝鮮學者閉目塞聽，基本看不到他們的成果，俄國學者大多囿於傳統，很少有所創建。而中國學者的研究早在1980年代末就開始突破了以往的傳統看法。隨著檔案文獻的不斷披露，對於中、蘇、朝一方參與戰爭的過程的研究越來越具體，越來越深入。在戰爭起源、中國出兵、中朝關係、停戰談判等一系列問題上，中國學者都提出了自己的獨特見解。

冷戰國際史研究的熱門焦點問題還有很多，如核子武器的研製與核政策問

題、馬歇爾計劃、蘇南衝突、共產黨情報局、柏林封鎖危機、東柏林騷動、波匈事件、華約與北約的對抗、臺灣海峽危機、柏林圍牆的建立、古巴飛彈危機、蘇聯入侵捷克斯洛伐克、美蘇限制戰略武器談判、阿富汗戰爭、波蘭團結工會等等，無論是老題目，還是新領域，由於這些研究主要依據的是冷戰結束後各國解密的檔案文件，都給人耳目一新的感覺。中國學者對於其中某些問題的研究還是比較深入的，這裡就不再一一列舉了。

三、冷戰國際史研究發展的新趨勢

進入21世紀以來，特別是最近幾年，冷戰國際史在其研究領域、研究對象和研究方法等方面，表現出某些新的發展趨勢。

1.走出大國關係史研究的光環，考察中心地帶與邊緣地區的互動關係

過去半個世紀的國際關係屬於兩極結構，所謂冷戰就是以美蘇各自為首兩大意識形態陣營（集團）的對抗，所以冷戰國際史研究始終籠罩在大國關係的光環下，學者們很自然地也把主要目標鎖定在考察美蘇兩國關係或兩大陣營在危機中的決策及其結果。「911」事件以後，由於伊斯蘭原教旨主義對基督教文明的挑戰，西方的價值觀受到威脅，人們突然發現西方的意識形態並沒有被全世界廣泛接受。於是，學者們開始關注大國以外的世界，特別是第三世界。對於西方集團中弱小或處於邊緣地位的國家——加拿大、西班牙、丹麥、芬蘭、冰島等——的研究成果已經出現，對於第三世界眾多處於冷戰邊緣的國家和地區的研究也開始不斷升溫。目前，這些研究多數是從大國對邊緣地區和國家的政策的角度從事考察，希望透過追溯冷戰時期大國對第三世界的干涉和介入，來找到當前這些地區動盪的根源。或者說，是研究冷戰在第三世界的作用和結果。不久前文安立出版的專著《全球冷戰：第三世界的干涉和我們時代的形成》可以說具有代表性。作者研究了冷戰時期美蘇兩個超級大國對越南、南非、衣索匹亞、伊朗、阿富汗以及其他地區的干涉，並探討了這種干涉對當今世界的影響。文安立認為，在歐洲由於兩個軍事集團的存在和對峙，冷戰對抗陷入僵局，取得新突破的空間和機會很少。而美蘇在第三世界的爭奪則代表了冷戰中最主要、最核心問題，第三世界是美蘇兩家推廣和驗證各自遵循的一套政治理論和經濟發展模式的場所。他們在這裡的爭奪，不僅是為了獲取軍事優勢（盟友、基地等），更主要是希望透過干涉第三世界的內部事務、影響第三世界的政治和經濟發展，來顯示各自代表的政治和經濟模式的優越性和合法性，來證明自己所信仰的價值觀所具有的全球適用性。

對於第三世界或冷戰邊緣地區和國家的研究還有一種「本末倒置」的趨向，即從研究這些地區或國家本身的歷史出發，考察其自身發展的歷史慣性、特徵和趨勢對美蘇關係的影響，對地區和國際格局的影響。如果說前者傾向於討論邊緣地區和國家是如何在兩極世界格局的影響下被動地捲入冷戰的，那麼後者的出發點則在於考察邊緣地區和國家是如何向兩極世界挑戰，從而影響了美蘇兩國的政策。美國愛荷華州立大學教授劉曉原在其新著《解放的制約——蒙古獨立、中國領土屬性和大國霸權的歷史糾葛》的導言中表述了這樣的觀點，即認為小國、邊緣地區和第三世界國家並不完全是被動地捲入冷戰的，在很多情況下，他們的選擇和驅動力迫使美蘇不得不修正自己的政策。唯其如此，才會出現在美蘇爭奪的中心始終保持「冷戰」的狀態，而在邊緣地區則「熱戰」連綿不斷。另一部受到關注的著作是美國哥倫比亞大學康納利教授的《外交革命：阿爾及利亞的獨立鬥爭和後冷戰時代的起源》。作者將阿爾及利亞的民族解放鬥爭置於東西方和南北方的雙重矛盾中考察，指出阿爾及利亞爭取獨立的戰爭既包含東西方（美蘇）之間對抗的因素，又包含南北方（殖民地人民與殖民主義國家、伊斯蘭教與基督教）之間矛盾的因素，僅用傳統的冷戰眼光來看待1945年後的歷史是不夠的和不全面的。中國學者對第三世界的研究主要是由年輕一代完成的，他們很多人一進入冷戰史研究的大門便選擇了這一新的領域，目前已經發表的成果雖然還不是很多、很成熟，但從這幾年博士論文的選題看，中國在冷戰與第三世界這個領域的研究必將迅速發展起來。

其實，正是這種對中心地帶與邊緣地區互動關係的研究，才會使人們更加深刻而全面地瞭解冷戰年代世界格局的內涵以及在這一總體格局中各國歷史的發展道路。

2.突破傳統國際關係史研究的範疇，把經濟、文化、社會納入觀察視野

冷戰國際史研究的另一個發展趨向就是突破傳統國際關係史的研究範疇，把觀察的視野轉向經濟、文化以及一系列社會問題，從事跨學科的研究。

英國劍橋大學教授雷納茲在其所著《一個被分割的世界：1945年以來的全球史》一書中提出，戰後發生的許多事情是「無法全部裝在冷戰這個盒子裡

的」，美蘇冷戰「分割」了世界，但冷戰只是這個時代的一部分，此外還有經濟、民族、文化、宗教、南北差別、性別差異等問題，冷戰的出現無疑對這些社會問題的發展產生了影響，但同時又反過來深受這些社會問題的影響。他在書中系統地描述了一些與冷戰根本不相關的事情，如非殖民化進程、科技發展、文化趨向、社會變革以及所有這一切對政治產生的影響，最後強調：「冷戰只是這個時代的中心，而非時代本身。」作者是要提醒人們，對於冷戰時代的研究，不能僅僅研究冷戰本身，不能把研究的對象限制在傳統的國際關係史範疇，還必須全面考察在這一時代發生的其他事件和問題。

當然，冷戰國際史研究無法取代經濟史、文化史、宗教史、社會史等各類專門史研究，但重要的是，關於戰後以來這些問題的考察無論如何也不能擺脫冷戰這個核心問題，因為它們都在「一個被分割的世界」的框架下發生和發展的；同樣重要的是，研究冷戰史，研究國際格局產生和變化的過程，也必須考察經濟、文化、科技、宗教等等問題，因為這些問題與國際關係問題融合在一起，才構成了這個時代本身。在這方面，目前已有的冷戰國際史研究成果中比較多的是關於「經濟冷戰」、「文化冷戰」以及「宣傳戰——心理戰」的研究。馬里蘭大學教授張曙光較早使用了「經濟冷戰」的概念，並以此為書名，講述了美國對中國的經濟封鎖政策及其對中蘇同盟造成的經濟壓力。俄羅斯科學院俄國歷史研究所西蒙諾夫的研究對象是蘇聯的軍工綜合體組織，論證了蘇聯制度下的這一特殊經濟部門如何擔負著國家經濟有機組成部分的職能，決定著社會產品和國民收入分配的比例，同時又成為國家安全系統最重要的環節，決定著武裝力量軍事技術組織的性質。「文化冷戰」的研究涉及美國文化的對外傳播，美蘇之間的文化交流及其結果，以及冷戰中的文化政治等方面的內容。關於「宣傳戰－心理戰」的研究出現得比較早，其中既有對蘇聯在國內宣傳鼓動和對外開展「舌戰」的介紹，也有對西方冷戰廣播及內部輿論導向的描述。在所有這些領域的研究及其拓展，不僅豐富了冷戰史研究的內容，更重要的是將加深人們對於冷戰時代的認識。

中國學者對經濟冷戰的研究主要表現在美日、美韓、中蘇關係方面，成果比較顯著。於群集中研究心理冷戰，取得不少成果。對於文化冷戰的研究相對比較落後，成果還很少見到。

3.在實證研究的基礎上，重新建構冷戰國際史的分析框架和理論模式

如果說冷戰的結束為國際關係史學者提供了更多的機會和更廣闊的開拓空間，那麼這一結果的突然來臨對於國際關係理論專家而言，遇到的則是嚴峻的挑戰。人們還發現，在舊冷戰史研究中曾廣泛應用過的某些國際關係理論，不僅因其對冷戰的結束缺乏預見而受到學者的質疑，而且面對大量的和不斷出現的新史料、新史實似乎也正在失去其闡釋價值。正像文安立所言，冷戰國際史（新冷戰史）「是一個讓現實主義和結構主義迎頭衝撞的領域」，現實主義固然因為國際體系的變化而正在失去其原有的解釋能力，結構主義也由於受到某些固有模式的束縛而很難對冷戰進程中複雜的現象做出更好的說明。

其實，在冷戰後的冷戰史研究中，歷史學家同樣面臨著某種困境，當他們面對興高采烈地找到的大量渴望已久的檔案時，當他們在新的歷史文獻的基礎上開始兢兢業業地重建歷史時，才突然發現原有的概念、分析框架或理論模式似乎還不足以讓他們理解、解釋和闡述新顯露的歷史現象。例如在中蘇關係史的研究中，情況就是如此。目前已經披露的檔案文獻和口述史料，其數量多的驚人，不僅大量有關中蘇兩黨高層內部的討論、兩國領導人之間的談話已經為人所知，甚至像1957年11月莫斯科會議期間蘇聯在克里姆林宮為毛澤東的臥室專門改建廁所、1959年9月30日赫魯雪夫在北京機場發表講演時擴音器突然中斷這樣的細節，都可以得到確實的考證。面對越來越清楚的史實，人們無論如何也無法再使用以往國際關係理論中的同盟利益說來解釋中蘇同盟破裂的原因了。正是依據同盟是共同利益的體現這一框架，美國的情報分析官員在1950年代初認為既然中蘇已經結盟，那麼就是可靠同盟了——殊不知恰恰此時，史達林因在中蘇條約談判中被迫向毛澤東讓步而對中國產生了極大的不滿和懷疑；在1960年代初他們又認為中蘇的根本利益是一致的，所以他們的同盟是不會破裂的——殊不知時隔不久，中蘇兩國便分道揚鑣了，而導致他們分裂的並非國家利益之間的衝突。顯然，維繫中蘇關係的不僅僅是利益，甚至主要不是利益，那麼應該如何來解釋中蘇同盟破裂的根本原因呢？於是，冷戰史研究者開始嘗試建立新的概念和分析框架。有學者提出了國內政治需要說，如陳兼就認為，中國革命的國內使命決定了其國際使命，外交政策是「國內動員的源泉」，為此，「毛澤東在國際關係方面

故意製造敵人」。還有學者提出了意識形態分歧說，如呂德良認為，莫斯科和北京在關於如何「正確」解釋和實踐共產主義方面產生嚴重分歧，中蘇雙方由此相互指責對方為共產主義的「叛徒」；沒有意識形態之爭，中蘇也不可能分裂。甚至有學者從性格和心理狀態的角度分析毛澤東的對蘇立場，如盛慕真就用精神分析法來描述毛澤東的個性及其對政治決策的影響，認為領袖的個性缺陷和心理障礙是導致中蘇分裂的主要因素。這些理論是否能夠解釋中蘇關係的興衰姑且不論，但有一點毋庸置疑，歷史學家正在嘗試在合理的新歷史證據的基礎上建立自己的概念、分析框架和理論模式。而這種做法本來就是冷戰國際史研究者所關注的重構歷史活動之中的應有之意。筆者和李丹慧即將出版的《冷戰與中蘇同盟的命運》一書，會提出一個對中蘇分裂過程和原因的新的分析框架，也許有益於推動這一討論。華東師大冷戰國際史研究中心正在策劃的研究課題——社會主義國家關係及同盟理論研究，也將從事這方面的嘗試。

最後，特別值得一提的是正在出版的由萊夫勒和文安立共同主編的三卷本《劍橋冷戰史》。該書的目的是闡明冷戰的根源、動力和結局；力圖說明冷戰是如何從第一次和第二次世界大戰以及兩次大戰之間的地緣政治、意識形態、經濟和政治環境中演化而來的。冷戰遺產是如何影響當今國際體系的。這是一部名副其實的國際史，除用一些章節討論大國之間的雙邊或多邊關係，有更多篇幅討論的是地區性和全球性問題，特別是廣泛涉及社會史、科技史和經濟史的內容，討論了人口、消費、婦女和青年、科學和技術、種族和民族等一系列問題。其意義遠遠超出了狹義的外交史，在國際關係和國際格局之外，還要說明的是冷戰時期對絕大多數人來說最重要的是什麼；為什麼只有瞭解經濟、思想和文化互動是如何影響政治話語、外交事件、戰略決策的，才能理解冷戰的起源和結束。這部巨著的大部分作者是歷史學家，但也有政治學家、經濟學家和社會學家。在方法論方面，該書力圖做到綜合性、比較性和多元性的結合。可以說，這部著作代表了目前冷戰國際史研究最前沿、最權威的學術成果，也反映了這一研究的發展趨勢。

近來「新冷戰」（New Cold War）問題開始引起國際社會的關注，大國之間圍繞著利益和權力的對抗，國際政治中出現的對峙和遏制，使人們不得不想起冷

戰年代。世界是否會進入新冷戰時代？目前國際緊張狀態中有哪些因素來自於冷戰年代？今後又將如何發展和演變？回答這些問題，無疑都需要思考過去的經驗和教訓。因為當代世界的結構性因素和重大國際問題的淵源都與冷戰時期密切相關，所以，冷戰研究可以為理解和把握後冷戰時期歷史運動規律、應對現實國際問題提供必要的戰略性思考和歷史借鑑。這也是進一步全面、深入地加強冷戰國際史研究，並在學科建設方面把這一研究提高到應有地位的現實意義所在。

前言

　　這本自選集收集了我從1990年代中期到現在發表的20篇與冷戰有關的論文，是我研究冷戰與中國外交之關係的部分學術成果，當然也是我自認為比較有心得、價值的部分。在編選本文集時，我沒有按照時間順序來排列論文，而是將它們分成為「冷戰與中國外交」、「中蘇關係」、「抗美援朝決策」、「地區問題」、「中美關係」等5個專題，每個專題約3～4篇論文。做這樣的分類主要是為了便於讀者在閱讀時能更容易地根據自己的需要選擇有關的內容。現在回過頭來看，我在不同時間針對冷戰與中國外交之關係的不同問題撰寫的論文，其內容主要還是圍繞著幾個重大事件的，有這樣的機會將它們分類組合一下，還可以大致看出各組中的論文的內在聯繫。這種編選方式也的確反映了本人這些年來研究時的主要關注和研究視角，特別是對冷戰時期中國重大外交決策的關注。我一直相信，做大致分類的案例分析對於最終建立起一個合理的研究架構和分析模式是不可缺少的工作，這也是我現在堅持做案例研究的目的和動力之一。

　　從1990年代中期以來，研究冷戰歷史、特別是冷戰與中國外交之關係的歷史，是我學術研究工作的最主要的一個部分。特別是近5年來，我的研究工作的大部分是圍繞冷戰與中國外交這個領域展開的，而且比較多地側重於研究冷戰時期的中國重大外交決策。2007年9月間，我應邀到日本新潟大學做過一次系列講座，題目是「冷戰時期的中國外交決策」。2009年春夏，又在東京大學開了這門課程，為東大的碩士研究生講授相同的內容。這兩次授課的內容包括8個專題，除了總論之外，涉及7個冷戰時期中國重大外交決策的案例。承蒙新潟大學真水康樹教授真誠與慷慨的幫助，這些授課內容經他編輯翻譯成書，已經在日本出版，書名就是《冷戰時期的中國外交決策》。2010年夏天，我又應邀到新潟大學做了第二次系列講座，題目一樣，內容則是另外6個冷戰時期中國的重大外

交決策案例。按照真水康樹教授的計劃，這次講座的內容也會編輯翻譯成日文，在日本出版。其中有兩個部分已經在新潟大學的法政雜誌上發表了。現在這本自選集的內容只包括了我研究冷戰時期中國外交決策案例的部分內容。文集涉及的這些案例固然重要，但遠不是全部。還有不少沒有涉及的案例，它們同樣很有（有的甚至更有）研究價值，但沒有或難以見諸文字。在中國做這方面的研究還需要學術環境有實質性的改善，包括更為開放的檔案管理制度和更寬鬆的學術環境。我的這些研究成果能用論文的形式陸續發表，好處是觀點集中鮮明一些，不足是受篇幅限制，無法展開論述。當然還有其他方面的限制，一些重要的案例在中國目前的學術環境中，還是只可深入研究卻不能著書出版的。這種局面其實大不利於中國學術的健康發展，長此以往受其累者是中國學術和教育，希望這種局面能改變得更快一些。不過，換一個角度看，這也說明冷戰時期的中國外交決策還是一個有待開拓的領域。中國國際關係研究領域的不少學者都渴望並疾呼要建立「中國學派」，其實不妨靜下心來從扎實的案例研究著手。「與其臨淵羨魚，不如退而結網」。

　　這些論文是在 10 來年裡先後發表的，這期間中國學術界的發展進步是明顯的，尤其是對學術規範的要求越來越嚴格，與國際標準基本接軌了。這種積極的變化對編輯這跨越 10 來年的文集帶來一些問題，主要就是在註釋的要求上，早年發表的論文中的註釋提供的訊息同近兩年發表的相比，就不夠充分完整。我在編選時在這方面做了努力，但畢竟時間過了很久，難免有沒有做到之處，還請讀者諒解。另一方面，這些年不斷有相關的歷史檔案被發掘出來，較早發表的論文中某些在沒有那麼充足的歷史檔案的條件下做出的判斷，是需要進行新的更精確的界定，有的甚至需要重新思考。這是做當代歷史研究最難以應付卻又很難迴避的問題。我對較早發表的論文中的某些判斷做了文字上的修訂，以便使之進一步精確化，但沒有做什麼實質性的改動。其實就算是現在有比較多的檔案的條件下，我寫完一篇論文也還是會心中默念：讓時間來檢驗它的立論的可靠性。需要說明的是，個別論文的標題做了一些改動，目的或是因為文字表述更準確順暢，或是為了論文觀點更突出、醒目。這點改變對論文的內容沒有任何影響。

　　自選集的最後一篇《論中華人民共和國對外關係之經線》是比較宏觀地梳理

和論述建國60年來中國外交的基本線索和基本架構，時間上有些超出了冷戰史的範圍。不過，這篇論文涵蓋的60年中，有40年屬於冷戰時期，而且它的很多內容都是論述有關冷戰時期的問題或與冷戰有密切關係的問題。另一方面，這篇論文可以提供一個更宏觀的背景，有利於深化對40年冷戰時期中國外交中一些重要事件的理解。所以收錄在文集末篇權作為結束語。

最後，在此對沈志華先生、九州出版社表示由衷的感謝。他們的努力才使這套自選集能夠出版，而本人也才有機會將自選集加入其中。希望有興趣的讀者讀過這本自選集後能有所收穫，今後授課時也可以有內容比較集中的著作推薦給同學閱讀，更方便他們的學習和研究。

牛軍

於北京閑廬

冷戰與中國外交

解放戰爭時期的美蘇國共關係
——東亞冷戰的前奏

　　從抗戰勝利到中華人民共和國成立這一時期的美蘇國共關係曾經對戰後中國政局的發展，包括國共內戰的爆發、中共取得全國政權、新中國奉行「一邊倒」的對外政策和中美走向對抗，等等，均產生了直接的重大影響。學術界對這一問題的研究仍然不夠充分。這主要表現在有關成果多數集中於抗戰結束到1946年。對此後不同階段中美蘇國共關係的研究，基本上都是分別展開的，包括對中美關係、中蘇關係、國共關係等等的分別研究。迄今為止，只有臺灣學者邵玉銘曾經在80年代專文系統地論述整個這一時期的三國四方關係。由於當時歷史檔案的欠缺和其他因素的影響，該文中一些重要觀點至少也是需要調整和補充的。本文的目的是針對以往研究中存在的疑問，進一步探討戰後初期美蘇國共關係的特點和是否存在避免中國內戰的機會，冷戰發生與中國內戰爆發的關係，以及中國革命勝利對東亞政治格局的影響等。

一、「蔣（介石）之下的和平」：機會是否存在

　　抗日戰爭結束前後，東亞政局正處於大變動之中，中美關係、中蘇關係、美蘇對華政策的矛盾和國共關係等等交織在一起，猶如一團亂麻千頭萬緒，其中的核心問題其實就是能否在中國實現「蔣之下的和平」，美蘇國共關係就是圍繞這個問題展開的。「蔣之下的和平」包含兩個內容，其一是戰後蔣介石在中國的政治地位，具體地說就是國民政府的合法性和蔣在這個政府中的領導地位問題；其二是有沒有以及透過什麼方式避免國共內戰？

　　抗日戰爭剛剛結束時，美蘇國共均面臨著兩個國際協議，即美英蘇達成的雅爾達會議和蘇聯與國民政府達成的中蘇同盟條約。在這兩個國際協議的背後是美、蘇和民國政府間的一系列外交折衝，其中的重要內容之一是試圖為戰後中國的政治發展做出它們均可以接受的國際安排。至少美蘇領導人當時還是認為，那種安排的結果最終會對東亞政治格局和大國的戰略利益產生至關重要和有益的影響。實際情況表明，兩個國際協議中的各種安排能否實現，的確取決於中國政治形勢如何發展。

　　對於美國來說，戰爭後期中國的政治和軍事形勢使它感到有必要調整以往的政策。太平洋戰爭爆發後，美國領導人一度相信，在東亞扶持起一個強大的中國，戰時有利於打敗日本，戰後可以成為遏制蘇聯野心的「一道屏障」，還可以對亞洲的革命運動起「限制」作用。問題在於，美國政府將對華政策的成敗與能否維持蔣介石的統治地位聯繫在一起。用美國駐華使館外交官戴維斯的話說，就是「也許唯獨蔣介石是這樣的中國人，他使多數美國人誤認為他就是中國」。然而到戰爭後期，美國面臨的情況卻完全相反。

　　首先是中國正面戰場出現嚴重危機，民國政府的政治腐敗和軍事失敗遭到盟國輿論的普遍批評。蔣介石雖然面臨內外危機，但除了繼續保存實力準備內訌，仍然無意改弦更張，勵精圖治。其次是中蘇關係因為新疆問題而嚴重惡化，雙方在那裡幾乎發生軍事衝突。蔣介石為了得到美國支持，蓄意將蘇聯在新疆的行動與中共聯繫在一起，聲稱中國有可能被蘇聯和中共裡應外合地「赤化」，美國也

將因此而在「東西方兩敗俱傷」。這時美國駐莫斯科軍事代表團正與蘇聯討論在東亞的軍事合作，美國領導人非常擔心中蘇關係惡化破壞其戰略安排。

國共關係日益緊張顯然使美國更感到棘手。1943年夏季以後，國共內戰愈演愈烈，幾乎釀成新一輪軍事衝突。特別是蘇聯引人注目地利用輿論向國民政府施加壓力，對中共表示同情。美國駐華軍政人員對蘇聯的舉動極為關注，認為蘇聯的反應增加了國共矛盾的複雜性，中蘇關係不論在戰時還是戰後，都會因國共問題而遭遇極大的麻煩。這種局面使美國領導人認為，中國是戰後「最有可能造成麻煩的地方」，國共內戰甚至會在戰後釀成美蘇之間的衝突。

顯然，不論是從打敗日本，包括使中國軍隊集中力量抗戰和促使蘇聯參加對日作戰，還是從戰後處理與蘇聯的關係來看，美國都不希望中國發生大規模內戰，因為那不符合美國的戰略利益。一些美國外交官曾經認為，中共領導人不是真正的共產主義者，更類似於民主主義者或民族主義者。不過在美國決策過程中，他們的這些判斷並沒有特別重要的影響。在美國決策者們看來，重要的是中國不能因為內戰而削弱對日作戰的能力，以及據他們分析國民黨不可能靠武力打敗中共，更何況內戰一旦發生，後果可能還不僅止於此。主要是根據對日戰爭的需要和對國共力量對比的分析，美國政府從1944年夏季開始直接積極地插手國共矛盾，試圖找到既能維持蔣介石的地位，又能防止內戰的辦法。總之，透過政治方式解決國共爭端，成為美國政策的主調。這裡需要指出的是，不論是赫爾利還是馬歇爾，他們的調處方案都經歷了調整的過程。赫爾利是從接受中共的「五點協議」轉向支持國民黨的「三點建議」。馬歇爾是從支持政協決議轉向要求蔣介石允許所謂「自由派」參加政府。這些變化是造成國共談判起伏分合的相當重要的原因。

美國決定介入國共紛爭時，它的有關政策也在發生著重要的變化。基於對國共內戰和中蘇關係的擔憂，美國領導人在雅爾達會議中準備用來促使蘇聯對日作戰而讓出的「紅利」，在他們心目中已經變成了限制蘇聯向東擴張的界限，即美國將承認蘇聯在東亞獲得安全保障和某些優越的權益，但是蘇聯必須接受美國的對華政策，承認國民政府在中國的統治地位，並與之建立友好關係。從1944年6

月到戰爭結束前後，美國方面為達此目的而做的努力幾乎是不遺餘力的。先後被派到中國調處國共矛盾的赫爾利、馬歇爾和司徒雷登等，無不將與蘇聯協調政策置於至關重要的位置，將取得蘇聯的支持作為調處成功的必要條件。尤其是赫爾利將全部賭注押在蘇聯的立場上，相信只要蘇聯承諾支持蔣介石的統治地位，中共除了妥協將別無選擇。

蘇聯大約是在1943年秋季表明它將參加對日戰爭。史達林十分清楚蘇聯參戰後可能遇到的那些問題，包括一個雄心勃勃的美國和一個像火藥桶一樣隨時會出現爆炸局面的中國。蘇聯領導人在考慮其戰後的東亞政策時，居中心的是如何處理對美和對華這兩個相互糾纏的問題，如何應付中國內部的國共內戰則是第二個層次上的問題。蘇聯領導人在戰爭後期考慮國共問題時，基本上沿襲著抗戰初期的思路。與美國不同的是，蘇聯對國共問題沒有而且也不準備投入那麼大的精力，其原因是多方面的。

首先蘇聯與美英在戰時是同盟。史達林深知美英的扶蔣立場，它們絕不會允許中共奪取政權，蘇聯如果支持中共採取激進的革命路線，肯定會破壞它與美英的同盟關係。特別是美國和蔣介石將改善中蘇關係與解決國共爭端聯繫在一起，並將中共描述成蘇聯在中國的工具，蘇聯為了追求其戰略利益，不得不一再聲稱，它與中共不論是在意識形態還是在其他方面，已經沒有什麼聯繫。

另一方面，史達林也非常清楚中蘇關係中的問題和國民政府的親美反共立場。不過在美蘇合作的大背景下，蘇聯固然不能支持中共推翻國民政府，蔣介石也不敢違背美國的意願與蘇聯對抗。這種複雜的局面使蘇聯試圖造成一種內外環境，中立國民政府，防止蔣介石過分反蘇。在這個框架中，國共問題成為蘇聯向蔣介石施加壓力的砝碼。

蘇聯與中共的關係在戰爭後期遠不能說是融洽的。在史達林看來，中共越來越像代表農民和小資產階級的、追求民族利益和社會福利的政黨，對蘇聯的忠誠度不夠高。從國共力量對比的現實考慮，中共的實力也不足以與得到美英支持的國民政府抗衡，中共如果要用激進的手段奪取政權，只會使自己「處於走投無路的境地」。在蘇聯的有關政策中，不論從哪個方面考慮，與中共的關係與同美國

和蔣政權的關係相比，都不能算是特別重要的。

基於對上述因素的考慮，從1944年夏季到戰爭結束後一個時期，蘇聯領導人幾乎對每一個前往莫斯科的美國代表說明，他們將支持美國的有關政策和調處努力。在同國民政府代表談判時也聲稱，「中國只能有一個政府，由國民黨領導」，蔣介石謀求軍令政令統一是「正當之願望」，但應用政治方式解決，蘇聯不會向中共提供軍事援助，等等。在赫爾利和馬歇爾調處期間，蘇聯駐華使館曾經對中共代表表示冷漠與疏遠，儘量避免對中共作出任何承諾。

可以說到戰爭結束時，蘇聯政策的主旨是透過與美國和國民政府協調政策來爭取自己的戰略利益，不願在國共問題上與美國和國民政府對抗。蘇聯更在意的是它在中國的戰略利益得以實現並得到保障，對中國內部問題如何解決遠不像美國那樣熱心，它所堅持的是國民政府不能用武力消滅中共，因為中共畢竟是中國唯一始終高舉聯蘇旗幟的力量，而且支持中共對蘇聯支持民族解放運動仍然具有重要的象徵意義。至於政治解決的方案與過程，蘇聯基本上不予關注。

蔣介石處理國共問題的一貫方針就是削弱、消滅中共。在1945年5月下旬召開的第六次全國代表大會上，國民黨已經斷定，中共「企圖顛覆政府，危害國家」，國民黨與中共的鬥爭無法妥協解決。在此之前不久，蔣介石已經下達命令，要求各戰區「集中全力」消滅中共軍事力量。不過，儘管蔣介石本人傾向使用武力，但到抗戰結束時，他遇到兩方面的障礙。其一是國民黨內意見並不一致，對武力解決持反對態度的人很有些影響力。

第二個障礙更嚴重。8月14日日本宣布投降後，國民政府立即面臨的最大問題是恢復其在全中國的統治，包括控制華中和華北被中共軍隊占領或包圍的廣大地區，以及從蘇軍手中接收東北。由於國民黨軍隊在戰爭中被極大地削弱，並龜縮於遙遠的西南地區，蔣介石根本無法實現「分割」、「圍困」中共的軍事計劃，他確實需要時間進行部署，在短時間內無法聚集起向中共軍隊發動戰略進攻的軍事力量。

蔣介石需要美國的支持，也得到了美國的支持，包括：美國突出地強調了國民政府接受在華日軍投降的合法性，致使中共在政治上處於不利的地位；駐太平

洋地區和駐華美軍為國民黨軍隊向華中和華北大規模運兵；美國承諾繼續向國民政府提供軍事援助，等等。但是蔣介石一定清楚，美國雖然支持他「軍令政令統一」，但並不贊成他使用武力統一；蘇聯更是如此，絕不會接受國民黨用武力消滅中共。蔣介石至少也要做出政治解決的姿態和嘗試，一方面可以利用中蘇條約簽訂後的政治主動權和優勢，迫使中共妥協，同時也可以為未來使用武力造成更有利的政治環境。蔣介石在中蘇條約簽訂當天即電邀毛澤東「惠臨陪督」，舉行國共首腦會談，這正是基於上述考慮的結果。

12月下旬馬歇爾來華後，蔣介石同意接受美國的調處，透過政治談判解決國共矛盾，其原因同抗戰剛結束邀請毛澤東赴重慶談判相比，並沒有根本變化。經過10月中旬以後的國共華北和東北軍事衝突，蔣介石再次斷定，國民黨軍隊仍然不具備武力消滅中共的必要條件，他還需要時間進行軍事部署和爭取美國的進一步支持。國民黨中宣部的文件比較貼近蔣的判斷，該文件認為美國調整政策有四個目的：（1）爭取美國國內輿論支持政府的對華政策；（2）促使蘇聯承擔支持國民政府的「道義的及條約的責任」；（3）運用輿論「有力支持」馬歇爾調處；（4）解決國共爭端的條件是「改編中共軍隊，同時擴大國民政府的基礎」。國民黨應「配合此一局勢」，繼續「用政治方法解除共產黨武裝」。此後蔣介石採取的一系列措施，包括限制軍事行動、恢復國共談判以及緩和中蘇關係等表明，他確實暫時壓抑了使用武力的傾向。

太平洋戰爭爆發後，避免大規模內戰，爭取用政治方式推進民主改革，一直是中共中央處理國共關係的重要考慮。這既是因為中共力量相對弱於國民黨，也是因為中共領導人認為，國共關係的發展與國際政治變化直接聯繫在一起。當蘇聯與美英結成同盟時，中共就不能進行激進的社會主義革命，同樣國民黨也不能推行反共的獨裁政策和用武力消滅中共。這在當時其實是對中共有利的局面。

1944年期間，國民政府因軍事失敗面臨政治和外交危機，以及赫爾利調處國共談判失敗，一度促使中共領導人考慮採取更強硬的政策。不過從七大制定的有關政策看，中共中央並沒有改變基本方針。七大政治報告中公開明確地提出，廢止國民黨一黨專政，建立民主的聯合政府。不過毛澤東在內部會議上的發言表

明，中共領導人在聯合政府的具體形式上至少有三種估計，即：（1）「政府還是獨裁的」，中共參加做官；（2）「以蔣介石為首，形式是民主」，實質是蔣介石獨裁；（3）以中共為中心。毛澤東雖然強調第三種是發展「規律」和中共的目標，但前兩種形式也不是不可以接受的。需要指出的是，其中第二種形式是相當接近美國的基本設想，即建立蔣介石領導的、容納其他黨派參加的政府。

中共領導人在抗戰結束前已經基本斷定，蘇聯不大可能像在東歐國家那樣，直接援助中共。他們對戰後美國是否直接進行武裝干涉的關注程度，實際上超過了對蘇聯政策的關注。毛澤東固然對蘇聯領導人要求他去重慶談判感到不滿，但真正引起他重視的很可能是史達林關於內戰前途的悲觀預言，即所謂「中華民族有毀滅的危險」。其實不僅史達林如此告誡中共中央，蘇聯駐華使館、東北蘇軍等等，均相信美國極有可能在中國進行直接的軍事干涉，而且結果將是中共遭受毀滅性的失敗。當然可以設想，蘇聯是不會為了中共與美國開戰的。正是因為受到蘇聯判斷的影響，毛澤東才相信：「在歐洲……希臘為英國所必爭；在亞洲，中國則為美國所必爭」，中共如占領南京、上海一類大城市，「美國一定要干涉」，反之蘇聯「不可能進一步幫助中國革命」。這種看法顯然是中共中央當時決定恢復國共談判的主要原因之一。同時也決定了中共中央解決政治問題的基本方案，用毛澤東的話說就是「大體要走法國的路，即資產階級領導而有無產階級參加的政府」，「現在是獨裁加若干民主，並將占相當長的時期」。

重慶談判與雙十協定簽訂以後，國共軍隊很快在華北和東北發生了較大規模的軍事衝突。不過中共中央仍然認為，今後六個月是向和平過渡的階段，「和平、民主、團結、統一，這是我黨既定方針，也是國民黨被迫不得不走的道路，這在雙十重慶協定上已經規定下來」，當前爭取軍事勝利是為了和平更迅速實現。當12月15日杜魯門發表美國對華政策聲明、莫斯科外長會議召開和馬歇爾使華後，中共中央很快決定恢復國共談判，並且認為馬歇爾調處的政治方案是可以接受的，甚至軍隊整編方案也很有些可取之處。實際上，國共達成的政協決議甚至超過了毛澤東在七大設想的聯合政府的第二種形式。所以中共領導人一度相信，「和平民主的新階段已經開始」，中國有可能走和平發展的道路。

從中共在戰後參加國共談判的過程看，其政治方案基本上沒有超出七大的設想。其中一個重要原因是，中共領導人還沒有改變他們思考有關問題的基本邏輯。根據中共領導人在七大期間的估計，首先，蘇美英的合作關係還會繼續下去，不可能爆發反蘇的第三次世界大戰，這就決定了國民黨很難發動反共內戰；其次，蘇聯可能不援助中共，即「國際無產階級長期不援助我們」，儘管從理論上說那是「一定要來的」；第三則是可能「出了斯科比」，即美國直接參加反共內戰。即使在抗戰結束後一個時期裡，中共領導人仍然認為：「目前世界的中心問題是美蘇之爭，反映在中國便是蔣共之爭。」合乎邏輯的是，既然美蘇均承認蔣介石政權並要求和平解決國共矛盾，中共也就必須走和平發展的道路，更何況中共是力量弱小的一方，儘可能避免或推遲內戰是合理的選擇。在當時的條件下要避免內戰，做出妥協是不可避免的。

　　綜上所述，抗戰結束後國共確實存在過達成協議、避免內戰的機會，因為美蘇國共都曾經共同接受承認蔣介石的領導地位、透過政治談判解決國共矛盾的政治安排，國共雙方不論當時基於什麼理由，至少都有意嘗試找到政治解決的辦法。

二、內戰與冷戰

任何機會都是相對於某種條件而言的。肯定國共存在過達成協議、避免內戰的機會，是相對於當時內外形勢而言的，隨之而來的問題是哪些條件變化導致中國全面內戰爆發？中國內戰對美蘇東亞政策產生了什麼樣的影響？在美蘇國共關係的框架下探討這個問題，其核心就是探討中國內戰與美蘇冷戰的關係，以及國共兩黨如何在追求各自的目標時利用美蘇政策的調整。

雅爾達會議和中蘇同盟條約基本上是在戰爭時期簽訂的，當時取得戰爭勝利是壓倒一切的，因此那些國際協議中的許多重要內容必定要受到軍事考慮的影響。美蘇領導人也非常清楚，為打贏戰爭做出的許多臨時安排很可能產生重大的政治後果。所以他們選擇的解決辦法通常都是權衡戰時和戰後雙重需要的結果。具體到東亞和中國，美蘇分別面臨的問題千差萬別，各種複雜的考慮交織在一起，而它們選擇的解決辦法有時甚至是相互衝突的。所謂「蔣之下的和平」作為一種政治安排，其背景是美蘇對各自戰略利益的盤算和協調，即雙方承認中國的主權與領土完整，在此前提下蘇聯承認美國在戰後中國政治中居主導地位，美國承認蘇聯在中國東北地區享有經濟和軍事方面的優越權益。換句話說，美蘇解決國共問題的辦法是基於對各自戰略利益的考慮。一旦它們對各自獲得的戰略利益不滿足，或認為對方超越了界限，雙方關係必定出現動盪，並衝擊為解決國共爭端做出的安排。

另一方面，美蘇在考慮各自的對華政策時，的確對中國內部問題給予相當嚴重的關注，但這並不是因為國共爭端本身對它們有什麼特別重大的意義。它們的著眼點是避免因國共內鬥導致它們之間的軍事衝突，並爭取在既定的格局中儘可能地限制對方。換句話說，如果美蘇認為沒有必要和沒有可能因國共爭端而導致它們之間的戰爭，以及不至於因對方利益擴展而嚴重損害自己的基本利益，其實它們並不會對國共爭端給予特別的關注。

美蘇的戰略考慮和它們之間形成的既相互限制又相互妥協的複雜關係，比較典型地反映在1946年初中國同時進行的兩場談判，即有美國參與調處的國共談

判和中蘇關於東北經濟問題的談判。兩場談判的背後是東北蘇軍和華北美軍事實上形成的軍事對峙。

抗戰結束後，美軍陸續在中國登陸，最多時數量達11萬之眾，其中大部分駐紮於華北。美軍聲稱駐紮華北的理由是解除那裡日軍的武裝和安排遣返，實際上他們也是在阻止中共受降，幫助國民政府爭奪和控制交通要道，後來還幫助國民黨軍隊向東北運兵。為了達到上述目的，美軍甚至不惜利用投降的日軍協助保護交通線。美軍扮演的角色不僅加劇了中國內戰的氣氛，而且華北美軍不斷與中共軍隊發生軍事衝突。11月中旬魏德邁向華盛頓發回相當悲觀的報告，聲稱如果美國幫助蔣介石統一全中國，就必須大批增加軍隊，並冒介入中國內戰、同蘇聯發生戰爭的危險。否則除非與蘇聯和中共達成協議，蔣介石無法控制東北和華北。

馬歇爾的看法比較準確地反映了美國決策層對中國局勢的反應。他聲稱如果中國因為國共內戰而四分五裂，而蘇聯又利用這種形勢控制東北，美國就失去了「參加太平洋戰爭的主要目標」。另一方面，美國自己動手拯救蔣介石，就「不得不接管中國政府」，美國將「承擔起無盡無休的義務」，中國也將因此成為「國際衝突的角逐場」。杜魯門政府在反覆權衡後，選擇透過調處爭取用政治手段解決國共爭端，既是為了挽救蔣介石的危局，也是為了使美國擺脫困境，使美軍儘早從中國脫身，避免在中國與蘇聯發生直接對抗。美國一再向蘇聯保證，駐華美軍在完成遣返日軍任務後將撤出中國，儘管尚不能定出時間表。

蘇聯10月即開始從東北撤軍，但蔣介石撤退東北行營和命令進攻山海關後，蘇軍迅速南返，並向國民政府東北行營提出撤軍前談判解決東北經濟問題。蘇軍延緩撤軍表面上是應國民政府的要求，在國民黨軍隊無力接收時代為管理大城市和交通要道，實際上是要防止美軍進入東北。當時魏德邁正在中國考察軍事形勢，蘇聯方面將國民政府在外交上採取強硬的姿態與魏德邁的行動聯繫在一起，認為魏德邁使命「極其龐大，有壟斷全（中）國，甚至有侵入東北的企圖」。

為了防止美軍藉機進入東北，蘇聯一方面採取實力政策，占領交通要道，不

允許任何運送國民黨軍隊的美國軍艦在東北港口停靠。另一方面蘇聯也迅速採取措施緩和中蘇關係，消除美國干預東北問題的藉口。首先，蘇聯否認曾向中共軍隊提供援助，在東北的蘇軍要求中共軍隊退出大城市，並沿鐵路兩側後撤50公里，以及蘇軍撤出前不得在東北與國民黨軍隊作戰；在重慶的蘇聯駐華使館則在國共談判中迴避、拒絕與中共代表協調立場；其次是史達林向國民政府表示改善中蘇關係的願望，表示願意在東北經濟問題上有所讓步，並重申以往對國共爭端的立場，不反對美國的調處努力等。不過蘇聯的條件也相當明確，就是不允許美軍進入東北，以及國民政府不能奉行反蘇政策。第三是在莫斯科外長會議上重申以往的有關承諾，即贊成「在國民政府下」的民主統一，以及蘇軍按時從東北撤軍等。

總之，美國的目的是透過促成國共妥協、實現中國統一來限制蘇聯；蘇聯則試圖透過控制東北經濟，從根本上阻塞美國向那裡滲透的渠道。這種限制與反限制的關係之所以以談判的方式出現，深層原因包括美蘇都不希望因為中國問題而捲入直接的軍事衝突，甚至不希望保持長期的軍事對峙，所以莫斯科三國外長會議發表的有關公報突出強調了雙方保證從中國撤軍。

國民政府作為唯一同時參加兩場談判的一方，扮演著相當重要但的確有些尷尬的角色。它的真正的悲劇或許就在於，這種角色增加了它自以為在東亞戰略中地位特別重要的虛幻感，而它實際上並不具備支配局勢的實力和能力。

蔣介石在1945年末決定恢復國共談判，是有其戰略考慮的，包括：（1）配合美國以爭取其在國共內戰中給予有力支持，並利用美國來平衡蘇聯在東北問題上施加的壓力；（2）緩和中蘇關係以便順利接收東北，並再度造成孤立中共的國際環境，其最終目標包括擊敗中共，不論是以什麼方式。

蔣介石在國共談判中的策略是透過政治上的讓步，爭取馬歇爾幫助取消中共軍隊。同時利用美國對蘇聯的猜疑，尋找撬動美國政策的槓桿。美國政府本來就對蘇聯在東北的行動相當關注，馬歇爾本人甚至將排擠蘇聯出東北作為自己的首要任務。問題是美國並不準備為蔣介石火中取栗。按照馬歇爾的設想，實現中國政治統一是阻止蘇聯擴張的根本辦法，否則中共透過蘇聯的幫助而加強，就會削

弱國民政府在東北的地位。所以，馬歇爾要求蔣介石在政治和軍隊整編等問題上讓步，並敦促國民黨方面接受中共關於華北全面停戰的要求，以便能派遣更多國民黨軍隊進入東北。同時馬歇爾也堅決要求中共允許國民黨軍隊向東北調動。

　　蔣介石為了確保關內的軍事優勢，並不打算將精銳部隊悉數送到東北。他的計劃是透過緩和中蘇關係，利用蘇軍協助國民政府接收東北，所以只同意派5個軍前往東北接收，並準備在中蘇經濟談判中作出讓步。政協、軍隊整編等協議上簽字後，蔣介石認為已經付出了足夠的代價，必須不斷引導美國給予「回報」，包括在外交上繼續抑制蘇聯和向中共施加壓力、允許國民黨軍隊在東北使用武力。顯然，在馬歇爾調處初期，美國與國民政府在諸多問題上都存在分歧。

　　在同時進行的中蘇關於東北經濟的談判中，國民政府試圖透過某種程度的讓步，爭取蘇聯保證它能順利接收東北。1945年11月中旬，蔣介石在撤退東北行營時便指示負責東北經濟事務的張嘉璈，如果中蘇關係有可能緩和，就同蘇方談判經濟合作。12月，蔣經國訪問莫斯科期間進一步向蘇聯保證，決不將東北作為反蘇基地，不在中蘇邊界駐軍，並願意與蘇聯在東北進行經濟合作，接受蘇聯在那裡擁有「優勢地位」，條件是蘇聯促使中共妥協，並延緩撤軍以協助國民黨軍隊接收。蔣介石這樣做一方面是因為蘇聯以解決經濟問題為解決其他問題的先決條件，而且做出願意讓步的姿態，國民政府已經無法迴避；另一方面是因為國民黨軍隊攻占錦州後，暫時無力向北發展，不得不暫時爭取蘇聯的協助。

　　在雙方共同努力下，中蘇關係一度出現改善的跡象。蘇聯將注意力集中於中蘇談判，不僅沒有干擾馬歇爾調處，還利用自己的影響促使中共下決心停戰。中共曾經希望由蘇聯充當「東北之馬歇爾」，但蘇聯始終拒絕參與。1月上旬，營口戰鬥爆發後，馬歇爾提出派軍調小組進入東北。中共當時接受這個建議也得到蘇聯的贊成。由於中蘇關係緩解，此前蘇聯關於不允許東北有大批國民黨軍隊存在和不允許美軍進入東北的方針都有所調整。

　　2月中旬以後，中蘇關係再次逆轉，主要原因是美國公開干預中蘇談判。這固然同美蘇關係趨於緊張有關，但主要還是由於國共談判進展順利，關內局勢相對穩定使馬歇爾感到有必要也有機會在東北問題上向蘇聯施加更大的壓力。他鼓

勵國民政府不要向蘇聯讓步,不要害怕蘇聯拖延撤軍。他在給杜魯門的報告中建議,應採取更多的行動來迫使蘇軍撤出東北。2月9日,美國分別照會中蘇政府,反對只由中蘇兩方談判處理日本在東北的財產。這實際上是支持國民政府抵抗蘇聯的壓力。此後不久,美英公布了雅爾達會議的內容,兩國輿論開始報導和指責蘇聯在東北提出新的要求和蘇軍停止撤出東北等。3月5日,美國務院指示凱南告訴蘇聯方面,美國希望在國民政府完成接收東北以後再討論東北經濟問題。

國民政府本來就反感蘇聯的過分要求,美國給予公開支持無疑促使其放棄合作的方針。1月間,蔣介石透過馬歇爾、美國駐蘇大使哈里曼等瞭解到,美國不滿意蘇聯對東北經濟的政策。2月間在重慶等城市爆發了學生反蘇示威遊行,那裡的民眾中明顯地存在著反蘇情緒,這對國民政府造成了一定的壓力。加之國民黨軍隊在停戰後仍然可以調入東北,這一切使蔣介石不願意再對蘇聯讓步。他指示東北行營,對蘇經濟合作「只可縮緊,不宜太寬」。他於21日進一步提出兩個原則,即(1)不承認蘇聯將東北日產作為「戰利品」;(2)與蘇聯的正式協議須於接收東北之後再談。中蘇間的緩和氣氛開始逐步消失,美國隨後採取的行動使蔣介石備受鼓舞。他認為美國輿論譴責蘇聯「日漸積極」,邱吉爾的富爾頓演說「幾使人有第三次世界大戰其將來臨之感矣」。3月5日,國民政府公布照會,拒絕蘇聯在東北經濟問題上的要求。國民黨六屆二中全會透過了《對蘇聯提出抗議,嚴重交涉限期撤退其東北駐軍》的提案。國民政府的反蘇傾向日益明顯,它雖然還不打算全面惡化中蘇關係,但改善中蘇關係的可能性肯定不復存在,中蘇經濟談判也不了了之。

中蘇關係惡化與國共在東北的關係緊張幾乎是同步的。蔣介石不僅敏感地注意到美蘇關係趨緊,而且認為馬歇爾「對共黨陰謀,似有略進一層之認識」,其立場將越來越向國民黨傾斜。結果是他在東北問題上越來越強硬。3月11日,馬歇爾提出一項派軍調小組進入東北的命令草案,它反映的基本上是國民黨方面的立場。4月1日,蔣介石發表講話稱,東北「只有接收主權」,任何人不能借外交困難要挾政府。這等於是公開拒絕中共有關談判的建議,更重要的是它的基調與馬歇爾的草案完全一致,所以美方從未要求蔣介石改變其立場。在四平之戰白

熱化的時刻，蔣介石拒絕了馬歇爾的停戰建議，聲稱此刻對中共讓步「實無異對俄國妥協」。結果是馬歇爾同意再為國民黨增運兩個軍去東北，這對東北形勢產生何種影響是不言而喻的。蔣介石利用美國限制蘇聯的企圖，決心在東北用武力徹底打敗中共，而馬歇爾在一定程度上予以縱容和支持，雙方在東北逐步形成戰略接合點，這是東北爆發內戰的主要原因。

中共領導人對國共談判以及透過談判達成的三個協議的態度如前所述，是相當肯定的。一個重要的原因是他們認為，「美國已決心不直接參加中國內戰，不援助蔣介石武力統一中國，而援助中國的和平統一」，美國的政策和莫斯科外長會議的決議均對中共有利，「國內和平的趨勢已經確定」。這種看法同樣影響到中共在東北的政策。根據中共中央的設想，在華北和東北取得「有利地位」，甚至取得「自治地位」，是迫使國民黨妥協，實現和平發展的重要條件。尤其是在東北取得有利地位，更是毛澤東的長期戰略慮，即根本改變中共長期被包圍的態勢和形成國共合作的條件。重慶談判結束後不久，由於得到東北蘇軍的支持，中共中央一度提出奪取整個東北的計劃。隨著中蘇關係緩和以及東北蘇軍的阻撓，中共中央不得不放棄奪取全東北的計劃，但仍然認為東北內戰難以避免，必須準備在1946年春與國民黨軍隊決戰，而且任何與國民黨的妥協都必須有美蘇妥協的外部條件。

停戰協定簽訂後，中共對東北的政策發生了明顯的變化，即開始對國民黨「採取和平合作的方針」，暫時不向國民黨軍隊進攻。1月下旬中共中央進一步明確，在東北「力求和平解決」，與國民黨合作「實行民主改革，和平建設東北」，「企圖獨占東北，拒絕與國民黨合作的思想，是不正確的，行不通的，必須在黨內加以肅清」。中共政策變化的原因除了國共關係總體緩和以外，也包括中共領導人對美蘇政策的基本看法。首先是在美蘇關係緊張的局勢下，他們擔心即使打敗國民黨軍隊，美軍「還有可能進入東北」；蘇聯關於東北內戰將「惹起美軍入滿」的警告無疑加劇了他們的擔心。其次是他們相信，「蘇聯不會助我在東北內戰，但可助我與蔣獲得妥協」；另一方面只要美國認為中共無意獨占東北，它也不會反對和平解決東北問題。

需要指出的是，中共和平解決東北問題是有條件的，即國民政府必須承認中共在東北一定的合法地位。根據當時中共中央的估計，東北中共軍政力量已經達到30萬人，「如沒有一批中小城市在手的根據地，則這大軍隊勢不能存在」。實際情況是蔣介石不接受中共的有關建議，同時國民黨軍隊占領錦州後，不積極向北接收，而是利用蘇軍緩撤的機會，不斷攻占中共控制地區。特別是停戰後國民黨軍隊經過調兵遣將，在南滿集結了五個軍，它們以瀋陽為中心向東南北三個方向發動所謂「扇形攻勢」。面對國民黨軍隊的攻勢，中共中央斷定東北軍事衝突不可避免，必須給國民黨軍事打擊，否則東北不可能和平，中共在那裡也無地位可言。

顯然，只要國民黨不放棄獨占東北的政策，中共必定要進行軍事反擊。蘇聯當時已經停止援助中共，而且拒絕中共要求，不參與國共解決東北問題的談判，它能用來影響中共的唯一辦法就是聲稱美國可能直接干涉。但這個理由是否能改變中共軍事反擊的決心值得懷疑。中共此時在東北已經擁有實在的戰略利益需要保護並加以擴展，中共中央認為若一味退讓將損害已獲之戰略利益，並「造成黨內糾紛」。從中共中央向東北局強調和平解決東北問題的嚴厲語氣表明，東北中共部隊中一直存在應反擊國民黨軍隊進攻、甚至反抗蘇軍施加的壓力的強硬主張，而且相當強烈。另外中共中央也越來越相信，美國和國民政府雖然對蘇聯不滿，但在東北全境大打「均有顧慮」。

3月上旬，蘇軍開始迅速從東北撤軍，國共仍然無法就解決東北問題達成協議，而馬歇爾提出的方案明顯有利於國民黨。中共中央因此斷定，蘇軍撤退後「國共兩軍在東北的軍事衝突即將展開」。國民黨軍隊在南滿不斷攻城掠地，中共軍隊被迫向北收縮，客觀上造成了控制北滿的機會。中共中央於3月下旬決定實施控制北滿的戰略，利用東北停戰協議生效和軍調小組即將進入之前，全力控制長春、哈爾濱等大城市和中東鐵路。

儘管東北蘇軍表示支持中共的計劃，中共中央基於以往的教訓仍然要求蘇軍保證，不要再因為中蘇關係緩和而出爾反爾。4月上旬，國民黨軍隊向四平中共守軍發起攻擊，此前中共代表抗議美方向東北運送的國民黨軍隊已經超過協議規

定，被美方拒絕，東北局勢已無緩解餘地。18日中共軍隊按計劃攻占長春，此後相繼占領哈爾濱、齊齊哈爾等。

　　東北軍事衝突就像導火索，迅速引爆全面內戰。重要的是當全面內戰爆發時，美蘇國共四方大致廓清了它們的關係和各自的基本政策。如前所述，美國和蘇聯調整各自的對華政策時，它們的主要目的均包括限制對方在中國取得超出雅爾達會議規定的戰略利益。在美國看來，蘇聯戰後初期在東北的行為有可能破壞雙方達成的協議，它將透過支持中共造成中國分裂，並因此有機會壟斷東北。美國的成功之處是透過外交壓力和支持國民政府接收，使蘇聯沒能在撤軍後合法控制東北經濟，不過美國根據自己對蘇聯在東北意圖的估計——它可能來自美國在其他地區與蘇聯打交道的經驗，至今沒有被證明是有充分根據的——採取的行動，造成了美蘇和中蘇關係緊張，至少間接地破壞了國共談判的氣氛，從而損害了美國的戰略目標。蘇聯固然沒有完全達到目的，國民政府同樣無法穩定地控制東北。

　　蘇聯的政策同樣受到在其他地區與美國打交道的經驗的影響。它在東北問題上的一些強硬措施和對國民政府——包括在東北經濟問題上的過度逼迫，主要是因為對美國擴張在華勢力，包括美軍進入東北等深感擔憂。至今無法證明，如果蘇聯不採取那些措施，美軍是否會進入東北。從實際情況看，蘇聯透過支持中共徹底破壞了國民政府控制全東北的計劃，國民黨軍隊沒有達到中蘇邊境地區，東北長期動盪也使美國無法取得穩定的立足點，雖然還不能證明美國有過那種打算。

　　另一方面，美蘇調整政策的目的也包括雙方分別在華北和東北大規模駐軍的情況下，透過消弭中國內戰來避免它們之間發生軍事衝突。局勢演變的結果是國共內戰未能被消除，但是美蘇顯然已經不可能被捲入其中。馬歇爾2月間即向杜魯門提出，為便於向蘇聯施加壓力，應撤出駐華美軍。蘇軍撤出東北後，蘇聯強烈要求美軍全部撤出中國，實際上美軍撤出也只是時間早些晚些的問題了。隨著美蘇在中國的軍事存在日益削弱，它們都將中國問題放在政策列表中比較次要的地位。美蘇關係固然對中國內戰爆發有直接的影響，當冷戰在歐洲愈演愈烈之

時，國共戰爭成了名副其實的內戰。不過美國與蘇聯分別與國民黨和中共之間的關係已經具有的戰略性質大致預示了未來東亞地區的國際政治將很難不被納入到國際冷戰體系。從這個角度看，東北內戰可以說是冷戰向東北亞蔓延的開端之處。

從國共的政策演變的角度看，國共的種種選擇及雙方關係的發展，固然受到美蘇政策的巨大影響，但是它們在進行國內鬥爭的每個階段上，無不儘可能地利用了美蘇的矛盾。國共在處理各自的對美對蘇政策時，往往是非常現實的，但不論在策略上如何運用，它們對國際政治分野的看法和各自的基本選擇從來沒有改變。隨著美蘇關係惡化，國民政府感到無法也不願再向蘇聯妥協，所以蔣介石拒絕了史達林對他訪問莫斯科的邀請，中蘇經濟談判也不了了之。此後國民政府一心一意地依靠美國的援助來打敗國內的對手，儘管美國的援助比它希望的和預期的要少。

中共在應付美蘇關係變動中的最大收穫是得出這樣的結論：大國介入中國問題的能力和願望都是相當有限的，尤其是美國不可能在軍事上直接捲入。這一判斷對中共中央此後的戰略決策具有至關重要的意義。全面內戰爆發後，中共開始公開譴責美國對華政策，並配合蘇聯外交努力，要求美軍盡快撤出中國，可以說中共已經將美國視為國際敵對勢力。另一方面，中共的政策明顯受到蘇聯的影響，尤其在東北和與戰的問題上，不能不考慮蘇聯的態度，但蘇聯政策的反覆無常也加深了中共決策層對蘇聯的疑慮。當中共領導人決定與國民黨徹底決裂時，他們實際上也下決心不再受蘇聯外交戰略的約束，儘管蘇聯向中共提供的幫助比他們預期的要多。

三、革命中的新格局

　　從抗戰結束到內戰爆發，美蘇國共關係實際上結束了一個歷史階段。從現象上看，國共內戰爆發後，美蘇對中國局勢的關注明顯地迅速下降。當國共矛盾演變為爭奪國家政權進行殊死較量時，美蘇卻全神貫注於歐洲和近東地區的對抗。美蘇是世界級的大國，它們的對華政策固然受到它們在其他地區的矛盾、對抗、經驗等等的影響，但是嚴格地說它們主要是同國共矛盾的變化聯繫在一起的。從1947年秋季中共軍隊開始戰略反攻起，真正影響美蘇國共關係變化的主要事態是中共在內戰中取得決定性的勝利，1947年春美蘇冷戰的升級和相關的國際格局的形成等，則是一個重要的背景。

　　中國革命的勝利發展意味著戰後東亞國際關係必將經歷一次革命性的轉變，它將摧毀以雅爾達會議和中蘇條約為藍本的國際秩序，有關國家必將面對一個在激烈的社會革命中崛起的新國家。1948年11月解放軍攻占瀋陽後不久，中共中央立即宣布，「再有一年左右的時間，便可能將國民黨反動政府從根本上打倒了」。差不多在此前後，美蘇均開始調整對華政策。

　　總的說來，美蘇對華政策的基本目標都是維護它們各自的在華利益。從後來的結果看，隨著中國革命運動的不斷勝利發展，美國在中國政治中的影響力逐步衰落，中華人民共和國成立後，美國的勢力和利益被徹底清除出中國；蘇聯則相反，其政治影響逐步擴大，直到與新中國結成同盟。蘇聯固然在客觀上占有顯而易見的優勢，它地理上與中國接壤，美國則遠在萬里之外。但導致上述結果的根本原因在於美蘇同中共的關係有本質的區別：蘇聯是中共的支持者，不論這種支持達到何種程度和有何種複雜的特點；美國則是中國革命運動的反對者。不過當中國政治形勢發生劇烈的和根本性的變動的時刻，這種本質的區別大致決定了美蘇對華政策演變的方向，至於演變的過程的確是相當複雜的。

　　隨著國共內戰全面爆發，美國政府儘管在公開聲明中繼續表示支持和平解決國共爭端，但它在1947年1月以後採取的一系列行動表明，其政策已經轉向支持國民政府進行反共內戰。這項政策幾乎立即被中國軍事形勢的急劇轉變證明是注

定要破產的。從1947年7月魏德邁使華到1948年末開始考慮從中國內戰中「脫身」而最終未能實現,再到企圖「等待塵埃落定」結果卻被逐出中國,美國對華政策一直處於搖擺、矛盾之中。

這一時期的美國對華政策突出反映了美國處理對華關係的基本特點,即不論從經濟、文化等等哪個方面看,美國都缺乏推動雙邊關係發展的內在動力,中國在某個時期對於美國是否重要,主要取決於它在美國戰略棋盤中所起的作用。太平洋戰爭期間,羅斯福政府抬高中國的國際地位主要是基於對日作戰的需要。同樣,當蔣介石下決心用武力消滅中共時,冷戰正愈演愈烈,同蘇聯的尖銳對抗使美國的對華政策同遏制蘇聯聯繫在一起。1947年間,美國政府中對國共內戰占主導地位的看法是,中共如果在內戰中取得勝利,肯定會站在蘇聯一邊,中共正在為蘇聯的「目標服務」,而且中共已經表明將「忠於蘇聯」。正是因為視國民政府為「蘇聯在亞洲擴張的一大障礙」,美國政府立即站在國民政府一邊,並不斷增加向後者提供援助。當後者已經被歷史的進程證明注定要垮掉時,美國政府仍然企圖透過各種方式加以搶救。

但是即使是為了遏制蘇聯,中國的重要性也只是相對的。美國的戰略重點在歐洲,用美國人的話說:「如果我們失去西歐,⋯⋯我們要保住自己也會日益困難。相反,即使失去了整個亞洲大陸,我們仍能生存,重整旗鼓,並可能把它奪回來。」美國的全球戰略決定了美國對國民政府的援助只能是有條件的和有限度的,不論美國會中親國民黨政府的「中國幫」和「援華遊說團」如何鼓噪「不能忽視中國」,都不可能根本改變美國政府的決定。

美國領導人當時對中國的看法同樣加劇了美國戰略安排的後果。杜魯門曾經聲稱:抗戰勝利時「中國只是一個地理上的名詞」,1911年以後「中國就沒有出現過一個權利遍及全國的中央政府」。這實際上反映了美國政府對中國戰略作用的評價與抗戰時期相比已經一落千丈。如果說在抗戰期間美國有意與國民政府建立某種有意義的戰略聯盟,那麼馬歇爾使華失敗則意味著那種戰略聯盟的設想終於破產。冷戰爆發後,美國政府固然對蔣介石統治下的中國發揮遏制蘇聯的作用有所期待,但是隨著國民政府的步步失敗,美國政府幾乎徹底失望。美國政府

內部認為:「在可見的將來的任何戰爭中,中國最好只能是一個軟弱的盟友,而最糟也只是一個無足輕重的敵人」,即使蘇聯也「只會把它看作一個巨大的貧民院,避免對它承擔責任」。差不多與此同時,美國政府基本上完成了對日政策的討論與修訂,一項扶植日本的政策開始付諸實施。歐洲優先、貶低中國的戰略價值和扶植日本等等,構成瞭解放戰爭後期美國考慮對華政策的幾個關鍵性環節。

當國民政府即將崩潰時,美國的對華政策正陷入前所未有的矛盾與混亂。想從中國內戰中「脫身」,又無法擺脫國民政府的糾纏;企圖透過與中共建立一些聯繫以便維護住在華利益,包括商業利益、文化聯繫以及如果可能也保持一些影響(如離間中共與蘇聯的關係)等等,結果卻事與願違。諸多論著分析了造成美國「脫身」不成的原因,不贅述。這裡只是強調美國對中國革命運動的敵視主要源自美國人的冷戰意識形態和傳統的「反革命」思想,這兩種觀念在深層次上決定了美國無法對中國革命運動的勝利做出合理的反應。

在冷戰意識形態的框架中,美國人將戰後不論哪裡發生的革命運動都歸結為蘇聯的「擴張」,各國的共產黨都是蘇聯的「第五縱隊」。同樣,中國內戰爆發後美國決策層即斷定,中共的勝利「有利於蘇聯的擴張主義目的和長期目標」,因此「顯然是不符合美國的安全利益的」。既然中國革命也是蘇聯「擴張」的工具,根據杜魯門主義的規範,它屬於蘇聯「間接侵略」的一部分,所以美國有責任加以反對。另一方面,在根深蒂固的「反革命」意識形態影響下,美國人視任何社會革命如洪水猛獸,認為社會革命將造成無政府狀態,摧毀或打亂一切秩序,當然也包括美國正在從中獲利的國際秩序。從美國有關人士的言論——不論是司徒雷登建議中共在新政權中「儘量吸取一切民主開明人士參加派」,還是艾奇遜對「中國又要回到紛爭割據的老路上去」的分析和對新中國將成為「文明國家」、「半文明國家」或「不文明國家」等等的標準的議論——都清楚地表明,那些參與美國政策制定的人們並不理解,中國革命產生於中國社會內部極其深刻的矛盾,以及中國革命所具有的民族解放與社會變革的兩重性。結果是不論美國政府內部曾經多麼認真地考慮要從中國內戰中脫身,實際上在阻撓中國革命取得最後勝利方面,美國始終是步步為營的。美國人的言行無法掩飾地流露出自以為是的優越感和對中國革命運動的蔑視,因而通常都被視為敵視和挑釁性的,其結

果是導致美國走上與新中國對抗之路。

蘇聯同樣將戰略重心放在歐洲，在東亞以確保雅爾達會議劃定的格局為基本界限，即鞏固對安全緩衝區的影響和爭取經濟利益。中國內戰爆發後，儘管東北蘇軍與中共的關係進一步加強並向後者提供了援助，但很難說那意味著蘇聯政策出現根本性的轉變。因為即使在東北蘇軍鼓勵中共奪取北滿的戰略要地的時期，重慶的蘇聯大使館仍然拒絕與中共代表交往。在蘇聯領導人看來，中共的力量如此弱小，很可能在大規模內戰中被打敗，特別是國民政府得到美國的支持。所以蘇聯對中國內戰的關注有限，而且主要集中在迫使美國撤軍和防止美國直接的軍事干涉。

當蘇聯確定中共已經取得決定性的軍事勝利後，它開始根本改變對華政策，從戰略層次上考慮加強與中共的關係。事實表明，不論是由於什麼原因，蘇聯對中國事態發展的理解力遠遠超過美國，其反應也合理得多。從1948年春季起，蘇聯對中共的援助明顯變得越來越積極。史達林告訴當時受命負責對中共援助的科瓦廖夫，蘇聯將儘量幫助中共，只要「兩國走上同一條道路，社會主義在全世界的勝利就能得到保障」。蘇聯鐵路專家小組到東北後明確向中共方面轉達，蘇聯將向中共提供更多的援助，並有意與未來的中共政權發展關係。

不過，蘇聯領導人不僅考慮意識形態問題和中共站在「哪一邊」，而且必定會認真地考慮和瞭解，中共取得政權後實行的內外政策將在東亞造成何種新的國際秩序，以及蘇聯的利益在其中能否和如何得到保障，等等。差不多從1948年冬季起，史達林顯然感到有必要全面瞭解中國形勢的發展和中共的內外政策，並親自掌握對華政策。不過他的第一個重要措施即遭到中共領導人的堅決抵制。1949年1月10日，史達林打電報給中共中央，就國共和談問題提出建議，結果遭到中共領導人的拒絕。他經過認真地解釋說明以後，才得到中共領導人的理解。很可能是接受了這次教訓，米高揚在會見中共領導人時出言特別謹慎。

這一時期蘇聯最有意義的決定是立即派遣蘇共政治局委員米高揚於1月前往西柏坡，以及7月在克里姆林宮接待了劉少奇率領的中共高級代表團。透過兩黨高層互訪，蘇聯與中共中央就新中國的內外政策取得了相當一致的意見。在協調

政策的過程中，蘇聯不僅基本上保全了它的既得利益，而且在中國政治中的影響不斷擴大，其結果是它與新中國結成同盟。

與美蘇開始調整對華政策同時，中共中央開始為新政權制定對外政策。從中共領導人面臨的客觀形勢看，美蘇政策的調整或多或少地留給中共領導人一些選擇餘地。從這個意義上說，對中共政策的研究應該從中共的指導思想和中共對有關事態發展的反應過程兩個層次加以分析。

首先可以肯定地說，這一時期毛澤東等中共領導人主要還是從革命者的角度認識有關問題的，所以必定要以中國革命的理論思想為指導並在中國革命運動經驗的影響下，制定對外政策和處理與美蘇的關係。他們歷來認為，中國革命是世界社會主義革命的組成部分，它的目標是推翻帝國主義在中國的統治，建設一個社會主義的新國家。不論當時是否發生美蘇冷戰，上述理論思想從根本上決定了中共領導人對美蘇的態度。實際情況是，歐洲共產黨情報局成立以後，中共中央幾乎立即接受了蘇聯關於「兩大陣營」的觀點，並明確表示中國革命是「以蘇聯為首的反帝國主義陣營」的組成部分，其任務包括「和全世界人民一道」打敗美國的帝國主義「奴役計劃」。「一邊倒」的確既形象又典型地揭示了中共領導人的基本傾向和基本選擇。

不過確切地說，「一邊倒」更多的是作為一項「總攬全局的大政方針」提出來的。它所要闡述的不僅是在美蘇對立的世界格局中處理與美蘇關係的一般原則，而且包括著對未來中國的發展道路的基本設想。這一時期中共領導人正開始考慮如何建立新的政權。在中共領導人的心目中，如何處理與美蘇的關係是同中國未來的發展道路密切聯繫在一起的。中共與蘇聯高層互訪和溝通表明，如果中共與蘇聯在中共的國內政策上不能做到基本協調，後來的蘇聯與中國結盟以及中國成為蘇聯陣營的成員等，都是不可能的。反之，美國不僅在行動上阻撓中國革命取得最後勝利，同時還企圖干預未來中國政權建設，這是使中共領導人下決心停止與美國方面接觸的關鍵性原因。

需要指出的是，在美蘇尖銳對立的冷戰格局中，中共對蘇聯和對美國的政策必定要相互影響，問題是這種相互影響會達到什麼程度。至少在中共領導人看

來，在兩個陣營中決定站在哪一邊是政治原則，但政治原則與對外政策畢竟是有區別的。因此中共領導人對有關事態的反應同樣是不可忽視的。從這個層次上看，在中共領導人的心目中，維護中國革命運動的成果，爭取中國革命的徹底勝利，是他們當時衡量外部政治勢力是敵是友的首要標準。對美國如此，對蘇聯亦然。毛澤東在決心徹底推翻國民政府的時候，不僅強烈譴責美國援助蔣介石，而且尖銳批評蘇聯人恐美媚美的精神狀態，並要求堅決肅清其在中共黨內的影響。他將這兩者同樣視為奪取革命勝利的障礙。在1948年末和1949年初相繼發生的兩件事情再次證明，在維護中國革命利益的問題上，毛澤東對美蘇使用的標準是有內在的統一性的。

其一是1948年12月初中共中央接到報告說，一個自稱與馬歇爾等關係密切的美國記者告訴中共代表，美國承認中共政權的條件是新政權中要有美國可以接受的反對派，以及允許美國在上海、青島等地駐軍。毛澤東對此反應強烈，此後挫敗美國的此類「政治計劃」成為中共中央極為關注的問題。11月中旬中共軍隊封鎖美國駐瀋陽領事館後，中共中央曾經設想新政權有可能與西方國家建立外交關係。4個月後，中共中央確定了不急於與美國等西方國家建交的被稱為是「不承認」和「打掃乾淨屋子再請客」的政策。美國的上述立場顯然是造成這種變化的重要原因。

其二是發生在1949年1月中旬的史達林建議中共中央進行和談。毛澤東接到史達林的電報後，直截了當地予以回絕。他告訴史達林：國共力量對比已經發生根本變化，中共不必再採取迂迴的方式爭取勝利。他還修改了史達林給國民黨政府的覆電，這種勇敢舉動在蘇聯陣營中大概也是史無前例的。由此可以看出中共領導人維護革命成果的決心。從後來的發展看，史達林顯然接受了教訓。在涉及中國革命戰略和重大政策等問題上，他對中共領導人的決定、方針和政策等等表現出了足夠的尊重和支持。這是蘇聯與中共關係能夠比較順利發展的關鍵原因之一。

美國正相反，5、6月間司徒雷登在與中共代表接觸時，仍然癡心不改，繼續要求中共接受美國的主張，包括不能實行「共產主義」、新政府中要接納「民

主開明人士」和不與蘇聯結盟。正是美國對中國革命運動的干預和從中表現出來的態度，使中共領導人宣布他們「對美帝亦決無改變其政策的幻想」。8月5日美國政府發表了《美中關係白皮書》，中共領導人立即予以猛烈地批判，中美走向對抗由此開端。值得指出的是，此時劉少奇正從莫斯科滿載而歸。

這一時期國民政府處理與美蘇關係的宗旨就是挽救自己的覆滅，其努力大致集中在兩個方面。其一是繼續爭取美國的援助和支持，阻止美國從國共內戰中脫身。總的說來，國民政府的努力效果不佳，只要是美國政府希望做的，國民政府都未能阻止，如召回駐華軍事顧問團、不再向國民政府提供新的經濟和軍事援助、編制和發表《美中關係白皮書》，等等。美國之所以沒有最終拋棄國民政府，固然同後者在美國的遊說有關。但根本上與其說是國民政府努力的結果，不如說是美國與中共關係變化使然，即美國與中共對抗的需要才使國民政府與美國的關係得以延續。

其二是使中國內戰國際化，利用國際力量的介入來阻止中共奪取全國政權。由於美國有調處失敗的經歷，而且在內戰中是國民政府的支持者，已經失去調處的資格，國民政府多少對蘇聯寄予希望。早在解放軍開始戰略反攻時，蔣介石即表示要加強中蘇關係。國民黨內一些高層人士也因不滿於美國援助不力，聲稱尋求蘇聯幫助和出面斡旋國共衝突。1948年初，南京一度風傳蘇聯有意調處國共內戰。1月7日，張治中會見奉召即將回國的蘇聯武官羅申，提到改善中蘇關係和希望蘇聯「幫助中國達到和平的目的」。羅申表示將向國內報告。國民黨方面隨後告訴美國駐華使館，蘇聯有可能在國共間斡旋。羅申返回中國後，被任命為蘇聯駐華大使，更使上述說法增加了某種可信性。1949年1月8日，國民政府外交部致函美蘇英法，呼籲國際調停。國民黨領導人肯定清楚，除了蘇聯，沒有任何一個大國能夠影響中共的政策，所以他們真正寄予希望的就是蘇聯。在照會發出之前，國民黨方面已經與美國大使館探討，以美國承認蘇聯在東北的特權，換取國共「隔江而治」。如上所述，由於中共中央的堅決抵制，蘇聯明確告訴國民政府，它拒絕居間調停國共衝突。這一事件在中蘇關係中具有重大意義，它標幟著蘇聯不再將國民黨作為處理對華關係的對手。蘇聯與中共的戰略合作關係已經明朗，國民政府與蘇聯徹底破裂只是時間問題了。

事實表明，當中國革命進入最後勝利的階段，支配美蘇國共關係的主要事態是中共即將取得全國政權，以及由此對東亞國際政治造成的衝擊。美蘇在中國的利益和影響基本上取決於它們對中國革命運動的態度，以及試圖和實際上與中共建立什麼樣的關係。中共的勝利則不可避免地使圍繞中國展開的國際關係帶上強烈的革命色彩。

結論

本文的分析表明，解放戰爭時期的美蘇國共關係經歷了複雜的發展過程。在這個過程中，美蘇關係從同盟到敵人的變化和它們各自的對華政策的調整，均對中國政局、特別是對國共關係，產生過重要的影響。不過國共關係的演變發展，主要取決於國共兩黨各自對國內外形勢的認識、判斷和有關的政策決定。它們不論在處理與美蘇關係的哪個階段上，都是以利用外部力量以便在國內鬥爭中取得有利地位為出發點和首要考慮的。總而言之，當一場世界範圍的戰爭結束以後，美蘇兩個大國對中國形勢的影響在不同的階段程度不同，總的說來是有限度的和逐步弱化的。這表明當時大國干預中國事務的能力和願望都有限，美蘇之間在中國有限的相互遏制使國共可以基本上依靠自己的實力和能力一競雄長。正是它們的鬥爭的結果（中共取得全國政權）不僅改變了中國的面貌，而且從根本上影響了東亞的政治格局和力量對比。

論新中國外交的形成及其主要特徵

　　本文研究的新中國外交是指中華人民共和國誕生前後到1954年這一時期的中國外交。以往有關這一領域研究的共同特點是，側重於描述新中國外交發展的總畫面和影響新中國外交發展的種種內外因素，它們的不足之處是一直未能進一步探討新中國外交的主要特徵。如果沒有這種探討，對新中國外交的理解至少不會是完整的，而且肯定無法深入理解後來中國外交的發展。本文的目的是力圖彌補這一不足，在以往研究的基礎上揭示新中國外交在其形成過程中表現出來的一些主要特徵及其歷史含義。

一、「一邊倒」與新中國外交的革命性

　　對新中國外交制定階段的研究已經取得了相當豐富的成果，特別是近年來對中共與蘇聯和美國的關係分別進行的深入探討，極大地豐富和加深了對新中國外交起源的解釋。有關的研究表明，中共中央大致從1948年底開始考慮未來新政權的外交政策。在此後大約三個月的時間，新中國外交的主要原則便確定下來了。按提出的順序，這些原則包括對美國等帝國主義國家「不承認」和站在蘇聯陣營一邊（後來被簡稱為「一邊倒」）、「另起爐灶」、「打掃乾淨屋子再請客」等等。從產生的指導思想和要解決的主要問題看，這三項原則都表現出一種強烈的革命性。這裡所謂的「革命性」是指它們是在中國革命運動的理論思想指導下產生的，同革命運動後期所要解決的重要問題有密切的聯繫，並在本質上反映了中國革命運動的目標，即透過激進的手段從根本上改變近代以來中國在世界上的屈辱地位和建立在不平等條約基礎上的對外關係。從這個意義上說，「一邊倒」在其中最具有代表性。

　　在1949年1月上旬召開的政治局會議上，中共領導人討論了與對外政策有關的問題。從目前已經公開的資料看，這些討論並不很充分，透過討論初步確定了對美國等國家不急於承認和先與蘇聯等國建交、通商的大原則。會議後發布的《中央關於外交工作的指示》主要體現了針對美國等國的「不承認」原則，並對相關的具體問題做出了不少規定。

　　1月政治局會議結束後不久，中共領導人在西柏坡接待了史達林的特使米高揚，這次會晤促使中共中央最終決定建國後與蘇聯結盟。在3月召開的七屆二中全會的總結發言中，毛澤東宣布「我們與蘇聯應該站在一條戰線上，是盟友，只要一有機會就要公開發表文告說明此點」。與此同時他明確並進一步闡述了「不承認」原則，即「關於帝國主義對中國的承認問題，……就是在全國勝利以後的一個相當時期內也不必急於去解決」。新中國的外交布局從此基本確定下來。

　　4月1日，毛澤東在與張治中的談話中，針對後者提出的在美蘇之間保持中立的主張，首次使用了類似「一邊倒」的說法，即「當今之世，非楊即墨，不是

倒向蘇聯一邊,便是倒向美國一邊」。6月30日,毛澤東在《論人民民主專政》中,用駁論的方式重申了他與張治中談話中闡述的主要觀點,其中首次提到了「一邊倒」的概念。此時劉少奇已經踏上了訪問莫斯科的旅程,他此次訪蘇基本上奠定了新中國與蘇聯建立戰略聯盟的基礎。

從「一邊倒」概念提出的過程看,它被賦予了雙重含義,即新中國外交戰略的指導方針和新中國發展戰略的形象概括。首先,從毛澤東最初提出「一邊倒」概念的針對性看,是要回答在一個被認為是分裂成兩大陣營的世界政治格局中,新中國將站在哪一邊的問題。在這個層次上,「一邊倒」是新中國外交戰略的指導方針,也是對未來新中國外交格局的形象的總概括,與蘇聯結盟和對美國等國家的「不承認」都是這一大格局中的具體政策。近年來有關的研究成果詳盡地提示了從1948年末到新中國成立這一時期中共處理對蘇對美關係的複雜過程,這裡所要強調的是指導這一過程的發展方向的思想及其本質特點。

「一邊倒」方針是一場持續了二十多年的革命運動在即將取得勝利的階段的產物。毛澤東等中共領導人作為制定這項政策的主角,是從革命者的角度,或者說主要是從革命者的角度,根據中國革命的理念和經驗,認識世界和未來新中國與世界之關係的。脫離開他們對中國革命運動與世界政治的關係的理解,既無法深入解釋「一邊倒」方針的形成,也不能解釋後來新中國對外政策調整的內在限度。

中國共產黨領導的革命運動是在中國舊式的民族民主革命屢遭失敗後、在俄國十月革命勝利的影響之下興起的。第一次世界大戰結束和俄國十月革命勝利造成的國際局勢大變動,是這場革命運動發生和發展的主要國際背景。列寧關於帝國主義時代的理論,十月革命的勝利,辛亥革命失敗的教訓,以及中共早期領導人的經歷和處境,幾乎從一開始就鑄造了中共對國際事務、中國革命與世界的關係等重大問題的認識框架,即「世界資本帝國主義的列強企圖協同宰割全世界的無產階級和被壓迫民族」,所以中國革命運動「一定要併入全世界被壓迫民族的革命潮流中,再與世界無產階級革命運動聯合起來」才能打倒帝國主義,「中國勞苦群眾要從帝國主義的壓迫中把自己解放出來,只有走這條唯一的道路」。後

來的歷史證明，中共建黨時期形成的這種認識一直深刻地影響著黨在各個時期的戰略和策略。

在抗日民族統一戰線形成時期，中共中央曾經提出，應將「中國的抗日民族統一戰線與世界的和平陣線相結合」，主張中國與英美法建立「共同反對日本帝國主義的關係」。但是直到太平洋戰爭爆發，中共領導人對國際政治力量的基本分析和所持的立場並沒有動搖。1940年1月，在德國入侵波蘭後蘇聯與美英法等關係嚴重惡化和國共內戰尖銳化的背景下，毛澤東在《新民主主義論》中再次強調，中國革命運動是「世界無產階級社會主義革命的一部分」，在當今時代，殖民地半殖民地的「英雄好漢們」要麼站在帝國主義戰線方面，要麼站在蘇聯領導的世界革命戰線方面，「二者必居其一，其他道路是沒有的」。毛澤東這時提出這一論斷表明，一旦蘇聯與西方國家轉向對立，中共領導人做出的選擇必定是站在蘇聯一邊，並在國內鬥爭中採取比較激進的革命政策。

1941年末，蘇聯與美英結成反法西斯同盟，導致中共領導人修正了關於國際上革命與反革命「兩大勢力」不可調和的觀點。他們認為美英蘇結盟導致了一種「世界新秩序」，在「世界新秩序」中，重大的國際問題必須以美英蘇「為首的協議來解決」，各國內部的問題也「必須按照民主原則來解決」。在美英蘇合作的大格局影響下，國民黨不敢大舉反共，中共也不宜進行激進的社會革命，「整個國際局勢戰後一時期仍是民主派各界合作的統一戰線的民主共和國局面，中國更必須經過民主共和國才能進入社會主義」。自1942年夏季到抗戰結束，中共中央的內外政策曾幾經變化，但不論其調整幅度有多大，從未超出過這個基本框架。

戰後初期，中共領導人已經注意到美蘇兩國之間的分歧越來越明顯，不過並不認為它們合作或相互妥協的局面會很快結束。毛澤東決定親赴重慶談判的重要原因之一，就是他相信全世界「都進入了和平建設的階段」，「蘇、美、英也需要和平，不贊成中國打內戰」，「美國不公開幫助蔣介石，決定蘇聯也不能公開幫助我們」。在這種條件下，中國只能走法國式的道路，建立「資產階級領導而有無產階級參加的政府」。儘管重慶談判的實際成果相當有限，毛澤東回到延安

後仍然重申，美蘇在「許多國際事務上，還是會妥協的」，中國局勢再有半年的動盪，「和平建設階段」終將到來。

重慶談判結束後不久，國共在華北爆發了軍事衝突，中共在得到蘇聯支持的情況下開始實施爭取東北的戰略。不過這並不意味著中共領導人對美蘇關係的認識和他們的革命戰略發生了根本變化，中共中央當時的方針是在向和平時期過渡的半年中，爭取奠定華北和東北自治的基礎。隨著蘇聯調整在東北的政策、美國總統杜魯門發表對華政策聲明和國共談判出現轉機，中共中央即宣布「中國和平民主新階段即將從此開始」。國共達成政協協議後，毛澤東發表談話說，實現和平民主的最初推動力來自國際上美蘇妥協的大趨勢。事實表明，中共中央曾經是準備執行已經達成的協議的。

全面內戰爆發和國際上美蘇冷戰的發生，促使中共領導人開始修改1942年夏季以來的基本看法，「中間地帶」思想的提出便是重要的標誌。「中間地帶」思想無疑具有豐富的內涵並產生了深遠的影響，它包含的重要觀點之一便是美蘇之間的爭鬥並不能決定性地影響中國的局勢。不過它是當時中共領導人的認識處於過渡狀態的產物，而且這一過渡階段是相當短暫的。1947年9月，歐洲幾國共產黨情報局成立並發表宣言稱，世界已經形成以蘇聯為首的民主反帝陣營和以美國為首的帝國主義陣營。雖然報告中並沒有提及中國革命的重要意義，中共中央仍然毫不猶豫地表示接受「兩大陣營」理論，並宣布站在蘇聯陣營一邊。

大約從1948年春季開始，中共領導人表明了加強與蘇聯關係的迫切願望，同時在黨內加緊進行政治和思想準備。蘇聯與南斯拉夫的關係破裂後，中共中央即表示堅決支持蘇聯的政策，儘管毛澤東本人曾經在黨內表示過對狄托的佩服和讚賞。四個月後，劉少奇在他的文章中乾脆提出，在當今的時代「中立」是不可能的，是否聯合蘇聯是「革命與反革命的界限」，是一個民族「走向進步或走向倒退的界限」。中共領導人的上述表態既是出於密切與蘇聯關係的戰略考慮，也是他們認同「兩大陣營」理論的必然結果。

歷史的進程表明，當中共領導人開始考慮為新中國制定對外政策時，他們對世界政治形勢及其發展方向已經有了相當深入和固定的認識，即美蘇「兩大集團

的衝突，是根本的衝突，兩大集團的鬥爭，是你死我活的鬥爭」。從這個意義上說，「一邊倒」方針的形成的確反映了中共領導人對當時世界政治力量的分析和發展趨勢的總的看法。一如前述，這種看法有著深厚的歷史根源，是他們根據革命理論和長期領導革命運動的經驗觀察世界的結果，冷戰初期的國際環境只不過使之強化而已。另一方面「一邊倒」方針的形成也說明，中國領導人在考慮新中國與世界的關係時，是以認識中國革命運動與世界的關係為出發點的。正如毛澤東在《論人民民主專政》中明確指出的，中國革命的主要的和基本的經驗就是「兩件事」，其中之一便是聯合蘇聯陣營和其他各國的無產階級和廣大人民，「結成國際的統一戰線」。因此可以說，具有強烈的革命性是「一邊倒」方針的突出特徵。

「一邊倒」的另一層含義正如一位學者曾經指出的，它是被「作為一項總攬全局的大政方針」提出來的。毛澤東在《論人民民主專政》中提出「一邊倒」同與張治中談話時的針對性有所不同，他要回答的是比外交戰略更廣泛的問題，即主要是要闡明新中國的發展道路。合乎邏輯的推論是，在毛澤東這時的思考中，新中國的外交戰略同新中國的國家發展戰略是密切聯繫在一起的，新中國外交戰略的確立是同中共領導人決心建立人民民主政權和走社會主義道路互為因果的。

近年來國內研究界已經開始探討中共領導人在爭取與蘇聯結盟的過程中，是如何不斷地調整其國內的大政方針的。新公布的檔案也表明，在米高揚訪問西柏坡和劉少奇訪問莫斯科的過程中，中共領導人都將相當多的精力用於與蘇聯方面協調中國國內的方針政策上。特別是劉少奇在訪蘇期間，將主要精力用於與蘇聯協調中國的國內政策和學習蘇聯建國和經濟建設的經驗。他回國時不僅帶回了一批蘇聯專家，而且帶回了完整的蘇聯政權與經濟建設的模式。可以肯定地說，如果當時中央與蘇聯在中共的國內政策上不能協調，要蘇聯接受新中國成為其盟友是相當困難的。進一步說，在世界上已經形成兩大國際政治、經濟體系的背景下，中共的國內政策與對外政策高度協調的最終結果是，新中國一誕生便跨入以蘇聯為中心的國際政治經濟體系。

指出這一點的重要性在於，只有認識「一邊倒」與新中國建國方略的關係，

才能理解中華人民共和國對外政策調整的限度和難度。換句話說，如果沒有國內政策的重大調整，即使國際形勢發生變動，要改變新中國外交的格局也是非常困難的。

「一邊倒」包含著與蘇聯結盟和對美國等國家「不承認」兩個方面，而後一個方面同樣展示了處於形成期的新中國外交的革命性。中共中央在決定成為蘇聯「盟友」的同時，也確定了對西方國家的「不承認」原則，即在當前和建國後一個時期裡，不急於解決與美英等國建交，以便徹底清除帝國主義勢力在中國的影響。中共黨史研究的權威部門出版的論著證明，中共中央原準備新中國成立後用五六年的時間來「打掃乾淨屋子」，然後再考慮與美英等建交。

中共中央的決定產生於兩個主要原因。第一是為了徹底結束百年來屈辱的外交，這也是中國革命的必然追求。中共領導人從開始考慮新中國外交之日起便提出，「總的觀念是百年壓迫現在站起來，……應有這樣的氣概」。具體到與美國等國家的關係，用毛澤東的話說：「我們是打倒它，不是承認它。」在他們看來，唯其如此才能徹底擺脫以往屈辱外交的束縛，在世界上確立新中國的平等地位。

第二是防止美國干涉和破壞中國革命的進程。相比較而言這一原因的影響更直接、更突出。一些論著已經指出，中共領導人在1948年11月間曾經考慮過與美英等西方國家建立外交關係的可能性，但是他們逐步改變了這種想法。導致事態如此發展的直接原因是中共中央於12月初接到一份祕密報告，該報告記錄一位美國記者聲稱，美國對華政策的核心就是如何在新中國政權中「造成一有效的反對派」，這也是美國承認新中國的條件。毛澤東對此做出強烈的反應，粉碎美國的此類陰謀成為他此後一段時間裡極為關注的問題。

中共領導人反應如此強烈同他們的基本認識是分不開的，即美國不論在理論上還是在現實中，都是革命的敵人和最危險的外部威脅。按照毛澤東的觀點，「帝國主義國家對革命國家一定要干涉」是客觀規律，當革命戰爭從根本上威脅到帝國主義在中國的統治時，它們就會，「完全公開地」站在反革命一邊進行干涉。實際上中共中央一直在準備應付幾乎可以設想出來的美國各種形式的干涉，

「從內部破壞」則被認為是美國當時採取的主要干涉形式,其目的是要分裂革命陣營或使革命「帶上溫和的色彩」。如果說黃華與司徒雷登的接觸對中共領導人有什麼影響的話,那就是他們更加斷定美國人居心叵測。根據辛亥革命和大革命運動的經驗教訓,如果不粉碎美國的此類陰謀,中國革命將重蹈失敗的覆轍。

8月5日,美國政府發表了《美中關係白皮書》,它立即受到中共的嚴厲批判。毛澤東連續發表的五篇評論文章表明,圍繞新中國發展道路展開的干涉與反干涉的矛盾,被中共領導人確定為新中國與美國對抗的主要內容。中共中央對中美在華勢力與影響等等措施均表明,即使沒有韓戰,中美關係的調整也是相當困難的,很可能需要比較長的時間。

總而言之,「一邊倒」方針從本質上說是中國革命運動的產物,它一經形成即賦予新中國外交一種強烈的革命性,這種革命性既定了新中國外交的基本格局,也在某些方面塑造了新中國的外交思想和行為。

二、三大決策與新中國外交的內在矛盾

　　與蘇聯締結同盟條約、援越抗法和抗美援朝是新中國成立第一年中的三大決策，其意義不僅僅在於它們對後來中國外交產生的長遠影響，這一點以往一些研究成果已經從不同角度闡述過，儘管並不是很有系統的。更重要的是這三大決策在其形成過程中，反映了新中國外交的內在品質和矛盾。

　　新中國一誕生，其外交即表現出一種明顯的「外張力」。這裡所謂的「外張力」是指對中國對外的革命運動的關注和支持，它部分地來自中國革命運動的內在衝動，即渴望中國革命的勝利在全世界、至少也要在中國的周邊地區產生巨大的影響。既然中國革命是世界革命的一部分，中國革命的勝利就應該也必然會引起國際政治格局的重大變動。另一方面，新中國對外關係的發展和周邊形勢的變化，也是導致「外張力」產生和加強的重要因素。

　　新中國外交中存在「外張力」並不難理解，重要的是它最終沒有對新中國的外交決策產生壓倒性的影響，其原因即在於新中國外交中存在著與生俱來的「內向性」。很長時間以來，中國學者的有關研究成果均強調新中國外交與以往中國外交在各個方面的截然不同之處。事實上新中國外交與以往的中國外交在深層次上是有連續性的，這種連續主要表現為它的「內向性」。這裡所謂的「內向性」是指中國的對外政策總的說來是為達到國內政治目標而制定的，並受到國內政治的嚴重影響。它從19世紀中葉起便存在了，而且一直持續到20世紀。以往的研究已經證明，從抗日戰爭結束到中華人民共和國成立前，國內政治鬥爭的需要一直是中共中央在制定對外政策時考慮的主要因素之一，這種特點不可避免地會影響到新中國的對外政策。

　　從締結中蘇條約到出兵抗美援朝，新中國的外交決策一直受到「內向性」和「外張力」的影響。這兩種因素在歷次決策中所起的作用的確是不同的，不過從總的趨勢看，這一時期外交決策的發展表現為「內向性」受到「外張力」的牽引和抵制「外張力」的過程。

新中國第一個也是重要的外交行動就是與蘇聯締結同盟條約。在確定「一邊倒」的大方針後，新中國與蘇聯結盟便是順理成章了。在米高揚訪問西柏坡和劉少奇訪問莫斯科的過程中，中共領導人和蘇聯領導人已經討論過如何處理舊的中蘇條約和簽訂新條約的可能性。中共領導人對1945年8月的中蘇條約的性質和具體條款予以否定是中國革命的題中應有之義，不過蘇聯領導人含糊不清的表態使他們難以確定，能否促使蘇聯同意簽訂一項新條約。與之相關的問題是，在中共方面主動要求的情況下，如果蘇聯同意簽訂新條約，它包括何種內容才能得到國內各方面的擁護。正是在這種背景下，劉少奇向史達林提出了處理中蘇條約的三種辦法，即：（1）保持舊條約，新中國予以承認；（2）簽訂新條約以取代舊條約；（3）透過政府換文暫時維持現狀。他同時委婉但明確地告訴史達林，中國國內在蘇軍駐紮旅順、外蒙古獨立和蘇聯拆遷東北廠礦設備等問題上存在不滿。由此可以推斷出中共領導人的要求和他們面臨的問題。

毛澤東在建國後不久訪蘇時，有待他解決的問題主要就是締結新條約了。12月26日，毛澤東在第一次會見史達林時便聲明：「中國需要三到五年的和平喘息時間，用這段時間來恢復戰前的經濟水準和穩定全國的局勢」。他實際上指出了與蘇聯結盟的目的，即希望蘇聯提供安全保障、政治支持和經濟援助，簽署一項新的中蘇條約將使這些內容得到保障。史達林最初明確地否定了重訂新條約的可能性。

根據毛澤東1950年1月2日給中共中央的電報，直到當晚與莫洛托夫等會談時，蘇聯方面才表示同意簽訂新條約。毛澤東當時告訴他們，簽訂新條約將得到中國國內各方面的擁護，現時有利於處理舊中國與帝國主義訂立的條約。此後毛澤東繼續說服蘇聯方面，應在新條約中反映兩國間「完全新型的關係」。他強調「中國人民當中的某些人一直對現存的中蘇條約不滿」。毛澤東顯然以在國內面臨的困難作為促使蘇聯讓步的重要理由。從當時的情況看，沒有理由懷疑國內政治的需要並不真是毛澤東關心的主要問題之一。

迄今為止尚不清楚，中共中央在毛澤東訪蘇前是否以及如何討論有關簽約問題的。從毛澤東的電報中透露的態度看，他對新條約的內容可能會在國內引起反

響這一點，並非全無準備。所以毛澤東要求中共中央在周恩來出發前，應在黨內和政府內進行解釋。根據劉少奇給毛澤東的有關電報，民主黨派均不反對簽訂新條約，但在具體問題上並非沒有不同意見。同樣不清楚的是，周恩來赴莫斯科前，中共中央是如何討論新條約所涉及的問題的，以及他到莫斯科後是如何與毛澤東協商的。不過周恩來在後來的締約談判中確實展現了相當頑強的立場，以至蘇聯代表時時「感到很驚訝」，甚至質問中蘇「還算什麼同盟者呢？」

進一步研究（如果有條件的話）在北京的中共領導人的討論情況和國內各有關方面的態度是有重要價值的，因為這樣可以澄清國內政治形勢在多大程度上影響著中共中央的有關決策。毛澤東回國後一再強調，中蘇條約是「愛國主義的條約」，它符合中國經濟建設和國家安全的需要。3月，中蘇簽署石油股份公司和有色金屬股份公司協定在國內引起的風波，間接地證明了他做上述聲明的必要性。從劉少奇起草的文件中可以看出，該兩項協定公布後，曾遭到青年學生的質疑和強烈批評。需要說明的是，以上的分析並不是要否定當時簽訂中蘇條約的積極意義，它只是要說明新中國諸多的內在需要和國內政治形勢始終是支配中國領導人做出有關決策的重要因素。

與蘇聯談判簽約的同時，中國領導人做出援越抗法的決策。不論從新中國外交戰略的指導思想還是從對後來中國外交的影響看，援越抗法都是一次重大的戰略決策。本節開始時已經指出，「外張力」是一種產生於革命運動本身的向外擴展革命影響的衝動力。劉少奇為援越抗法起草的批示比較典型地展示了這種衝動力，他說，中國革命勝利後，「用一切可能的方法去援助亞洲各被壓迫民族中的共產黨和人民爭取他們的解放，乃是中國共產黨與中國人民不可推辭的國際責任，也是在國際範圍內鞏固中國革命勝利的最重要的方法之一」。正是在這種觀念的指導下，新中國一成立便開始向胡志明領導的越南共產黨提供支持和援助，而且在做出這一決定時，中國領導人對越南革命的重視遠遠超過了對北韓的關注。

在陳賡部隊向雲南進軍時，中共中央已經在考慮向越共軍隊提供援助。1949年12月24日，根據越共中央的請求，中共中央做出向越共提供軍事援助的

決定。此後雙方關係迅速發展。1950年3月,中共中央決定派遣軍事顧問參與越南境內作戰。到1954年4月日內瓦會議召開,中國幫助越共軍隊相繼取得了邊界戰役、頓河中游戰役、東北戰役、寧平戰役、西北戰役和奠邊府戰役等重大的軍事勝利。這期間中國向越共提供了幾乎所需的全部軍用物資,參戰的越軍主力部隊大部分在中國受到訓練,中國的軍事顧問在歷次戰役的指揮中發揮了舉足輕重的作用。

　　新中國對越共的另一項支持是率先與越南民主共和國建交。12月24日,在接到越共中央關於建交的請求後,中共政治局經討論認為,應接受越共中央的請求,理由是在法國沒有承認新中國之前與越南民主共和國建交「利多害少」。毛澤東在當天的回電中,只同意先派羅貴波前往越南瞭解情況。1950年1月17日,在接到越南民主共和國的正式要求後,毛澤東即電告劉少奇「應立即答覆同意」,並批示外交部幫助越南方面向蘇聯和其他人民民主國家轉達其建交聲明。繼中國之後,蘇聯與東歐國家和北韓也相繼與越南民主共和國建交。中國領導人的決定既與中蘇談判的進展有關,也是「不承認」原則的結果,即中國當時並不急於與法國建交。實際上中國與越南民主共和國建交確實影響了法國的態度,是它當時沒有像英國那樣尋求與新中國建立關係的重要原因。

　　中國援越抗法的一個成功之處是,它既沒有將中國拖入對外戰爭,也沒有影響中國國內的議程,因此有關的政策從未在中國決策層引起任何爭論。何況劉少奇當時也解釋過援越抗法與中國安全利益的關係,即如不幫助越共,敵人待在那裡,中國的「困難就會更大,麻煩也就更大」。

　　與援越抗法相比較,抗美援朝的決策要複雜得多,它更突出地涉及到新中國外交的深層次問題。新中國成立後不久便開始向北韓提供幫助。1949年7、8月,開始允許朝軍人回國。韓戰爆發後,中國對北韓的援助不斷增加,包括提供軍用物資、允許蘇聯援朝物資免稅透過中國境內運往朝鮮,以及派遣人員赴朝鮮瞭解戰場情況和加強與北韓的聯絡等。為了應付可能出現的複雜局面,從7月中旬起,中國開始大規模組建東北邊防軍。

　　隨著朝鮮戰局的變化,中國領導人在8月上旬即開始考慮參戰問題。據薄一

波回憶，在8月4日召開的政治局會議上，毛澤東提出了中國參戰的設想。周恩來也認為，要取得韓戰的勝利，必須加上中國的因素，「我們不能不有此遠大的設想」。8月26日，周恩來在東北邊防軍準備工作會議上發表講話，說明了中國領導人對韓戰的基本認識，即由於美國的軍事介入，韓戰「已經成為目前世界鬥爭的焦點」，它既是「兄弟國家的問題」，也會影響中國東北地區。他提出的另一個重要判斷是，韓戰還不會擴大為第三次世界大戰，但美國如得手就有可能在亞洲產生「多米諾」骨牌式的後果。所以中國要有參戰的準備，參戰的目標則是幫助北韓打贏統一戰爭，包括「最後將美軍各個殲滅」。可能是為了說服部隊接受暫時擱置「解放臺灣」計劃的決定，他指出北韓如取得勝利，將有利於解決臺灣問題。

　　美軍在仁川登陸後朝鮮戰局急轉直下。10月1日，中國領導人幾乎同時接到金日成關於中國出兵的請求和史達林的類似建議，這時他們面臨的軍事形勢比8月設想的最糟的情況還要不利，參戰可能帶來的嚴重後果是顯而易見的。不過毛澤東還是立刻做出了出兵朝鮮的決定。值得注意的是，他在10月2日起草的給史達林的電報中，突出強調了美軍占領全朝鮮將給朝鮮革命造成的損失和對「整個東方」的影響，卻沒有提到中國自身的安全也受到了威脅，而後一點恰恰是後來中國領導人為向國內證明出兵合理性時所反覆強調的。

　　毛澤東的決定很快便遭到他的同事的反對。在參與決策的人中到底有多少人對出兵持反對意見，目前仍不清楚，但他們確實促使毛澤東改變了主意這一點應可證明其為數不少。根據蘇聯駐華大使羅申10月3日給史達林的報告稱，毛澤東請他轉告史達林，「中共中央的許多同志認為」，對於出兵朝鮮「必須謹慎行事」，因為一旦引起「美國與中國的公開衝突，那麼我們整個的和平建設計劃將被全部打亂，國內許多的人將會對我們不滿（戰爭給人民帶來的創傷尚未醫治，人民需要和平）」。中國出版的有關資料和一些研究成果證明，毛澤東對中國決策層中反對意見的解釋是真實可信的。

　　中國決策層的分歧反映在兩個層次上。首先是決策層中一部分人不贊成出兵，其理由非常明顯，就是要優先考慮國內的需要。其次，即使是充滿革命激情

因而力主出兵朝鮮的毛澤東本人，在內心深處也存在嚴重的擔憂，擔心如果軍事失利可能會給中國帶來政治、經濟和安全等方面的嚴重後果。在這種情況下，史達林的壓力起了至關重要的作用。

在10月5日發出的給毛澤東的電報中，史達林闡述了韓戰與中國的利害關係。他聲稱美國還沒有做好發動大規模戰爭的準備，而且即使美國真的將戰爭擴大到中國也不要緊，因為那時蘇聯就會與中國並肩作戰。他還專門指出，如果中國出兵，就會迫使美國讓步，「並被迫放棄臺灣」，反之中國「甚至連臺灣也得不到」。史達林在臺灣問題上有可能不予合作的暗示肯定會給中國領導人留下印象。史達林在10月11日會見周恩來和林彪時，說明了另一個對中國來說是更為嚴重的後果。他強調美國占領北韓將對中國的安全構成長期威脅並影響東北的經濟，而且一旦北韓陷落，北韓政府和生力軍將遷往中國東北。一旦出現史達林所說的最後面一種情況，中國將被動地陷入與美國長期的軍事衝突，而且東北會長期面臨戰爭威脅。

目前公布的資料間接地證明，在北京的中國領導人在10月13日以前已經獲悉史達林的觀點。毛澤東10月13日給周恩來的電報表明，他已經將中國的安全作為出兵的首要考慮。他在電報中說，「讓敵人壓至鴨綠江邊，……則對各方都不利，首先是對東北更不利，整個東北邊防軍將被吸住，南滿電力將被控制」。在同一份電報中，他指示周恩來爭取用租借方式得到蘇聯軍援，以保證中國的財政預算用於經濟文化建設和一般軍費，如此中國才可以放心進行長期戰爭，「並能保持國內大多數人的團結」。同一天，毛澤東會見蘇聯駐華大使羅申，提出中國無法用現金購買蘇聯裝備，故希望採用貸款方式，這樣既可以不動用中國1951年的預算，「也容易向民主黨派講清這一點」。

當毛澤東終於下決心出兵朝鮮時，他關注的重心已經從履行國際主義義務轉向維護中國的安全利益，其中也包括為了未來的考慮而維護中蘇同盟。與此同時，他也在儘可能地減少參戰對中國恢復經濟的衝擊，並將其作為減少國內阻力的條件。可以設想，毛澤東最終說服他的同事支持出兵朝鮮的決策，主要是因為他證明了那樣做符合中國的國家利益，而且他採取的措施可以相當程度地減少參

戰對中國恢復經濟的影響。中共中央也正是以同樣理由說服民主黨派的。由此可見，中國出兵朝鮮並沒有根本改變新中國外交中的「內向性」，只是在「內向」與「外張」之間達到了一種平衡，而且是向「內向」傾斜的平衡。這最明顯地反映在中國領導人在國內進行戰爭動員的政治口號之中：「抗美援朝，保家衛國」，「唇亡齒寒，戶破堂危」。

　　從與蘇聯結盟到出兵朝鮮的決策較突出地證明了「內向性」所包含的特徵之一，即外交決策的形成與執行取決於國家內部的整合情況。所謂內部整合包括兩方面的含義。其一涉及到執政黨內部的團結、建立有效的決策和執行機制，以及能否凝聚更多的政治支持。其二涉及到對重要的決策達成共識的程度。「內向性」的影響力恰恰表現在每當一項政策更多地表現出「內向」或被解釋為是「內向」之時，不論在高層還是在民眾中，都更容易達成共識。

三、和平共處五項原則的歷史含義

　　以往對和平共處五項原則的研究幾乎都集中在描述其提出的過程和論證其內容的合理性，本節擬透過探討新中國外交的過渡性，揭示和平共處五項原則提出的歷史含義。從內戰後期為新中國制定外交政策到新中國誕生後三大決策的歷史進程中，包含著一個以往未給予重視的重要方面，即新中國外交可以説是與生俱來的過渡性。在新中國外交形成的過程中，作為新中國外交決策的主體中國共產黨，有一個從革命政黨到執政黨的轉變；毛澤東、周恩來等中共領袖也有一個從革命運動的領導人到國家領導人的角色轉變。這兩個轉變是至關重要的，因為不言而喻的是，從革命運動的角度考慮中國與世界的關係和從國家的角度考慮這一問題存在著重大的區別，它起碼包括透過外交解決的主要問題和處理對外關係所遵循的主要原則等兩個方面的不同。

　　這裡有必要説明，新中國外交與中國革命運動的對外關係存在密切的聯繫，不僅是因為它的指導思想形成於革命時期，而且還在於中國革命的勝利是透過漸進的方式實現的。中共長期以來就是一個有自己控制的地域、自己的政權和軍隊的不執政的政黨，黨的領導人有時是從政權領導人的角度考慮和處理對外關係的，並從中積累了獨特的經驗。當時的一些文獻突出地反映了他們這一特點。指出這一特點有助於理解新中國外交的過渡性本身所具有的複雜內涵，因為在革命時期，中共領導人曾經以共產黨領袖的身分，同蘇聯和共產國際代表共同工作；以反對黨和根據地政權代表的身分，與美國的總統特使和軍事人員談判，與西方國家的政府官員接觸；以民族解放運動領導人的身分與亞洲革命組織的代表交往，等等。

　　如前所述，1949年1月至3月，中共中央所確定的基本上是未來新中國外交的指導原則、發展方向和基本格局，幾乎未論及新中國成立後與世界上不同類型和性質的國家的關係準則。1月政治局會議以後不久發布的有關外交工作的相當詳盡的指示，涉及的主要是如何處理革命勝利階段面臨的與外交有關的各種具體問題，並不包括新中國成立後如何與外國建立外交關係。

中共中央第一次正式公布新中國的建交原則是在解放軍渡江後不久。4月30日,毛澤東以解放軍發言人的名義宣布了與外國建交的兩項原則,即新中國願意在「平等、互利、互相尊重主權和領土完整的基礎上」與外國建立外交關係,並且外國「首先是不能幫助國民黨反動派」。目前尚不清楚起草和發表這一聲明的具體過程,不過從發表的時機看,它有可能是對這一時期美國方面試探與中共建立聯繫的一種回應和為進一步排除外國軍事干涉而採取的策略,即它主要還是為取得革命的勝利而提出的。當然不能因此便低估這項聲明的意義,因為在9月29日政協會議透過的《共同綱領》中,有關外交政策的第七章重申了上述兩項原則。

從建交兩原則提出的背景看,它們同「一邊倒」的大方針當時在實踐上並沒有表現出矛盾之處,因為中國領導人首先要解決的是確定新中國外交的戰略和基本格局。從這個意義上說,建交兩項原則的確立同「一邊倒」基本上是並行不悖的。

據統計,新中國成立後3個月裡,同11個國家建交,它們均為蘇聯陣營的國家。8個月後建交國家達到17個,此後直到1955年亞非會議召開,僅增加了5個,達到22個,其中包括5個北歐、中歐國家和5個亞洲國家。造成這種情況的原因是多方面的,它們包括韓戰的衝擊,美國推行遏制政策的影響,以及中國自己「打掃乾淨屋子再請客」方針的限制等等。在當時的條件下,如果新中國不對最初的方針政策有所調整,要擴展建國第一年取得的成果肯定是有困難的,而要調整外交政策,首先就需要超越兩大陣營理論的侷限,並且需要深化對國家關係的認識。

中共領導人一直是用革命者的眼光看世界的,而對蘇聯兩大陣營理論的認同更嚴重地框定了他們對國際政治形勢的基本認識。這裡重複這一觀點意在說明,他們當時在給國家分類時,其標準實際上是很具革命性的。在他們的眼中,除蘇聯陣營的國家外,其他不是帝國主義國家,就是被帝國主義或反革命勢力所掌握的國家。劉少奇在訪蘇期間曾就東亞地區的革命策略問題向史達林提出報告,他認為在東亞如越南、馬來西亞、緬甸、泰國、印度尼西亞、菲律賓和印度等國,

「城市是反革命力量的中心」。其含義無須解釋，重要的是這並不僅僅是劉少奇一個人的觀念。根據毛澤東在《論人民民主專政》中闡述的觀點，這類國家顯然不在新中國首先需要建立密切關係的國家之列，中共領導人更關心的是同那裡的無產階級和勞動人民的關係。

新中國成立後，中共領導人已經具有了國家領導人的身分，但角色的變化並不意味著他們的觀念和思考有關問題的角度也立即隨之轉變。在11月召開的亞澳工會會議上，劉少奇明確地將許多國家定義為「殖民地半殖民地國家」，並暢談亞洲國家的革命形勢和武裝鬥爭的發展。他還宣布中國革命的勝利對於那裡的「民族解放戰爭」既是鼓舞更是榜樣，而且新中國還承擔援助那些國家革命的「繁重的責任」。問題是新中國既然公開宣布，視支援許多國家的革命運動、特別是支援武裝鬥爭為己任，它同那些國家的政府便難以發展正常的關係。後來的援越抗法和抗美援朝決策儘管都包含著維護新中國安全的目的，但一些亞洲國家更傾向於將它們主要同新中國援助革命運動的立場和政策聯繫在一起，從而成為對新中國產生恐懼感的一個原因。顯然，革命勝利階段制定的外交原則及其反映的世界觀、革命運動與生俱來的巨大慣性等，已經成為制約新中國外交發展的主要內在因素。

1951年初韓戰局部化的趨勢出現後，中國領導人在2月間便認為，經濟建設現已成為中國的「中心任務」，並提出經過22個月準備，然後開始大規模經濟建設。與此同時，中共中央決定著手編制第一個五年計劃。後來的情況表明，中國領導人的注意力越來越多地轉向國內的經濟建設，韓戰成為他們工作日程中的一個部分，而且肯定已經不是主要部分了。1952年秋，中國領導人根據國內形勢的發展，認為過渡階段已經結束，1953年開始實施第一個五年計劃，全國轉入大規模經濟建設。在國內形勢的推動下，外交政策的調整已經勢在必行。

新中國在安全方面當時面臨兩個主要問題。其一是韓戰，它不僅威脅著新中國的安全，使新中國必須隨時提防美國擴大戰爭，而且嚴重地消耗了中國的人力、物力和財力資源。中共中央原準備1950年大規模削減軍費，但韓戰使這一目標根本無法實現。根據周恩來1952年9月向史達林透露的數字，1950年軍費占

了國家預算的44%，比原計劃超出14個百分點。根據周恩來在第109次政務會議上的報告，1951年財政支出的50%以上用於軍事，用於韓戰的費用占總支出的30%以上。對於如此沉重的負擔，中國領導人在做出重大決策時不能不給予嚴重的關注。1952年8月，由周恩來主持起草的《中國經濟狀況和五年建設任務》中的基本判斷是，「如果韓戰像現在這樣繼續下去，我們仍然需要並可能開始五年建設」。由此可以看出韓戰對新中國經濟建設的影響和壓力，儘早結束這場戰爭當然是最佳選擇。1953年7月朝鮮停戰協議的簽訂對中國領導人是重要的鼓舞，他們相信「目前形勢對中國十分有利」，應「加緊國家建設」。

其二是周邊安全環境惡化。美國在亞洲的擴張和遏制中國是出現這種情況的主要原因。在韓戰期間，美國開始建立針對新中國的軍事包圍圈，在中國周邊地區建立軍事基地、增加駐軍和建立軍事同盟，這對新中國構成了長期威脅。另一方面，新中國一成立便直接和間接地介入兩場對外戰爭，不論其原因是什麼，後果都是加重了對國家安全的壓力。可以說朝鮮停戰後，改善周邊環境已經成為維護國家安全的最迫切的任務。

正是在上述背景下，從1952年開始醞釀，到1954年間基本形成了新的被稱之為「和平統一戰線政策」的對外政策。這項政策的主要內容就是以爭取和平為目標，儘可能地聯合一切希望保持和平的國家。作為這項政策的兩個重要目標——「擴大和平中立趨勢」和「推廣和平中立地帶」，首先落實到中國的周邊地區。確切地說，新的對外政策在實踐中首先表現為爭取在中國周邊地區形成安全緩衝地帶。

「和平統一戰線政策」給新中國外交帶來的變化是顯而易見的，1953年夏決定簽署朝鮮停戰協定、1954年在日內瓦會議上堅持透過和平談判結束印度支那戰爭、日內瓦會議結束後大力開展對亞洲國家的睦鄰外交，等等，都同這項新政策的形成和實施有直接的聯繫，在這項政策形成過程中反映出來的中國領導人的思想變化確實是明顯的，而且也是十分關鍵的。

首先，新對外政策的出發點是維護中國的國家安全，其特點是透過在周邊地區建立「集體和平」秩序和擴大「和平地區」，爭取在中國與美國及其建立的軍

事同盟之間形成安全緩衝地帶。實施這項政策需要與周邊國家形成睦鄰友好關係，那麼重新評價這些國家的特性和作用也就是不可避免的了。從中國領導人的有關論述中可以看出，從1952年開始，他們一直在試圖調整對兩大陣營理論的認識，提出新中國的外交應該以對戰爭與和平的態度來劃分敵友。他們雖然堅持認為世界政治是分別由美國和蘇聯領導的社會主義和資本主義兩大陣營組成的，但是資本主義陣營《研究周恩來：外交思想與實踐》，世界知識出版社，1989年版，第243—244頁。中有三類國家，其中除了以美國為首的主戰派以外，其他差不多都反對戰爭並因此被列為團結的對象，尤其是以印度為代表的亞洲國家，與中國「更接近一些，統一戰線更強一些」。1954年毛澤東重新提出一度被放棄的「中間地帶」思想，是上述認識的合乎邏輯的發展。

其次，與上述轉變相聯繫的是對國家外交的認識的深化。從目前已經公開的資料看，周恩來在1952年4月30日的談話中第一次明確了外交「是以國家和國家的關係為對象的」。這一今天看來是如此簡單的結論在當時卻具有標誌性的意義，它表明新中國外交與中國革命運動對外關係這兩者之間的本質區別終於被認清並揭示出來了。在建國以前，中共與除北韓外的其他亞洲國家基本上沒有來往，不論是官方的還是非官方的。中共的非執政黨地位和內戰爆發使中共中央無暇考慮對亞洲國家的政策，這是導致建國初期中國領導人繼續從革命的角度考慮與亞洲國家關係的重要原因之一。

建國後，亞洲國家中首先與中國建交的是北韓和越南民主共和國，隨後是印度和緬甸。由於它們代表了兩種不同性質和類型的國家，中國領導人從交往中得到的經驗是不同的。可以肯定的是，中國領導人是從與印度等國的交往中和從這類國家在重大國際事務中的立場、態度中，逐步獲取經驗並確定了新中國處理國家關係的基本原則。和平共處五項原則是在新中國與印度的協議中首先提出，絕非偶然，它提示了中國領導人認識國家關係問題的內在邏輯。

如果說周恩來在1952年的闡述主要是對此前經驗的認識和總結的話，那麼開始實施新的對外政策以後，其針對性就相當清楚了，即新中國外交這時所要解決的突出問題是與「中間地帶」國家的關係，而且首先是與周邊亞洲國家的關

係。由於以往處理的主要是與蘇聯陣營中「兄弟黨」領導的「兄弟國家」的關係，這種關係遵循的「無產階級國際主義原則」與處理革命運動對外關係的原則是一脈相承的，但是在處理與其他國家的關係中，這種原則顯然不具有普遍的適用性。正是新中國外交發展的特殊背景和需要導致了和平共處五項原則的誕生。

1954年4月召開的日內瓦會議是和平共處五項原則的關鍵性實踐。從新中國外交發展的角度看，有兩方面的內容具有重要的意義。第一，日內瓦會議是新中國領導人第一次以國家代表的身分參加多邊國際會議，會議期間周恩來與之打交道的幾乎包括了當時世界上各種類型的國家的代表人物。會議透過有關印度支那停戰的協議這一事實在新中國領導人看來足以證明，作為使和平共處五項原則具有實踐性的「求同存異」原則是行得通的。

第二，當周恩來以國家領導人的身分出現在國際多邊外交舞台上時，新中國的國家利益已經也必須被置於有關政策的中心位置。正是為了維護國家利益，周恩來不僅堅決反對美國的干涉政策和法國維護殖民統治利益的企圖，而且也不贊成蘇聯的僵硬態度，並說服越南方面放棄了關於印度支那三國是「統一的整體」、不從寮國和柬埔寨撤軍等主張和在臨時分界線問題上的難以實現的要求。周恩來的努力明顯地展現出新中國從韓戰中吸取的經驗教訓，當它為了國家的經濟建設和力爭在周邊保持和平環境時，既反對和防止敵對的大國在接近中國的國家和地區部署軍事力量，也絕不再被盟國拖入與美國的戰爭。

在日內瓦會議期間成功的外交極大地鼓舞了中國領導人，促使他們在7月7日召開的政治局擴大會議上結束了「打掃乾淨屋子再請客」的方針，打開大門走向世界。在「必須走出去」方針的指導下，新中國首先開始全力在亞洲推行睦鄰友好外交，相繼提出解決與鄰接國家的邊界問題的政策、處理與亞洲國家在華僑雙重國籍問題上的政策和不干預亞洲非社會主義國家內部事務的政策，等等。歷史的發展表明，和平共處五項原則的提出可以說是中華人民共和國外交發展的一個階段性界碑，它是從革命運動外交向國家外交過渡的一次關鍵性轉變，標幟著新中國外交的最終形成。

結論

在結束本文時有必要說明，本文的三個部分是循著歷史發展的脈絡，分別探討新中國外交的革命性、內向性和過渡性，但是這絕不意味著這三個特點是分別存在於本文涉及的三個不同階段上和不同的事件中的，實際上它們基本是同時存在，本文採取的方式不過是為了論述起來更方便一些。進一步說，「新中國外交」在中華人民共和國外交史上占據著重要而又相當獨特的地位，它所具有的那些基本特徵在此後中華人民共和國外交中存在了相當長一個時期。正因為如此，本文的研究也只能被當作是初步嘗試，如能引起對有關問題的更深入廣泛的爭論和探討，便可以說它達到目的了。

1962：中國對外政策「左」轉的前夜

　　隨著對中國對外政策的研究不斷深入，1962年間中國對外政策的發展變化及其對後來中國外交的影響等，明顯地開始受到國內學術界的關注。有關論著強調1962年中國外交決策的內外環境均出現罕見的嚴重局面，指出中國周邊那些層出不窮的事件及其與國內政治形勢變化共存的現象，並將它們置於中國對外政策演變的框架範圍內加以分析，斷定上述現象對中國外交的影響是巨大的。由此理應提出並予以清楚回答的問題是，這兩種情況之間是否存在相互影響和聯繫？進一步說，兩者在影響中國對外政策方面，哪一個因素是更具決定性的？顯然，僅僅羅列現象和描述過程是不夠的。

　　本文的目的是針對以往研究中存在或者說是引發的疑問，探討1950年代末到1960年代初，持續變動的國際環境和中國國內政治之間互動關係的特點，並在此探討的基礎上確定1962年中國對外政策變動的主要原因、特點及其在1960年代中國對外政策發展中的歷史位置。論文包括三個主要部分：1950年代末中國對外關係動盪造成的深層影響、1960年開始的對外政策調整及其主要原因、1962年中國對外政策發展的基本特點和性質。

一、50年代後期中國對外關係動盪的緣起

在展開探討上述問題時，本文實際上已經提出了命題。第一是中國對外政策在1962年發生了變化，這個變化即使不是向「左」方向發展的轉折點，至少也是特別值得關注的。

這裡首先需要澄清所謂中國「左」的對外政策的基本特徵，因為「左」或「極左」概念在不同的政治環境中存在著定義上的差別，特別是冷戰時期推動中國對外政策發展的各種因素彼此交織，紛繁複雜，一些看上去「激進」的政策行為未必同出一源，一些被稱為「溫和」的政策也未必完全源於務實的思考。

「左」在中國政治話語中簡單地說，就是指追求超越時代或高於現實可能的目標，這一點延伸到中國對外政策領域，本質上沒有什麼不同，只是有不同的具體內容而已。本文所謂「左」或「極左」的對外政策大致包括四個基本特徵。

第一，在理論上對列寧的所謂「時代」學說持教條主義的態度，對紛繁複雜且迅速變化的國際政治形勢不肯進行具體分析，只是簡單地斷言當時世界正處於「資本主義和帝國主義走向滅亡，社會主義和共產主義走向勝利的時代」，並因此否定國際形勢中緩和因素的存在和意義，實際上不承認有維持較長時間基本和平的可能性。

第二，以「中國革命中心論」為主要表現形式的過高估計中國在世界政治中的地位和影響力，如自詡為「世界矛盾的焦點，世界革命風暴的中心」，中國向何處去是「關係到世界無產階級革命命運的問題」，是「關係世界革命命運的一件頭等大事」，等等。「中國革命中心論」反映出對當時中國在世界政治中的地位、影響力等重大問題的戰略性思考，從深層上看，也多少涉及歷史上的「中國中心觀」。

第三，將所謂的「無產階級國際主義」置於至高無上的地位，在理論和現實中均否認國家利益在制定和實施對外政策中的首要地位，如中共中央八屆十一中全會公報明確地宣布，中國對外政策的「最高指導原則」就是「無產階級國際主

義」。

第四,在具體政策上,以反對帝、修、反為號召,搞「兩個拳頭打人」、「四面出擊」。這方面已經有相當多的論述,在此不贅述。

以上述四個特徵作為標準,可以說中國「極左」對外政策大致形成於「文革」開始的時期。如果一定要找到一個具體準確一些的歷史標誌,那麼八屆十一中全會是比較具有標誌性的。

與上述觀點相聯繫的第二個命題是,1960年代初的中國對外政策是處在演變過程中的。所以要探討1962年中國對外政策變化在這個過程中的地位,就必須首先探討1962年以前中國對外政策的基本狀況。

自1954年提出「和平共處五項原則」後,中國對外政策開始進入比較平穩的探索和良性發展的狀態。至中共八大召開,伴隨著探索中國社會主義發展道路的積極努力,中國領導人也為中國對外政策確定了方向,即「努力爭取世界的持久和平」。不論是基於何種分析,他們明確地認為:「世界局勢正在趨向緩和,世界的持久和平已經開始有了實現的可能」。但是這種勢頭並沒有持續多久,兩個事態的發展開始從根本上影響中國對外政策的發展方向。它們分別是中蘇同盟動搖和「大躍進」運動的興起。

50年代末中蘇同盟開始全面動搖,其中的一個關鍵問題是,在中蘇結盟過程中便形成的領導(蘇聯)與被領導(中國)的關係,在1956年的波匈事件的衝擊下,已經難以維持下去。這方面的變化突出體現在三個方面。

其一是中國領導人利用蘇聯在波匈事件中面臨的嚴重危機,迫使其改變以往處理蘇聯陣營內部國家間關係的某些方式和規則,並透過公布《關於發展和進一步加強蘇聯同其他社會主義國家的友誼和合作的基礎的宣言》,承認了以往的錯誤。其二是中國至少暫時取得了在蘇聯與一些東歐國家之間充當調解人的地位,這比較突出地表現在波匈事件的處理過程中。其三是中國在蘇聯陣營中的地位明顯上升,特別是在東歐國家中的影響力明顯加強,1957年11月莫斯科會議期間中國領導人的活動反映了這種情況。

中國領導人有理由相信，中蘇之間那種領導與被領導關係實際上已經不存在了。蘇聯領導人當時至少在表面上也承認事實確實如此。以往的研究比較多地強調了蘇共二十大以後，中蘇兩國領導人在如何評價史達林及相關的一些理論問題上發生了嚴重分歧，而且正是這個分歧埋下了中蘇同盟破裂的種子。一個被忽視的重要方面是，在經歷了蘇共二十大的非史達林化浪潮和波蘭、匈牙利事件後，中國領導層普遍認為並且相當重視這一點，即過去蘇聯與社會主義陣營其他國家，特別是與中國之那種「貓鼠關係」、「父子關係」，已經從根本上改變了。

上述種種使中國領導人不能容忍蘇聯領導人在任何問題上表現出被認為是以勢壓人的態度，並斥之為是重演史達林時期的錯誤。如果不是中國領導人認為中蘇在同盟中的相對地位已經發生了基本的變化，很難想像，1958年夏毛澤東在「聯合艦隊」和「長波電臺」兩個問題上，會如此怒不可遏。他說蘇聯的要求使他「想起史達林的東西又來了」，「現在又在搞史達林的東西」。

中蘇關係的變化其實也就是中國在蘇聯陣營中的地位明顯提高。需要探討的問題是這種提高達到了什麼程度？蘇聯能夠允許這種變化達到什麼程度？以及當出現分歧和矛盾時，中國領導人能否迫使蘇聯按照他們自己對雙方關係變化的理解，改變其態度和政策？進一步說，中蘇之間領導與被領導關係曾經是中蘇同盟得以建立並維繫的基本條件之一，當這個條件被改變以後，中蘇同盟該如何維繫？雙方關係建立在何種準則之上？或者說蘇聯是否接受中國希望遵循的關係準則？當時沒有人回答這個問題，很可能也沒有人能夠回答。

除了抗日戰爭後四年參加國際反法西斯同盟外，近代以來的中國對外關係歷史沒有提供任何結盟的經驗。毛澤東等中國領導人基本上是根據以往處理國際共運中的黨際關係、國際統一戰線中的「同路人」關係以及一般意義上的國家關係等幾個方面的經驗，應付中蘇同盟中出現的複雜情況的。事實表明那是遠遠不夠的。反之，蘇聯在結盟問題上有豐富的經驗和傳統，它知道在必要的時候對盟友施加懲罰是維護同盟的必要手段，當然使用不當也會損害甚至摧毀一個同盟。

中蘇同盟或更廣泛地說一種全面發展的中蘇關係，是當時中國全部對外關係的一塊巨大而且關鍵性的基石。一旦這塊基石被動搖，中國的對外關係就會出現

全局性的不穩定，甚至國內政局也會隨之動盪，這一點被後來的發展充分證明。

由於中蘇同盟破裂後兩國長期敵對的影響，當時中蘇同盟在中國對外關係中的重大作用被長期和普遍地低估了。中蘇關係惡化造成的衝擊之大，很可能是中國領導人未曾料到的。他們當時對同盟動搖後處理中蘇關係應遵循什麼準則，表述得並不那麼清楚，而且肯定也沒有被蘇聯方面清楚理解並接受。在這樣的基礎上應對中蘇關係惡化，必然是相當吃力的，而且肯定沒有達到預期的目的。

中國領導人應對中蘇關係惡化的獨特方式，以及這種獨特方式所反映出來的他們對同盟關係的理解，是值得深入研究的。從處理同盟國關係的角度看，有很多需要總結的經驗和教訓。

在中蘇同盟開始動搖後不久，中國的國內政策出現了根本性的變化趨勢。從1957年春夏開始到1959年，中國國內發生了兩個重大的事件。其一是1957年春的所謂「民主整風」，即中共中央為吸取蘇聯和波匈事件的教訓，開展了以反對官僚主義、主觀主義、宗派主義為主要內容的群眾運動，其目的是用「民主整風」的方法，解決當時社會中比較明顯地表現出來的黨的部分幹部與群眾的矛盾。其二是1958年掀起的「大躍進」運動。這場運動的目的是透過大規模的群眾運動，加速中國經濟現代化建設步伐，爭取在儘可能短的時間內，趕超西方大國如英國、美國等，並爭取早日在中國實現共產主義。

不論是「整風」還是「大躍進」，都以失敗結束。前者導致了反右派鬥爭，實際上加劇了社會矛盾。後者導致了三年嚴重的經濟衰退，並且嚴重地加劇了中共黨內的緊張氣氛。這兩場運動失敗的嚴重性不僅僅在於它們失敗本身。就對中國對外政策的長期影響而言，更重要的是這個時期持續進行的黨外和黨內鬥爭與壓制不同意見，大致確立了一種政治價值觀，即無論效果如何，只要是推動激進的變革，追求充滿激情的目標，就是「政治正確」。任何務實與理性的思考和政策，只有在戰術的範圍才允許有存在的空間，而且通常很快就被新的更強烈的激情所淹沒。這種「寧左勿右」的政治價值觀在尖銳的黨內鬥爭中得以確立，使中國對外政策中任何趨向務實與穩定方向的調整，都很可能是困難的並難以持久。

到1959年夏季，「大躍進」實際上已經露出敗相，中國領導層出現了要求

糾正「大躍進」錯誤的呼聲。但是毛澤東將中共黨內的批評意見一概斥之為「右傾」，將黨內出現不同意見視為是「兩大對抗階級的生死鬥爭的繼續」。與他共同浴血奮鬥二十多年的彭德懷因此被欽定為只是一位暫時的「革命同路人」，並終於被徹底打倒。

值得注意的是與廬山會議批判彭德懷「右傾機會主義」幾乎同時，中蘇關係也開始走向危機。毛澤東認為，赫魯雪夫7月間在波蘭關於公社的講話是對人民公社運動的暗諷，他幾乎因此下決心與蘇聯公開決裂。在毛澤東看來，《內部參考》上刊登的赫魯雪夫那些被認為是影射和攻擊人民公社的講話，既是落井下石，也是火上澆油，而且是與彭德懷等人「內外呼應」。他立即部署最快在當年秋季、最遲在1960年春季，反擊蘇聯的「反對派和懷疑派」，甚至考慮馬上在《人民日報》公布赫魯雪夫那些被認為是「反公社」的言論。後來經討論未獲同意，才沒有付諸實施。

赫魯雪夫很可能並不瞭解毛澤東的憤怒，他在隨後的中印邊界糾紛中扮演了堪稱愚笨的角色。特別是他訪問美國以後，專程繞道北京，試圖說服毛澤東配合蘇聯的對外政策。在9月30日的國慶招待會上，赫魯雪夫按捺不住地暗示中國領導人，在對外政策上需要改弦易轍。在同中國領導人的會談中，赫魯雪夫在臺灣、中印邊界衝突等問題上，指責中國採取了「冒險主義」的政策，並稱「所有社會主義國家不僅要在信念和目標上緊密地聯繫在一起，而且我們在同盟行動上也是緊密聯繫的」。赫魯雪夫的此類言行引起毛澤東的極度反感，他譴責赫魯雪夫是「右傾機會主義」，說蘇聯「有兩大怕，一怕帝國主義，二怕中國的共產主義」。此次中蘇首腦會晤實際上成了中蘇同盟走向衰亡的轉折點。

此時中國與印度的邊界衝突加劇。1959年夏季由於印度堅持其對中國的領土侵蝕，雙方先後在朗久和空客山口發生武裝衝突，中印邊界局勢急劇緊張起來。中印關係緊張無疑增加了中國平息西藏叛亂的困難，而且間接損害了中蘇關係。

中印邊界衝突毋寧說是中國周邊關係開始惡化的一個先兆。到1960年夏季，蘇聯在中國新疆博孜艾格爾山口地區挑起邊界事件，從此中蘇邊境地區不再

安寧。與此同時，印度支那地區因寮國局勢動盪而趨於緊張，特別是美國明顯在加強對這一地區的直接干涉。

不論是由於何種原因，伴隨著「大躍進」的進程，中國的周邊環境的確從1959年夏季開始惡化，而且這種惡化似乎是在幾個方向同時發生的。這種情況顯然引起了中國領導人的嚴重關注，用毛澤東的話說就是「現在國際上反華浪潮來勢洶洶」，而且帝國主義、修正主義和反動派都參與其中。

二、1960年開始的對外政策調整及其原因

　　從1959年11月開始到1960年上半年，中國領導層花費了相當多的精力和時間，反覆討論「國際問題」，以便決定如何認識和應對開始惡化的周邊環境及對外關係方面的困難。

　　中國領導人很快就決定採取穩妥應對的方針。根據吳冷西的回憶，在1960年1月7日至17日毛澤東主持召開的中共政治局常委會上，中國領導人基本確定了「努力主動地在外交上開創新的局面」。在隨後一段時間裡，中共政治局常委多次開會，肯定了一月會議的精神並討論了落實的具體辦法。從當時的實際情況看，正是在這個方針的指導下，中國外交出現了相當務實穩妥的局面。

　　首先是在中蘇關係方面，中國領導人不僅決心避免破裂，而且要爭取「達到新的基礎上的團結」，甚至要「賴著跟他（赫魯雪夫——作者注）搞團結，賴著不分裂」。正是這個決定促使中國領導人在經歷了與蘇共中央幾個月的爭論，特別是經歷了布加勒斯特會議的尖銳衝突和蘇聯撤退在華全部專家後，仍然在年底的莫斯科81國共產黨和工人黨會議上，與蘇聯領導人達成諒解，即「有什麼事情一起來商量，避免衝突」。會議以後劉少奇以國家主席的身分，率領中國黨政代表團對蘇聯進行國事訪問，從而使兩國關係得到改善。到1961年，蘇聯甚至決定再次向中國轉讓如製造米格-21戰鬥機一類的先進軍事技術。

　　緩和中印邊界局勢是這一時期中國調整對外政策的關鍵環節之一，因為中印邊界衝突的解決關係到整個中國解決邊界問題的大局和總政策。1959年間，中印關係在西藏叛亂和邊界衝突的影響下，極度惡化。中國領導人認為印度的政策損害了中國的安全利益，特別是印度方面利用中印邊界局勢製造輿論，企圖配合西方的「反華浪潮」，所以中國必須予以堅決反擊。不過經過8月邊界軍事衝突後，中國決策層顯然既不希望中印關係繼續惡化，也不希望中印邊界衝突成為政治議題的中心。在9月8日的政治局會議上瞭解並討論了中印邊界的情況後，中國領導人決定爭取談判解決中印邊界衝突。

在中共政治局會議召開之前兩天，中國已經向蘇聯方面通報了中印邊界衝突的有關情況，但蘇聯不顧中國的反對，在中共8日政治局會議的第二天，以塔斯社聲明的方式，公開表明不贊成中國的立場。中國領導人的反應是相當強烈的，他們認為蘇聯那樣做是「為了討好美帝國主義」而「送給艾森豪威爾的見面禮」。不過毛澤東不久仍然決定，停止與印度辯論邊界問題，並指示媒體亦停止一切相關的報導。

當中國領導人決定「在外交上開創新的局面」時，他們必然要為解決中印邊界問題找到辦法。在1月政治局常委會上，中國領導人確認了和平解決中印邊界問題的方針，並進一步提出用「互諒互讓」辦法，即「我們做點讓步，印度也做點讓步」，從而達成妥協。會議還決定派周恩來訪問印度。這時駐守中印邊界的中國軍隊接到命令，在中方實際控制線20公里內實行不開槍、不巡邏、不平叛、不打獵、不打靶、不演習、不爆破等措施，總之就是儘可能避免軍事衝突。

會議結束後周恩來即著手準備訪問印度，並擬訂了《中印兩國總理關於邊界問題會談的方案（草案）》。根據周恩來當時的估計，訪印不可能完全解決問題，也不可能破裂，最有可能的是取得某種有限的協議。他建議應採取爭取緩和緊張局勢但不怕拖延解決的方針，將訪印的目標定為進一步緩和兩國關係，為未來繼續會談和合理解決邊界問題準備條件。周恩來的建議獲其他領導人同意。4月19日至26日，周恩來訪問印度，結果證明中國領導人的估計基本上是準確的。透過周恩來這次訪問，暫時緩和了中印關係，使中印邊界形勢平靜下來。

緩和中印關係和解決中印邊界問題，是當時中國領導人決定盡快解決與所有鄰國的邊界問題的重要組成部分，甚至可以說在當時被置於首要的地位。不過與印度談判的擱淺並沒有減緩中國與其他鄰國解決邊界問題的步伐，很有可能還起了促進作用。

在1月的政治局常委會上，中國領導人全面討論了與所有鄰國的邊界問題。可能是受到中緬邊界談判比較順利完成和中印發生邊界衝突的影響，他們制定了基本方針，概括地說就是盡快和有步驟地透過談判解決邊界問題。所謂有步驟就是安排了大致的順序，即當前抓緊解決中印邊界問題，同時盡快解決中朝、中蒙

的邊界問題；加快解決與緬甸、尼泊爾和寮國的邊界問題；中越邊界因越南還在與美國作戰，可以暫不解決；與蘇聯的邊界線最長，問題比較複雜，但也要爭取解決。

與周恩來準備訪問印度同時，中國也開始著手解決與其他鄰國的邊界問題。從後來的情況看，儘管中印邊界問題未能解決，中國還是基本實現了1月政治局常委會的設想，先後同緬甸、尼泊爾、巴基斯坦、蒙古、朝鮮民主主義共和國等簽訂瞭解決邊界問題的協議。1964年中國開始與蘇聯談判解決邊界問題，由於受到中蘇論戰和雙方關係全面惡化的影響，談判無結果而終。

在印度支那地區，隨著緊張局勢逐步升溫，中國對該地區的政策面臨著進行調整的外部壓力。當時中國需要處理的是兩個問題，即是否支持越南南方的武裝鬥爭和如何解決寮國危機。相比較而言，中國領導人這一時期更關注的是寮國危機，而不是越南的局勢。

1959年和1960年，在越南南方局勢急劇變化的壓力下，越南勞動黨領導人開始改變1954年日內瓦會議後執行的加強北方建設、爭取和平統一的戰略方針，認可並越來越明確地支持越南南方的武裝鬥爭。1960年9月召開的越南勞動黨第三次全國代表大會，確立了加強解放南方的武裝鬥爭的政策。

越南勞動黨的政策轉變和越南南方武裝戰爭的發展，使中國面臨著相當複雜的情況。中國在1958年曾經比較明確地表示，越南勞動黨應將鞏固和建設北方作為首要任務，在南方則採取「長期埋伏，積蓄力量，聯繫群眾，等待時機的方針」。現在中國不得不在既要維護印度支那地區的和平，又要防止美國大規模軍事介入，同時還要支持傳統盟友等相互交織的矛盾中做出選擇。從隨後中國有關政策的演變過程看，中國這一時期是逐步對越南形勢做出反應的。

首先，如何應對越南南方的形勢當時還不是中國外交中特別重要的議程，那裡局勢雖然出現動盪但並不嚴重，對於中國它甚至還不如寮國問題那麼嚴峻和直接。有北越作為屏障，美國當時在越南南方相當有限的介入並沒有對中國構成直接的威脅；其次，越南勞動黨的政策也是逐步發展的，至少在1960年還沒有導致那裡的局勢出現劇烈的變化；第三是中國對印度支那的政策也不可能完全與中

國領導人既定的大方針背道而馳。

正是上述這些因素使中國領導人在涉及越南是否開展武裝鬥爭的問題時，一方面迅速對越南加強在南方的武裝鬥爭表示支持。《人民日報》在越南勞動黨三大期間即發表社論，公開表示支持越南勞動黨三大確定的支持南方武裝鬥爭的政策。12月，越南南方解放陣線成立，中國立即給予承認和支持。

另一方面，中國也不希望越南勞動黨完全放棄政治解決的選擇，甚至不希望越南南方的戰爭規模太大，導致美國大規模的軍事介入。他們一再向越南領導人強調，既「一定要解放南方」，又要注意鬥爭策略，注意農村與城市的區別，鬥爭「策略上可以靈活」，要「政治鬥爭和武裝鬥爭相結合」。直到1961年中期，中國在公開場合仍然明確表示，支持越南根據日內瓦協議「爭取祖國和平統一」的鬥爭。這類公開宣示不能被認為是沒有實質意義的，它們表明，中國領導人至少不希望越南勞動黨這時完全放棄爭取和平統一的努力。

這一時期中國堅持和平解決寮國問題的立場和努力，更能反映中國對印度支那政策的特點。這首先是因為寮國與中國接壤，美國在寮國的軍事介入比它在南越的干涉對中國安全利益的威脅要直接得多；其次是當時寮國局勢顯得更複雜更緊張。這兩個因素使中國領導人更關注寮國問題，為控制那裡的危機投入了更多的精力。正因為如此，中國對寮國問題的政策比對越南的政策要穩定清晰的多。中國在這一時期積極促成瞭解決寮國問題的日內瓦會議，為最終簽署《關於寮國中立宣言》及相關的議定書，發揮了重要的作用。

強調這一行動的重要性不僅僅是因為其結果緩和了印度支那的形勢和延緩了美國的介入。從中國領導人處理寮國問題的過程看，他們幾乎是在複製1954年日內瓦會議時期處理此類問題的思路、對形勢的判斷和選擇的辦法。從這個意義上說，作為解決印度支那問題的政策的一個部分，和平解決寮國問題的決定更多地反映了這一時期中國政策延續性，而且這種延續性這時還是中國政策的主要方面，儘管它開始受到越來越強烈的衝擊。

即使在美國被認為正開始加強對印度支那的干涉時，中國領導人也為打開中美關係的僵局進行了努力，儘管這種努力只是相當有限的試探，它也可以表明中

國領導人調整對外政策的決心與力度。

在1960年初的政治局常委會議期間，中國領導人也確定了處理對美關係的基本方針：「談而不速，談而不破」，即繼續與美國談判，既不破裂，也不急於建交。這一方針指導下的中國對美政策表現出一定的彈性。毛澤東本人在1月初對一份分析美國對華政策可能出現變動的報告明顯表現出興趣。該報告認為，美國基於若干理由，今後有可能增加與中國的接觸，並利用華沙會談進一步試探。迄今為止沒有歷史文獻揭示毛澤東是否和如何進一步思考有關的問題，不過後來的一些發展表明，他很可能並不只是感興趣而已。當然，中國領導人的決定也同美國正在舉行總統選舉有關，它畢竟為瞭解美國對華政策是否可能出現調整以及美國未來的政策執行者，提供了一個窗口。

1960年5月，周恩來在與蒙哥馬利會談時，明確表示中國願意和平解決臺灣問題，只要美國宣布願意從臺灣撤軍，中美即可以開始談判。8月30日，周恩來會見了美國記者史諾。周恩來在美軍撤出臺灣的問題上，提出了比以往更富靈活性的建議，即美國首先必須承諾從臺灣撤出其軍事力量，至於何時和如何撤出，可以隨後討論。10月18日，周恩來再次會見史諾，全面闡述了中國在裁軍、中國的聯合國席位、核試驗和臺灣等問題上的立場和政策，並介紹了有關中蘇分歧的情況。周恩來在談話中表現出對甘迺迪在對華政策上的立場瞭如指掌，因此很有可能的是，他的談話是有準備的和有的放矢的。四天以後，毛澤東親自接見史諾，同他討論了甘迺迪與尼克森電視辯論的內容。他明確告訴史諾，中國會將金門、馬祖留在蔣介石手裡，中國「要的是整個臺灣地區」，不過中國會承擔維護和平的責任，不會主動向美國開戰，並且「要談判解決」臺灣問題。

從歷史上看，中國領導人會見史諾這樣的美國記者從來都是有的放矢的。毛澤東和周恩來在美國總統大選期間如此頻繁地與史諾討論中美關係，顯然是在為與美國的新領導人打交道進行試探，儘管透過這樣的渠道是否有效是很值得商榷的。甘迺迪當選總統後不久，中國駐波蘭大使王炳南在中美大使級會談中向美方表示，希望甘迺迪政府在「中美關係的進展方面有所建樹」。他的表態當然是得到中國領導人允許的。此後不久中國外交部長陳毅在訪問緬甸時表達了同樣的訊

息。將這些行動同「在外交上開創新的局面」的方針結合起來考慮，至少可以說，穩住甚至爭取緩和與美國的關係，也是這一時期中國對外政策調整的一個重要環節。

以上種種表明，從1960年上半年開始，中國領導人的確認真地希望，透過積極推行務實溫和的對外政策，能夠穩定中蘇關係和改善周邊環境，並創造一個「外交新局面」。需要進一步探討的重要問題是，除了經過廬山會議反右傾在組織上造成的暫時團結外，在這個時期是什麼原因促使包括毛澤東在內的中國領導人能夠一致同意，在面臨「反華高潮」的情況下，全面推行務實靈活的對外政策？回答這個問題對於理解後來中國對外政策的向「左」轉是至關重要的。

可以羅列出相當多促使中國領導人調整對外政策的因素，包括八大方針的持續影響、中國領導人仍然認為國際形勢的總趨勢是以緩和為主、他們對蘇聯的赫魯雪夫和印度的尼赫魯等的看法仍然是矛盾的和不確定的，如認為赫魯雪夫還不是完全的修正主義者，尼赫魯還有進步性，等等。這裡要強調的一個至關重要的因素是，毛澤東本人也同其他領導人一樣，希望「在外交上開創新的局面」，他的一些主張得到了其他領導人在不同層次上的認同。事態的發展表明，毛澤東的思路可能最能解釋後來的變化，儘管它未必合乎常理。

根據現在可以看到的歷史文獻分析，毛澤東大致是從兩個方面考慮調整對外政策的。首先是他希望有一個比較安定和平的國際環境，以便集中精力較快地消除國內經濟中已經出現的問題，進一步完成「大躍進」。

儘管1959年夏季已經出現了「大躍進」肯定失敗的徵兆，而且包括毛澤東在內的中國領導人承認出現了困難，並認為有必要對一些政策進行檢討和調整，但是他們當時很可能還沒有意識到這些徵兆所反映的問題的嚴重性。特別是廬山會議批判彭德懷以後，「寧左勿右」的政治傾向嚴重削弱了許多人的洞察力，也使各地區幹部寧願浮誇虛報，結果是為反右傾政治鬥爭需要而製造出來的上下一片凱歌飛揚，掩蓋了形勢的嚴峻程度。

1959年農業方面首先出現的衰退被隱瞞，1960年的元旦社論相當典型。它聲稱1959年不僅「工業總產值大大超過了國家的計劃」，而且「農業生產在戰

勝了幾十年未有的特大自然災害之後，……仍然取得了比1958年更大的豐收。農業生產總值顯著地超額完成了國家的計劃」。既然形勢如此令人鼓舞，人們當然「不但對於1960年的繼續躍進和更好的躍進，充滿了決心和信心，而且對於整個六十年代的繼續躍進，也充滿了決心和信心」。毛澤東在年初的政治局常委會上說「國內形勢是好的」，中國「如果能在國際上發生什麼影響的話，主要靠我們自己把國內工作做好，在中國這塊土地上把事情辦好」。正是基於對國內的「大躍進」信心滿滿，他再次提出爭取「10年、15年」的和平建設。

其次是毛澤東對國際形勢的發展趨勢看得相當嚴重。在1959年12月於杭州召開的政治局常委會上，毛澤東就提出「國際上反華浪潮來勢洶洶」。1960年3月，毛澤東又一次專門提出國際上「所謂大反華」問題。他在一份有關中國在巴基斯坦舉辦展覽的電報上所做的批示中提醒說，要認識「所謂大反華問題的性質和意義」，並「做出充分的精神準備」。

毛澤東認為，之所以出現「國際反華浪潮」，就是因為中國堅持了馬克思列寧主義原則的純潔性。面對可能日益惡化的國際環境，要打退反華浪潮，「一切問題的中心在於我們自己的團結和自己的工作都要做得好」。他號召「樹立雄心壯志，一定要在經濟上和文化上趕上和超過最發達的西方國家」。用他當時的話說就是「如果給我們40年時間的話，那時候世界形勢將起大的變化」。

毛澤東自己相信並告訴他的同事，儘管需要對某些方面的政策進行調整，但「大躍進」必將取得勝利，而且中國也只能透過迅速實現「大躍進」的設想，才能抵禦愈演愈烈的「反華浪潮」和其他的外部壓力。因此毛澤東等一度希望排除任何來自外部對「大躍進」的干擾，這種干擾在當時達到了相當嚴重的程度。特別是1960年上半年中蘇關係明顯惡化，蘇聯突然撤退全部在中國的專家，不僅立即給中國帶來直接和巨大的經濟困難，而且打擊了中國幹部隊伍的士氣。中國領導人不得不將相當多的精力用於討論局勢和處理中蘇關係，中共政治局會議有時無法討論既定的經濟議題。與此同時，中國領導人還必須採取措施來安定國內的人心。據金冲及主編的《周恩來傳》介紹，1960年7月14和15日，周恩來向省市自治區領導人作有關中蘇關係的報告，其中心就是告訴他們，不要因為中蘇關

係惡化而「灰心」。由此可見，在中國領導人看來，當時不調整對外政策，就不可能集中精力克服困難，實現「大躍進」的目標。

　　從以上的分析中可以得出這樣的結論：中國國內形勢的發展，具體地說就是「大躍進」的成敗及其可能引起的政治後果，是最終決定中國這一時期對外政策走向的首要因素。澄清這一點不僅有利於說明，當時僅僅調整對外政策並不能完全解決對外關係動盪的問題，而且對理解後來對外政策的發展也是至關重要的。

三、1962年的對外政策向左轉

1960年初開始的對外政策調整固然有其積極的效果，但是國內經濟，首先是農業的嚴重衰退及其給對外政策帶來的壓力，卻出乎中國領導人的預料，特別是出乎毛澤東的預料。1961年的社論顯示了建國以來少有的低調，與前一年相比，對國內形勢的分析不僅份量增加，而且也務實得多。社論承認「農業兩年歉收」，1960年「農業生產計劃和依靠農業供給原料的輕工業生產計劃都沒有能夠完成」。國內經濟嚴重衰退的後果之一，是造成了要求進一步調整對外政策的壓力。

首先是經濟衰退在深層次上改變了1960年中國領導人調整對外政策的動因。如上所述，中國領導層在1960年初開始調整對外政策，主要是基於他們對「大躍進」雖然面臨困難但仍然會達到其目標的信心，其目的是給「大躍進」創造國際條件。1960年開始的經濟衰退則證明，對外政策調整的初始動力是沒有基礎的。在隨後一段時間裡，對外政策調整的方向並沒有改變，但其目的已經自動地轉向幫助克服「大躍進」造成的災難性後果，而不是要創造「大躍進」勝利的奇蹟。

其次，國內經濟衰退造成的困難在客觀上形成了要求對外政策更加務實的巨大壓力。由於農業和部分輕工業沒有完成預定的計劃，給中國的對外貿易帶來相當大的麻煩。為瞭解決這方面的問題，中國領導人不得不向蘇聯及其他一些東歐國家請求推遲償還1960年所欠債務，壓縮同這些國家進出口貿易的規模，並接受蘇聯的經濟援助。這種情況自然要求中國要儘可能地穩定而不是惡化中蘇關係，其中就包括了妥協的必要性。

此外，農業連續兩年歉收，也迫使中國政府開始向非蘇聯陣營的國家尋求糧食進口，同時與西方國家在其他領域的貿易也出現了發展的趨勢。1960年8月，中國領導人提出了逐步恢復1958年中斷的日中貿易的「貿易三原則」，11月簽訂了民間貿易協定，1961年中日貿易逐步恢復。中國領導人甚至認真考慮了簽訂協議，從美國進口糧食。這種情況不可避免地會影響到對外政策的一些重要方

面。例如可以合理地推論，在中國經濟陷入衰退，甚至影響到償還外債的能力的情況下，中國的對外援助必然需要壓縮，這也間接地涉及到對西方國家的政策，因為中國當時的外援主要是為了支持革命運動的。

到1961年末，經濟形勢更加嚴峻，繼農業和輕工業之後，重工業也出現大衰退。中國經濟出現未曾料到的嚴重衰退，進一步凸現了1960年對外政策調整的力度和程度的明顯不足。更何況1960年初中國領導層雖然提出了「開創外交的新局面」，並採取了一系列重要的措施，但是本文第一部分提出的導致對外關係動盪的深層問題並沒有解決，甚至有可能沒有被認識清楚。當然在當時的條件下，即使認識清楚了，也未必能找到恰當的解決辦法。

與此同時，外部環境的變化（且不論其原因為何）也形成了需要進一步調整對外政策的壓力。

首先是中蘇關係雖然出現緩解的趨勢，但是仍然相當脆弱。經過1959年夏到1960年上半年的衝突和莫斯科會議前後的妥協，中蘇關係從形式上看有所緩和。1961年上半年雙方的經貿、科技和軍事技術合作都在恢復或發展。4月間，中國與蘇聯簽訂了新的貿易議定書，雖然其中規定的貿易額比上一年度少（主要是受中國經濟狀況的影響），但兩國正常的貿易關係畢竟重新開始了。雙方在國際事務上採取了相互協調的態度，相互通報有關情況，一些高層互訪也在安排之中。中蘇雙方都對這種情況給予了積極的評價。蘇聯方面認為中蘇已經恢復了「友好、信任和兄弟般的關係」；中方也表示中蘇分歧是社會主義大家庭的「內部問題」，可以透過協商妥善解決。

中蘇關係暫時緩和是中國對外政策調整的重要成果之一，不過當時的調整並沒有能解決中國對蘇政策中的深層問題。從1960年初中國領導層的討論看，他們固然為緩和對蘇關係的合理性，作了種種理論方面的闡述，其中迫於眼前利益的考慮也是一目瞭然的，他們對蘇聯政策的認識有不少是基於對當前利害關係的分析。事實也表明，當時中蘇關係是不可能在解決意識形態鬥爭的勝負後得到發展，卻有可能在停止、淡化甚至迴避意識形態鬥爭的情況下繼續緩和。布加勒斯特會議後中蘇關係的緩解提供了一個思路，即在經過最初的意識形態爭論以後，

雙方如果能務實地追求具體的共同利益，還是有可能保持中蘇關係的基本穩定的。

但是，中國領導人很可能還沒有理解，中蘇關係的緩和與改善只能建立在共同利益而非對馬列主義經典理論的一致解釋的基礎上。按照毛澤東當時的邏輯，中蘇關係之所以還有緩和的餘地，是因為蘇聯黨還沒有完全背叛馬克思主義，是可以挽救的。他總是以為，必須透過鬥爭、特別是分清理論是非，才能達到中蘇團結。為了取得這方面的勝利，中共領導幹部也要搞清楚什麼是馬克思主義，什麼是修正主義。從實際情況看，中國在意識形態鬥爭中的克制只是表現為暫時不點名（如1960年春紀念列寧誕辰100週年的三篇文章）或不直接批評（如1960年莫斯科宣言中對如何評價蘇共二十大的處理方式）等。這種指導思想決定了這個時期中國不可能終止同蘇聯的意識形態爭論，只不過爭論時起時伏而已。這種狀況一直是造成中蘇關係難以穩定的主要因素之一。

1961年春，雙方又因為應如何對待蘇聯與阿爾巴尼亞的關係問題發生了分歧。中國有關部門曾經建議，應在蘇阿衝突中保持謹慎，以免嚴重損及中蘇關係。但該問題仍然成為中蘇關係再次惡化的導火索。中國領導人嚴厲批評蘇聯對待阿爾巴尼亞的做法，因為他們認為那不是「馬克思列寧主義的鄭重態度」。在10月中旬召開的蘇共二十二大期間，中蘇在蘇阿關係上的矛盾迅速激化，其背後實際上是意識形態上的分歧，即中國領導人不贊成赫魯雪夫在諸如史達林問題、和平共處等問題上的政策，並認為蘇聯領導人攻擊阿爾巴尼亞是指桑罵槐，攻擊中國。蘇共二十二大以後，中蘇關係雖然沒有立即惡化，也是暴風雨即將來臨。

更為嚴重的是，1962年春夏之交，中國領導人曾經預見到的蘇聯製造邊界事端的情況發生了，在新疆伊犁地區6萬多名中國居民大規模外逃到蘇聯。迄今為止還沒有足夠的證據證明，蘇聯決策層直接策劃了這次事件，但它與蘇共二十二大以後中蘇關係趨於惡化有關，應是合理的推斷。這一事件不可避免地導致中蘇邊界地區出現了緊張氣氛。中國實際上面臨著再次調整對蘇政策的壓力。

其次是如何應對印度支那地區日趨緊張的局勢。如前所述，中國當時在印度

支那地區仍然是將防止美國的大規模軍事介入作為首要目標的，維持地區穩定和支持那裡的革命運動，都要受到這個戰略目標的制約。但是就中國已經開始實行的支持越南南方解放鬥爭的政策而言，已經出現的發展趨勢是越來越多地承擔起援助的責任。

除中國領導人一貫主張的不干涉其他黨的決定外，當時主要有兩個因素決定了他們的選擇方向。其一是在中蘇意識形態分歧中，中國領導人所堅持的理論原則導致他們無法不支持越南南方武裝鬥爭。當他們堅持認為武裝鬥爭是民族民主革命運動獲得勝利的必由之路時，要他們不贊成、不支持一場發生在自己家門口的人民戰爭，是不可想像的。其二是中國領導人在當時曾經設想，與中國周邊的亞洲社會主義國家（包括蒙古、北韓和北越）建立一個聯盟體系。為達此目的，毛澤東提出設想中的協議可以包括中國提供軍事援助的條款。根據這種考慮，當北越提出請求時，提供支持和援助也就是順理成章的了。

從客觀情況看，中國領導人中的確存在著援助越南統一戰爭的衝動，但這種援助的規模和性質直接受到美國加強在印度支那的軍事干涉的巨大影響。1960年底寮國內戰升級，加劇了這一地區的緊張局勢。1961年初甘迺迪政府一上台，就將應付寮國局勢作為重要議程，並從所謂「遏制中國」的戰略高度，決定進行軍事干預。3月美國第七艦隊開進中國南海，駐日本沖繩和泰國的美軍宣布進入戰鬥狀態。此後不久，美國在越南南方發動了「特種戰爭」，美軍開始直接參加作戰。

美國加強軍事干涉使中國領導人感到，中國南部邊疆的安全正受到越來越嚴重的威脅。1962年初中國政府公開指出，美國在越南南方的軍事行動對中國安全構成了威脅，認為美國的干涉「直接針對著越南民主共和國，而間接則針對著中國」。中國領導人更加相信，只有透過增加對北越的援助，才能打敗美國的軍事干涉。1962年5月，甘迺迪政府宣布美地面部隊和空軍進駐泰國，中國立即做出了極強硬的反應，公開號召將美軍「趕出東南亞」。此後不久，中國決定立即向越南無償提供可裝備230個步兵營的武器裝備。

可以說美國在這一地區的軍事介入使中國加強援越成為不可逆轉的趨勢，而

且其程度與美國干預升級的程度是成正比的。這時中國領導人對其他國家的外援還可以「量力而行」，在越南實行這個原則確實越來越困難了。

從1962年中國在整個印度支那地區的行動看，中國領導人選擇的策略是與蘇聯配合，透過政治方式解決寮國問題，防止美國在與中國邊界接壤的地區進行直接軍事干涉；同時增加支持越南南方的武裝鬥爭，挫敗美國在那裡的「特種戰爭」。這兩方面的努力都在逐步加強，其中支持越南南方武裝鬥爭卻使中國的有關政策不得不直接面對兩個問題並有必要做出決定。第一是越南南方的武裝鬥爭是否會引起美國更大規模的軍事干涉，甚至造成韓戰中曾經出現的局面，即美軍越過17度線，中國被迫直接參戰？第二是中國在經濟嚴重衰退的情況下，是否應該以及能否負擔如此沉重而且還在與日俱增的對外援助？

第三是中印邊界衝突進一步加劇。1960年4月周恩來訪印後，中印邊界出現過短暫的平靜。從1961年4月起，印度開始實施「前進政策」，隨後於年底對中國邊疆領土展開大規模的軍事蠶食。作為對印度侵犯行為的反應，是年末中國對印度的譴責明顯尖銳起來。中國輿論批評印度挑起邊界糾紛，是在配合美國在國際掀起的「反華逆流」。《人民日報》甚至公開點名批評印度共產黨最高領導人在中印邊界問題上不分青紅皂白，喪失了應有的政治立場。

1962年初，由於印軍不斷侵入中國領土，解放軍開始恢復在邊界地區巡邏，並逐步展開反蠶食鬥爭，加強邊境地區的軍事部署。與此同時，中國政府在給印度的照會中正式警告對方，如拒絕撤出其侵略據點並繼續其軍事挑釁，「中國邊防部隊將不得不被迫實行自衛」。根據中國決策層當時的設想，還是要爭取避免發生軍事衝突。從2月1日中央軍委下達的指示和5月6日解放軍總參謀部下達的《關於恢復邊境巡邏的具體措施和邊防哨卡處置情況的原則》等命令的內容看，中國領導人幾乎設想出了可以用來避免軍事衝突的所有辦法。

1959年夏印度軍隊在邊界挑起軍事衝突，造成解放軍官兵傷亡，已經在解放軍中引起極大的憤怒。毛澤東在1959年9月提出中印軍隊各自後撤20公里，以便雙方軍隊脫離接觸，以及後來單方面後撤軍隊等等，同解放軍中已經形成的「怒不可遏」的強烈求戰情緒有直接的關係。中國領導人認為，如果不將雙方軍

隊分隔開,軍事衝突就很難避免。從邏輯上講,只要印度不放棄對中國的領土要求並企圖訴諸武力,在中國內部特別是負責邊防的軍隊,就必然會提出進行軍事反擊的要求,也就是說中國決策層必然要面對來自內部要求採取軍事行動的壓力,並且最終要做出是否訴諸戰爭的決定。

除中蘇邊界、印度支那和中印邊界出現緊張形勢外,在東南沿海也出現了緊張氣氛。臺灣的蔣介石政權試圖利用大陸的經濟衰退,發動軍事反攻。由於臺灣與美國存在軍事同盟關係,蔣介石的軍事準備對東南沿海造成了巨大的壓力。解放軍於5月開始戰備動員,在有關地區進行軍事集結並提前開始徵兵工作。中共中央於6月間專門發布戰備動員指示,要求加強在東南沿海的戰備,以打敗蔣介石軍隊可能發動的「二三十萬人的登陸作戰」。東南沿海備戰與中印邊界的反蠶食鬥爭結合在一起,在解放軍中造成了高昂的士氣,而且當時解放軍已經完成了作戰的充分準備。

經濟衰退造成的壓力和對外關係面臨的嚴峻局面,終於導致中國領導層內出現全面系統地檢討對外政策的聲音。1962年1月,中共中央召開擴大的工作會議,全面檢討一個時期以來的政策。這次會議沒有討論對外政策問題,不過劉少奇在代表中共中央所作的報告中,實際上為對外政策確定了基調。他在書面報告中照例提出,中共在取得國家政權後,要「支援世界各國人民的革命運動,一直到共產主義世界的實現」。但在隨後的一次補充發言中,他一開始就明確指出:「毛澤東同志說,為了履行我們的國際義務,主要的是要把我們國內的工作做好。……我們的主要注意力,應該擺在國內問題方面。」劉少奇的這段講話表明,當時中國領導層(包括毛澤東本人)一致同意,將「主要注意力」集中於解決國內經濟問題,這等同於履行「國際義務」。這很可能是有針對性的。

劉少奇講話後不久,時任中共中央聯絡部部長的王稼祥於2月27日寫給周恩來、鄧小平、陳毅等一封信,闡述了對中國對外政策的意見和建議。這封信至今仍然沒有公開發表,但其內容已經被有關的研究成果廣泛引用。此後王稼祥又陸續起草了一些報告,就有關對外政策的一些重要問題提出建議。迄今為止,在已經公開或被披露的這個時期的歷史文獻中,只有王稼祥的信和有關報告全面系統

地檢討了對外政策。

綜合起來看,王稼祥的建議可以分為兩方面的內容。其一是試圖全面、深入和系統地檢討以往對外政策涉及的一些深層次的問題,包括中國對外政策的根本目標、對爆發世界戰爭的可能性的基本判斷、對戰爭、和平與革命三者之間相互關係的認識、對和平共處的可能性的理解,等等。其二是關於進一步調整對外政策的建議。

就第一方面的內容而言,王稼祥提出的問題用當時的話語來評估,已經達到對某種「外交路線」構成根本性挑戰的程度,這可能是後來毛澤東嚴厲批評王稼祥提出的觀點的主要原因。對於毛澤東來說,從來都是具體政策可以討論,而深層的基本的理論思想則不容置疑。

關於第二方面的內容,那些建議包含兩個層次的問題。第一層次是基本的外交策略原則,第二層次是處理一些具體問題的原則。從後來的情況看,那些策略原則至少在當年夏季以前是與中國領導人的具體做法相吻合的。至於針對具體問題的建議,有的在隨後形勢變化的情況下,是難以行得通的,如他建議在處理中印邊界問題上,要採取新措施打開僵局。而實際情況是,中國決策層不得不下決心使用武力驅逐入侵的印度軍隊。有的是後來從未被否定的,如在印度支那地區避免爆發「朝鮮式的戰爭」,在這方面中國領導人幾乎盡了最大的努力。

不論是劉少奇的講話還是王稼祥的建議,都產生於共同的國內外背景,它們在原則上也是一脈相承的,即主張實行更加務實穩妥的對外政策,為解決國內經濟困難創造有利的國際環境。毫無疑問,隨後出現的堪稱險惡的國際形勢影響了此類政策的貫徹,迫使中國領導人不得不採取一些堅決的措施,包括使用武力,應對周邊的壓力。

如前所述,當時中國的周邊環境正在惡化,一些情況的發展趨勢顯然不利於中國對外政策沿著務實穩妥的方向調整。此外,王稼祥在報告中提出的一些針對具體問題的建議,在邏輯上固然是合理的,但在迅速變化的環境中,已經被證明很難行得通。儘管如此,從當時的實際情況看,周邊環境的惡化及其達到的程度,並沒有嚴重到足以迫使中國決策層根本改變1960年初開始實行的、1962年

初被王稼祥進一步明確地提倡和發展的對外政策,那些事件也不能被證明是當時促使毛澤東開始改變對外政策的主要理由。

6月間,甘迺迪政府透過華沙的大使級會談,向中方表示美國無意支持臺灣當局軍事反攻大陸。沒有美國的支持,臺灣當局的軍事行動只能是相當有限的。新疆伊犁事件主要是透過外交渠道解決,至少在11月以前,並沒有特別使中蘇邊界局勢進一步惡化,也不是後來嚴重地衝擊中蘇關係的主要原因。中國領導人當時也認為,除了要嚴厲譴責蘇聯方面的挑動外,中國自己的有關政策也是需要檢討和改進的。在印度支那地區,美國軍事介入對中國的安全威脅總的說來還是間接的,儘管從後來發展的趨勢看也是很嚴重的。7月間包括中美在內的有關國家還就和平解決寮國問題達成協議。最嚴重的中印邊界問題,即使在10月升級為較大規模的軍事衝突,在中國領導人看來也是有限的和可以控制在一定範圍內的,他們也確實是這樣做的。中共中央在中印邊界反擊戰結束後發出的《關於結束中印邊界衝突和中印關係問題的宣傳提綱》表明,中國決策層當時認為,危機已經過去,可以一面尋找與印度重開和談的機會,一面繼續抓緊國內的各項工作。

這一時期中國周邊發生的種種事件如果說對中國對外政策有影響的話,它主要是在中國內部造成了一種政治氣氛,使主張改變1960年以來那種相對務實的對外政策的激進主張,比較容易引起共鳴和得到支持。當然,惡化的國際環境很可能也影響到毛澤東的心理狀態。從他在1961年發表的詩詞中,仍然可以讀到一種堪稱高雅的自信,如「無限風光在險峰」、「待到山花爛漫時,她在叢中笑」等膾炙人口的詩句所表露的那樣。1962年底及以後的詩詞則反映出他對國際環境造成的壓力的感受和憤怒,如「七律·冬雲」和「滿江紅·和郭沫若同志」等著名的詩篇。

總之,導致毛澤東在八屆十中全會上批評所謂「三和一少」、並因此開始改變中國對外政策的主要原因,還需要從中國國內政治帶有全局性的重大事件中尋找,這個事件就是圍繞對「大躍進」的評價展開的矛盾。

1962年1月的七千人大會是在經濟形勢極為嚴峻的形勢下召開的。會議檢討

中央的錯誤和決定全面改變政策，直接導致了對「大躍進」的懷疑甚至批評。在2月召開的政治局常委擴大會議（西樓會議）和5月召開的中央工作會議上，中國領導層形成的主流意見是，承認經濟衰退的嚴峻程度，必須做出改變經濟政策和大規模調整國民經濟的戰略決定。這裡應該指出的是，七千人大會以來的政策調整是為瞭解決經濟衰退問題，但政策調整的範圍並不僅僅侷限於經濟領域，它涉及到黨內的民主集中制、幹部政策、知識分子政策、文化教育政策等等比較敏感的政治領域。這些領域中新政策的落實，的確引起了整個社會政治氣氛的明顯改善。在這樣的氣氛中，對以往錯誤的認識和批評必然更加深入和尖銳，王稼祥就對外政策提出建議也屬於其中一部分。一些在黨內鬥爭中因提出不同意見而遭受打擊的幹部，特別是高級幹部如彭德懷等，必然要提出申訴。

「大躍進」因經濟問題興起，進而衝擊到各個領域；現在它因經濟問題而衰落，必然也衝擊到各個領域。其結果如同搞「大躍進」引起黨內矛盾尖銳一樣，（實際上）否定「大躍進」也引起了黨內矛盾的尖銳化。七千人大會上就存在對「大躍進」的不同意見，所謂不同意見包括肯定和否定「大躍進」的意見。問題的關鍵在於如何看待黨內的分歧，特別是毛澤東如何看待否定「大躍進」的意見。

在七千人大會上，毛澤東在發言中已經展現了他的基本邏輯。他一方面將發揚民主作為講話的基調，同時提醒與會者必須認識到階級鬥爭的嚴重性，要考慮自己站在哪一邊的「根本立場問題」。特別是他針對當時的國際環境，提到帝修反、蔣介石、地富反壞右等都在罵中國。這毋寧說是給批評「大躍進」劃出一道含糊不清的界限。只有理解了批評可以但必須有限這個界限，才能理解他從當年8月起開始的反擊。他顯然認為，黨內對「大躍進」的否定已經超越了界限，必須徹底糾正。

1962年8月6日，中共中央在北戴河召開工作會議，準備進一步討論經濟工作。毛澤東在發言中完全推翻了原定的議程，提出要討論關於社會主義時期的階級鬥爭問題，並尖銳譴責了前一階段那些明確否定「大躍進」的觀點。9月召開的八屆十中全會上，毛澤東進一步發揮了他的觀點，將對「大躍進」的否定概括

為「三風」，即「黑暗風」、「單幹風」和「翻案風」，並指責劉少奇等人的所謂右傾就是「中國的修正主義」。最嚴重的後果是會議發表的公報包括了毛澤東關於社會主義時期階級鬥爭問題的那段著名表述。

這個時期毛澤東對所謂「三風」的批評中，有兩個觀點是關鍵性的。其一是黨內對「大躍進」及其後果的批評是階級鬥爭在黨內的反映，是「中國的修正主義」；其二是「國內外修正主義都要裡通外國」，即他們是相互勾結的。這在邏輯上決定了他在考慮對外政策時，很容易將在這個時期出現的不同意見，特別是那些理論層次上的意見，同所謂「修正主義」問題聯繫起來。

正是在這兩次會議期間，毛澤東批評了王稼祥建議中的觀點。迄今為止沒有足夠的證據證明，毛澤東本人當時已經讀過王稼祥的信和報告。一些論著的描述和介紹提出了一系列的問題，如毛澤東是否對當時的對外政策表示不滿？如果不滿的話，都包括哪些方面，還是一切均不滿意？他的不滿是從什麼時候開始的？等等。有間接的歷史記錄表明，導致毛澤東當時批評外交工作的直接事件是他認為，在7月召開的爭取普遍裁軍和世界和平大會上，中國代表團接受了會議起草的那份沒有「反對美帝國主義」字樣的共同文件，這是「脫離了左派，加強了右派，增加了中間派的動搖」。在八屆十中全會的預備會上，王稼祥聯繫上述事件，就外交工作作了檢討發言。此後國務院外交事務辦公室又點名批評了王稼祥。

不過將王稼祥的建議同所謂「三風」聯繫起來的最直接原因，很可能與9月14日外交部負責人在華東組的發言有關。他當時說，現在有一股風叫「三面和一面少」。他認為，同美蘇和印度的鬥爭是不可避免的，對外援「要算政治帳」，還要更多地支持民族解放運動。毛澤東對陳毅的這一發言顯然很讚賞，在簡報上批示「可看，很好」。此後「三和一少」同「三風」一樣，開始被列入批判對象。很有可能的是，該負責人同其他一些中國領導人一樣，此時並不理解毛澤東批評「三風」的根本用意及其可能造成的後果。他的發言還是基本肯定了1960年以來的對外政策，即一方面認為進行鬥爭是「非常必要的」，另一方面「鬥爭都是有分寸、有約束的」。關鍵在於「一股風」三個字。說者無意，聽者

有心，毛澤東對反對所謂「三和一少」的讚揚，是同反對「三風」聯繫在一起的，對他來說，這不是哪個具體政策的問題，而是涉及到指導思想，即對外政策應該服務於什麼目的。這是問題的癥結與嚴重性所在。

正是因為毛澤東批評「三和一少」是與批評「三風」聯繫在一起的，而所有這些批評又是上述兩個觀點的合邏輯的產物，所以說八屆十中全會實際上改變了1960年以來對外政策的指導思想。當然，指導思想的改變要貫徹到具體的對外政策中還有一個過程，就像毛澤東的階級鬥爭理論被最終貫徹有一個過程一樣，而且它們實際上也是基本同步的。指出這一點是因為，還不能將八屆十中全會結束後不久發生的中印邊界反擊戰和其他一些外交方面的決定，簡單歸結為對外政策的指導思想改變的結果。

結論

1962年的中國對外政策實際上受到一種結構性的矛盾的影響。當時存在兩個不同層次的矛盾。第一個層次是國內經濟衰退要求對外政策向更加務實穩妥的方向調整，同時周邊環境惡化迫使中國至少要在某個方向或局部做出強硬的反應（如中印邊界衝突）。第二個層次是中國領導層在如何評估「大躍進」和應對經濟衰退方面，明顯開始出現不同意見，那些不同意見的出現及其爭論結果等，也在影響中國對外政策的調整方向。不僅如此，這兩個層次的矛盾都不是1962年突然出現的，它們各有其演變脈絡，而且不同層次上展開的各種矛盾，也是相互聯結、相互影響的。本文的論述表明，相比較而言，第二層次的矛盾對中國對外政策的影響無疑是主要的，它是導致對外政策變化的主要原因。

如上所述，這時中國對外政策的變化主要不是起因於足夠嚴重的外部環境變化或外部衝擊（如世界大戰、大規模外敵入侵或其他威脅到國家根本利益的事件），也不是全面檢討對外政策各個方面的結果（如中共八大前和1960年初的情況），它主要是被國內政治變化所帶動、是從對外政策的指導思想轉變開始的。正因為如此，在研究它對此後中國對外政策的影響時，有幾個需要重視的問題。其一是指導思想的變化有可能是逐步貫徹到具體政策中的，這個過程從邏輯上說與國內政治形勢的變化聯繫密切，而且很有可能國內政治仍然在發揮主要影

響；其二是指導思想的變化在對外關係的各具體方面，不大可能都有程度相同的體現，在某些方面甚至會受到以往政策的較大牽制；其三是在某些具體的領域，指導思想的變化甚至有可能不會被貫徹。因此，對1962年以後中對外政策的演變，仍然有必要做具體、細緻和深入的考察。正是從這個意義上説，1962年是中國對外政策「左」轉的前夜。

「告別冷戰」：中國實現中蘇關係正常化的歷史涵義

「告別冷戰」：中國實現中蘇關係正常化的歷史涵義

　　本文的目的是論證中國在1980年代實現中蘇關係正常化與中國最終「告別冷戰」之間的關係。這裡所謂的「告別冷戰」就是指中國退出冷戰，它至少包括三層內容，即：中國安全戰略和對外政策的指導思想逐步擺脫在國際冷戰環境中形成的思維模式的桎梏；中國的對外政策逐步轉變為在冷戰中保持中立；中國對外關係逐步發展並最終形成一種超然於東西方兩大集團對抗的態勢，其突出的表現是經過四十年的反覆後，中國終於能夠同時與兩個超級大國保持正常關係。

　　在中國學術界和政策分析領域的話語中，「冷戰思維」這個概念通常是指美國或蘇聯有關冷戰以及相關的安全戰略和對外政策的一套概念和邏輯。當時的中國領導人雖未使用「冷戰」這一概念，但這並不等於冷戰的大環境對中國對外政策沒有影響，只是中國領導人的相關認識和論述帶有「中國特色」。中國領導人在中華人民共和國成立前後基本形成了對國際冷戰和中國對外政策的一些關鍵性問題的認知，以及構成並表達這種認知的邏輯和一套概念體系，這對後來的中國外交產生了巨大的影響。它們大致包括：對世界政治的主要矛盾的認識——美國與蘇聯的對抗是世界政治中的主要矛盾，先是美國，後是蘇聯相繼成為矛盾的主要方面；對冷戰時期戰爭與和平問題的認識——世界大戰不可避免，一個或兩個超級大國構成戰爭的主要策源地；對中國在東西方對抗中的地位的認識——或者是「非楊即墨」，或者是「兩個拳頭打人」，在大多數情況下是與一方結合，反對另一方，「兩個拳頭打人」的狀況在1980年代以前只持續了四五年；對國家安全戰略的認識——美國或蘇聯總是「亡我之心不死」，中國國防必須立足於大打、早打、打核戰爭，並在外交上爭取建立國際反帝、反霸統一戰線；對對外政策中意識形態問題的認識——由於斷定面臨來自外部的顛覆、「和平演變」的威

脅，進行意識形態鬥爭必須是對外政策的主要內容之一。這裡只是簡單地概括而已，全面和系統地梳理並分析中國在國際冷戰環境中形成的思維模式，還是有待進行的工作。所有這些重要的觀念與中國領導人應對冷戰的各種政策之間的關聯性，也是需要專門探討的。

1990年代初，冷戰隨著東歐國家發生巨變和蘇聯解體而突然結束。在這個堪稱天翻地覆般的世界大變局中，中國克服了內政外交方面遇到的巨大困難，比較穩定地度過了那個時期，並從1993年再次邁開了迅速發展的步伐。中國外交能夠比較穩定地過渡到後冷戰時代，主要取決於中國決策層制定的內外政策，正是那些內外政策使中國能夠處於一種相對超然的國際地位。甚至可以做這樣的推論，即使冷戰不像後來那樣突然結束，中國也不再可能、更重要的是不會再有任何意願，繼續在美蘇的角逐中扮演活躍的角色。不論是從中國外交指導思想的本質，還是從中國對外關係的狀態等哪個角度看，都是如此。這個轉變並非一蹴可幾，它經歷了將近十年才得以基本完成。其中有一個特別重要而且極具象徵意義的事件是，在冷戰即將結束的前夜，中國與蘇聯在1989年5月18日簽署《中蘇聯合公報》，實現了與蘇聯關係的正常化。以中蘇關係正常化為標誌，中國超然於冷戰的外交態勢基本形成。

之所以説中蘇關係正常化特別有象徵意義，首先是因為中國捲入冷戰與中蘇關係直接相關。1950年2月14日，中國與蘇聯簽署同盟條約。這一歷史性的重大事件並不僅僅是導致冷戰向東亞大規模蔓延的重要因素之一。從中國與冷戰的關係的角度看，中蘇結盟同其他一系列事件結合在一起，推動中國越來越深地捲入冷戰，並導致中華人民共和國誕生不久，便站到了東亞冷戰的最前沿，作為蘇聯的盟友並長期與美國對抗。歷史就是如此地富有戲劇性：中國是透過同蘇聯結盟而捲入冷戰，在四十年後又透過同蘇聯實現關係正常化而退出冷戰。當冷戰終於結束的時候，中國已經自外於這場兩個超級大國的競爭，並為自己找到了能夠在驚濤駭浪中站穩腳跟的基石。僅此一點，就足以引起對過去一些重要結論的再思考。

其次，1980年代中國對蘇聯政策的轉變，幾乎是與中國的國家發展戰略和

國家安全戰略的調整同步進行的。中國對蘇聯政策的每一次重要調整，並非像很多論著所描述的那樣，僅僅是基於早已確定的方針而對蘇聯對華政策變化做出隨機和簡單的回應。中國領導人在每個階段做出選擇的背後，都蘊含著他們對中國對外政策所涉及的一些關鍵性問題的反思。換句話說，中國對蘇聯政策變化主要是中國決策層一些重大認識變化的結果。至少從1982年夏季以後，是中國主導了中蘇關係正常化的進程。當然，肯定這一點，並不意味著肯定中國的政策在每個階段和每個方面都是合理的。這類的分析需要更多的檔案開放，並對中蘇雙方的政策進行比對。

中蘇關係正常化之於中國對外關係特別重要，毋庸贅述。不過對此雖多有論證，尚無在中國外交與冷戰之關係的視角下的分析。國內有關1980年代中國對外關係的專門論著數量不多，主要成果差不多都反映在教科書中。其中涉及中蘇關係正常化的內容多為描述中國政策的發展過程，並將這個事件作為一個成功的行動加以讚揚。這些成果都將中蘇關係正常化置於改革開放後中國外交全面調整的大背景之下，不過它們也都凸顯這樣的看法，即中國最初決定改善中蘇關係差不多是「不失時機地」對蘇聯的行動做出回應，至少主要是這樣。特別是它們均未分析如下一些問題：中國對蘇聯政策調整之所以時間較長的原因；中蘇關係破裂的經驗以及1970年代強調蘇聯威脅遺留的影響；在冷戰背景下中蘇關係與中美關係之間難以避免的互動；以及中國領導人對全球和地區安全形勢的認知變化，等等。這些問題正是本文試圖論述的，不過需要說明的是，它們並非中蘇關係正常化所涉及的全部問題。

（一）

1979年4月3日，中國全國人民代表大會常務委員會第七次會議宣布，1950年2月簽訂的《中蘇友好同盟互助條約》期滿後，將不再延長。同時中國政府發表聲明，向蘇聯建議舉行雙邊談判，消除關係正常化的障礙。此後中國政府於7月同意首先在莫斯科舉行副部長級談判。與以往談判的姿態相比，不以解決邊界問題作為先決條件和同意首先在莫斯科舉行談判，至少顯示中國對蘇聯的政策開始發生變化，而且基本可以肯定這是最高決策層的決定。不過從後來的發展看，

對蘇政策變化很可能僅僅是國內政策變化所帶動的一個結果。有外交官回憶說，1979年1月鄧小平訪問美國以後，中國領導人就「明顯感到，在改善中美關係的同時有必要調整『大三角』中的中蘇關係」，以便造成更有利的國際環境。這一回憶將中國領導人開始考慮調整對蘇聯政策的時間提前到1979年初，對此需要經過認真考察才能確定。

如同中國對外政策發展的許多階段一樣，這一時期主導中國對外政策包括對蘇政策轉變的主要因素，是國內政治的巨大變化。中共中央確定以經濟建設為中心的政治路線和以改革開放為方向的國家發展戰略，導致中國對外政策的各個領域開始相繼發生變化。簡而言之，新時期中國對外政策發生根本性轉變的動力，主要來自於國家發展戰略的轉變。

不過同樣重要的是，必須重視已經長期執行的對外政策，尤其是其中包含的一些主要問題的重大影響。中國對外政策的發展與國家發展戰略客觀上至少也需要相輔相成，對外政策中的一些根本性問題對於制定國家發展戰略同樣也是根本性的。根據中國領導人長期一貫的思維邏輯和論述框架，如果他們不能合理和有說服力地論證諸如「時代」、「形勢」、「格局」、「力量對比」、「外交基本方針」等認知結構中的基本概念，並提出和有效地執行相應的政策，改革開放的大戰略也無法確定並得到廣泛支持，至少也會比後來看到的要困難得多。

中國對外政策演變的歷史已經證明，那種主要是由國內政策重大變化而引起的對外政策轉變，通常都是滯後的，而且並不會立刻反應在對外政策的各個領域。另一方面，新時期的對外政策在時間上是同十年「文革」的極左外交相連接的。如同十一屆三中全會確立的政治路線要鞏固和發展，就必須在各個領域撥亂反正一樣，在對外政策領域也必須清除此前極左外交的影響，才有可能逐步形成新的政策。實際情況表明，中國對外政策的轉變是緩慢實現的，落後於中國國內政治的劇烈變化，相關認知框架的變化更為緩慢，而對蘇政策的轉變可能是其中最為滯後的。

中國極左外交主要包括四個方面，即對傳統的「時代」學說持一種教條、僵化甚至極端的態度；對中國國際地位的基本估計和對中國影響國際事務的能力估

計過高；否認或不重視國家利益在制定和實施對外政策中的首要地位；在政策上「四面出擊」和四面樹敵；等等。當時在這種框架中勾畫出來的世界基本圖景，必然是極度緊張和充滿戰爭危險的。特別是對國際緊張局勢的認知同國內持續不斷的政治運動造成的緊張環境互相促進，互相強化，造就了70年代中國的國家安全戰略，即保持高度的警惕和緊張的戰爭準備，應付隨時可能出現的世界戰爭或大規模的外敵入侵。

　　正是上述戰略及其賴以產生的思維方式，導致在1970年代中期以後很長一段時間裡，中國領導人將相當大的精力用於建立和維護所謂「一大片」、「一條線」的國際反蘇統一戰線的政策。迄今為止中國學術界還沒有對那個時期的這些政策進行更深入的審視和反思。從後來中國領導人認識世界政治的基本框架看，毛澤東謀求建立國際反蘇統一戰線的「外交戰略」，很可能是建立在誤判蘇聯威脅的程度的基礎上，而這很可能也是導致十一屆三中全會後要用相當長的時間改變對蘇政策的主要原因之一。

　　如前所述，中共中央在1978年末召開的十一屆三中全會上，已經做出將工作重心轉移到實現國家現代化的軌道上。這一重大決定對中國領導人改變對外政策的影響至關重要。根據中國戰略思維的基本特點，其影響至少包括這樣兩個最基本的方面：第一是需要回答，是否會有相對比較長時間的和平與穩定的國際環境？在1975年初召開的第四屆全國人民代表大會上，周恩來在政府工作報告中曾適當調整了對爆發世界大戰的估計，認為「革命和戰爭的因素都在增長」，意即有可能推遲世界大戰爆發的時間。此一調整得到毛澤東同意。鄧小平當時據此說明，「五年以內打不起來」。不過很難證明中國領導人在此問題上的共識達到何種程度，不少資料表明，他們仍然認為中國面臨著甚至可以說是相當嚴重的安全威脅。事實上，從1977年8月召開的中共第十一次全國代表大會的政治報告以及隨後中國政府的主要媒體發表的評論看，中國領導人明確地表示，他們相信存在著大規模戰爭的危險。特別是蘇聯入侵阿富汗以後，這種看法在1980年代初一度迅速強化。

　　隨之而來需要回答的第二個問題是，在存在戰爭危險和嚴重安全威脅的情況

下，中國能否透過制定和執行恰當的戰略和政策，塑造一個適應中國發展戰略的安全環境和對外關係結構。中蘇關係緊張和對蘇聯威脅的嚴重擔心，是中國決策層在1970年代初斷定世界大戰不可避免和大規模外敵入侵不可避免、甚至戰爭已經迫在眉睫等的重要原因。那時中國進行大規模、長時間的戰備，就是為了應付蘇聯可能對中國發動的侵略戰爭。從那個時代走過來的人當時差不多都對蘇聯侵略中國的「狼子野心」懷著深刻的警惕。有關著作對此多有著墨，在此不展開論述。

觀念的相對穩定性決定了人們的認識經常落後於現實。1970年代初在中國形成並保持了相當長時間的對蘇聯威脅的估計，不可能迅速消退。直到1970年代末和1980年代初，中國領導人的思路是，有必要而且也有可能透過執行適當的對外政策，為中國贏得一段發展經濟的和平時期。結果是這個時期中國外交中出現了這樣的現象：一方面強調中國的現代化進程需要和平穩定的國際環境；另一方面對國際形勢的判斷卻趨向嚴峻，認為蘇聯威脅至少是沒有減輕，中國甚至面臨蘇聯入侵的威脅。1977年8月，中共十一大政治報告稱：「蘇美兩家是新世界大戰的策源地，特別是蘇聯社會帝國主義具有更大的危險性」，中國「面對帝國主義特別是社會帝國主義的侵略和威脅，蘇修亡我之心不死」。11月1日，《人民日報》發表編輯部文章論述毛澤東「三個世界劃分的理論」，試圖在中國政局轉換的時刻，從理論上肯定毛澤東後期對外政策的權威性。「三個世界劃分的理論」從提出起，就同建立反蘇國際統一戰線有直接的關係。

由於仍然認為蘇聯威脅既很嚴重又很危險，中國領導人在十一屆三中全會以後一段時間裡，繼續堅定不移地執行毛澤東在1973年2月到1974年1月相繼提出的所謂「一條線」、「一大片」戰略，這也被稱為是「國際反霸統一戰線」。最具代表性的是，鄧小平在1980年1月中共中央召集的幹部會議上提出，80年代的三大任務是反對霸權主義、實現祖國統一和加緊經濟建設。其中的反對霸權主義就是反對蘇聯。由此可以看出，中國領導人對蘇聯威脅的擔心程度仍然非常之高，並且他們確實在認真準備應付這種威脅。顯然，中共中央工作重心的戰略性轉移雖然帶動了對蘇政策變化，但遠不能說這個變化是經過深思熟慮的和重大的。中國領導人為了確保工作重心順利地轉移，甚至有可能寧願用更多的外交和

其他資源來防範所謂的蘇聯威脅，以取得穩定的國際環境。歷史進程的戲劇性也許正在於此。

這裡需要指出一個一直被忽視的重要因素，即中國現代化模式的選擇，很可能同樣導致了中國對蘇政策轉變的滯後。從歷史上看，導致中華人民共和國在成立之初便決定「一邊倒」向蘇聯的一個重要原因是，中國領導人當時寧願選擇蘇聯式的發展模式。1949年夏季，劉少奇祕密訪問莫斯科之所以能夠為中蘇同盟奠定基礎，很重要的原因是中共中央決心要「走俄國人的路」。很多研究都將注意力放在劉少奇與史達林的會談上。實際上在四十多天的訪問中，劉少奇只同史達林會晤了六七次，其餘有不少時間是在參訪蘇聯政府、企業等等。人們能看到的是他帶回了一批蘇聯專家和貸款；但是無法直接看到的是他已經裝在腦子裡的蘇聯發展模式，但這是可以推斷出來的。因為後來新中國就是按照這個模式來開始國家重建的，其影響、包括對中國對外政策的影響，至深且久。

從十一屆三中全會以後的進程看，中國領導人在歷史轉折的關鍵時刻，與1949年正相反，實際上是從否定蘇聯模式而開始了改革的長征。這既是基於歷史的經驗，也是當時一些重要事件造成的。從目前能夠獲得的資料看，1978年夏季中國派出的大批出訪團起了重要作用，其中影響最大的是由國務院副總理谷牧率領的西歐五國訪問團。該團於1978年5月2日至6月5日考察了西歐五個國家，隨後撰寫了詳細的報告，呈報中共中央。6月30日中共中央政治局聽取了谷牧的彙報。此後，鄧小平本人又專門聽取了谷牧彙報，並做出指示。在7月的國務院務虛會上，中國領導人再次討論了如何學習外國的成功經驗。會議討論的詳情現在還不清楚，對本文來說，最有意義的是會議確定的向西方學習的方向，決定了當中國領導人開始推行現代化戰略的時候，很難從積極的方面對中蘇關係予以重視。

需要進一步指出的是，重新肯定向西方學習對中蘇關係的影響是相當複雜的。一方面，它的確導致中國領導人對處理中蘇關係的關注程度不高，但另一方面也清除了改變對蘇政策的一個巨大障礙，為改善中蘇關係提供了一個合理的邏輯。中國領導人下決心在國家現代化過程中向西方學習，不可避免地會導致對中

國以往發展模式的重新思考，甚至否定。由於毛澤東後期對中國發展模式的選擇，是同中蘇意識形態大論戰密切聯繫在一起的，對中國發展道路的重新思考必然導致重新評價論戰中的一些關鍵問題。伴隨著對什麼是「檢驗真理的標準」的大討論，中國報刊逐步開始公開討論所謂「社會主義模式」的多樣性，並批評對待社會發展道路的教條主義的態度，認為「中國沒有壟斷真正的社會主義稱號。各個社會主義國家有權實行自己的政策」，「不應用抽象的原則性的名稱把這個或那個國家説成是『社會主義』、『修正主義』或『資本主義』」，等等。顯然，當中國領導人以開放的姿態重新思考中國的發展模式時，他們已經為終止中蘇意識形態論戰提出了合理的邏輯。而且隨著對「文革」的否定，他們也逐漸終止了對所謂蘇聯「修正主義」的批判。這些基本的變化對改變對蘇政策是極為重要的，它們表明中國領導人已經不可能再將意識形態爭論作為中蘇關係的內容，當然意識形態爭論更不可能再成為改善中蘇關係的障礙。這些變化此時只不過還沒有延伸到對蘇政策的思考之中。

可以説中國的安全戰略和發展戰略從兩個關鍵的方向上，決定了中國對蘇政策轉變的進程和時間表。總的看來，中國政治形勢的變化顯然影響到中國領導人對中蘇關係的思考，有間接的資料表明當時的主要領導人幾乎都參與了決策的過程。不過，中國這時採取的外交行動很難説是經過深思熟慮的，可以推斷，中國領導人並沒有花足夠的精力考慮相關的問題，與他們處理中美關係的情況相比，尤其如此。中國政府在《中蘇友好同盟互助條約》終止後，向蘇聯提出為重新規範兩國關係簽訂新的協議。但1979年9月開始的談判表明，兩國間並不存在解決問題的基本氣氛。談判很快便因蘇聯入侵阿富汗而不了了之，儘管這些談判在緩和中蘇關係的氣氛上起了一些作用。總而言之，直到1982年中共十二大召開前，中國對蘇聯的政策仍然受到毛澤東後期處理安全戰略和對外政策的重要影響。

當然，蘇聯這個時期的擴張行動和對華政策，同樣是影響中國有關政策的重要因素。特別是蘇聯支持越南入侵柬埔寨和蘇軍入侵阿富汗，加劇了中國不安全的一頁。這本紀實性傳記描述了中國主要領導人參與對蘇談判決策過程的具體情況和他們的主張與態度，書中包含了對王幼平本人的採訪，有一定的參考價值。

不過其準確性和可靠性需要用未來公開的歷史文獻印證。中國領導人對蘇聯威脅的判斷明顯趨向嚴峻，隨後中國展開了一些重大行動，包括參加對蘇聯的制裁，如不出席莫斯科奧運會等；1981年夏季在華北舉行大規模軍事演習；為建立反蘇國際統一戰線做出更為堅決和巨大的努力；最重大的行動是在中越邊境發起自衛反擊戰；等等。

（二）

儘管中國領導人從1979年開始緩和中蘇關係時帶有很大的侷限性，不過從這時造成1980年代中期，中國的內外形勢中出現的一些重大的變化，對中國對蘇政策產生了潛在的或直接的影響。這些影響導致在1982年9月中共第十二次全國代表大會確定新的對外政策的同時，中國領導人也決心邁開中蘇關係正常化的步伐。

誠如上述，中共十一屆三中全會確定以經濟工作為中心的戰略方針，決定了中國有必要締造一個相對和平穩定的國際環境。中共中央工作重心轉移的依據和成敗，至少部分地取決於對外部環境的判斷。另一個不容忽視的更為直接的因素是，從1960年代中期開始迅速增加的國防費用，已經對發展經濟構成了嚴重的負面影響。如1968年軍費占到國家財政支出的26.11%。在最高年份的1975年，軍隊數量達到610萬。鄧小平在1975年主持軍隊工作期間，就提出過裁軍方案。到1976年底，解放軍總人數已經比1975年減少了13.6%。不過1979年的國防費用仍占財政支出的17.3%。鄧小平在1980年3月明確提出，中國「軍費相當大，這不利於國家建設」，「如果能夠節省出一點用在經濟建設上就更好了」。實際上在「文革」後期，已經有過軍隊交回部分軍費以幫助政府解決財政困難的情況。顯然，不論是國家戰略的轉變，還是經濟建設面臨的實際困難，都促使中國領導人切實思考諸如「戰爭」、「威脅」等的真實程度。

目前尚無法看到十一屆三中全會前後的相關思考和討論的主要檔案文獻，隨後圍繞所謂「時代」主題的討論或爭論的過程，還無法被清楚地描述出來。不過可以大致確定，中國決策層一直在或者說不得不關注和認真地思考「戰爭」與「時代」等被認為是把握國際政治的基本問題。

1977年8月26日，鄧小平在聽取中共中央軍委座談會小組討論情況的彙報時說，他在1975年已經談過未來五年內不可能有戰爭，現在可以在有限的範圍內傳達。不過他還是認為需要「提高警惕」。從鄧小平的談話中可以推斷，他希望透過隨後召開的中央軍委擴大會議，就戰爭問題做出比較明確的判斷。目前還無法瞭解後來軍委擴大會對戰爭問題的討論和決議。從已經公布的鄧小平在12月中央軍委全體會議上的講話看，他一方面認為「可以爭取延緩戰爭的爆發」，同時仍然強調要防備「別人早打、大打」。此前不久召開的中共十一大有關決議表明，中國領導人這時並沒有改變持續了十年之久的看法，即存在著發生蘇聯對中國大規模入侵的危險。

　　從一些間接的資料推斷，中共十二大前後中國領導人才逐步達成這樣的共識，即不論是世界大戰還是對中國的大規模入侵，在未來較長時間裡都是不可能發生的。確切一些地說，1982年前後，中國領導人的有關認識基本回到1956年中共八大對國際形勢的基本判斷。用他們的話說就是，戰爭的因素依然存在，但是世界和平的力量超過戰爭的力量，爭取實現一個較長時間的國際和平環境是有可能的。儘管這類結論這時尚未被直接聯繫到對「蘇聯威脅」的重新認識，其中的邏輯是清楚的，即所謂的「蘇聯威脅」至少也是被明顯地誇大了。

　　中國領導人對戰爭和威脅認知的變化，與中國同美國和蘇聯的關係、特別是與蘇聯關係的變化，是相輔相成的。1970年代初促使中美從對抗走向和解的主要因素，是對付蘇聯擴張和結束印度支那戰爭的共同利益。隨後一段時間，中國一直將實現與美國關係的正常化作為對外政策的一個重要目標。1978年卡特政府終於下決心邁出實現中美關係正常化的步伐。中美雙方從1978年7月5日起，在北京舉行建交祕密談判。中國領導人顯然高度重視中美建交談判，儘管國內事務的議程已經極為緊張，鄧小平仍然親自過問每一輪談判情況，並做出具體指示。由於中美雙方在美國售臺武器問題上尖銳對立，談判非常艱難。鄧小平在談判的關鍵階段下決心，必須加快實現中美關係正常化步伐。他在1978年11月27日召開的有關會議上說，最重要是不要錯過時機。在中美建交談判的關鍵時刻，鄧小平三次會見美方代表伍德科克（Leonard Woodcock），討論雙方爭執不下的售臺武器問題和中美建交草案等。由於鄧小平和卡特總統的決斷，中美雙方最終

簽署了建交公報，1979年1月1日中美正式建立外交關係。

從歷史的過程看，如果沒有對抗蘇聯擴張威脅的共識，中美在當時實現關係正常化並迅速建立起比較密切的關係，至少也是很困難的。不過，在國際安全領域的合作並未能消除中美雙邊關係中那些帶有根本性的矛盾。中美建交後不久，1979年4月美國國會提出並由美國行政當局批准透過了《臺灣關係法》。《臺灣關係法》的頒布表明美國國內反華勢力的能量相當大。1981年雷根入主白宮後即宣布，將採取所謂「雙軌」對華政策，一方面表示繼續發展中美關係，另一方面聲稱根據《臺灣關係法》，繼續向臺灣出售武器，包括出售高性能的FX系列戰鬥機。這導致中美關係出現嚴重的波動。雷根政府的行動使中國領導人斷定，中美關係正面臨嚴峻的考驗，他們決定採取逐步升級的對抗措施，遏制美國在臺灣問題上的倒退。中國政府相繼取消了軍事領導人的訪美計劃，並公開譴責雷根政府干涉中國內政。鄧小平親自向美國提出警告。這時中國領導人已經做好具體準備，不惜採取使中美關係降級的行動。除臺灣問題外，中美在其他一些領域也是矛盾衝突層出不窮。

正是中美建交後發生的矛盾和衝突，特別是雷根政府在臺灣問題上的政策和態度，導致中國決策層在1980年代初下決心，與美國拉開距離。1982年中共十二大提出堅持獨立自主的不結盟政策，在一定程度上反映了中國領導人在這個階段上總結的經驗和教訓，即不能過高估計中美反對蘇聯擴張的戰略合作對中美關係的推動作用，否則難免付出過多的代價。

正當中美在美國售臺武器問題上的矛盾急劇升級、雙方在進行意志較量的最緊張時刻，蘇聯領導人布里茲涅夫於1982年3月24日在塔什干發表了有關對華政策的講話，明顯透露出蘇聯對華政策可能會發生變化。布里茲涅夫特別強調：蘇聯完全承認中國對臺灣的主權，蘇聯從未威脅中國的安全，蘇聯從未對中國有任何領土要求。在此講話之前，蘇聯已經採取了一些行動，以表明其有意改善中蘇關係。

根據錢其琛的回憶，鄧小平立即注意到布里茲涅夫釋放的訊息，並指示外交部在兩天後做出積極的回應。錢其琛在回憶中介紹了鄧小平上述決定的重要背

景，認為中方立即做出積極反應，是因為中美關於售臺武器的會談「取得了新的進展」，「中美兩國關係的新框架可以說基本確立」。從實際情況看，這時中美之間還沒有就談判解決售臺武器問題取得進展，錢其琛的回憶可能在時間上有些大而化之了。當時鄧小平要求立即做出回應，推測其動機或是為了做出試探，或是為了利用緩和中蘇關係的姿態，向美國施加壓力，也可能兩者兼而有之。不過錢其琛的回憶揭示了中國領導人在當年盛夏決定採取重大步驟改善中蘇關係的一個重要原因，即他們相信，一個穩定的中美關係是有利於中蘇關係正常化的。如果回顧中國以往處理與美國和蘇聯的關係，應該承認這個認識非常重要。

毛澤東等在中華人民共和國建國之初決定與蘇聯結盟，一個非常重要的原因是為了應付與美國的對抗。1969年秋季毛澤東下決心緩和中美關係，是因為極為擔心他認定的蘇聯威脅，他甚至有可能認為，緊張的中蘇關係是緩和中美關係的重要條件。鄧小平在1978年末下決心完成與美國的建交談判，在很大程度上也是因為他相信，為了對抗蘇聯的威脅，有必要盡快實現中美關係正常化。他在1979年1月訪美期間，在公開場合反覆譴責蘇聯的對外政策，並呼籲建立反對蘇聯霸權主義的國際聯合戰線。顯然，中國領導人很長時間裡都相信，在美蘇冷戰的世界政治格局中，中國的對外政策是「非楊即墨」，很難做到左右逢源，同時與兩個超級大國保持良好的關係。正是從這個意義上說，中國領導人從實現中蘇關係正常化的一開始，就已經從根本上逐步改變其以往在冷戰影響下形成的戰略思維方式。

或許這個時期中國緩和中蘇關係的過程並不那麼跌宕起伏，實際內容並不像中美關係那麼豐富多彩，但從中國對外政策轉變的角度看，的確意義重大。到1982年盛夏，鄧小平顯然在用新的思維考慮如何同時處理與美國和蘇聯的關係。中美5月開始就美國售臺武器問題舉行談判，到8月17日雙方簽署了「八一七」公報。美國在公報中再次聲明，它無意侵犯中國的主權和領土完整，無意干涉中國內政。美國承諾，對臺軍售在性能和數量上將不超過中美建交後近幾年供應的水準，並準備逐步減少，經過一段時間做最後解決。後來的事實表明，美國並沒有嚴格履行公報中的承諾，但其政策畢竟還是受到極大的限制。「八一七」公報的簽署使中國領導人確信，「中美兩國關係的新框架可以說基本確立」。因

此在8月10日，即中美「八一七「公報簽訂前一週，外交部蘇歐司司長於洪亮銜命前往莫斯科，向蘇聯方面口頭轉達了中國將認真謀求中蘇關係正常化的立場和條件。中國從此開始貫徹實現中蘇關係正常化的政策。

中國領導人在這個時期同時處理中美關係和中蘇關係的實踐，很可能對中共十二大確定新的對外政策產生了重要影響。實踐證明，在冷戰的兩極尖銳對抗中，中國是可以左右逢源，同時與兩個超級大國建立正常或緩和的關係的，而且這對中國很可能更為有利。差不多與此同時，中國領導人開始提出並逐步確立了「獨立自主的不結盟」的外交政策，並將其正式寫進了中共十二大政治報告，從此決定了此後很長一段時間中國對外政策的主調。這項政策顯然包含著中國領導人對以往30年同時處理與美國和蘇聯的關係的基本經驗。

這裡所謂的建國後30年的基本經驗，其主要內容就是如何認識冷戰和中國在冷戰中的地位，以及如何處理與美國和蘇聯兩個超級大國及其各自領導的兩個陣營的關係等，包括與蘇聯結盟和對抗、與美國對抗和實現關係正常化以及與美國建交前後處理中美關係的主要經驗。中國領導人顯然不打算繼續在冷戰中扮演過去那樣的積極角色，他們希望中國能夠在兩極格局中爭取一個超然的能夠自主行動的地位。

中共十二大後，中國幾乎是立即開始了與蘇聯的正式磋商。需要指出的是，儘管美蘇冷戰在這個時期有加劇的趨勢，中國與美國的關係並沒有因中國改善中蘇關係而受到影響。中國領導人這時的確有意「與美國拉開距離」。所謂「與美國拉開距離」，包含著對美國的不信任、在戰略上防止被美國所利用，等等。但是，「八一七」公報簽署後，中美關係到1980年代中期甚至有躍進式的發展。這表明，「與美國拉開距離」顯然是有限制的。它主要是指在戰略上使中國避免被美國利用，避免成為美國的「棋子」，但這並不意味著中國領導人不再重視和不想發展中美關係。更何況中美關係正常化雖然是建立在對抗蘇聯的戰略合作基礎上的，但兩國建交後雙邊關係迅速超出了戰略合作的範圍，在廣泛的領域獲得全面的發展。這個時期中美關係的發展在多大程度牽制了中蘇關係正常化的進程，是需要專門探討的。

在這個階段需要探討的另一個問題是，當鄧小平決定為改善中蘇關係採取一個大的動作時，也提出了中國的條件：蘇聯必須採取實際行動，清除所謂的「三大障礙」，即蘇聯必須先從中蘇邊境地區和蒙古人民共和國撤軍、從阿富汗撤軍和勸說越南從柬埔寨撤軍等。儘管在後來的談判中，錢其琛曾利用私人交往的機會，向蘇聯方面強調了中方的誠意，但後來的發展表明，以清除「三大障礙」作為關係正常化的條件，成為中蘇關係難以取得進展的重要原因之一。

　　有資料表明，1970年代末中國決定終止中蘇同盟條約時，鄧小平就表示過，中蘇關係正常化的障礙不只是邊界問題，主要是蘇聯的擴張主義和霸權主義，以及蘇聯在中蘇邊界和中國鄰國的軍事部署構成了對中國「實實在在的威脅」。不過還沒有資料能證明，在與蘇方談判時，中國方面已經提出了與此相關的具體要求。中國領導人一開始即以清除「三大障礙」作為中蘇關係正常化的條件，既反映出他們處理中蘇關係時，已經不打算在進行意識形態爭論；也表明他們對蘇聯威脅的認知，並無根本性的變化。他們仍然將蘇聯在亞洲地區的軍事行動和軍事部署等，視為對中國安全的直接和嚴重的威脅。越南從柬埔寨撤軍問題當然涉及更為複雜的地緣政治考慮。另一方面，由於中美關係已經取得重要的進展，中國領導人可能相信自己處在一個有利的討價還價的地位上。何況外交部本來就認為，布里茲涅夫的塔什干講話證明，蘇聯在阿富汗已經「力不從心」，對外政策「不得不實行戰略調整」。姑且不論這種分析是否準確反映了蘇聯緩和中蘇關係的動機，中國領導人從中得出的結論除了應該利用此機會改善中蘇關係以外，很可能也包含著有必要向蘇聯提出比較高的條件。

　　這一時期中蘇關係雖然沒有實質性的改善，但中國調整對蘇政策的確改善了中國的戰略地位，即在處理對美關係中有了較大的迴旋餘地、較多的籌碼，儘管這未必是中國領導人的初衷。中國調整對蘇聯政策迫使美國不得不在處理對華關係上採取更加積極的態度，這是1980年代中期中美關係迅速發展的重要原因，而中美關係的發展又使中國處理對蘇關係時，處於有利的地位。中共十二大的新對外政策帶來如此明顯的好處，中國領導人不會體會不到。

　　（三）

1985年是中蘇關係正常化關鍵性的一年,其標誌是當年秋中國領導人在「三大障礙」問題上做出重大的改變。從目前中國公布的歷史文獻中可大致得知,鄧小平在1985年春開始重新考慮實現中蘇關係正常化的「三大障礙」問題。1985年4月18日,鄧小平與英國前首相希思會談時,首次提出在消除「三大障礙」方面,蘇聯可以先做說服越南從柬埔寨撤軍這一條。在六個月以後,即10月9日會見羅馬尼亞總統希奧塞古時,鄧小平請後者給蘇聯新任總統戈巴契夫帶口信,進一步提出,在「三大障礙」中,蘇聯只要在越南從柬埔寨撤軍問題上與中國達成諒解,就可以實現中蘇關係正常化。中國領導人如此大幅度地調整對蘇聯的政策,其原因值得深究。

　　有論著認為,是戈巴契夫上台這一事件為中蘇關係正常化注入「新的生命」。這一觀點需要商榷。1985年3月戈巴契夫上台,的確可以看做蘇聯內外政策將發生根本轉變的前兆。戈巴契夫在當選蘇共總書記的當天就表示,希望並相信中蘇關係會改善。在3月莫斯科舉行的契爾年科的喪禮上,戈巴契夫向前往弔唁的中國副總理李鵬表示,希望中蘇關係能獲得「重大改善」。

　　如果與其前任相比,戈巴契夫的上述談話並無特別之處,只是表明了他將繼續前任的對華政策而已。例如,在1983年春季的中蘇第三輪政治談判期間,國際輿論已經注意到,中國正關注著美蘇關於歐洲削減中程飛彈部署的談判,並擔心如果美蘇達成協議,蘇聯有可能把從歐洲削減的中程飛彈轉移部署到烏拉爾山以東地區,從而加大對中國的軍事壓力。同年8月26日,安德洛波夫在接受《真理報》採訪時明確表示,美蘇一旦達成雙方都可以接受的協議,蘇聯將削減部署在歐洲的中程飛彈並加以銷毀,而不會轉移到其他地區。他明確說這樣中國就沒有理由擔心了。中國領導人基於近代以來的歷史經驗,長期認為「大國妥協,犧牲中國」幾乎是不會改變的規律。客觀地說,安德洛波夫的講話對於消除中國領導人的這種疑慮,是會有積極作用的。當然實際情況如何,需要更多的歷史文獻來驗證。這裡只是要說明戈巴契夫對華政策的延續性。

　　如果遵循時間的順序,前述鄧小平4月間與希思的談話,可以看作對戈巴契夫的一個回應。不過,鄧小平在發表這番談話的前一天,還在同到訪的比利時首

相維爾弗里德・馬爾滕斯談到「霸權主義」對歐洲的威脅。他在與希思的談話中也明確表示：消除「三大障礙」可以有先後，但都要消除，因為那樣做「就是要解除對我們的威脅」。這些談話表明，在推動中國領導人調整對蘇政策方面，蘇聯政局變化和戈巴契夫的態度所起的作用是間接的和有限的。

導致中國領導人決心進一步改變對蘇聯政策的最主要原因，仍然是在中國的內部，主要是中國發展戰略的新發展，特別是中國領導人這個時期對涉及對外政策的重大問題的思考。這些思考自1978年以來從未中斷，積累到1985年夏季則出現了轉折性的變化。1980年代中期，鄧小平明確提出和平與發展是當今世界兩個主題的思想。這是中國領導人在認識「時代」問題上的一次巨大變化，它徹底否定了中共在所謂「時代問題」上長期堅持的主要觀點。與此相聯繫的是，繼1983年軍隊精簡機構之後，中國決策層大致從1984年春夏開始，醞釀實施規模達百萬人之眾的大裁軍。是年11月1日，鄧小平在中央軍委座談會上，宣布裁軍一百萬的決定，並為此闡述了不可能爆發大戰爭的觀點。這一計劃的確大大早於戈巴契夫上台和蘇聯政局的變化。

1985年5月23日至6月6日，中共中央軍委在北京召開擴大會議，討論百萬裁軍方案和精簡後的軍隊改革和編制。這樣內容和規模的會議，不大可能是在戈巴契夫上台的1985年3月才開始籌備的。這次會議做出了三個至關重要的決定：國防建設要以經濟建設為中心考慮其輕重緩急；實行百萬人大裁軍；在對外政策方面，徹底放棄反蘇國際統一戰線的方針，並確定不再以「中美蘇戰略大三角」為基礎，設計中國的對外政策。

會議期間，鄧小平明確地概括了一段時間以來中國領導人的重要思考和結論，其中的一些重要觀點和這次會議的決定，對中國的對蘇政策產生了重要的影響。鄧小平在6月4日與有關領導人的談話中說，經過幾年仔細觀察和思考，中國決策層已經完成了「兩個重要的轉變」。第一個轉變是「改變了原來認為戰爭的危險很迫近的看法」。這句話可以被合理地延伸為，蘇聯的威脅也並不像以往被認為的那麼嚴重。第二個轉變是放棄反蘇統一戰線政策，不在所謂「美中蘇大三角」的思維框架中，制定中國的對外政策。鄧小平的這次談話意義重大，它可

以被看作是中國退出冷戰的一個歷史性的事件。

差不多從這個時候起,中國領導人越來越頻繁地向國際社會表明,中國已經放棄以反蘇國際統一戰線作為自己對外政策的基調,並希望在建立多元世界政治秩序的認知基礎上,推進中蘇關係正常化。鄧小平在會見奧地利總統魯道夫・基希施萊格時,甚至明確承認,毛澤東後期對國際形勢的判斷「也有缺陷」。

另一個需要重視的因素是,在這個時期鄧小平大致形成了他對中國現代化進程的基本規劃,即爭取經過七十年的努力,在21世紀中期使中國的發展接近發達國家的水準。為了實現這個目標,他說中國「希望有七十年的和平」。這種對未來的思考很有可能是促使鄧小平本人下決心根本改變中國的安全戰略和對外政策的關鍵性動力。

所有上述可以說是根本性的認知變化,必然會影響中國領導人對中蘇關係的思考,後來的發展也充分證明了這一點,儘管迄今還無法得到足夠的歷史文獻來進行更深入的分析。因此,那種認為是戈巴契夫上台這一事件為中蘇關係正常化注入「新的生命」的看法,至少是片面和簡單的。

除了上述中國內部的變化外,1984年初到5月初中美兩國高層領導人實現了互訪,中國領導人利用各種機會,迫使美國在臺灣問題上做出進一步明確的承諾,從而為中美關係進一步擴展創造了更寬鬆的政治環境。5月美國總統雷根訪華後,中美關係進入一個全面發展的時期,特別是雙方的軍事合作取得了前所未有的進展。根據前述錢其琛回憶的邏輯,中美關係的穩定發展會使中國領導人相信,中國正處於有利的戰略地位,可以更加主動和自信地推動中蘇關係正常化。當然,他們很有可能更加感到從容不迫。

在10月9日與羅馬尼亞總統希奧塞古會談時,鄧小平請他轉告戈巴契夫,在「三大障礙」中,蘇聯只要在越南從柬埔寨撤軍問題上與中國達成諒解,「而且能夠辦到」,就可以實現中蘇關係正常化。這一讓步具有重要意義,它表明中國領導人的確已經不再視蘇聯為威脅。與此同時,他們仍然堅持蘇聯應與中國達成諒解,迫使越南從柬埔寨撤軍。這一點是值得深入分析的。

鄧小平10月9日的口信肯定不是簡單地談判策略,更不會是一時興起。至少

他本人是經過深思熟慮的,其中包含著戰略思考的重大變化。這一變化表明,中國領導人在處理對蘇關係時,已經將關注的焦點從解除蘇聯威脅,轉向集中力量遏制越南在印度支那地區的擴張。他們有意透過改善中蘇關係,為根除印支地區緊張局勢,維護中國在該地區的戰略利益,創造有利的條件。由此也可以清楚地看到,中國在中蘇關係正常化中主要追求的,是實實在在的地區戰略利益。可以設想,如果在改善中蘇關係的同時,利用蘇聯的影響從根本上解決印支地區衝突,中國的周邊環境將獲得全面性的改善。後來中蘇政治談判之所以持續到1989年春夏之交,中蘇難以在越南撤出柬埔寨問題上達成諒解是主要原因。

　　根據《鄧小平年譜》的相關記載,希奧塞古於10月22日在保加利亞開會期間,向戈巴契夫轉達了鄧小平的談話內容,戈巴契夫表示會認真考慮。但從這個時期中蘇交往的情況看,這一情況很可能沒有立即反饋到中國。另一種可能是戈巴契夫的表態被認為是不清楚的。11月4日出版的美國《時代雜誌》刊登了鄧小平的談話,其中包括分先後解決「三大障礙」的內容。很可能是因為中國方面這種公開和直截了當的反應,兩天後中方即接到蘇方通知說,收到鄧小平的口信了。隨後不久蘇方又提出,立即在遠東某地舉行中蘇高峰會。蘇方對鄧小平口信的反應和實際上繼續堅持不解決「三大障礙」的立場等均表明,戈巴契夫還沒有準備好為中蘇關係正常化採取實質性的步驟。根據錢其琛的回憶,中蘇政治談判直到1986年春,也未能在「三大障礙」上取得實質性進展。

　　有間接的證據表明,導致戈巴契夫無法為改善中蘇關係做出重大決定的原因,主要是他在蘇聯國內面臨巨大的困難。1985年12月間,李鵬訪問歐洲途經莫斯科回國。在莫斯科期間,戈巴契夫臨時決定會見李鵬。根據中方參加會見的人士回憶,戈巴契夫在大約兩個小時的會談中,主要談了改善中蘇關係與蘇聯國內改革兩個問題,而且他花了很長時間談的是蘇聯改革面臨的國內阻力。可以做這樣的推斷,戈巴契夫試圖利用這次會談向中方清楚地表明,他對改善中蘇關係是真心誠意的,但此時在蘇聯國內還不具備採取實質性行動的必要條件,他的主要精力也無法集中到中蘇關係上。直到1986年2月蘇共二十七大,戈巴契夫才鞏固了其政治地位,他試圖推行的改革也獲得了必要的支持。在這個背景下,戈巴契夫於7月28日在海參崴發表講話,表示願意在中蘇和中蒙邊境撤軍、阿富汗撤

軍等方面，採取一些實際行動，並願意同中國認真談判，以解決中蘇邊界遺留問題。

中國領導人這時顯然認為，戈巴契夫有誠意改善中蘇關係，但他的談話模糊了雙方矛盾的焦點，沒有完全滿足中國已經改變了的地緣戰略關切。簡單地說，在中國的地緣戰略關切中，首要的問題已經不是所謂的「蘇聯大兵壓境」，而是迫使越南從柬埔寨撤軍，從而徹底消除印支地區緊張局勢的根源。在中國領導人看來，改善中蘇關係必須有利於中國實現其在印支地區的戰略利益。8月13日，中國外長吳學謙奉命約見蘇聯駐華使館臨時駐外代表費多托夫，告訴他中方不滿意戈巴契夫忽視越南從柬埔寨撤軍問題，而這正是鄧小平透過希奧塞古轉話的核心。9月2日，鄧小平在接受美國著名記者華萊士採訪時，重申讓越南從柬埔寨撤軍，是改善中蘇關係的關鍵。

隨後的中蘇政治談判持續到1989年春，在此過程中兩國關係不斷向前發展，雙方解決問題的內部和外部環境也日益寬鬆。需要指出的是，在這個階段中，中國始終堅持1985年秋季確定的立場，即將解決越南撤出柬埔寨作為優先的和不可妥協的條件。1989年1月6日，越南外交部宣布，越南軍隊至遲到是年9月，從柬埔寨撤出全部軍隊。2月，蘇聯外交部長謝瓦爾達澤訪問北京。經過一番曲折的努力，蘇聯方面終於在印支問題上做出讓步，雙方在會談結束後發表了《中國蘇聯兩國外長關於解決柬埔寨問題的聲明》，並宣布了戈巴契夫訪華的時間表。

5月15日至18日，戈巴契夫如期訪問北京，中蘇發表了《中蘇聯合公報》，就兩國關係正常化及其未來將遵循的準則，做了概括地說明。這一事件標幟著中華人民共和國經過四十年的曲折反覆，終於能在冷戰中同時與東西方對抗的兩極建立並保持了正常化良好的關係，儘管由於冷戰的突然結束，這一狀況並沒有持續太長的時間。

從中國與冷戰的關係的角度看，中國在實現中蘇關係正常化的過程中，逐步將中蘇關係置於不對抗、不結盟、不針對第三方、不進行意識形態鬥爭的基礎上。與中美關係正常化相比，其突出特點是中國並不謀求與蘇聯建立針對第三方

的戰略關係。也許中國領導人在中蘇關係正常化的每個階段、每個問題上，並不是有意識地在做著退出冷戰的選擇，但中蘇關係正常化本身就是中國對外政策逐步擺脫在國際冷戰環境中形成的思維模式的結果。中蘇關係正常化的進程的確反映了中國對外政策的一些根性變化，中國決策層在改革開放中逐步形成和豐富起來的外交新理念，已經超越了上述思維模式的基本框架。從這個意義上說，中蘇關係正常化也是後冷戰時代中國外交的一個起點。

　　本文的論述也部分地證明了，中國之所以能退出冷戰，從根本上說也是因為鄧小平領導的中國決心退出美國與蘇聯兩種社會發展模式的競爭。在中華人民共和國成立初期，中國領導人選擇的發展戰略是「走俄國人的路」（追隨蘇聯的發展模式），在對外政策領域則選擇了「一邊倒」和中蘇結盟。不論如何評價，那畢竟是中國發展戰略與對外政策的第一次根本性的協調。此後經歷了近三十年的動盪與波折，中國領導人終於提出了「中國特色的社會主義道路」，並選擇了「獨立自主的不結盟的和平外交」。它們結合在一起，標幟著自1950年代末以來，中國的國家發展戰略與外交政策終於又一次實現了根本性的協調，其結果就是本文的命題：「告別冷戰」。

中蘇關係

論中蘇同盟的起源

　　本文的目的是研究導致1950年代中蘇結盟的歷史原因。由於中蘇同盟的形成及其演變對整個冷戰時期的國際關係產生了極其深刻的影響，多年來學術界為研究中蘇同盟及其有關的問題做出了巨大的努力。近年來隨著中國大量歷史檔案的解密和俄羅斯開放前蘇聯的檔案，學術界開始重新探討有關的問題，並相繼出現了一些新的研究成果。新披露的歷史文獻和富有啟發性的新研究成果，使我們得以站在一個新的高度，對中蘇同盟的起源做出更為全面的解釋。

　　（一）

　　回顧抗日戰爭時期中國共產黨與蘇聯的關係對於理解戰後雙方關係的發展是十分必要的。中共與蘇聯的關係有著深遠的歷史淵源。中共作為共產國際的一個支部，從成立之日起就一直堅定地站在蘇聯領導的國際共產主義運動的行列裡，並得到蘇聯和共產國際的支持與幫助。共產主義意識形態在維繫中共與蘇聯的關係方面起著關鍵性的作用。但在抗戰時期，中共與蘇聯的關係發生了重大的變化。

　　首先是中共中央與蘇聯和共產國際在如何執行抗日民族統一戰線政策方面一再發生分歧。從1937年11月王明自莫斯科飛抵延安起，中共與蘇聯和共產國際的分歧便以中共黨內鬥爭的形式展開。直至皖南事變發生，中共在付出巨大的代價後，這場鬥爭才基本結束。蘇德戰爭爆發後，中共中央一度拒絕了蘇軍統帥部關於組織八路軍向華北日軍發動進攻的要求。共產國際領導人為此指責了中共中央，但他們已不再能像以往那樣使中共中央改變其決定。這一時期儘管蘇聯和共產國際並不是一概不贊成中共中央的政治路線，有時甚至還給予支持，但這並沒有改變雙方分歧的實質，即中共中央考慮問題的出發點是如何維護中共黨的利益；而蘇聯和共產國際的出發點則是如何維護蘇聯的戰略利益。

　　其次是維繫雙方關係的意識形態紐帶被削弱。由不同的戰略利益引起的中共

與蘇聯和共產國際之間的策略分歧,使蘇聯領導人對中共中央的不滿逐步發展為對中共的性質產生了懷疑。1940年秋,史達林向崔可夫陳述了他對中共的看法,即中共主要依靠農民,對中國工人階級的力量估計不足,這必然給中共的意識形態和政策打上「農民階級」的「烙印」,以致它對「國際主義團結感發揚得不夠」。中共的整風運動加深了蘇聯領導人的成見。1944年6月間,史達林在與美國官方代表的談話中稱,中共是「人造奶油」共產黨,一旦經濟狀況改善,「他們就會忘掉這種(共產主義)政治傾向」。按照史達林的說法,中共不過是一個愛國的農民小資產階級政黨,而且實際上沒有多少實力。

在意識形態方面中共面臨的問題更複雜。一方面中國共產黨人真誠地信仰共產主義,並非常尊重蘇聯的權威地位。另一方面,他們從實際經驗中認識到,生搬硬套蘇聯的理論、經驗和政策,將給黨帶來極大的危害。在思想方面,如不將馬列主義中國化,就不能樹立適合中國國情的指導思想。在組織方面,如不清除王明等人的影響,中共中央與蘇聯的分歧將會不斷引起黨內鬥爭,甚至導致黨的分裂。從這個意義上說,毛澤東毅然發動整風運動,標幟著中共中央決心從根本上調整黨與蘇聯的關係。

由於上述種種原因,直至1944年底,中共與蘇聯的關係已相當冷淡。這一時期它們都在根據自我的判斷和自己的需要自行其是。1945年春,由於歐洲戰爭即將結束和蘇聯明顯地表現出將參加對日戰爭,中共與蘇聯的關係出現新的變化。一方面是蘇聯經過長期的外交努力,終與美英就遠東問題達成協議,它的對華政策基本明朗。在蘇聯當時的對華政策框架中,與處理對美和對國民黨政府的關係相比,中共對於蘇聯領導人實在不能說是一個重要的因素,它只是在如何保持中國政局穩定和必要時可以被用來制約國民黨政府這個層次上才被考慮到。

與蘇聯對中共的態度形成對照的是,從1945年春季開始,中共中央越來越關注蘇聯的政策和考慮如何發展黨與蘇聯的關係。在蘇聯宣布中止《日蘇中立條約》的13天後,毛澤東批轉了中共晉察冀分局關於準備配合蘇軍作戰的指示。這項指示的核心就是將戰略發展重心從配合美軍在東南沿海登陸轉向在華北和東北配合蘇軍作戰。在此後不久召開的中共七大上,毛澤東高度評價了蘇聯在反法

西斯戰爭中和戰後的作用，並在大會期間第一次向黨的高級幹部提出了他經過長期考慮的爭取東北的計劃。

不過確切地說，七大期間中共中央至多是確定了，或者說是在重申爭取與蘇聯合作的原則。實際上中共領導人已經瞭解到蘇聯參戰後不會直接向中共提供援助。因此毛澤東在熱情讚揚蘇聯的同時也告誡全黨，要對得不到蘇聯援助有所準備，要靠自力更生。

七大以後遠東國際形勢的發展，特別是中蘇談判開始後，中共中央終於確定了有可能與蘇聯合作的範圍———一個非常有限的範圍。8月3日，一直在重慶負責外交事務工作的王若飛在延安作形勢報告。他提醒與會者蘇聯將與國民黨政府簽約，而且絕不會是「蘇聯自由支持共產黨反對國民黨的條約」。但蘇聯的妥協也不會超過兩個界限，其一是蘇聯不會允許在中國出現一個親美的法西斯政府；其二是蘇聯不會限制中共的發展，儘管它可能不願援助中共。王若飛的報告基本上反映了中共中央的看法，即在促使國民黨進行民主改革和防止中國內戰方面，蘇聯與中共有共同的目標，中共在發展自己的力量時不至於受到蘇聯的限制。

在抗戰即將結束時，蘇聯和中共之間關係的發展處於一種不均衡的狀態。一方面是蘇聯在制定其對華政策時，將中共放在一個不重要的位置。另一方面，是處理對蘇關係已經成為影響中共中央重大決策的關鍵因素之一，但中共面臨的現實是他們只能在既定的和相當有限的範圍內得到蘇聯的合作，而且這種合作也還要經過努力才能實現。

（二）

1945年8月14日日本宣布投降後不久，史達林便打電報給毛澤東，建議中共與國民黨談判解決國共兩黨間的矛盾。史達林的電報揭開了戰後中共與蘇聯關係的帷幕。中共與蘇聯的政策最初像是兩條道上跑的車，很難發現有多少共同點。蘇聯當時要解決的問題是，如何使雅爾達會議和中蘇條約上的條款變成現實的格局，以及如何維護它在這個格局中的利益。史達林給毛澤東打電報就是在履行蘇聯在與美國和國民黨政府交涉中承擔的義務，利用它與中共的特殊關係，促使中共承認美蘇之間的諒解。

這一時期中共領導人考慮黨的戰略和策略時，主要是依據他們對戰後美蘇關係發展趨勢的判斷，而非對雅爾達會議和中蘇條約的瞭解。1942年初，世界反法西斯同盟建立。此後，毛澤東一度認為，美英蘇的戰時合作在戰後會維持下去，受其影響國共在戰後可能繼續合作，中國有可能走民主共和國的和平發展道路。此後儘管國共關係時緊時鬆，中共與美國的關係也起伏不定，毛澤東從未根本否定過這種估計。毛澤東當時設想，中國走和平發展道路取決於兩個條件。其一是蘇聯在戰爭中取得勝利和美蘇在戰後繼續合作；其二是中共的力量獲得一定的發展。抗戰結束後，毛澤東並不認為這兩個條件都已經具備了。在國際上，蘇聯的軍事勝利的確是令人鼓舞的，但在美國加強援蔣時，中共卻得不到蘇聯的直接援助。在國內，中共的實力尚不足以阻止國民黨發動內戰。因此毛澤東在決心利用日本投降之機爭取使黨獲得強大實力地位的同時，主要考慮的是如何防止蔣介石發動內戰，而且他傾向於認為，制止內戰的關鍵還是要有美蘇之間的妥協和它們對國民黨的壓力。

然而國際壓力的方向卻是對著中共的。先是美國公布了接受日本投降的「一號命令」，使國民黨政府得到國際承認的受降權。隨後是蔣介石邀請毛澤東赴重慶談判，美國方面則以出面擔保毛澤東安全的方式給予支持。這時史達林直截了當地要求中共放棄武裝鬥爭，向蔣介石妥協。這種無異於落井下石的做法當然要引起毛澤東的憤慨。

中共中央最終還是接受了史達林的勸告。毛澤東在冷靜分析形勢後認為，中國在東方對於美國猶如歐洲的希臘對於英國，為其所必爭，「蘇聯如助我，美必助蔣」，大戰即爆發，和平必不能實現，因此蘇聯不可能公開援助中共。這就決定了中國只能走法國式的道路，建立「資產階級領導而有無產階級參加的政府」。據此中共中央決心做出相當大的讓步，爭取透過談判實現和平。

中共領導人認真爭取與國民黨達成協議，並不等於他們認為肯定能達成協議。毛澤東決定赴重慶談判時，更多的是依據對美蘇對華政策的分析，而且他清楚地知道中共面臨的困難。這決定了他一方面決心改變七大制定的聯合政府的方案，準備在政治上作更多的讓步；另一方面對談判的結局持相當保留的態度。進

一步説，在毛澤東對戰後國共妥協的構想中，中共必須將主力向華北和東北集中，造成控制大片根據地與國民黨分庭抗禮的局面。這種構想本來就與得到蘇聯的支持有密切的聯繫。毛澤東在赴重慶之前，中共中央已經大致確定了向北收縮力量和爭取東北的戰略方針。從這種戰略布局看，中共中央決定與國民黨談判，可能也包含著協調與蘇聯的關係，以換取蘇聯在更大的戰略方面的支持。正是在重慶談判期間，中共中央開始實施爭取東北的戰略。

9月19日，中共中央正式向全黨提出了奪取東北的戰略方針。戰後中共與蘇聯的關係也因此出現了新的轉機。戰爭期間，蘇聯主要是透過與美國和國民黨政府協調政策來實現它在東北的目標，即在與蘇聯東面接壤的地區造成一個安全緩衝帶，防止其他大國勢力進入，以致戰後形成對蘇聯安全的新威脅。蘇聯在與美國和國民黨協調政策的過程中，並沒有考慮過中共這個因素。甚至在蘇軍制定對日作戰計劃時，也未考慮如何與控制著大片華北和東北接壤地區的中共軍隊合作，以致蘇軍參戰後在華北和東北不同地區對前往會師的中共軍隊做出了相當混亂的反應。直到9月上旬中共軍隊到達瀋陽後，當地蘇軍還要向莫斯科請示政策。

中共軍隊進入東北後，蘇聯最初持謹慎的態度，這主要是因為擔心中共的行動會影響蘇聯與美英的關係。一些地區的蘇軍對前往接應的中共軍隊表示友好，不過是他們長期接受政治教育的自然反應。9月14日東北蘇軍代表前往延安，向中共領導人轉達了蘇軍統帥部的口頭通知，即在蘇軍撤出之前，中共軍隊不要開入東北，已進入大城市者請自行退出，蘇軍撤出後，「中國軍隊如何進入滿洲由中國自行解決」。

然而時隔不久，蘇聯開始調整它在東北的政策。蘇聯政策的變化主要是由美國的行動引起的。美國由於擔心蘇聯會利用中蘇條約完全控制東北，一再要求蘇聯公開保證遵守門戶開放的原則。加之9月11日開始的倫敦外長會議未就對日管制問題達成協議，而且美軍開始在華北港口登陸，並大規模向華北和東北運送國民黨軍隊，這些情況導致蘇聯大幅度調整其東北政策，其主要表現就是全力支持中共奪取東北。10月初，蘇軍向中共東北局和中共中央建議，抽調20—30萬軍

隊進入東北，守住東北大門，蘇軍將向中共提供大批軍事裝備。10月下旬，蘇軍代表進一步鼓勵東北局，在東北「應以主人自居放手些幹」，迅速派人「接收工業中心及城市工業」，蘇軍並可協同中共軍隊同國民黨軍隊作戰。蘇軍代表甚至建議，最好將中共「黨的中心移到此間」。

蘇聯東北政策的變化對中共的戰略產生了重大的影響。蘇聯出兵東北後，中共中央由於無法確切瞭解其政策，遲遲未下全力爭取東北的決心。9月中旬蘇軍代表訪問延安後，中共中央雖然提出了爭取東北的戰略方針，但它當時的設想只是軍隊搶先進入東北或部署在靠近東北的地區，而且進入東北後部隊應布署在東北的東部、西部和北部，控制蘇軍未駐紮的鄉村和一些中小城市，大發展的時機是在蘇軍撤出以後。

至10月下旬，在東北蘇軍的鼓勵下，中共中央下決心「竭盡全力，霸占東北」，準備在南滿和熱河同國民黨軍隊進行戰略性決戰。為此中共中央進一步向蘇聯方面提出推遲蘇軍撤出東北及阻止國民黨軍隊在東北港口登陸和接收政權等要求。蘇方儘管表示推遲撤軍有困難，但同意在撤軍前不准國民黨軍隊空運長春。另外，蘇軍還準備向中共軍隊提供武器裝備、通訊器材和運輸工具，允許中共軍隊在國民黨軍隊登陸地區自由行動，在長春除市長外，政府部門領導人均可由中共更換。蘇軍從營口和葫蘆島撤出後，即協助中共軍隊占領兩地區，致使國民黨軍隊一直未能在那裡登陸。

這一時期中共與東北蘇軍關係的發展對雙方都產生了長遠的影響。蘇聯為了鞏固它在東北的實力地位，除了支持中共爭奪東北外，沒有更好的選擇。中共要實現其爭取東北的計劃，沒有蘇聯的認可和支持也是不可能的。正是反對美國和國民黨政府控制東北的共同利益，使中共與蘇聯形成了一種戰略關係。此後儘管蘇聯一再調整其東北政策，但中共與蘇聯在這一地區形成的戰略配合關係從未根本改變。從這個意義上說，這一時期中共與蘇聯在東北的關係的發展，是戰後雙方關係發展的一個轉折點，也是此後雙方關係發展的一塊基石。

（三）

中共與蘇聯在東北形成的戰略關係畢竟是局部性的，其發展在很大程度上受

制於雙方面臨的外部壓力，一旦促使雙方合作的外部因素發生變化，它們的關係必定會受到嚴重的衝擊。

1945年11月中旬，國民黨政府由於接收東北受阻，蔣介石決定中斷與蘇軍的談判。此時正值魏德邁來華視察形勢，致使蘇聯懷疑蔣介石在東北的外交行動受到美國的指使。蘇聯方面認為，美國表面上不介入國共內戰，「但內部任務，極其龐大，有壟斷中國，甚至侵入東北的企圖」。按蘇聯方面當時的估計，美蔣全力爭奪東北尚需兩個月時間作準備。

蘇聯顯然不希望在東北與美國形成對抗的局面，所以它立即採取行動緩和中蘇關係。在國民黨東北行營宣布撤退第二天，蘇聯即向國民黨政府表示希望繼續談判解決接收東北。12月中旬，史達林向訪蘇的蔣經國說明，蘇聯無意介入國共內戰，不過國民黨政府必須在美蘇之間保持中立，並絕不允許美國人進入東北。

蘇聯在緩和與國民黨政府的關係的同時，也開始限制中共在東北的行動。11月20日，蘇軍通知中共東北局說，上級已經決定長春路沿線城市全部交國民黨政府，中共軍隊必須撤退到鐵路沿線50公里以外，並不得進入蘇軍駐紮地區，蘇軍撤出東北前不得與國民黨軍隊作戰。蘇軍代表還聲稱，為了維護蘇聯的利益，「必要時不惜用武力」驅逐中共軍隊。此後不久，蘇軍進一步要求中共交出已掌握的政權，並禁止中共在大城市中採取有礙中蘇條約的行動。這表明蘇聯已決定用直接與國民黨政府打交道的政策取代幫助中共控制東北。

對於蘇聯政策的變化，中共中央最初的反應是複雜的。在接到蘇軍通知前，中共中央已經注意到東北外交形勢的變化，認為中蘇關係「處於危機之中」，東北局必須有所準備。在獲悉東北蘇軍的要求後，中共中央立即指示東北局，對蘇軍的決定「只有服從」，同時應爭取蘇軍儘可能推遲國民黨政府進入東北的時間，並讓中共繼續控制錦州至山海關地區。這時中共中央畢竟還抱有一線希望，認為雖然已無法獨占東北，但仍有可能在蘇方的幫助下，在東北大城市取得一部分政權。東北局也相信會在「不久的將來裡應外合，收復這些大城市」。

一個偶然事件加強了中共中央的信心。11月29日，國民黨東北行營要員張

嘉敖在重慶會見董必武,要求中共讓出北寧路。中共中央據此推測,蘇聯在東北一方面是要阻止美軍進入東北,另一方面是便利中共與國民黨談判。中共中央於12月上旬指示東北局,要爭取蘇聯出面促成國共合作接收東北大城市。

在如何理解蘇聯改變政策的動機方面,中共中央和東北局這時都較多地強調了蘇聯與美蔣鬥爭的一面。他們認為,蘇聯改變政策主要是為了同美國和國民黨政府進行外交鬥爭。這是中共中央一度指望在蘇聯幫助下取得或部分取得東北大城市的主要原因。當時處於東北前線的陳雲、高崗和張聞天等提出了不同的看法。他們在11月30日給中共中央的報告中指出:蘇聯政策的目的是「保持遠東和世界和平」,蘇聯在東北對國共的政策是為這一目的服務的,因此中共在東北必須作長期鬥爭的準備,「竭力避免把一切希望寄託在蘇聯的援助上」。他們對蘇聯政策的目的分析儘管仍然是不全面的,但畢竟指出了問題的實質,即蘇聯的政策是為其戰略利益、而不是為中共服務的。

隨著蘇聯與國民黨政府的談判恢復,12月下旬,美蘇在莫斯科外長會議上就中國問題達成協議,中共中央終於認識到,蘇聯限制中共在東北的發展,並不是一般性的和臨時策略行動,中共不僅不能獨占東北,也不能再指望得到蘇聯的幫助,在東北大城市「插足」。12月下旬,中共中央決定將東北工作的重心轉向在遠離大城市和交通幹線的地區建立鞏固的根據地。

中共中央提出「建立鞏固的東北根據地」的方針,從形式上看是中共在蘇聯改變政策的情況下迫不得已作出的選擇,但從更深層次上考察,可以說它包含著中共領導人在認識對蘇關係方面的新發展。蘇聯一再不顧中共的困難自行其是,使中共中央不能不從極為現實的角度考慮與蘇聯的關係。

在1946年初的國共談判中,由於美國特使馬歇爾的介入,中共中央多次設想邀請蘇聯參加國共談判。在中共中央看來,蘇聯不過是可以在談判中用來平衡馬歇爾和向國民黨施加壓力的一個因素。中共領導人對邀請蘇聯參加國共談判的意義說得一清二楚:「中國從來就是依靠幾個國家互相牽制來保持獨立的,所謂以夷制夷政策,如果中國只被一個強國把持,則早已滅亡,……」。

2月中旬,國共談判轉入討論東北問題後,中共中央不再認為蘇聯參與談判

是必要的了，因為蘇聯為了表示其公平，「可能要對國民黨作更多的讓步」。3月間，由於美英和國民黨政府掀起反蘇浪潮，蘇聯在東北對國民黨政府的態度又趨強硬，中共中央立即利用這一機會，爭取東北蘇軍將部分地區交中共接收。鑒於以往的教訓，中共中央告誡東北局務必交涉清楚，因為「將來蘇聯在經濟合作問題解決時，可能再對蔣表示好感」。

需要指出的是，中共中央一直對蘇聯的政策採取配合和適應的方針，除了策略方面的考慮外，也同這一時期中共領導人對戰後國際形勢的看法有密切的聯繫。他們認為美英蘇戰時結盟形成的「世界新秩序」在戰後將繼續下去。在這個「新秩序」中，重大的國際問題必須以美英蘇「為首的協議來解決」，與之相聯繫的是各國的內部問題也將透過妥協來解決。抗戰結束後，中共領導人認為，戰後國際問題的中心是美蘇之爭，中國的國共內戰是美蘇鬥爭的反映。可以說中共領導人一直是在美蘇合作格局的前提下考慮黨的戰略的，使黨的政策不斷適應蘇聯政策的變化則是這個大思路的必然結果，儘管他們已經意識到蘇聯政策經常是對中國革命的束縛。

1946年春，伴隨冷戰格局的形成，美蘇在東北的鬥爭也進一步尖銳起來。在這種情況下，蘇聯決不甘心東北由國民黨政府一家獨占。蘇軍在即將撤離時建議中共可在長春路「放手大打」，並表示支持中共在蘇軍撤出後奪取長春、哈爾濱和齊齊哈爾。蘇聯的支持對中共領導人正是求之不得的，但他們也深知東北問題「中外矚目」，而且國共談判正處在關鍵時刻，一旦在東北奪取大城市，必須考慮其後果和國際上的反應。

4月間，正當國共爭奪長春之戰白熱化之際，毛澤東在一份僅供黨內部分領導人傳閱的文件中指出，美蘇妥協仍是一種總的發展趨勢，但它們的妥協並不意味著各國人民必須「隨之實行國內的妥協」，更重要的是美蘇妥協只能是各國人民對美鬥爭的結果。按照他的看法，各國人民只有進行堅決的鬥爭才是合乎邏輯的。8月至11月，毛澤東在同美國記者和其他中共領導人的談話中，根本修改了他以往對國際形勢與中國革命的關係的看法。他認為戰後國際政治的中心不是美蘇之爭，而是「美國反動派與世界人民的對立」，美國在沒有征服「中間地帶」

以前「是談不到進攻蘇聯的」,因此處於「中間地帶」國家中的人民革命不論對於維護世界和平、還是對於保衛蘇聯,都是至關重要的。在這種形勢下,中共的方針就是「戰爭的方針」,以戰爭爭取中國革命的勝利。

　　毛澤東的這些談話主要是針對黨內不同意見和為黨制定政策而提出的,但不能因此低估其當時蘇聯的國際戰略思想的分歧,以及毛澤東在談話中將以中國為代表的民族革命運動置於超過蘇聯的戰略地位之上,對以後雙方關係的潛在影響。毛澤東對國際形勢的重新估計表明,中共中央已經不再認為美蘇關係對中國政治形勢具有決定性的影響,中共不僅將擺脫美蘇格局的束縛,而且將不再受蘇聯外交戰略的束縛。

　　(四)

　　中國內戰爆發後,蘇聯最關心的是防止美國的介入。蘇聯一面利用一切場合揭露和抨擊干涉中國內政,一面向美國表示,蘇聯仍有意與美國協調對華政策。1946年12月,史達林告訴羅斯福的兒子說,蘇聯在「遠東問題上願意和美國實行共同的政策」。莫洛托夫給馬歇爾的一封信表明,史達林所謂的「共同的政策」,就是指1945年12月三國外長會議關於中國問題的決議。這一時期在蘇聯領導人看來,中共不可能在內戰中取勝。

　　當中共領導人下決心以戰爭手段徹底打敗國民黨時,他們實際上也是下定決心要為維護中國革命的利益,打破遠東以美蘇為中心的國際體系。這時毛澤東對蘇聯與美國搞的雅爾達體系已經極為反感,對蘇聯總是要求中共為配合蘇聯的對外政策而對國民黨妥協肯定十分不滿。1947年11月8日,毛澤東在中共中央會議政治小組討論會的發言中,重申了他在1946年4月提出的觀點,並批評法國共產黨和義大利共產黨「右傾」,認為法共和義共熱衷走議會道路是導致那裡的革命力量遭受挫折的根本原因。他還表示特別讚賞南斯拉夫共產黨的政策,認為西歐國家的共產黨上了波茨坦和雅爾達協議的當,只有南共堅持武裝鬥爭才取得了勝利。毛澤東這時或許並不知道法共和義共的政策與蘇聯有直接的關係,但不管怎麼說,他的這番評論都構成對蘇聯的批評和挑戰。在12月的中央全體會議上,毛澤東再次強調要「靠自己,不靠外援」。

中共在軍事上的勝利導致蘇聯領導人開始重新考慮與中共的關係。1948年2月10日,史達林在會見南共代表時時第一次公開承認,他在判斷中國形勢方面犯了錯誤,形勢的發展證明中共領導人是對的。同年春季,蘇共中央決定接受中共的請求,幫助修復東北的鐵路。5月間,史達林告訴受命前往援助中共的科瓦廖夫,蘇聯將盡一切力量幫助中共,只要「兩國走上同一條道路,社會主義在全世界的勝利就能得到保證」。蘇共中央的決定和史達林的談話是一個重要的信號。如果說在此之前蘇聯與東北中共控制地區保持貿易聯繫是地區性的和策略性的行動,那麼此後對中共的援助則是帶有戰略性的考慮了。蘇聯鐵路專家小組為東北鐵路交通的恢復做出了重要的貢獻,為中共東北部隊取得遼瀋戰役的勝利創造了極為有利的條件。可以說蘇聯在東北及時向中共提供包括武器裝備在內的各種援助,成為此後雙方關係發展的一個重要的契機。

　　解放軍轉入戰略反攻前後,毛澤東顯然認為需要從長遠的角度考慮加強與蘇聯的關係了,因此他向史達林提出了訪問莫斯科的設想。儘管這一設想由於雙方的種種考慮在內戰期間始終未能實現,但它畢竟表明了中共領導人加強與蘇聯的關係的迫切願望。與此同時,中共中央開始加緊與蘇聯發展全面關係的政治和思想準備。蘇聯與南斯拉夫的關係惡化後,中共中央迅速於7月10日透過決議,表明中共站在蘇聯一邊。11月1日,劉少奇發表《論國際主義與民族主義》,提出在兩大陣營激烈鬥爭的時期,「中立」是不可能的,是否聯合蘇聯是「革命與反革命的界限」,是「不論哪個民族是走向進步或走向倒退的界限」。劉少奇的文章即是為了統一全黨的思想,也是在向蘇聯表明中共中央的立場。這一時期中共與蘇聯在東北的關係進一步加強。東北局在處理美國駐瀋陽領事館的政策上,也在相當程度上考慮了蘇聯方面的要求。

　　11月初,東北全境解放。此後,史達林顯然感到有必要更全面地瞭解中共黨內的情況及其各項政策。據科瓦廖夫回憶,1949年1月他從莫斯科重返中國後,他的任務已經從組織對中共的技術援助轉為向史達林報告中國局勢和中共黨內的情況,並保持史達林與毛澤東個人之間的聯繫。而且從這時起,史達林開始親自掌握對華政策。1月14日召開的蘇共政治局會議討論了毛澤東訪蘇的問題,史達林在會議上決定派米高揚訪問西柏坡。

1月31日米高揚到達西柏坡。在隨後的三天裡，毛澤東和其他中共領導人與米高揚進行了長時間的談話。米高揚則立即將談話內容報告史達林，並向中共領導人轉達史達林的指示和意見。從目前所能瞭解到的情況看，雙方討論的主要內容包括：（1）中共的戰略和各項政策。毛澤東有針對性的指出，解放軍不久將打過長江，美國軍事干預的可能性不大。中國革命勝利後將建立人民民主專政的政權，並在對外政策上「一邊倒」，在經濟建設中希望得到蘇聯的援助。米高揚對於中共的基本政策沒有表示異議。（2）毛澤東向米高揚介紹了中共中央與王明錯誤路線鬥爭的歷史以消除蘇聯的誤解。米高揚在此之前已得到指示不會見王明，這表明了蘇聯支持毛澤東的領導、不介入中共黨內鬥爭的立場。（3）毛澤東在東北口、新疆和外蒙古等問題上婉轉地轉達了希望蘇聯改變其在國民黨政府時期奉行的政策。米高揚則按照史達林的指示，闡明了蘇聯的原則。在東北港口問題上，米高揚轉告毛澤東，史達林認為中蘇條約是不平等條約，中共掌握政權後，蘇聯主張簽訂對日和約後從旅順撤軍，如中共不贊成，蘇聯亦可立即撤軍。關於新疆問題，米高揚表示蘇聯不支持那裡的獨立運動。關於外蒙古問題，米高揚轉告毛澤東，史達林主張維持中蘇條約的決定。中共領導人與米高揚的會談表明，雙方在中共的現行政策基本取得了一致意見，但在涉及未來雙邊關係上的分歧並未解決。

　　中國學術界對於米高揚訪問西柏坡爭論最多的問題是，米高揚是否代表史達林勸阻中共不要打過長江。近年來俄羅斯公布的有關檔案已使這一問題基本上得到澄清。1月10日，即在蘇共政治局決定米高揚訪問西柏坡之前，史達林將國民黨政府請求蘇聯調停國共內戰的建議轉告毛澤東，並附上蘇聯草擬的給國民黨政府的覆文。覆文稱「蘇聯政府一向主張中國停戰建立和平，但在同意調解之前，蘇聯政府希望知道對方（中共）的意見」。史達林還附上一份為中共擬就的答覆，在其中強調了中共希望和談，但反對美國參與調處。13日，毛澤東覆電史達林說，而蘇聯的答覆會使美國等西方國家認為參與調處「是適當的事」，國民黨也會以此為藉口指責中共「是好戰分子」，而且此時接受國民黨的和談建議，會在革命隊伍內部引起思想混亂。毛澤東據此修改了蘇聯給國民黨政府的覆文，要求蘇聯明確表示不參與調處。在毛澤東覆電以前，史達林向毛澤東發出了第二

封電報,解釋他前電的目的是為了使中共在政治上取得主動。在接到毛澤東13日的電報後,史達林立即打電報向毛澤東詳細解釋了他的看法。他估計中共如同意談判可能會發生兩種情況,其一是在沒有外國參與的情況下,國民黨會拒絕談判,如此它將承擔戰爭責任;另一種情況是國民黨同意談判,那時中共可提出自己的條件,估計國民黨是不會接受的,這樣中共仍可取得主動。史達林還表示這只是建議,毛澤東接受與否都不會影響雙方的關係。同一天毛澤東根據史達林11日的電報,覆電稱完全同意史達林的意見。15日史達林電告毛澤東:「這件事結束了。」

史達林與毛澤東的往來電報表明,米高揚沒有必要再與中共領導人討論解放軍是否過江的問題了。當然,史達林給毛澤東的電報證明的並不僅僅是這些。在史達林草擬的給國民黨政府的覆文中,透露著他真正關心的問題,即防止美國的介入。根據他的一貫看法,國共透過談判解決問題是避免美國干涉的最好辦法了。這時國民黨政府的基本方針就是要爭取國共「兩分天下」、「隔江而治」,而和談是達此目的的唯一手段。在這種背景下籠統地提出「停戰」與「建立和平」,其後果可想而知。説史達林不理解中國政治形勢的複雜性是沒有道理的,他這樣做多半是對美國可能的干涉過於擔憂了。

以上對史達林的評論畢竟是推測。不過不論史達林對中國政治的複雜性是否理解,中共領導人肯定知道此時一般性地談論和平的後果。而且根據他們戰後與蘇聯幾次介入國共內戰的經驗,很容易認為蘇聯是又一次要求中共妥協,而其含義只能是與國民黨「劃江而治」。這也就是為什麼毛澤東要告訴史達林,用什麼方式決定中國的前途是中國人自己的事和中共不必再用迂迴戰術了。毛澤東一再向米高揚強調,解放軍可以不費力地打過長江,而且美國不可能進行軍事干涉。這表明他確實認為——也有理由認為,史達林曾經有意阻止解放軍打過長江。

米高揚和中共領導人的談話對中共與蘇聯的關係產生了積極的影響。在蘇聯方面,這種積極的影響突出地表現在史達林極大地增加了對中共的信任。中共領導人在制定新中國的對外政策時面臨的難題之一,就是他們在處理與美蘇任何一方的關係時,必定會受到另一方的牽制。一旦中共決心密切與蘇聯的關係,它就

必須準備在與西方國家的關係上付出代價。而恰恰是在這一敏感的問題上，史達林主動給了中共迴旋的餘地，即贊成中共與包括美國在內的西方國家發展貿易和建立外交關係。史達林指示科瓦廖夫轉告中共領導人，蘇聯無意干預中共與「其他資本主義國家」間的貿易。4月間，史達林向毛澤東提出，為了防止美國在中國製造分裂，中共應提出以其斷絕與國民黨政府的關係為條件，與美國建立外交關係。

　　1949年初是中共領導人開始為未來的新中國設計外交藍圖的重要時期。在1月上旬召開的中共政治局會議上，毛澤東提出「不必忙於要帝國主義承認，我們是打倒它，不是承認它」，「忙的是與蘇及新民主主義國家通商建立外交關係」。不過這還僅僅是一種設想，會議透過的決議基本上沒涉及外交問題。中共中央在會議後發布的有關指示也主要是針對如何處理西方國家外交機構的問題。米高揚的訪問及隨後中共與蘇聯關係的發展促使中共中央作出了最後的決定。在3月初召開的七屆二中全會上，毛澤東熱情洋溢地稱讚蘇聯對中共的幫助和支持，稱「我們與蘇聯應該站在一條戰線上，是盟友，只要一有機會就要公開發表文告說明此點」。他在會議的正式報告中實際上宣布了新中國的外交將「一邊倒」。這次會議標幟著中共中央最終確立了與蘇聯結盟的政策。

　　這時中共與蘇聯關係的發展不可能不影響它與美國的關係。但是這種影響達到什麼程度和導致什麼後果，還取決於中共與美國的關係處於何種狀態。在中共領導人的觀念裡，在美蘇尖銳對立的世界格局中，任何政治力量都必須決定自己站在哪一方。但政治原則畢竟不是外交政策，它們是可以區分的。新中國與美國可以建立正常的外交關係，只不過要排在蘇聯的後邊，而且美國必須放棄敵視中共的政策，並以被認為是平等的態度對待新中國。內戰爆發後，中共對美國實行的基本上是一種防範政策，即防止美國的軍事干涉。中共領導人實際上認為美國既沒有能力進行大規模的軍事干涉，對國民黨的援助也相當有限。直到1948年11月在處理瀋陽美國領事館事件時，中共領導人並不認為，取得全國政權後與美國建立外交關係是不可能的。但此後發生的一些事情以及同美方的接觸等，使中共中央對美政策越來越強硬。

12月間,一位叫雷文和的美國記者告訴中共代表說:美國對華政策的核心是如何在新中國政權中「造成一有效的反對派」,美國政府有意承認新中國,條件是政府中要有美國可以接受的反對派,以及允許美國在上海和青島的駐軍權。毛澤東對此作出強烈的反應,認為美國政策已從單純支持蔣介石轉變為一面支持國民黨進行軍事抵抗,一面在革命隊伍內部組織反對派,故必須粉碎美國的「政治計劃」。1949年1月8日中共政治局透過的決議特別強調要警惕美國的兩面政策,擊破「帝國主義的陰謀」。

解放軍占領南京後,中共南京軍管會外交事務處代表與美國駐華大使司徒雷登曾經數次會談。雙方在交往中討論了美軍撤出青島、美國與未來新政權的關係,甚至還探討了司徒雷登訪問北京的可能性,但最終未能為雙方關係找到緩和的途徑。一個重要的原因是司徒雷登在會談中表示,美國在國民政府徹底垮台之前,還不可能承認中共政權,但同時又提出希望未來中國的新政府「儘量吸取一切民主開明人士參加」。在會談期間,司徒雷登還在南京外交界傳布他已經與中共方面建立了聯繫。他的這些言論和舉動引起中共領導人的警惕和反感。美國方面一再對未來中國的新政府中是否有反對派表示出濃厚的興趣,只能推動中共中央更堅定地實行與蘇聯結盟的政策。如果說司徒雷登與中共代表的接洽給中共外交政策帶來了什麼影響的話,那就是使中共與蘇聯結盟帶上了更鮮明的與美國對抗的色彩。

(五)

解放軍打過長江後,中蘇結盟只是個時間問題了。5月間中共中央即決定劉少奇組團訪問莫斯科。6月31日,在劉少奇前往蘇聯的前夕,毛澤東發表了《論人民民主專政》,重申新中國將堅決「一邊倒」向蘇聯陣營。早在4月8日,毛澤東在與張治中的一次談話中就已經詳細地闡述了這篇文章中的主要觀點。他選擇在劉少奇訪蘇前公開予以發表,顯然也是為了進一步消除史達林的疑慮。

中共代表團抵達莫斯科與史達林第一次會談後,起草了一份給史達林和蘇共中央的書面報告。從報告的內容看,中共代表團至少希望在下列問題上與蘇聯達成一致意見,即:(1)使蘇聯瞭解並贊成新中國的政權建設和大政方針;

（2）在國際形勢和對外政策方面與蘇聯協調；（3）新中國成立後爭取蘇聯和其他社會主義國家盡快予以承認；（4）在實現中國統一的鬥爭中得到蘇聯的幫助，包括解決新疆和臺灣問題；（5）爭取蘇聯提供經濟和技術援助；（6）廢除1945年蘇聯與國民黨政府間的中蘇條約，代之以新的中蘇同盟條約；（7）確定處理中蘇兩黨關係的原則。

史達林對凡是涉及中國國內政策的問題，基本上表示贊成。在處理兩黨關係的問題上，史達林強調要平等和互相尊重，並稱毛澤東是「馬克思主義領袖」，蘇聯和歐洲共產黨人應向中共學習。對於中共希望得到經濟、技術和軍事援助，史達林也都給予了肯定的答覆。唯獨在外交方面，史達林對中共代表團的答覆相當複雜。他明確表示—新中國成立，蘇聯立即予以承認。但在與國民黨政府簽訂的條約問題上，史達林一方面承認該條約是「不平等的，因那時與國民黨打交道，不能不如此」；另一方面對該條約涉及的有關問題——如蘇聯在旅順駐軍和中東鐵路等等，他的態度是模棱兩可和試探性的。

劉少奇對蘇聯的訪問使中共在建國前基本完成了與蘇聯結盟的準備，剩下的就是如何處理舊的中蘇條約和是否簽訂新條約了，而這正是雙方關係中最棘手的問題。中國革命的勝利意味著戰後東亞國際關係經歷了一次革命性的變革，它不僅摧毀了這一地區以雅爾達會議和中蘇條約為基礎的國際秩序，而且迫使有關各國面對一個在戰火中崛起的新型的革命國家。蘇聯要與新中國建立同盟關係，勢必要進行兩方面的調整。首先蘇聯需要理解，中共在中國革命中追求的目標是什麼？中國革命的勝利對遠東國際格局意味著什麼？史達林給予中國共產黨人和中國革命的前所未有的熱情讚揚足以證明，他在這方面的理解力要比美國領導人深刻得多。其次，蘇聯必須重新考慮如何處理它從以往的國際格局中獲得的好處。與新中國結盟蘇聯將得到的戰略利益是顯而易見的，問題的關鍵是蘇聯是否情願放棄它在東北獲得的權益。在這一點上，史達林顯然不如向中共領導人贈送「馬克思主義領袖」這類頭銜那麼慷慨痛快。

中共領導人對處理1945年的中蘇條約的態度也是相當複雜的。他們在早年都走過一段由愛國而革命、而信奉共產主義的道路。促使他們決心「走俄國人的

路」的重要原因之一，就是蘇聯在1919年和1920年兩次宣布放棄沙皇統治時期在中國侵占的土地和攫取的一切特權。對於他們來說，「走俄國人的路」不僅意味著消滅人剝削人的社會制度，而且意味著建立一種新型的國際秩序。從當時中共報刊的評論看，對於1945年的中蘇條約，中共領導人很難說是滿意的。那些評論文章對該條約表達了讚揚之詞，但都是有範圍的，即對條約的肯定基本上是說它在維護遠東和平方面有積極的意義。後來的發展則清楚地證明，中共領導人對涉及中國利權的條款基本上是持否定的立場，這才有了修改條約的問題。

當中共領導人決心與蘇聯結盟時，他們對蘇聯在此問題上將持何種態度並無掌握。蘇聯在戰後的表現使他們有理由懷疑，史達林是否會真的履行總是掛在嘴上的「無產階級國際主義」。在解放軍過江前，中共領導人已經在向黨外人士打招呼，告訴他們「對外條約有的廢除，有的則要加以修改，有的還可以保持」。所謂「要加以修改」或「可以保持」的，只能是中蘇條約了。中共領導人做這種準備本身就表明，他們在內心深處對蘇聯將如何處理中蘇條約是不信任的。

劉少奇訪蘇期間曾就處理中蘇條約問題向史達林提出三種解決方案，即一是保持該條約，新中國予以承認；二是廢除該條約，重訂新的中蘇條約；三是兩國政府換文，說明暫時維持該條約的現狀，但準備在適當時機重簽新約。劉少奇同時還提到蒙古和戰後蘇聯從東北搬走的廠礦設備問題。史達林除許諾重訂新約外，對簽訂新條約的原則、時間和有關的具體問題均未表示明確的態度。這使條約問題成為後來史達林與毛澤東會談的焦點。

12月16日，毛澤東在到達莫斯科的當天便與史達林會談，討論了中蘇條約的問題。史達林在會談中稱，目前不宜改變中蘇條約的合法性，否則會牽涉到千島群島。他建議就旅順問題發表一個聲明即可。在毛澤東堅持要廢除中蘇條約後，史達林才表示兩年後可對條約做大的修改。22日，毛澤東透過科瓦廖夫向史達林提出兩個方案，即：（1）周恩來來莫斯科解決中蘇條約問題；（2）雙方廣泛討論有關問題，不必達成協議。但在24日毛澤東與史達林的會談中，史達林避而不談毛澤東的建議。顯然史達林這時根本無意解決中蘇條約問題，其原因無非是既不願改變遠東地區（包括外蒙古前途在內的）既定的格局，也不願失

去蘇聯從這個格局中獲得的權益。

直到1950年1月2日,蘇聯方面的態度出現了關鍵性的變化。當天毛澤東在與莫洛托夫和米高揚會談時提出三個供蘇方選擇的方案:(1)簽訂新的中蘇條約;(2)由兩國通訊社發表簡短的公報,說明雙方在重要的問題取得了一致的意見;(3)發表一項共同聲明,說明兩國關係的要點。莫洛托夫當即表示第一個方案最好,可請周恩來到莫斯科來談判。毛澤東在會談後立即電告周恩來準備赴蘇談判,不過他這時對新條約的內容持相當保守的估計,認為與舊條約相比,新條約只是「在旅順、大連問題上可能有部分的變更」。

1月20日周恩來到達莫斯科。22日毛澤東、周恩來與史達林會談,確定了新條約的基本內容。此後談判進入具體討論階段。一些間接的資料表明,雙方在新條約的關鍵問題上,如中東鐵路、旅順、大連等等,進行了有時甚至是尖銳的「討價還價」(毛澤東語)。此外史達林還以提供軍事援助為由,堅持就東北和新疆限制其他國家進入達成一項《補充協定》。最後達成的協議對於雙方肯定都不是令人滿意的,它是一系列協調和讓步的結果。2月14日中蘇簽署《中蘇同盟友好條約》,以此為標誌中蘇同盟終於誕生。

綜觀戰後中共與蘇聯關係的發展及新中國領導人與史達林談判的全部過程,可以說中蘇結盟是在雙方不斷協調戰略利益並解決意識形態方面的分歧中完成的。中蘇同盟條約的簽訂使雙方關係達到了最高潮,為以後10餘年中蘇關係的全面發展奠定了基礎。但歷史的進程也表明,蘇聯領導人的行為也在中蘇結盟的同一時刻為後來中蘇同盟破裂埋下了種子。

毛澤東的「危機意識」與中蘇同盟破裂的緣起
（1957—1959）

　　90年代中期以來，有關中蘇同盟破裂的研究出現兩個重要的特點。其一是越來越多的學者更加強調毛澤東個人的作用，甚至有學者認為，在導致中蘇同盟破裂的各種因素中，「領導人（也包括蘇聯領導人）個人因素是最主要的」。其二是有關的論著證明，以往將毛澤東改變對蘇政策主要歸結於蘇聯的大國沙文主義和毛澤東堅持獨立自主、捍衛國家主權、反對蘇聯控制（較早的論著一般都如此強調）等等，至少也是過於簡單了。它們更強調毛澤東選擇的國內發展戰略與他對蘇聯的態度和政策變化等等之間的關係，或者是毛澤東的意識形態或革命理念與赫魯雪夫路線之間的根本衝突。這些分析的共同點在於，它們基本上都將毛澤東的有關政策視為理論或理性思考的結果。

　　如果將以往的歷史研究類成果作為一個出發點，便可以發現1957年到1959年可算是獨特的時期。從毛澤東探索中國發展戰略的角度説，它是毛澤東背離中共八大既定方針的開端；從毛澤東後來用以指導對蘇政策的理論的發展脈絡看，它又是刺激毛澤東進行他那獨特的思考並逐步形成「無產階級專政條件下繼續革命」理論的初始。在這個時期，毛澤東精神興奮，經常鬥志昂揚，但在推動他的事業時，卻經歷了兩次重大的挫折。最初是試圖吸取史達林的教訓，嘗試進行政治改革，結果卻以發動「反右派運動」而結束。其次是試圖超越蘇聯的經濟發展模式，發動了「大躍進」運動，然而到1959年，「大躍進」至少敗像已露，最終在廬山會議上釀出「反右傾」鬥爭。國內這些重大事件與莫斯科會議、長波電臺和潛艇基地、中印邊界衝突、核子武器合作、赫魯雪夫1959年10月訪華等相互交織在一起，構成了毛澤東思考的複雜背景，而毛澤東在這種背景下的思考和行為，仍然存在著諸多需要分析和解釋的問題。其中之一是在毛澤東的頭腦中，在思考和處理不同問題時，那些既定的概念是如何與中蘇關係中複雜多變的現象聯繫起來的？為什麼面對同樣的現象，他得出的結論會與那些與他信奉同樣理論

的人不同？

　　針對上述疑問，本文試圖透過分析1957至1959年間導致後來中蘇同盟破裂的事件以及毛澤東對這些事件的看法，揭示毛澤東的「危機意識」對中蘇同盟破裂的影響。這裡所謂的「危機意識」並不是一個很容易精確定義的概念，它包含了毛澤東對世界政治的基本觀察和他對世界政治本質特徵的感受，大體說來有三個方面：（1）認為緊張與衝突是世界政治最基本的特徵；（2）對威脅特殊的敏感；（3）迫切追求激烈的變革或躍進。這種「危機意識」更像是概念與經驗、感覺的混合物，它區別於理論思想，沒有系統和明確的框架，但在強化理論思考和判斷形勢的過程中，起著相當重要的作用。毛澤東的危機意識是在長期革命生涯中形成和強化的，並植根於他的內心深處。它經常作為一種潛意識，形塑毛澤東思考和理解國際事務的前提，從而對他制定外交決策，包括處理與蘇聯的關係，產生重大的影響。

　　在赫魯雪夫執政初期，中蘇關係確實一度向更符合毛澤東願望的方向調整。不過在經歷了短暫的密切之後，中蘇關係便開始出現新的裂痕，至1959年末，同盟的破裂實際已經無可挽回了。在這一急劇的發展過程中，毛澤東的有關決策，包括在發展核子武器問題上與蘇聯的分歧、反對蘇美緩和發動「大躍進」等等，均起了至關重要的作用，而那些重要決策的產生直接涉及到他那獨特的危機意識。這裡需要說明的是，在本文涉及的重大事件中，危機意識並不總是影響毛澤東思考和決策的唯一主觀因素，有時甚至不是主要的主觀因素。

一、「原子彈」——危機與裂痕之一

　　史達林逝世以後，中蘇關係進入了重要的調整時期，在史達林時期積累的矛盾和怨憤終於有了化解的可能，而且在赫魯雪夫執政初期，中蘇關係確實一度向更符合毛澤東願望的方向調整。不過在經歷了短暫的密切後，中蘇關係便開始出現新的裂痕，其原因直接涉及到毛澤東那獨特的危機感，即對外部軍事威脅的敏感和對國際形勢能否緩和深刻懷疑。

　　毛澤東在革命戰爭時期形成的觀念中包含著兩個重要的內容：其一是緩和與穩定即使不是虛幻的，也是相當有限的。抗戰結束前後他一度認為，世界有可能真的出現緩和和穩定，大國之間在戰時建立起來的合作將長期維持下去，並最終導致各國內部鬥爭的緩解。然而美蘇冷戰和中國內戰幾乎同時爆發使他終於得出結論，在世界政治中，只有持續不斷、此起彼伏和各種各樣的危機，才是絕對的，而且通常需要透過劇烈的革命，才能消除危機的根源。從這個意義上說，1946年「中間地帶」思想的提出，標幟著緩和已經從毛澤東心中永遠消失了。其二是當革命運動從根本上威脅到帝國主義的存在時，帝國主義國家將同有關國家的反動派公開「站在一個」極端，用分化革命隊伍或直接出兵干涉來反對革命。建國以後一個時期裡，這兩種看法在相當大的程度上影響著毛澤東對國際問題和中國安全環境的思考。

　　建國初期的歷史似乎在證實毛澤東的上述看法。新中國剛剛成立，便在朝鮮戰場上與美國兵戎相見。在三年戰爭期間，美國一再發出擴大戰爭的威脅，還加緊在亞洲太平洋地區建立針對中國的軍事體系。這一切使毛澤東相信：「世界戰爭的危險和對中國的威脅主要來自美國的好戰分子。他們侵占中國的臺灣和臺灣海峽，還想發動原子戰爭。」50年代中期，毛澤東確曾在與外國人會談時，多次談到和平共處五項原則，不過在他看來，那更多的是用來反對戰爭和爭取和平的策略，而不是在當時的條件下可以實現的目標，因為美英都不會接受。他在黨的會議上提醒全黨：「帝國主義勢力還包圍著我們，我們必須準備應付可能的突發事變，……我們在精神上和物質上都要有所準備，當著突然事變發生的時候，

才不至於措手不及。」

　　毛澤東決心與蘇聯結成同盟的原因之一，就是他擔心新中國將面臨美國等帝國主義國家的威脅，所以需要蘇聯在維護中國安全方面承擔義務，儘管中國有可能要為此而付出較高的代價。經過韓戰和兩次臺灣海峽危機，毛澤東清楚地意識到，面對美國海空軍先進技術兵器和戰術核子武器的攻擊威脅，中國依靠自己的軍事力量是難以防禦的。所以從50年代中期開始，毛澤東和其他中國軍隊領導人制定了積極防禦的軍事戰略，並決定裁減軍隊，以便節省下經費，用於發展技術兵器，包括核子武器。國家安全戰略方面的考慮同對強大國際地位的強烈追求結合在一起，成為推動中國領導人決定發展核子武器的主要動力。

　　根據當時的條件，中國要迅速取得和發展先進武器和軍事技術，最佳的甚至是唯一的途徑，就是爭取得到蘇聯的援助。事實表明，正是發展諸如原子彈、飛彈與核潛艇等問題，成為導致中蘇關係緊張的重要誘因，其中最典型的是雙方在中國發展核子武器方面的合作。蘇聯方面對中國迫切發展先進武器、特別是發展核子武器的態度，引起毛澤東產生強烈反應。

　　在整個50年代，中國曾經三次面臨美國直接和赤裸裸的核威脅。第一次是在韓戰後期，中國領導人因此而命令在大城市準備防空洞，並計劃遷移在沿海地區的工廠。其他兩次核威脅發生在1954—1955年和1958年的臺灣海峽危機期間。正是這種情況使毛澤東和中國領導人產生了迅速獲得核子武器的迫切願望，建立有限的核打擊力量成為積極防禦戰略的重要組成部分。用毛澤東的話說就是：解放軍「不但要有更多的飛機大砲，而且還要有原子彈。在今天的世界上，我們要不受人家欺負就不能沒有這個東西」。

　　需要指出的是，毛澤東是從兩個方面考慮發展核子武器的。一方面如上述是中國軍事安全的需要。另一個不容忽視的因素是，在毛澤東看來，擁有核子武器關係到中國的國際地位。他認為帝國主義「看不起是我們因為沒有原子彈，只有手榴彈」，因此中國「應該有原子彈並盡快發展氫彈」。如果考慮到每一次受到來自美國的核威脅，毛澤東除了表示無所畏懼以外，只有依靠能否靠得住尚有疑問的蘇聯盟友提供保障，便可以推測他內心的焦慮和屈辱感。從這個意義上說，

發展核子武器實際上被認為關係到國家安全與尊嚴的重大利益，而這直接涉及到毛澤東獨特的國家利益觀。

如果說戰爭年代毛澤東考慮的是如何在危機和戰爭的環境中保存和推動中國革命運動，那麼新中國成立後毛澤東的關注中則包含了中國的國家利益，即如何在複雜和危險的環境中維護中國的國家利益。在毛澤東的心目中，什麼是中國的國家利益並沒有被清楚定義出來，不過大致上可以概括為六個字：「存亡、興衰、榮辱。」它們包含了國家的安全、發展、國際地位和威望等等內容，毛澤東如何處理它們的關係及其在不同時期如何權衡輕重緩急，是相當複雜的題目，在此不贅述。這裡只是指出，這種複雜的國家利益觀是決定毛澤東如何衡量形勢和危機程度的重要坐標，也是他進行外交和安全決策的宏觀目標。由此才能理解擁有核子武器對毛澤東的含義，以及為什麼毛澤東不能接受赫魯雪夫將中國置於蘇聯核保護傘下的安排。

顯然毛澤東從一開始就試圖取得蘇聯的幫助。現有的資料表明，毛澤東第一次請求蘇聯幫助中國發展核子武器，是在赫魯雪夫1954年10月訪華期間。在10月3日的會晤中，可能是因為認為已經向中國領導人做出了足夠的奉獻，赫魯雪夫主動詢問毛澤東還有什麼要求？毛澤東告訴他：「我們對原子能、核子武器感興趣」，希望蘇聯能提供幫助。赫魯雪夫沒有做任何承諾。他勸告毛澤東放棄這個打算，因為中國沒有製造核子武器所必需的工業基礎和財政能力，暫時依靠蘇聯的核保護傘就行了。蘇聯在核子武器上的保留態度使毛澤東和他的同事相信，蘇聯不可能事事滿足中國的要求，他們還會「在某些方面留一手」。

不過，後來的發展證明，在隨後的兩年裡，蘇聯不論是基於何種理由，還是向中國提供了至今看來也是非常重要的援助。蘇聯與中國相繼簽訂了合作開發鈾礦的協議和蘇聯幫助中國建設核工業的協議，當然當時都宣布這些技術是用於「和平的目的」。直到1957年，蘇聯領導人同意向中國提供生產核子武器及其運載工具的資料和模型。9月間，中國代表團前往莫斯科談判，此時赫魯雪夫剛剛在同反對莫洛托夫等人的鬥爭中占了上風，特別希望毛澤東能夠親自出席即將舉行的莫斯科會議。毛澤東則利用了赫魯雪夫的困難，直到中蘇雙方代表簽署了

國防新技術協定,他才正式宣布將親自率團前往莫斯科。

　　已經出版的有關論著表明,中國的要求大致包括原子彈、飛彈和核潛艇等方面的技術。蘇聯同意提供原子彈的教學模型和工程圖資料,但是拒絕提供研製核潛艇的任何資料。對於協議涉及的重要項目,蘇聯沒有就實施的具體時間表做出承諾,事後又一再拖延。蘇聯當時很可能並沒有打算完全滿足中國對核技術和設備的要求,儘管它派出了專家並提供了2枚短程地對地飛彈作為樣品。

　　上述背景對於理解毛澤東在1958年發生的長波電臺與聯合艦隊等問題上的態度是至關重要的。就蘇聯方面的那兩項要求本身看,未必比史達林時期的某些做法更帶有所謂的「不平等」色彩,但是毛澤東表現出特別難以容忍。除了是因為毛澤東認為中蘇關係在史達林去世後已經發生了重大改變之外,蘇聯在先進武器和生產技術上的政策確實使毛澤東有理由非常不滿。他痛斥蘇聯人「看不起中國人」,以為「俄國人是上等人,中國人是下等人」,並聲稱「你們不給援助,可以迫使我們自己努力。滿足一切要求,反而對我們不利」。後來赫魯雪夫親自前往北京平息毛澤東的憤怒,但是他的辯解是無濟於事的。蘇聯領導人既然無意按照毛澤東的願望,提供核子武器和核潛艇的製造技術和設備,他們也就無法抹平已經出現的裂隙。

　　1959年6月,蘇聯與美國等西方國家在日內瓦舉行禁止核試驗的談判。蘇共中央於6月20日通知中國,為了避免影響談判進程,已決定暫緩按照協議提供有關的模型和資料,兩年後再根據形勢做出決定。與此同時,蘇聯的核專家以休假為由全部回國,而且再也沒有返回。這些再次間接地證明,蘇聯在幫助中國發展核子武器方面從一開始就是相當勉強的。在討論了蘇共中央的來信以後,毛澤東和他的同事相信,蘇聯即使在兩年以後也不會執行有關協議,他們決心克服種種困難,依靠自己的力量使中國成為擁核國家。

二、「美蘇緩和」——危機與裂痕之二

　　1959年6月，蘇聯決定延緩執行有關核技術協議。這一決定對中蘇關係的消極影響不僅限於損害了中國的軍事戰略，而且還震動了毛澤東最敏感的神經之一，即大國妥協的結果往往威脅到中國的利益，以及損害革命運動的發展。

　　毛澤東是在第一次世界大戰中走上政治舞台的，在他眼裡的世界危機四伏，一方面是列強侵略和壓迫弱小民族，同時它們之間也是相互攻伐不斷，到處都是矛盾、動亂和衝突。此後的經歷在不斷加強而不是削弱他對世界政治的那種基本感受，即在國際政治中，對立、矛盾和鬥爭普遍存在而且是變動不居的。不論是中國近代的歷史還是他本人的政治經歷都使他相信，大國間的對抗而不是妥協，使中國有更多的機會從中獲利，因為中國是一個弱國。在他看來，1840年以來，中國之所以還能夠保持「半獨立的地位」，部分地是因為「帝國主義國家間的衝突」。「其他帝國主義國家的干涉」則是阻止日本在第一次世界大戰期間單獨占領中國的重要因素。1920年代中期，列強在華盛頓會議上的妥協和《九國公約》的簽署導致它們結成聯盟，成為中國社會變革的主要障礙。相反，1930年代列強之間矛盾的增長則成為中共及其軍隊和根據地還能夠生存發展的基本條件之一。因此毛澤東認為，不論是為了應付戰爭還是推進革命，都必須研究和分析世界爭執中的各種矛盾，以便在利用矛盾的過程中不斷建立各種同盟關係。從抗戰後期和戰後初期美蘇在對華政策上的妥協中，毛澤東不僅看到了中國利權的喪失，而且經歷了被大國孤立，甚至遭到蘇聯的冷遇。總之，正反兩方面的經驗都促使毛澤東對「大國妥協犧牲中國」的可能性極其敏感、警惕和反感。

　　無獨有偶，就在蘇聯單方面宣布暫停執行國防新技術協議後不久，蘇聯在中印邊界軍事衝突中的態度又一次激怒了毛澤東。自1959年3月起，中印邊界緊張形勢加劇。儘管中國做出了外交努力，試圖緩和中印關係，8月25日，雙方軍隊還是在郎久地區發生了小規模的衝突。從此以後，中印邊界的緊張形勢有增無減，直至1962年爆發大規模的武裝衝突。

　　理解毛澤東等中共領導人處理中印衝突的基本認識，對於分析他後來對赫魯

雪夫的強烈譴責是重要的。從1959年3月西藏地區發生叛亂起，中共中央就認為，美國、英國和印度介入了這次叛亂，尤其是印度在美英的支持和鼓勵下，扮演了特別積極的角色。4月初，毛澤東建議發動一場宣傳攻勢，揭露印度介入西藏叛亂，支持達賴集團的行動。在4月22日的政治局會議上，他決定必須要公開譴責印度的擴張主義。4月25日，在給主觀宣傳工作的胡喬木和吳冷西的一封信中，毛澤東強調應該公開批評印度在西藏問題上的政策，只是還不要點尼赫魯的名字，以便留有餘地。

由於斷定印度的政策已經嚴重地損害了中國的安全利益，特別是印度還得到美國等西方國家的支持和鼓勵，毛澤東認為必須堅決予以反擊，甚至不惜使用武力，因此他也就對蘇聯被認為是偏袒印度的立場尤為不能容忍。

蘇聯領導人從一開始便表明不贊成中國的政策，認為中國的強硬政策將增加尼赫魯在國際上推行中立政策的困難，而這種中立政策被蘇聯領導人認為是對社會主義有利的。中印邊界衝突發生後，蘇聯又將這一事件與赫魯雪夫即將訪問美國聯繫起來，認為中國反擊印度的軍事行動不利於蘇聯推行緩和政策。蘇共中央因此致函中共中央，對中印邊界衝突表示嚴重的關注，實際上也就是向中國施加壓力。9月10日，蘇聯不顧中國領導人已經表明了的反對態度，以塔斯社聲明的方式公開表明了不贊成中國的立場。毛澤東等中國領導人的反應是相當嚴峻的。他們認為那是赫魯雪夫「為了討好美帝國主義」而「送給艾森豪威爾的見面禮」。

9月25至27日，赫魯雪夫與艾森豪威爾舉行了他執政後的第一次會晤，這是蘇共在二十一大以後推行緩和政策的重要步驟。儘管會晤並沒有取得多少重要成果，赫魯雪夫仍然熱情宣揚，稱之為打破了「一直僵持的冰塊」，是「道義上的巨大勝利」。需要指出的是，赫魯雪夫在會晤中與艾森豪威爾討論了中美關係，並暗示蘇聯願意居間調停，說服中國釋放拘押的美國人犯。在遭到艾森豪威爾的反對後，赫魯雪夫只是表示，他不贊成使用武力解決中美之間的分歧。沒有證據表明中國領導人曾經授權赫魯雪夫居間調停中美關係，但赫魯雪夫的作為在中國領導人看來，他們對「美蘇妥協犧牲中國」的擔心是有根據的。

赫魯雪夫於9月30日到達北京。他此行既是要表示對中國戰友的尊重並消除他們的疑慮，也是要説服毛澤東接受蘇共二十一大的路線，配合蘇聯的對外政策。在9月30日的國慶招待會上，儘管周恩來客氣地祝賀赫魯雪夫「作為和平使者」訪美取得成功，赫魯雪夫卻按捺不住地暗示中國領導人在對外政策上必須改弦易轍。他在發言中説，戰爭作為解決國際爭端的方式應該永遠被擯棄，而且不要企圖用武力去「考驗資本主義制度」。在隨後兩天同中國領導人的會談中，赫魯雪夫試圖説服毛澤東接受蘇聯的緩和政策，在對美政策上同蘇聯保持一致。他在臺灣、中印衝突等問題上，批評中國採取了「冒險主義」的政策，並稱「所有社會主義國家不僅要在信念和目標上緊密地聯繫在一起，而且我們在同盟行動上也是緊密聯繫的」。

　　赫魯雪夫的此類言行引起毛澤東的反感是顯而易見的。不僅是從理念上，即使從中國當時面臨的形勢看，要求毛澤東接受赫魯雪夫的政策都並不是很容易的事情。僅僅美國從1957年開始在臺灣部署可以運載核子武器的「鬥牛士」戰術飛彈一例，就使毛澤東有理由拒絕與蘇聯共同軟化對美國的態度。更何況赫魯雪夫10月1日還告訴毛澤東，蘇聯已經不打算幫助中國發展核子武器。面對這種看上去就是「美蘇妥協」的結果，毛澤東激烈地譴責赫魯雪夫「有兩大怕，一怕帝國主義，二怕中國的共產主義」。他決心拒絕與赫魯雪夫合作。用他的話說就是，蘇聯不反美「我們自己反，因為那時形勢是美逼我反，我不得不反」。

　　中蘇首腦會晤以後，重新思考國際問題和中蘇關係，一度成為毛澤東關心的重點，而且他開始在黨內進行思想動員，為公開批評赫魯雪夫的對外政策做準備。在後來中共中央舉行的一系列討論國際形勢、蘇聯對外政策以及中蘇關係的會議上，毛澤東對有關問題發表了尖銳的評論。特別重要的是毛澤東還表明，他對1956年以來蘇聯對外政策的擔心也是他不贊成赫魯雪夫在蘇共二十大上批判史達林的原因之一。1960年4月22日，中共中央利用紀念列寧誕辰90週年，發表了經過毛澤東本人和其他重要領導人討論修改過的三篇文章，系統闡述了他們對時代、帝國主義、戰爭與和平、和平共處、和平過渡等理論問題的觀點。這些文章以批判南斯拉夫為名，尖銳批評了蘇聯的對外政策及其指導思想。特別重要的是，毛澤東顯然從這時就已經開始將中蘇在國際問題上的分歧歸結為赫魯雪夫背

離馬克思主義。

三、「大躍進」——危機與裂痕之三

1959年10月的中蘇首腦會談是中蘇同盟走向衰亡的轉折點。從中蘇關係演變的脈絡看，1959年10月以後中蘇矛盾愈演愈烈毋寧説是1957年莫斯科會議以後毛澤東與蘇共領導人之間的矛盾的總爆發。如果僅僅對1959年發生的糾紛就事論事，中蘇同盟的結束至少會被推遲，而且很可能不是以那種劇烈衝突的形式結束。可以肯定地説，1958年毛澤東對形勢的判斷和在此判斷基礎上制定的政策及其後果，對中蘇同盟的演變影響巨大。

在1957年的莫斯科會議上，毛澤東曾經宣布當今世界形勢是「東風壓倒西風」，「我們的天上是一片光明，西方的天上是一片烏雲」。那以後毛澤東相信，1958年的形勢簡直是少有的一派大好。他在批評國內所謂的「觀潮派」時説：「他們是好人，就是不懂當前形勢的迫切要求，而且問題已經成熟了。」這裡所謂「問題」甚至包括中國和蘇聯誰應該先進入共產主義。在毛澤東看來，中國人民的「共產主義精神高漲，這是目前國內形勢的顯著特點」。有了這樣的精神，原定15年超過英國的計劃便被毛澤東提前為兩年，而且「1962年達到6000萬噸鋼，超過美國就不難了」。這大概可以説是毛澤東在1958年發動「大躍進」時，對國內形勢的基本判斷和他心中的主要目標之所在。

毛澤東這時對國際形勢的描述同樣是驚世駭俗的。他對來自各種渠道的那些分析美國陣營內部矛盾的報告尤為關注，甚至親自為他感興趣的報告或報導加上色彩鮮明的標題，例如《宦鄉論西方世界的破裂》、《美國政治氣氛向好的方面發展》、《帝國主義內部矛盾重重，主動權操在我們手裡》等等，以便宣洩他那難以抑制的豪情壯志。毛澤東在這些報告上的批語表明，他之所以認為「東風壓倒西風」，是因為帝國主義陣營的形勢就是「四分五裂」，「反動派大恐慌」。與帝國主義陣營相比，社會主義陣營則占優勢，特別是共產主義運動與民族主義運動相結合，其力量大大超過了帝國主義，所以「主動權操在我們手裡」。

既然美國陣營處於弱勢和被動，社會主義陣營採取更為主動和激烈的外交行動當然就是合理的。1958年夏季毛澤東在一系列他認為是根本性的問題上做出

了結論。例如「誰怕誰多一點」？美帝國主義「是向社會主義進攻，還是向民族主義進攻」？緊張局勢對哪一方更不利？對戰爭「還是怕好，還是不怕好？」等等。毛澤東的回答既有邏輯又富於鼓動性。他斷言「西方國家怕我們怕的多一些」，而且力量對比對美國陣營越來越不利，帝國主義國家只是以反蘇反華為藉口，進攻民族主義國家，爭霸「中間地帶」。這種戰略態勢決定了「緊張局勢對於西方國家不利，對於美國不利」，因為它們既不敢貿然進攻社會主義國家，又無法安穩地統治民族主義國家。最典型的是毛澤東對炮擊金門的效果頗為欣賞，一方面是「金門、馬祖打這樣幾炮，……世界鬧得這樣滿天風雨，煙霧沖天」，如此壯觀何樂而不為？另一方面是緊張局勢「可以調動人馬，調動落後階層，調動中間派起來奮鬥」，既然如此又何樂而不為？正是這種思考邏輯促使毛澤東興沖沖地描述了他的「絞索政策」，即運用製造緊張局勢，甚至「戰爭邊緣」的手段，削弱美國及其集團，或者迫使其在一些重大的國際問題上做出讓步。

　　毛澤東在1958年對形勢的認識展示了他的危機意識中追求激烈變革與躍進的內容和特徵，表明了他對「突變」的欣賞以及由那種欣賞而產生的關注與追求，他特別擔心因為保守而錯失「歷史機遇」。用他當時的話說就是：「世界上的事情就這麼怪，不搞就不搞，一搞就很多，要麼就沒有，要麼就很多。你不信這一條？比如我們打二十二年的仗，二十一年就是不勝利，而在二十二年這一年，就是一九四九年，就全國勝利了，叫突變。」他說後來新中國的糧食生產和鋼、機器等的生產也是這樣，突然一下就增長上去了。

　　其實，毛澤東從1957年的莫斯科會議到1958年不斷用來論證形勢「一片大好」的那些事件，如蘇聯發射人造衛星、中東局勢緊張和美英干涉受挫、美國陣營內部的矛盾等等，在許多國內外的共產黨領導人、包括同樣信奉列寧主義的蘇聯領導人看來，也遠不足以說明世界形勢正出現有利於社會主義陣營的重大轉折，以至於必須加快蘇聯和其他社會主義國家進入共產主義的步伐。但是毛澤東寧願將目光更多地放在那些有利於中國甚至世界再次出現革命性發展的訊息上並信以為真，他迫不及待地推動中國建設和外交的「大躍進」，並為由此而產生的動盪、緊張甚至衝突而興奮不已。究其原因就在於毛澤東尤其擔心會失去發生歷史性突變的機會。

這一時期毛澤東的危機意識展示得相當全面。他儘管一再強調形勢一片大好，即使出現緊張局勢也不大會引發戰爭，但在內心同時保持著緊張和對衝突的敏感，並因此認為也要對所謂「最壞的結果」有所準備。帝國主義和反動派在「行將滅亡」的時候總要進行「垂死掙扎」，包括進行軍事冒險，這是毛澤東的一貫看法。他很可能考慮過美帝國主義集團是否不會坐視中國向共產主義突飛猛進以及執行革命的對外政策，並認為必須估計美國等採取冒險行動的可能性。所以，他在推動內政外交「大躍進」的同時，也專門提出「要準備作戰」，搞「全民皆兵」，要求「軍事有一個大發展」。同樣的邏輯使毛澤東特別警惕美國領導人這一時期關於「和平演變」的言論，並斷定那是「在加緊利用滲透、腐蝕、顛覆種種陰謀手段，來達到挽救帝國主義的頹勢，實現它侵略野心的目的」。

在整個1958年，蘇聯對外政策從發展趨勢上看，與毛澤東對中國外交的調整基本上是背道而馳的。在當年元旦克里姆林宮的宴會上，布置著象徵熊熊烈火的盆景，上面嵌著「解凍」兩個大字。在蘇聯對外政策方面，「解凍」就意味著緩和同美國的關係，提倡和平共處。蘇共二十一大制定的對外政策表明，1957年的莫斯科會議以後，蘇聯對外政策向「緩和」的方向調整是確定不移的。不過這種發展趨勢在1958年間並沒有引起毛澤東特別的不滿，實際上他本人在審閱《再論無產階級專政的歷史經驗》時，還專門要求加上「與帝國主義國家和平共處和緩和緊張局勢的必要和可能」。毛澤東當時主要反對的是被認為否定了「十月革命道路」的「和平過渡」，而不是「和平共處」。莫斯科會議的結果也證明，當時在「和平共處」的問題上，毛澤東與赫魯雪夫的分歧仍然是可以調和的。

即使在1958年7月發生的使毛澤東極表震怒的「聯合艦隊」、「長波電臺」等事件，對當時中蘇關係的消極影響也在後來的意識形態論戰中多少被誇大了一些。這時，毛澤東幾乎全神貫注於他正在進行的快速邁向共產主義的巨大實驗，中蘇軍事合作中的糾紛屬局部性問題，而且擬議中的炮擊金門仍有可借助蘇聯的地方。

更重要的是，炮擊金門後不久來自中國駐蘇使館的報告指出：蘇聯對大好形

勢的認識「有所進展」，儘管「深度還不足」。報告說赫魯雪夫幾次提到「我們對付戰爭的正確的態度，即決不害怕戰爭和不乞求和平」，「在理解和評價中國在國際鬥爭中的重大作用和社會主義建設經驗比以前有了進一步的認識和估價」，並且「逐步吸收了中國的經驗」。毛澤東對蘇聯這種變化的反應是可想而知的，他自然是十分滿意的。他在此後一段時間裡的確在強調，對蘇聯要保持「謙虛的態度」。

「大躍進」在1959年下半年已經露出的敗象對毛澤東處理中蘇關係產生了極其重要的影響。迄今為止，「大躍進」對中國外交造成的衝擊和影響還沒有被中國學術界認真地梳理過。從已經公布的毛澤東在1959年下半年的有關論述中，至少他本人就沒有看到「大躍進」給中國的外交和國際地位帶來多少積極的影響，反之他不得不同時應付包括來自中共黨內和社會主義陣營的懷疑和挑戰。

可以想像，日益加劇的內憂外患多麼嚴重地強化了毛澤東的危機感。彭德懷等人不過對「大躍進」發表了一些不同意見而已，但在毛澤東看來，他們的言論就足以證明他們是資產階級在黨內的代表人物。彭德懷的意見書不過有一萬個字，在毛澤東的眼裡卻嚴重到「把個廬山幾乎轟掉了一半」，從而證明了那是「兩大對抗階級的生死鬥爭的繼續」。特別是黨內的不同意見與國內外反動勢力的猖狂進攻勾結在一起，就「簡直要把個崑崙山脈推下去了」。

使毛澤東危機感加劇的另一個重要因素，是蘇聯領導人公然對「大躍進」運動不以為然。在他看來，赫魯雪夫那些被認為是影射和攻擊人民公社的講話，既是落井下石，也是火上澆油，而且與彭德懷等人在時間上幾乎同步，說輕些也屬於「內外呼應」一類。7月18日，赫魯雪夫在波蘭發表談話，批評蘇聯搞農業公社所造成的嚴重後果。毛澤東從《內部參考》上讀到赫魯雪夫的談話後從此怒不可遏。即使隨後一期的《內部參考》中的某文標題表明，美國主流媒體正在利用赫魯雪夫的講話挑撥中蘇關係，毛澤東寧可中「離間計」，也不放棄「要向全世界作戰」的決心。他隨後開始部署，最快在當年秋季、最遲在1960年春季，要反擊蘇聯的「反對派和懷疑派」，並且要「向世界宣戰」，甚至考慮馬上在《人民日報》公布赫魯雪夫那些被認為是「反公社」的言論。

在分析從廬山會議到赫魯雪夫訪華批評中國對外政策這一時期毛澤東的反應時，有必要指出中蘇關係的某些特徵。在中共以往的歷史中，唯一能夠影響它內外政策的大國就是蘇聯。蘇共經常利用它與中共的特殊關係，要求中共服從其對外政策的目標，而這些要求往往釀成中共黨內鬥爭，毛澤東與王明在30年代後期和40年代初期的鬥爭就是相當典型的一例。這場鬥爭以蘇聯和共產國際支持毛澤東的政治路線結束，但如果它們採取相反的立場，後果對毛澤東是不堪設想的。後來的整風運動證明，毛澤東充分意識到蘇聯在中共黨內的影響及其可能帶來的危險，他只要打算貫徹任何與蘇聯不同的政策；就必須使中共拉開與蘇共的距離，否則就會在黨內遇到更大的阻力。

50年代中期，當毛澤東探索與蘇聯模式可能有區別的中國發展道路時，他便開始在黨內批評所謂的「教條主義」，指責一些人「盲目」和「機械」地照搬蘇聯的經驗。1957年11月莫斯科會議以後，為了順利貫徹「大躍進」政策和相應的對外政策，毛澤東在黨內進一步批評了那些強調要學習蘇聯經驗的人，尖銳指責他們「拿蘇聯嚇人」，搞了「八年的教條主義，沒有吸取王明教條主義的教訓」。顯然，在毛澤東為貫徹「大躍進」政策而進行的思想動員中，「反對教條主義」、「破除（對蘇聯建設經驗的——作者注）迷信」、「打倒賈桂」等等，是相當重要的內容。炮擊金門的決策也是一例。蘇聯在炮擊金門的過程中的確清楚地表達了站在中國一邊，儘管開始時一度表示憂心忡忡和隨後對中國的聲援多少有些勉強。擔心受到蘇聯的牽制很可能是毛澤東沒有將炮擊決定事先通知蘇聯的原因之一。

上述歷史背景、廬山會議期間的風波等國內因素與赫魯雪夫對當時中國內外政策的批評混合在一起，導致了毛澤東將赫魯雪夫的言行同中共黨內的鬥爭聯繫起來，並逐步從中演繹出後來發動「文化大革命」的一整套理論與「無產階級專政條件下繼續革命的理論」。毛澤東之所以要發動「文化大革命」，恰恰是因為他在鞏固政權和鞏固自己的領導地位方面，感到了強烈的危機。1959年夏季是毛澤東這個思考過程的開始。歷史的演變證明，毛澤東的思考和理論邏輯決定了從這一時刻起，中蘇同盟的破裂已經無可挽回了。

本文的研究表明，毛澤東的「危機意識」在他1957年至1959年處理中蘇關係的過程中，經常起著不同的作用，這部分地是由中蘇關係本身的複雜性造成的。這一時期在毛澤東心目中，中蘇關係經常涉及到三類問題，即：（1）中國的國家利益；（2）毛澤東當時全力以赴地推動的「大躍進」，（3）毛澤東本人的權力地位。在這三類問題上，毛澤東對危機感受的程度不同，因此他的危機意識在不同問題上產生的影響也不同。相比較而言，這一時期毛澤東更重視的是他全力以赴地推動中國早日進入共產主義的事業，以及這項事業的成敗。當「大躍進」運動在1959年夏季已經露出敗象後，毛澤東對任何批評顯得極度敏感，蘇聯領導人的講話被他斷定為是對「大躍進」的攻擊或對人民公社的影射，特別是這些攻擊和影射與中共黨內的反對意見同時發生，使毛澤東更不能容忍。實際上毛澤東感到他的威望和與威望相聯繫的權力地位受到嚴重的挑戰和威脅，廬山會議期間的風波因此被認為是一次嚴重的政治危機，特別是它有著與赫魯雪夫內外呼應的國際背景。總之，這種內容複雜且程度嚴重的危機感與中蘇在對外政策、安全戰略等方面的一些分歧結合在一起，終於使中蘇同盟破裂成為不可逆轉的趨勢。

1969年中蘇邊界衝突與中國外交戰略的調整

　　本文探討的並不是一個新的課題，這裡所謂「外交戰略調整」是指中國外交從「兩個拳頭打人」、同時與美蘇兩個超級大國對抗，改變為「兩枚抗蘇」。當時最重要的事件是中蘇邊界衝突發生後，中國改變對美政策，打開中美20年對抗的僵局。近年來中國學術界發表的有關論著除了披露了一些鮮為人知的歷史文獻外，引人注目之處還在於它們逐步提出了兩條清晰的不同的思路，從而形成了兩種對立的觀點，儘管它們的作者顯然無意就這種分歧展開爭論。其中一種觀點認為，1969年春中國軍隊在珍寶島採取軍事行動，是在「文化大革命」強調反對修正主義的特殊背景下，對蘇聯不斷製造邊界事件的一種反應，此後中國尋求改善中美關係是「中蘇緊張局勢事實上的緩和」帶來的「一個有國際意義的副產品」。另一種觀點指出，毛澤東是在調整中國外交戰略的過程中，有意識地利用中蘇邊境爭端。這種觀點在一些論著中存在，特別是體現在一些傳記類論著的論述邏輯之中。比中國學術界開始討論稍早一些，當時任蘇聯駐華公使的A.葉里扎維金的回憶及俄羅斯學者岡察洛夫和烏索夫所寫的前言和評述已經發表，他們在其論著中強調，中國領導人在1969年的邊界衝突中「在追求廣泛的政治目的」，是利用邊界衝突「拉攏同莫斯科對抗的主要西方國家」。這顯然更接近後一種觀點。

　　如果認真比較上述不同的觀點，便會發現分歧的出現是基於一系列帶有根本性的問題的不同解答，而這些研究中的解答仍然是不夠系統和深入的，有些甚至是不明確的。這些疑問包括：從中蘇關係破裂到1969年3月兩國發生邊界軍事衝突，中國外交戰略及其支配下的對蘇政策的主要特徵是什麼？中國外交戰略的調整開始於何時，以及中蘇邊界衝突在其中起了何種作用，是因為中國要調整外交戰略而利用中蘇邊界衝突、還是邊界衝突促成了中國外交戰略的調整？中國對外政策的決策者們對中蘇邊界軍事衝突的後果是否有某種預見，包括是否預見到蘇聯會作出何種反應，以及美國將會如何利用這種形勢？本文的目的是結合近年來

的研究成果與新公布的歷史文獻,透過更系統深入的探討來回答這些疑問,從而揭示1969年中蘇邊界衝突與中國對外政策調整之間的主要特徵。當然,要解釋上述疑問就必須參考這一時期中美關係的發展,否則便很難解釋中國決策者們調整外交戰略的一些關鍵性的動機。

一、中蘇關係破裂後的中國外交戰略

自中華人民共和國成立之日起,「一邊倒」向蘇聯陣營便是中國外交居首位的原則。在這項原則指導下建立的與蘇聯的同盟關係,是整個1950年代中國外交的基石。這一時期中國外交曾有過調整或波動,但其格局基本上是固定的。至1950年代末期,中蘇同盟開始出現裂痕,但不論其原因是什麼,該由哪一方負責任,中國仍然對維持與蘇聯的同盟關係抱有希望。直到1964年11月周恩來率中國黨政代表團訪問莫斯科以前,中蘇兩黨間的關係作為維繫中蘇同盟的重要紐帶,雖然已經受到嚴重的損害,但畢竟還沒有徹底斷裂。即使是在兩黨關係徹底破裂以後,共同反對美國在亞洲進行軍事干涉的戰略需要,仍在維持兩國關係中起著重要的作用。1964年年8月中蘇邊界談判破裂後,中國總的方針還是凍結邊界爭論,而且在一段時間裡並未在此問題上大做文章。1965年2月,毛澤東會見了訪問越南途經中國的蘇聯總理柯西金,周恩來與柯西金進行了多次會談,並就改善兩國關係提出了六點建議。

不過從這時開始,中國的外交戰略實際上進入一個轉變的過程中。一方面是面臨美國在中國的近鄰越南的軍事干涉;另一方面,作為中國外交基石的中蘇同盟已經基本瓦解,中國在客觀上陷於兩個大國的夾擊之中。用後來所謂的「兩個拳頭打人」來形容中蘇關係破裂後的中國外交戰略,雖有一些道理,卻並不很準確。從實際情況看,中國領導人總地說來還是試圖穩住中蘇關係,以便集中力量對付美國在越南的軍事干涉。正如1966年1月周恩來在外交部會議上所說的,國際統一戰線的主要矛頭是打擊美帝,因為發動侵略戰爭,企圖獨霸世界,是美國為主,蘇聯則是美國的幫兇。

1965年2月毛澤東會見柯西金,以及周恩來提出改善中蘇關係的六點建議等,均反映了中國領導人這一時期處理中蘇關係的基本思路。他們在中蘇關於意識形態的爭論中措詞尖銳激烈,但仍然試圖將這場爭論屆定為國際共產主義運動內部兩黨之間的問題,並指望論戰不要損害或不要嚴重損害兩個國家間的關係。至少他們主觀上認為這是有道理的和行得通的。

決定這一時期中國外交戰略的一個關鍵因素是中國領導人認識世界形勢的兩個基本的觀念。首先，不論是從世界革命還是從中國國家安全的角度看，美國都是中國最危險的敵人。早在1946年中國內戰爆發後，毛澤東便斷定，美國的擴張既是對世界和平的威脅，也是對世界革命運動的遏制。韓戰爆發後，中國領導人最終決心參戰的原因之一是，他們擔心美國在亞洲的軍事干涉會產生類似「多米諾骨牌」的效應，即如毛澤東所說的：「如果讓整個朝鮮被美國人占了去，朝鮮革命力量受到根本的失敗，則美國侵略者將更為猖獗，於整個東方都不利。」這種觀念也是促使中國領導人決心全力以赴地援越抗美的一個重要原因。實際上，這一時期中國幾乎在支持世界任何國家或地區出現的反對美國的鬥爭，不論其以何種方式進行。

　　進一步說，在中國領導人看來，美國的擴張還是對中國的直接威脅。自從韓戰發生後，美國不斷在中國周邊地區組織軍事同盟，建立軍事基地，致使中美在中國的周邊地區長期處於緊張的對峙，並不時出現緊張局勢。從近代中國歷史上看，任何一個被認為是居心叵測的大國如此接近中國的邊疆地區，中國都會做出強烈的反應。因此，當時只要美國的軍事力量不向後撤，中國就一定會保持對抗的立場。

　　1964年4月，美國政府透過加拿大駐印度支那國際監督委員會新任首席代表布萊克·西博恩向越南民主共和國轉達，如北越不停止在南方的軍事行動，美國將對越南實行海空打擊，直至北越就範。美國擴大戰爭的威脅引起中國的強烈反應。5月15日至6月17日，中共中央開會討論第三個五年計劃。毛澤東在會議期間提出，要搞三線建設，要準備打仗。7月27日，毛澤東在會見越南民主共和國代表團時再次說明，中國要準備打仗，並提出了中國參戰的可能性。8月初，東京灣事件爆發，美軍隨後開始轟炸北越境內的目標，美國參眾兩院分別透過《東京灣決議》。顯然是受到美國在越南的軍事行動的影響，毛澤東在當時召開的中共中央書記處會議上強調，要抓緊時間準備應付侵略戰爭，他甚至認為要不要搞三線建設，就如同大革命時期要不要到農村一樣，是要革命還是不要革命的大問題。10月10日，毛澤東在同各大區第一書記談話時說，三線建設要搶在戰爭前面，即使提前一個小時也是好的。在毛澤東的指導下，當年制定的《關於第三個

五年計劃安排情況彙報提綱》規定，要立足於戰爭，從準備大打、早打出發來制定三五計劃。

這期間中國領導人多次表示，他們並不認為美國有向北越發動軍事進攻的計劃，因為美國沒有做好軍事準備，無長遠打算。他們甚至希望越南保持某種程度的謹慎，在此重要時刻不給美國擴大戰爭的藉口。顯然，中國領導人將美國對北越的海空攻擊視為是一種軍事壓力，而不是蓄意要發動大規模的軍事入侵。但是，他們同樣也認為，戰爭有其自己的規律，不以人的主觀意志為轉移，美國在如此鄰近中國的地方採取軍事行動，中國不能不有所準備。根據上述情況大致可以斷定，美國在越南擴大軍事行動，至少也是促使中國領導人試圖利用赫魯雪夫下台的機會，爭取改善中蘇關係的主要原因之一。

影響中國外交決策的第二個重要觀念即是「美蘇勾結」。在1950年代引起中蘇兩黨論戰的重要分歧之一，便是蘇聯應該如何處理與美國的關係。不論中國近代的歷史、還是中共領導革命運動的經驗，都使中國領導人對大國之間的妥協抱著高度的警惕。歷史留給中國領導人的教訓之一便是，大國間的妥協總是以犧牲弱國和小國的利益為代價的，在他們心目中，這幾乎是沒有例外的。當美國在謀求世界霸權時，蘇聯要緩和與美國的關係，必定會以犧牲中國的利益和斷送各國革命的前途為代價。所以要徹底反對美帝國主義，就必須反對蘇聯的修正主義。

1950年9月，赫魯雪夫訪美。他在與美國總統艾森豪威爾會談後，開始大談「大衛營精神」，結果引起毛澤東的反感。10月2日，中蘇領導人舉行會談後，毛澤東便決定在對美政策上拒絕與蘇聯協調行動。1963年7月25日，中蘇在莫斯科舉行高層領導人會談期間，蘇聯便下決心與美國和英國共同簽署了《部分禁止核試驗條約》，並且沒有事先告知中國。這一事件對中蘇關係的破壞是帶有根本性的，它被視為不僅是蘇聯企圖與美英國家合謀，阻止中國發展核子武器；而且表明蘇聯更重視與西方大國的關係，正在進行的兩黨高層會談並沒有多少重要意義。中國領導人猛烈抨擊蘇聯的行動，指責蘇聯領導人是想與美英一起「統治世界，要全世界都聽他們的命令」。

1964年夏季，北越領導人為了阻止美國擴大戰爭，曾表示有意與美國進行談判。中國領導人當時基於同樣的考慮，贊成北越採取包括嘗試和談在內的謹慎措施。大約從1965年春起，中國開始對北越與美國談判持反對態度。造成中國態度轉變的原因是多方面的，並且同美國的政策有關。不過有一點也是可以肯定的，即中國領導人對蘇聯開始積極介入越南戰爭的警惕也產生了重要的影響。此後中國領導人多次利用外交場合，反覆談論在中國解放戰爭後期，蘇聯如何對美國妥協並企圖阻止中國人民解放軍打過長江。在他們看來，既然美國提出和談建議是消滅越南革命力量的「陰謀」，那麼蘇聯這時促使北越接受美國的和談建議，就是要使越南人民的解放戰爭「半途而廢」。

　　儘管中國領導人對蘇聯對外政策的批評言詞激烈，但是從中不難看出，他們仍然認為蘇聯與美國還是有重要區別的，即美國對外擴張是全球性的和直接的威脅，而蘇聯則起著一種「幫兇」的作用；美國是要獨霸世界，蘇聯則是企圖靠與美國勾結來共同統治世界；蘇聯對外政策的主要錯誤不是要稱霸，而是要用犧牲其他國家和人民的利益來與美國妥協。這種基本看法使中國領導人即使是在邊界問題上，總地說來是採取就事論事的態度，並沒有斷定那是對中國國家安全的主要威脅。

　　概而言之，直到1969年3月中蘇邊界衝突發生以前，中國的外交戰略還未發生根本性的變化。中國仍將全力以赴地反對美國的擴張政策作為外交的首要任務，這特別突出地表現在支持越南抵抗美國的戰爭中。另一方面，中蘇同盟破裂後，中國對蘇聯主要還是口誅筆伐。在行動上，包括處理邊界糾紛，則是謹慎和有節制的。用毛澤東的話說，中蘇論戰不過是「筆墨官司，反正死不了人」。

二、中蘇邊界軍事衝突與中國的反應

近年來中國學術界的一些有關論著揭示，早在1968年1月24日，中共中央軍委即指示瀋陽軍區、北京軍區等單位，加強中蘇邊界東段的警戒，做好以軍事行動配合外交鬥爭的準備。中央軍委還就處理邊界事件的各種辦法做了相當詳細具體的規定。這些文章還指出，由於蘇聯在七里沁島和珍寶島的挑釁日益嚴重，中國軍隊於1969年1月25日制定了在珍寶島作戰的方案，2月19日，獲總參謀部和外交部的批准。這些文章給人的印象是，該作戰方案實際上得到中國最高領導人毛澤東的批准。

進一步分析中國軍事計劃產生的背景是有意義的。根據目前已有的研究成果，可以看出中國的軍事行動首先是對蘇軍日益頻繁地挑起邊界爭端的反應。根據中國當時的報導，從1964年10月到珍寶島事件爆發，蘇軍挑起的邊界糾紛多達4189起。這一數字可能被誇大了，但即使縮小一些誇大，也是相當可觀的。1966年以後，蘇軍加強了在烏蘇里邊界一帶的行動，其採取的手段之惡劣，的確是令人髮指的。葉里扎維金的回憶解釋了蘇軍在邊界地區採取行動的動機。他說在1966年間，蘇聯駐華使館便向蘇共中央報告說，黑龍江和烏蘇里江地區未來有可能發生軍事衝突；1967年還進一步報告說，中國已經決定在一系列江心島上將蘇方擠走的方針，故應對「中國人上島給予回擊」。即便葉里扎維金對蘇軍行動意圖的解釋是真實的，中國領導人也不可能做出同樣的理解。

1969年1月下旬，解放軍黑龍江軍區開始制定在珍寶島實施軍事反擊的計劃，並於2月獲軍委批准。黑龍江軍區的計劃同1至2月蘇軍在珍寶島的行動有直接的關係。從1968年冬季起，珍寶島成為中蘇邊界爭端的焦點，事態日趨惡化。例如，在1月23日的糾紛中，中國軍人有28人被蘇軍用棍棒毆傷，部分武器被搶。2月7日，在珍寶島還發生了蘇軍鳴槍的事件。在這種情況下，中國軍隊決定進行反擊。需要指出的是，在珍寶島反擊的計劃的確是經中共中央批准的，但有間接的資料證明，對於1969年3月2日發生的軍事衝突，毛澤東等中共高級領導人事先是不知道的。

另一方面，不論是從中國軍隊作戰的情況看，還是從中國軍隊反擊的規模看，都很難斷定，中國軍隊在珍寶島的軍事行動包括著戰略意圖，或是為了「追求廣泛的政治目的」。這次衝突對於中國軍隊來說，很有可能如徐焰所說，是「一次雖預有準備卻不由自己掌握的遭遇戰」。確切地說，中國軍隊在珍寶島進行的是一次目標相當有限的邊界戰鬥，是對蘇軍不斷製造邊界事件的一種反應。當然，不能否認這一行動與中國國內的政治形勢有密切的關係，其國內的動力部分地來自於「文化大革命」造成的熾熱的反蘇氣氛。

之所以要說明中國軍隊在珍寶島採取軍事行動的目標是有限的，是因為它與此後中國外交戰略調整的特點有密切的關係。正是由於中國領導人試圖在邊界衝突中追求有限的目標，以至於他們對蘇聯的反應總地說來準備不足。這是導致他們後來高估蘇聯發動侵華戰爭的危險，並因此而大幅調整外交戰略的重要原因。

從珍寶島事件發生直到中共九大期間，中國決策層並不認為軍事衝突會擴大。從目前可以得到的證據看，毛澤東清楚地知道，衝突在蘇聯方面並不是有預謀的。3月14日，周恩來在會見外賓時說，現在還不能說中蘇軍事衝突會擴大，「蘇聯要進攻中國有困難」。3月22日，毛澤東在中央「文革」小組碰頭會上明確表示，他認為珍寶島事件是突發事件，蘇聯高層事先並不知情，政治局也沒有討論。他甚至不同意在九大政治報告中過多地談論中蘇邊界衝突。此後不久，毛澤東實際上已準備採取措施緩和中蘇關係，並指示周恩來「準備外交談判」。九大期間，毛澤東曾於4月14日就孫玉國關於珍寶島事件的報告發表談話，其主要內容不是要備戰，而是強調突出政治和呼籲中國人重視精神的作用。對於這期間蘇軍的調動，中國領導人基本上視其為「故意虛張聲勢」。

九大結束後不久，中國決策層對中蘇軍事衝突前景的估計發生了明顯的變化。4月28日，在九屆一中全會上，毛澤東明確提出了「要準備打仗」，並設想了兩種戰爭形式。一種是在邊界上「小打」，一種是蘇軍入侵中國的「大打」，對其中任何一種情況都要有所準備。此後一段時間裡，毛澤東一度對形勢做出了更為嚴重的估計。他認為對中國「威脅最大的是蘇修」，中蘇有兩千多公里的國線，蘇聯隨時可以挑起戰爭。所以，中國要準備應付蘇聯的入侵。不僅如此，中

國還要準備應付世界大戰,因此要在精神上、思想上和物質上準備打仗,準備打大仗,打硬仗,打惡仗。

在毛澤東的指示和推動下,備戰一度成為中國政治的中心,全國掀起了規模巨大的戰備熱潮。林彪根據毛澤東的指示精神,在軍委系統提出要「用打仗的觀點,觀察一切,檢查一切,落實一切」。軍委辦事組隨後召開座談會,制定了龐大的國防建設計劃。解放軍開始大量增編新部隊,各地方也加強民兵武裝,國民經濟實際上開始轉入臨戰狀態,許多企業轉向生產軍品,大批工廠遷往內地。8月28日,中共中央發出《中國共產黨中央委員會命令》。按照中共中央的命令,東北、華北和西北的解放軍部隊進入緊急戰備狀態。至此中國戰備達到了第一個高潮。

需要指出的是,在這一時期,中國高層領導並未在戰爭的緊迫性和蘇聯威脅等戰略問題上達成共識。其突出的表現是由周恩來推動並精心安排的陳毅等四人小組,在同一時期得出了與毛澤東並不一致的結論。由四人小組討論國際形勢最初是毛澤東本人的建議。該小組於5月開始討論國際問題,則是在周恩來精心安排下進行的。周恩來不可能不瞭解毛澤東對國際形勢的看法,但四人小組的研究結果卻與毛澤東的看法有同有異。相同者是他們也認為,蘇聯對中國「安全的威脅比美國大」;相異者是他們斷定,「在可預見的時期內,美帝、蘇修單獨或聯合發動大規模侵華戰爭的可能性都還不大」。根據熊向暉的回憶,四人小組的報告於7月20日由中央辦公廳印發中央高層的負責人。6月3日,瑞典駐華大使曾問周恩來,美國和蘇聯哪一個國家對世界和平和中國的安全威脅更大,周的回答是有保留的,他認為「現在還在發展,還要看。」

9月初,很可能是為了緩和緊張局勢,中共中央開始採取一些措施,如不允許地方報刊再宣傳「要準備打仗」和「一切為了打仗」等口號。9月11日,周恩來與蘇聯總理柯西金在北京機場舉行了會談。周恩來在會談前曾指出,蘇聯挑起邊界衝突是為了轉移蘇聯人民的視線為其國內困難找出路。他在與柯西金會談後寫給毛澤東的報告中説,中蘇這種性質的接觸還是第一次,中國應爭取緩和邊界局勢,促進邊界談判四人小組顯然贊成周恩來的主張,也認為柯西金訪問北京的

主要原因是想同中國「緩和一下」，「蘇修不敢挑起反華大戰」，「估計蘇修可能跟我談判」。還有諸如朱德等也持同樣或類似的看法。

9月14日，周恩來著手準備中蘇談判。兩天後中共中央政治局討論透過了周恩來起草的致柯西金的信，該信提出了緩和中蘇邊界緊張局勢和舉行邊界談判的具體措施。所有這些安排肯定是經毛澤東同意後進行的，問題在於他即使同意周恩來的安排，也未必相信形勢在趨向緩和。9月17日，就在周恩來向毛澤東彙報政治局決定的當天，《人民日報》刊登了慶祝國慶20週年的口號。毛澤東親自加上了一條，即：「全世界人民團結起來，反對任何帝國主義、社會帝國主義發動的侵略戰爭，特別要反對以原子彈為武器的侵略戰爭，如果這種戰爭發生，全世界人民就應以革命戰爭消滅侵略戰爭，從現在起就要有所準備。」此後中國的戰備宣傳再次升溫。

9月22日，周恩來在全軍戰備工作會議上發表講話，按照毛澤東的精神指出，準備打仗是新的戰略部署，要防止蘇聯的突然襲擊。國慶節期間，中國領導人相繼發表措詞強硬的講話，歷來反映中共中央重要決策的《人民日報》、《解放軍報》和《紅旗》雜誌的國慶社論也突出強調了要戰備。隨著宣傳的白熱化，中國的戰備達到了第二個高潮，其標誌是10月17日林彪發出了《關於加強戰備，防止敵人突然襲擊的緊急指示》，命令全軍進入緊急戰備狀態，指揮團隊進入戰時指揮位置。作為戰備措施的一部分，中共高級領導人也從北京向各地疏散。同時各大中城市也有數以千萬計的城市居民疏散到農村。

上述情況表明，從9月20日前後開始，中國決策層占支配地位的看法是要防止蘇聯利用談判做掩護，發動突然襲擊。這種擔憂最初很可能來自毛澤東，而且領導人疏散也很可能是毛澤東想法，對此周恩來也未提出疑義。至於四人小組，據熊向暉回憶，他們在被疏散前曾表示，同意毛澤東的戰備措施，以後他們也沒有機會再討論國際問題了。至此可以說中國高層決策者基本形成了共識，即蘇聯是中國的主要威脅，而且目前存在著蘇聯軍事入侵的可能性。

如上所述，中國決策層對中蘇邊界軍事衝突的看法存在一個變化過程，即從一開始認為是偶發事件，到後來斷定蘇聯有可能發動大規模侵華戰爭，並因此而

進行全面備戰。這種變化產生於兩個原因。首先,珍寶島事件發生後,蘇聯加強了對中國的軍事壓力,將邊界東段的衝突向西段擴散,不斷製造流血事件,其中8月13日在新疆鐵列克提地區有計劃地進攻中國邊防部隊,造成嚴重的流血衝突。同時蘇聯領導人和輿論工具不斷進行戰爭威脅,並對中國發出核戰爭恫嚇。蘇聯的行動在中國領導人中引起極度的警惕和緊張在情理之中。

其次,中國決策層對戰爭的判斷與毛澤東1968年秋冬以來對國際形勢的看法有直接的關係。自1960年代中期起,毛澤東即認為世界形勢進入一個「大動盪」的時期,存在著發生世界戰爭和爆發世界革命的兩種可能性。1968年8月,蘇軍入侵捷克斯洛伐克。這一事件引起毛澤東的特別關注,是否會爆發世界戰爭和什麼時候會爆發世界戰爭,成了毛澤東關注和思考的重要問題。他認為美國和蘇聯都有能力發動世界大戰,而且它們也都在準備擴大戰爭,因此「似乎要打仗了」,「既不打仗,又不革命,這種狀態不會持續很久了」。此外他還認為,根據第一次世界大戰與第二次世界大戰間隔22年的歷史經驗,在第二次世界大戰結束24年後,也該有大戰爭了。正是在這種看法的影響下,一旦中蘇邊界發生軍事衝突,毛澤東便自然將其與侵華戰爭和可能爆發世界大戰聯繫起來。

不過,毛澤東最初對中蘇邊界形勢的判斷應該說是就事論事的,否則中共中央也不會批准在珍寶島採取軍事行動,以致引火燒身。是蘇聯的軍事威脅,特別是核戰爭的威脅,觸動了毛澤東本已經繃得很緊的神經,致使他擔心邊界衝突會導致蘇聯大規模的入侵,甚至有可能成為一場世界大戰的前奏。可以設想,如果毛澤東沒有那種關於可能爆發世界大戰的先入為主的看法,他未必不會像周恩來、陳毅等人那樣,對形勢做出較為現實的估計。而真正的不幸在於,絕大多數人認可了毛澤東的觀點。

三、中蘇邊界衝突與中國對美政策的轉變

　　要解釋本文開始提出的疑問，必須參考這一時期中國對美政策的變化，以及這種變化與中蘇邊界衝突的關係。這兩者之間的聯繫是顯而易見的，問題是中國領導人、特別是毛澤東，是否在有意識地利用中蘇邊界衝突來為調整中美關係服務？

　　現有的資料表明，在尼克森競選總統前及其當選前後，毛澤東已經注意到美國有可能調整對華政策。1969年1月20日，尼克森發表就職演說。毛澤東讀後指示《人民日報》在照例予以批判的同時，應全文轉載。有論著暗示，毛澤東這樣做是為了在大範圍內傳播尼克森就改變對華政策發出的訊息。毛澤東還批准中國駐波蘭臨時代表向美方建議，於1969年2月20日舉行中美大使級第135次會談。後因美國向叛逃的中國駐荷蘭外交人員提供政治庇護，中國於2月28日宣布取消會談。至此中國在尼克森當選後的第一次試探便結束了。

　　這裡需要探討的是，毛澤東及中國政府做上述試探是否與某種戰略考慮聯繫在一起？換句話說，這時毛澤東是否已經有了全面根本改變中國外交格局的戰略考慮，還是像已往一樣，這次行動只是中國領導人緩和中美關係的長期願望的又一次表現？從目前已經披露的資料看，後一種結論更為合理。

　　從60年代中國領導人的許多談話中可以看出，他們實際上認為，中美關係包含著三個層次的問題。第一是在全球戰略層次上，美國要稱霸世界，以及與蘇聯聯合對付中國，遏制革命運動。第二是在地區層次上，當時特別是美國在中國周邊地區、主要是在越南的軍事干涉，對中國的安全構成了直接的威脅。1968年間中國領導人已經肯定，美國早晚要從越南撤軍，毛澤東甚至估計美國最多再堅持4年。不過估計歸估計，在沒有清楚地瞭解美國的政策之前，毛澤東等仍然認為，戰爭是解決問題的主要手段。也就是說，只要美國不從越南撤軍或明確承諾撤軍，要改善中美關係是相當困難的，因為美國在那裡的軍事干涉一直被認為是遏制中國的一個極端的標誌。第三是雙邊關係的層次，當時的核心問題是臺灣問題。只要美國不表示將改變自韓戰以來的政策，中國領導人就很難根本改變對

美國的政策。

在上述三個層次上，直到1969年春夏之交，美國的對華政策都沒有表現出什麼變化。如果考慮到中美長期對抗的歷史，以及中國領導人對美國的敵意和懷疑，便可以想像，在毛澤東做了最初的試探後，美國不僅沒有做出積極的反應，反而在中蘇發生邊界衝突時，繼續做出對華強硬的姿態，這會在中國決策層造成多麼嚴重的心理影響。這種情況有助於說明，為什麼1969年夏美國發出一連串緩和中美關係的訊息，而中國的最高決策者卻一直不動聲色，儘管毛澤東這時認為，與蘇聯的戰爭已經迫在眉睫。

根據熊向暉的回憶，四人小組曾於8、9月間討論過如何利用美蘇矛盾和打開中美關係，但由於受到外交部的勸告，未提出具體建議。在9月17日提交的《對目前形勢的看法》中，四人小組的成員們甚至沒有提及調整對美政策。只是陳毅表示，他將向周恩來口頭彙報關於改變對美政策的具體建議和設想。至於他如何向周恩來口頭建議，以及他的那些建議是否被轉達給毛澤東，便不得而知了。現有的資料表明，參與決策研究的有關方面，不論是外交部還是四人研究小組，都不能不顧及建議改變對美政策可能會給他們帶來的消極的政治後果。當然，如果毛澤東已經對調整外交戰略成竹在胸，並多少透露一些，情況就會完全不同。

1969年7月，尼克森政府開始採取行動緩和中美關係，包括減少在越南的美軍和減少第七艦隊在臺灣海峽的巡邏。9月7日，羅馬尼亞部長會議主席毛雷爾向周恩來傳達的訊息是重要的，即尼克森政府將：（1）無保留地尋求與中國關係正常化；（2）美國不支持不參與蘇聯旨在孤立中國的任何行動；（3）美國將透過政治途徑解決越南問題。周恩來對美方建議的回答只是希望繼續進行中美在華沙的大使級談判。

10月10日，季辛吉告訴巴基斯坦駐美國大使，美國準備停止美第七艦隊在臺灣海峽的巡邏。11月5日，巴總統將此情況轉告中國駐巴大使。兩天後，美國政府正式宣布停止在臺灣海峽巡邏。11月16日，周恩來在一份送毛澤東的電報上這樣寫道：「尼克森、季辛吉的動向可以注意。」很可能是在此時前後，毛澤

東終於下定決心調整對美政策，為打開中美關係做出努力。

還有必要指出，自7月起，美國政府已經採取行動並頻繁發出訊息，爭取緩和與中國的關係。四人小組應該是瞭解這些情況的。但如前所述，在9月17日給中央的報告中，他們並沒有提及改變對美政策問題。現有的資料還不足以說明，陳毅是否向周恩來彙報了他關於如何打開中美關係的設想，以及周恩來是否向毛澤東轉達了陳毅的建議，或毛澤東是否看了四人小組的報告。此外，外交部當時基於什麼原因、在誰的領導下以及如何研究中國外交政策的，遠不像四人小組的情況那樣清楚。當然林彪掌管的軍隊系統的情況就更不清楚了。

本章的分析和上述疑問的存在，均說明既不能斷定毛澤東在這一時期的開始階段就已經決定，從根本上調整中國外交戰略；也不能肯定他接受了其他參與決策或決策研究的人的建議。這樣當然也就談不上有意地實施一項明確的戰略了。在此提出這樣的假設或許有助於將這項研究推向前進，即毛澤東這時更多考慮的是全球性的戰爭與革命問題，對於中國是否、何時與如何調整對美政策，並無認真的思考和結論。很可能是周恩來在毛澤東的思維框架允許的範圍內，領導和推動中國外交走上了實行戰略轉變的軌道。

從以上的分析中可以得出以下結論。從1969年3月珍寶島事件到10月20日中蘇重開邊界談判，中國決策層還沒有形成全面調整外交戰略的明確方針，不是毛澤東等中國領導人利用中蘇邊界衝突來達到調整對外政策的目的，而是中蘇邊界衝突發生後，蘇聯的反應在中國領導人心中，主要是在毛澤東心中，引起強烈的戰爭危機感，以致當他們確認美國確實準備與中國進行戰略合作後，便毅然走上了聯美抗蘇的道路，從而使中國外交發生了一次革命性的轉變。之所以稱其為革命性的轉變，不僅是因為它徹底改變了以往中國外交的格局，而且還因為此次外交戰略轉變標幟著中國領導人開始了將國家安全利益置於中國外交的中心位置的過程。

進一步說，對珍寶島事件後中國外交決策過程的分析，以及從目前披露的資料和國內已出版的有關論著的分析看，毛澤東在此次中國外交戰略的轉變中所起的作用還不能說已經是很清楚的了。如果不再拘泥於「偉大領袖，英明決策」這

樣的思路中，肯定能更客觀更準確地評價毛澤東和其他中國領導人在中國外交戰略轉變中的思想與作用。

1980 年代中蘇關係研究

　　近年來，1980年代中蘇關係受到學術界越來越多的關注。這一方面是因為中蘇關係本身內容豐富龐雜（其程度大大超過中美關係），並產生過重大影響；另一方面也是因為兩國從對抗到正常化的過程比較突出地反映了這10年中國對外政策的發展及其複雜性。這個時期的中蘇關係基本上是在兩個相互交織的過程中發展的：其一是雙方不斷尋求國家關係正常化的原則、基礎，並透過談判和交往逐步建立起共識；其二是同時在全球、地區和雙邊等三個層次展開戰略博弈。兩國關係基本上是圍繞著兩個過程展開的，1989年5月中蘇高峰會實現兩國關係正常化則是這兩個過程演變的結果。為揭示上述兩個過程的相互關係和一些基本特點，本文擬集中論述四個主要問題，即：1980年代中蘇關係的研究框架；「正常化」問題的緣起及其意義；鄧小平提出「三大障礙」及其影響；中蘇關係正常化中的印度支那問題。

一、中蘇關係的研究框架

由於中蘇關係極為複雜，要清楚梳理和深入探討1980年代的中蘇關係，就必須建立起一個基本的分析框架，它應該包括決定這個時期中蘇關係演變的主要動力、特點等等基本因素和演變的基本線索。本人認為這個框架應該包括雙邊關係的歷史結構、中蘇的國內政治和中美蘇戰略三角關係等三個基本方面。

第一，雙邊關係的歷史結構。中蘇關係從一開始在本質上就是在動亂和革命中新生的兩個國家解決歷史遺留問題的過程。宏觀地看，中蘇都是在經歷內部的長期動亂並發生了激進的暴力革命，然後分別開始了各自新的國家建設。1911年10月，中國爆發了辛亥革命，2000多年的帝制被推翻，中國開啟了現代民族國家的建構過程。1917年11月，俄羅斯布爾什維克黨發動武裝起義，推翻了臨時政府並徹底結束沙皇的統治，開始建立世界上第一個社會主義國家。中蘇關係就是在這樣特殊的背景下發生的，中蘇建立正常國家關係問題由此產生。中華人民共和國成立不過是將這個過程帶入了一個新時期。

中國的清王朝與沙皇俄國有長期交往的歷史，並有漫長的邊界線，加之1840年列強開始入侵中國後所帶來的諸多衝突和糾紛，致使兩國之間有數不清的歷史遺留問題，中蘇的新政府幾乎繼承了所有歷史遺留問題，它們概括起來包括五個方面的內容：（1）俄國與中國的邊疆地區如新疆、蒙古和東北地區等的關係，實質是如何處理沙皇俄國在中國邊疆地區攫取的權益，如在東北地區的特殊權益，以及對中國邊疆地區事務的干涉，如在中國蒙古和新疆地區的干涉；（2）在辛亥革命後中國處於動盪和分裂的時期，俄國與中國內部不同政治勢力的關係，包括同國民黨、共產黨以及其他一些政治、軍事集團及地方勢力的關係；（3）沙俄在中國取得的損害中國主權的權利，如領事裁判權、治外法權、在華駐軍權、租界等；（4）蘇聯與列強在中國的關係，如先後與英美和日本等處理在華關係；（5）兩國長達2萬多公里邊界的劃界和部分地段的領土爭議。

兩國在剛經歷內部劇變後，當時都還沒有經驗、能力和時間來處理它們的前朝為雙邊關係留下來的複雜問題，並且在很長時間裡甚至沒有積極地探尋解決辦

法。1920年代初期，蘇聯新政府基於穩定外部戰略環境的需要，開始考慮與中國建立正常的關係。它雖然宣布過要廢除沙俄時期同中國簽訂的不平等條約，但傾向繼承沙俄從中國攫取的某些利益，並不論基於何種理由，實際上也在延續沙俄時期對華政策的一些方面，儘管也有些調整。蘇聯政府作為雙邊關係中的獲益者固然占據主動，將維護既得利益作為主要政策，甚至有時還以支持革命或維護民族自決權的名義，進一步介入中國內部的政爭和支持非漢民族的分離活動。中國統治集團則窮於應付當時國內此起彼伏的政爭和內戰，基本上無暇處理中蘇關係。當然，事實上的分裂狀態也導致北京政府（以及後來的南京國民政府）無法完全控制邊疆地區局勢，也無法有效地解決同蘇聯的各種糾紛。

中華人民共和國成立之前，中蘇曾兩次達成協議，即1924年5月31日簽署的《中俄解決懸案大綱協定》（包含一系列附屬聲明書，同時簽訂了《中俄暫行管理中東鐵路協定》），它透過為解決兩國前朝遺留問題確定原則和方向，為當時蘇聯與中國建立外交關係提供了一個基礎，包括透過談判解決沙俄在中國取得的各種權利和兩國邊界問題，以及蘇聯將不介入中國內部事務等。1945年8月14日，中蘇簽署了《中蘇友好同盟條約》（包含一系列照會和附屬協議）。條約的目的是為蘇聯參加對日作戰和在戰後建立穩定的中蘇關係奠定基礎，其內容包括解決中蘇雙邊關係中一些遺留問題，如外蒙古地區的前途（外蒙古透過全民公投決定其前途）、蘇聯與新疆地區的關係（蘇聯不介入新疆地區事務，不支持新疆獨立勢力）、蘇聯在東北地區的權益問題（戰後恢復中國對東北地區的主權、旅順為蘇聯軍港和蘇聯駐軍權、大連行政權為蘇聯控制、中東路的所有權和管理方式）以及蘇聯與國民政府的關係，等等。

上述兩個協議產生於不同的歷史背景，它們的內容大致勾勒了中蘇關係的輪廓並反映了兩國關係的複雜性。協議雖然基本涵蓋了中蘇關係中的主要問題，卻沒有為徹底解決那些問題奠定堅實的基礎，尤其是協議的一些重要條款並沒有被執行。這一方面是由於蘇聯對華政策的變動，更主要的可能還是中國持續的政局動盪、內戰等等，致使不論是北京的北洋政府還是後來的南京國民政府，都無能力也無暇應付蘇聯的壓力和處理如此複雜和艱難之雙邊關係。

中國內部的革命性變化——中共奪取政權和中華人民共和國建立,的確為中蘇解決雙邊關係中複雜的歷史問題提供了前所未有的機會。實際上中蘇之間的一些重要而且麻煩的問題在中國革命的勝利進程中自動消失了,如蘇聯同列強在中國的關係、蘇聯同新疆分裂運動的關係、蘇聯在中國處於分裂局面時對中國內部事務的介入,等等。1950年2月14日,中蘇領導人簽訂了《中蘇友好同盟互助條約》,以及其他幾個相關的協定和補充協定,中蘇關係從此被置於新的基礎之上。以新條約為基礎的中蘇關係至少包含了這樣的特點:雙方基於面臨共同的威脅而建立軍事同盟;基於共同的意識形態就應該遵循共同的內外政策;儘可能為解決歷史遺留問題找到雙方都能接受的辦法,但條約中沒有涉及的重大問題是兩國的邊界問題,它實際上被擱置了。雙方可能都對這個問題的最終解決抱有後來被證明是不切實際的希望和信心,即兩個社會主義國家間解決邊界問題既不迫切也不困難。

事實上中蘇同盟的形成並沒有改變中蘇關係的多重性質,即它是相互毗鄰的、有著漫長的邊界並存在複雜的歷史遺留問題的兩個大國之間的關係,同時又是處在不同發展階段上的兩個社會主義大國之間的關係。兩國有著共同的政治體制,以及兩國執政的共產黨的關係在國家關係中居於核心或者說主導地位。另一方面,中蘇結盟也沒有解決對兩國關係正常化來說是至關重要的問題,即將兩國關係建立在普遍的國家關係準則上。中蘇結盟開始就有三個準則在其中運行,包括普遍的國家間關係準則、「無產階級國際主義」以及雙方在交往過程中都認可的領導者(蘇共)和被領導者(中共)關係。在如此複雜的關係準則中,兩國的政治體制決定中共和蘇共兩黨的關係成為國家關係的核心,中蘇結盟起始於兩黨關係的迅速密切和領導與被領導地位的確定,中蘇關係惡化首先是兩黨出現理論分歧及至分裂。與此同時,兩國領導人也沒有認識到,在關係較好的情況下解決歷史遺留問題的重要性。結果是雙方關係惡化的極端表現是歷史遺留的邊界問題再次突出並導致1969年春夏的軍事衝突。

歷史表明,直到1970年代末為止,在兩國關係史中出現的三個條約都沒有能為兩國關係奠定穩定的基礎。中華人民共和國建立後雙方曾經面臨歷史機遇,並建立了對當時世界局勢產生巨大影響的軍事同盟。不過中蘇同盟的瓦解不僅證

明了如此特殊的密切關係仍然不足以長期維繫兩國的正常關係，同時再次將正常化這一歷史命題提上日程。

第二，中蘇的國內政治。在研究中蘇兩個如此之大的國家之間的關係中，一般性地談論兩國的國內政治是沒有意義的。這裡強調的是要把握和理解中蘇兩國處在不同的社會發展階段上，由此造成了不同的國內政治需求。

中華人民共和國不過是中國現代民族國家的建設過程中的一個特殊的新的階段。如同20世紀的新興民族國家特別是第二次世界大戰以後的新興民族國家的發展一樣，中國的現代國家建設在1949年以後一面對臨著一些基本的問題，包括確保主權與領土完整，發展經濟和實現社會進步，實現和維護國家的統一，社會核心價值的建構與國家認同的形成，以及如何保持執政集團的合法性。中國執政集團制定任何對外政策，以及處理包括中蘇關係在內的任何對外關係，都同解決這些根本問題有關。這通常會比較系統地反映在國家發展戰略和安全戰略的變化中，如中共十一屆三中全會以後，中國的國家發展戰略、安全戰略和對外政策完成了一次歷史性的協調，這種協調是以國家發展道路的巨大轉變為基礎和主要動力的，它為包括中蘇關係在內的中國對外關係的全面轉變開拓了廣闊的空間並規定了方向。中國首先提出並明確堅持中蘇關係應遵循普遍的國家關係準則，部分地取決於中國的特殊處境，但更重要的是由於中國國內政治的發展和安全戰略的調整，尤為需要重視的是中國先於蘇聯實行的改革。

蘇聯的國內政局同樣對中蘇關係正常化的進程有重大影響。1982年3月布里茲涅夫發表改善中蘇關係的重要講話，同蘇聯因過度擴展而造成的日益嚴峻的國內外環境有一定的關係。後來戈巴契夫在1986年間決心大幅改變蘇聯對華政策，同他的改革「新思維」形成和蘇共中央決心進行全面的政治經濟改革有直接的關係。總之，中蘇兩國相繼出現的內部巨大變革是中蘇關係正常化的重要背景，是推動兩國關係發展的一個主要動力。

第三，中美蘇「戰略三角關係」。中美蘇戰略三角關係對三個國家的對外政策的影響，特別是每個國家對其他兩國的政策的影響，是實實在在並顯而易見的。這既包含對三國對外政策的總的影響，也有對不同階段的具體政策的影響。

如果從比較寬泛的角度觀察，自中華人民共和國誕生之日起，就曾經出現過美中蘇三方關係互動的現象。例如中共中央在建國前後選擇「一邊倒」就同冷戰對抗激烈時期美蘇兩國對華政策有直接的關係。反之，中共中央這個時期的選擇也影響著美蘇的對華政策以及美蘇之間的關係。此後由於中蘇結盟、韓戰和中美處於隔絕，三方初步的互動才基本結束。

1970年代初，隨著中蘇關係全面緊張和中美關係緩和，中美蘇戰略三角關係逐步形成，中蘇關係受到這個「戰略三角」和兩國領導人對「戰略三角」的認知的嚴重影響。在中蘇處理雙邊關係的過程中，美國對於雙方來說都是一個始終存在的陰影。中國領導人是將中美關係當作對外關係中的所謂「重中之重」，一直為了維護中美之間的戰略合作而控制著中蘇關係的節奏。蘇聯領導人改善中蘇關係的願望則始於加強同美國對抗的戰略地位。這種情況在戈巴契夫執政後才開始逐步改變。不全面地瞭解中蘇兩國是如何考慮各自同美國的關係，便無法完整地理解中蘇關係演變的複雜性。

總而言之，要分析和理解中蘇關係正常化的起因、動力、背景和主要特徵，就必須全面地理解中蘇關係的歷史結構，以及當時兩國的國內政局和國際冷戰格局中的美中蘇「戰略三角關係」的影響。通往正常化的路程在如此複雜之結構中必定是漫長和複雜的。

二、「正常化」問題的緣起及涵義

　　所謂中蘇關係正常化完全不同於中美關係正常化，即雙方是否承認對方政府為國家的代表並建立外交關係。中蘇關係「正常化」主要是為兩國關係維持常態尋找一個穩定的基礎，在從同盟到對抗這兩個極端之間，找到一種處於中間的穩定狀態。這種狀態是否和如何最終形成並固定下來，取決於雙方對兩國關係準則的探索和共識的形成，也取決於解決歷史和現實戰略問題的狀況。另一方面，當時嚴重惡化的雙邊關係同歷史遺留問題和雙方內外政策等糾結在一起，即造成瞭解決有關問題的迫切性，也加劇瞭解決問題的複雜性和難度。

　　多數論著均將1979年春中蘇雙方圍繞終止1950年中蘇同盟條約或1982年春夏圍繞布里茲涅夫3月24日的一次有關對華政策的談話所展開的決策與相應的外交活動等，作為「正常化」的歷史進程的開端。如果追根溯源的話，兩國提出「正常化」建議的時間要早得多，而兩國領導人逐步開始意識到需要將國家關係同黨際關係分開和保持正常的國家關係，則要更早一些。

　　中國政府正式提出將和平共處五項原則作為包括中蘇關係在內的社會主義國家關係的基礎，是在1956年秋波匈事件期間。當年11月1日，中國政府在表示支持蘇聯政府《關於發展和進一步加強蘇聯同其他社會主義國家的友好和合作的基礎的宣言》的聲明中稱：「社會主義國家的相互關係就更應該建立在五項原則的基礎上。」從當時特殊的背景和中國後來處理中蘇關係的實踐看，中國領導人這時提出社會主義國家「都是獨立的主權國家」這一觀點具有長久的重要意義，不過這時他們還是將國家間關係放在社會主義陣營和無產階級國際主義的框架中思考的。另一方面，這次表述畢竟不是特指中蘇關係。

　　專門針對中蘇關係的「正常化」概念最早出現在1969年9月11日中蘇兩國總理在北京機場的會談中。由於還無法看到雙方的會談記錄，不能確認是誰首先提出的。據蘇聯方面的翻譯裡里沙特・沙拉福特吉諾維奇・庫達舍夫回憶，柯西金在會談中提出「採取一切措施使蘇中兩國關係正常化是必要的」。中方則是中共中央文獻研究室編輯的《周恩來年譜》中披露，周恩來提出「中蘇之間的理論和

原則問題爭論不應影響兩國的國家關係，不應該妨礙兩國國家關係的正常化」。究竟是誰首先提出「正常化」最終要看公布的會談記錄，不過雙方在這個問題上曾經有過共識，或者說都同意保持國家間關係正常化，是顯而易見的。會談中雙方都同意舉行邊界談判、恢復貿易關係和恢復互派大使。

目前還無法知道蘇聯最高當局最終是如何評價這次會談的，只有間接的資料表明，柯西金本人表達過希望從更積極一些的意義上評價中國方面的立場。中國披露的資料表明，周恩來在兩天後報告毛澤東說：「中蘇這樣政府性質的接觸還是第一次。」毛澤東對該報告的肯定表明，他同意周恩來的判斷。周恩來隨後根據毛澤東和政治局的決定，於9月18日致信柯西金，提出解決中蘇邊界問題的建議，並準備根據蘇方回應再決定發表政府聲明。可以說這次兩國總理會談至少導致兩國領導人開始共同思考「正常化」問題。當然，兩國總理當時的共識很快就被證明是無法成為實際行動的。柯西金在給周恩來的回函中僅提出「使邊境局勢正常化」。中國則進入針對設想中的蘇聯大規模入侵的全面備戰。儘管如此，兩國總理會談提出「國家關係正常化」和準備採取的措施仍然具有重大意義。它表明在邊界軍事衝突的壓力下，兩國領導人都有意探尋如何區隔黨際關係和國家關係，以便在無法解決兩黨意識形態衝突時，儘可能維護住各自的國家利益。態爭論就開始了。實際情況也是如此，中蘇雙方在爭論發生的初期，都曾經為維持國家間的正常關係做過努力。在這方面，與蘇聯領導人相比，中國領導人的思考開始的更早一些，更深入一些，做出的努力也更多一些。在1960年早些時候，中共中央就提出要「盡力來推遲中蘇兩黨、兩國的破裂時間」，這表明他們已經認識到並力圖做到將兩黨關係與國家關係有所區隔。當年7月16日，蘇聯對中國實行制裁，將意識形態爭論擴展到國家關係。中方在交涉中表達了希望維護兩國關係的願望，陳毅向蘇聯駐華大使契爾沃年科坦率說明，蘇聯撤回專家受損害最大的是中國。此後中方向蘇聯政府提出，就兩國經濟貿易領域出現的矛盾和問題舉行政府間談判。這是中方為避免意識形態爭論衝擊國家關係所作的第一次嘗試。從結果看，1961年間中蘇之間的經貿關係有所發展，雙方就中國償還貿易欠款的期限和部分欠款的利息問題等達成了協議。此外雙方還簽署了一些新的經濟合作協定和為期5年的科技合作協定。

中蘇在兩黨關係惡化的背景下處理國家關係的另一輪嘗試是1964年2月至8月舉行的邊界問題談判。儘管兩黨關係嚴重惡化，兩國政府代表團仍然在談判中就有關中蘇邊界東段4280公里邊界線中的4200公里部分基本上按照中方的主張達成了協議，並草簽或談妥了部分工作小組協議。後來由於兩國國內政局出現劇烈動盪，談判在8月結束後未能繼續進行。

根據有關著作的描述，1965年是中蘇國家關係伴隨兩黨關係破裂也進入全面破裂時期。當年2月，蘇聯總理柯西金訪問越南往返兩次路過北京，期間與毛澤東、周恩來等中國領導人舉行多次會談。這些會談涉及兩黨之間的意識形態爭論、兩國共同援越抗美的合作以及雙邊關係中的一些問題，等等。值得注意的是，中國領導人談話中展示的思維裡，包含著將兩黨關係與國家關係分開的邏輯。從目前能看到的周恩來給毛澤東的報告片段中可以看出，中國領導人是希望為「改進國家關係」留有餘地的。此次會談後不久，中蘇兩黨關係全面破裂，國家關係隨之嚴重惡化。不過如果沒有雙方都曾嘗試過在黨際關係惡化的情況下維持住國家關係，就不會有後來1969年9月兩國總理機場會談提出關係「正常化」，以及根據這個概念提出穩定國家間關係的具體主張。蘇聯領導人曾經根據兩國總理會談後中蘇關係發生的一些積極變化認為，中蘇國家關係「出現了某些正常化的跡象」，聲稱蘇方將「爭取同中華人民共和國的關係正常化。」

1969年春夏的邊界衝突導致中蘇進入尖銳敵對的狀態，不過在這個時期的中國對蘇政策話語中，繼續保持著對「正常化」的原則性論述。根據蘇聯領導人的談話透露，早在1970年代初，中國代表就曾向蘇聯提出，兩國關係「應當建立在和平共處五項原則的基礎上」。1973年9月，中共召開第十次全國代表大會。十大政治報告在國際形勢與對外政策部分突出地強調了蘇聯霸權主義的危險性，即便如此，報告仍然將中蘇關係正常化列入其中。該報告正式說明：「中蘇之間的原則爭論不應妨礙兩國關係在和平共處五項原則基礎上的正常化。」這是第一次將兩國關係正常化所應遵循的原則寫進中共黨的最高文件中，它可以被視為是中國對蘇政策的重要指針之一。這段表述在當時看來可能更多的是表達一種政治和道義的立場，但它被寫進中共十大的政治報告是有重要意義的。這表明經過兩黨關係破裂、同盟解體和邊界軍事衝突後，中國領導人已經相信中蘇關係不

可能再回到結盟狀態，而且他們就未來中蘇關係的準則提出了明確而且是堅定的表述，這個表述的精神實質被載入1989年中蘇關係正常化的歷史性文件中。

這個時期蘇聯對華政策包含兩方面的內容。一方面是繼續向中國施加政治和軍事等各方面的壓力；另一方面，蘇聯領導人也一再提出改善中蘇關係的建議。同中國領導人一樣，他們顯然也意識到了，中蘇關係只能建立在與1950年代結盟有所不同的基礎上，不過他們還多少有些指望能使兩國關係更密切一些。在1971年3月召開的蘇共第二十四次代表大會和其他一些重要的會議上，蘇聯領導人明確宣布：蘇聯「不僅願意全力促進蘇聯和中華人民共和國之間關係的正常化，而且願意促進兩國睦鄰友好關係的恢復」。在此前後，蘇聯方面多次主動向中國政府提出應採取措施緩和與改善兩國關係。中方則拒絕了蘇方的建議，要求蘇聯方面首先履行1969年9月兩國總理達成的協議。

這個階段中蘇關係出現了奇特的現象，即當兩國最尖銳對抗時，卻已經建構起了「正常化」所應遵循的原則即「和平共處」。尤為重要的是，「在和平共處基礎上建立正常的國家關係」在雙方的外交話語系統中都是無可爭議的「政治正確」，而且雙方對此理念的理解的重合部分在增加，所以它們才能在對抗中都將這一理念作為譴責對方和謀取道義優勢的思想武器。因此可以說「正常化」的確反映了中蘇關係發展的歷史方向。

三、「三大障礙」的提出及其影響

1979年4月,中蘇圍繞1950年2月14日簽署的《中蘇友好同盟互助條約》進行了接觸。該條約於1950年4月11日生效,有效期30年。根據條約規定雙方在有效期滿前一年未提出廢約,條約將自動延長五年。雙方此前都在考慮條約的存廢,並試圖利用這個機會緩和緊張關係。布里茲涅夫在1979年1月接受美國《時代》雜誌採訪時明確表示:「經常從北京聽到這樣的説法,似乎蘇中友好同盟互助條約已經失去了意義,就我們的意志而言,我們任何時候都不會撕毀體現蘇中兩國人民友誼的文件。」蘇聯這樣做的目的很可能是為了爭取外交上的主動,一方面為緩和中蘇關係留有餘地;另一方面一旦關係進一步惡化,可將責任推給中方。

中國這時在積極推行反蘇國際統一戰線政策,對中蘇條約的立場不會與中國對外政策背道而馳。在1978年7月重新開始的中日締結和平條約的談判中,中國堅定主張應加入反霸條款。當時為促使日方接受這一立場,在8月9日的外長會談中,黃華向園田直外相表示,中蘇友好同盟到期將予以廢除。鄧小平在8月10日會見園田直時也告訴後者,中方到時「會正式宣布廢除」該條約。加之中國於1979年1月實現了中美關係正常化,前不久的對越戰爭取得預期效果,外交上處於有利地位。這時選擇中止中蘇條約是合邏輯的選擇。

當時中國外交部和駐蘇聯使館內部討論了中蘇條約終止後怎麼辦,主要意見是與蘇方舉行會談,爭取簽訂新的國家關係文件。馬敍生銜命回國彙報使館的建議後得到的印象是,中國外交部的想法同使館的建議是吻合的。此後外交部提交了《關於不延長中蘇友好同盟互助條約的請示》,於3月24日獲鄧小平批准。4月初,鄧小平做出明確指示,不再延長中蘇條約,但應為解決兩國間懸而未決的問題和改善中蘇關係舉行談判。

4月3日,中國外交部長黃華約見蘇聯駐華大使謝爾巴科夫,向他遞交了中國政府關於不延長中蘇條約的照會。4月17日,蘇聯外交部長葛羅米柯向中國駐蘇聯大使王幼平遞交蘇聯政府覆照,宣布同意舉行談判,並希望中方告知談判的

題目和希望達成的目標。此前早在1971年1月和1973年6月，蘇聯政府曾經先後提出雙方簽署《互不使用武力條約》和簽署互不侵犯條約等建議。1978年2月24日，蘇聯最高蘇維埃致函中國全國人民代表大會，建議中蘇雙方就兩國關係的準則發表原則性聲明，並為此舉行「足夠高級別的代表會談」。中方在中止條約後提出舉行會談簽訂新協議，對蘇聯來說是很可以接受的。

5月5日，中國外交部副部長余湛約見謝爾巴科夫，遞交中方有關談判內容和宗旨的備忘錄，包括確定兩國關係準則、消除關係正常化的障礙、發展貿易、科技、文化等各個領域的關係，並根據談判結果簽訂相應的文件，以及舉行中蘇邊界談判。6月4日，蘇方回覆時提出7月和8月在莫斯科舉行副外長級談判，制定兩國關係原則的文件。此時可以說雙方的談判原則有重要的重合之處。此後中國外交部門按照爭取確定國家關係準則和達成協議的初衷展開準備工作，包括起草相關文件，包括：《關於兩國關係的協議草案》、《關於維持邊界現狀，防止武裝衝突和談判解決邊界問題的協定草案》、《關於兩國事務來往的有關設想和意見以及談判

8月29日，中方的談判方針出現了重大的變化。此前外交部上報了《關於中蘇國家關係談判方案的請示》，目前不清楚這份報告的具體內容，鄧小平的批示是「以在政治局討論為好」。他顯然認為報告的內容還是需要認真討論的。29日，中共中央政治局召開專門會議討論中蘇談判問題，鄧小平在主旨發言中提出，中方談判的核心目標是解除蘇聯造成的安全威脅，即不能在百萬大軍壓境的情況下同蘇聯改善關係。具體原則是要求蘇聯從蒙古撤軍和不支持越南侵略柬埔寨。中蘇雙方都承諾：不在對方鄰國駐軍和建立軍事基地，不利用鄰國威脅對方。談判策略則是不急於求成。鄧小平的談話表明中國決策層決定將談判方針從確定國家關係準則和簽署協議轉向消除蘇聯對中國的安全威脅，這一轉變的重大意義在於它成為後來中國指導中蘇談判的戰略方針，因此需要分析它產生的背景。

如前所述，中國決策層最初也是主張展開中蘇國家關係談判以改善中蘇關係的。但他們最終的決定是以消除蘇聯對中國國家安全的威脅為首要條件，一般地

說就是基於對全球戰略形勢的判斷，執行反蘇國際統一戰線的決心，以及對消除蘇聯安全威脅的高度重視。1979年3月，鄧小平在理論工作務虛會上發表講話，其中一段非常能說明中國領導人此時此刻的戰略思考。他說：「現在可以看得更清楚，毛澤東同志在他晚年為我們制定的關於劃分三個世界的戰略，關於中國站在第三世界一邊，加強同第三世界的團結，爭取第二世界國家共同反霸，並且同美國、日本建立正常外交關係的決策，是多麼英明，多麼富有遠見」，這個戰略「對於打破蘇霸權主義企圖在國際上孤立我們的狂妄計劃，改善我們的國際環境，提高中國的國際威望，起了不可估量的作用」。在這種戰略認識指導下處理中蘇關係，必定有其特點和限度。

從時間聯繫密切的程度看，這一時刻中美關係的發展很可能是最直接的原因。8月27日上午，鄧小平同到訪的美國副總統蒙代爾會談，後者當天還在北京大學發表講話稱中國是美國的友好國家，「任何國家如果想要在世界事務中削弱或孤立你們，它的立場就同美國的利益相對立」。28日下午，鄧小平同蒙代爾簽訂了未來兩年中美文化交流和中美水力發電和有關水資源利用的協議，他對此做了很高的評價，認為中美之間的政治、經濟、科技、文化等方面的合作與交流會有更積極的前景。雙方還就美國防部長布朗訪華達成一致意見，布朗訪華的目的是進一步加強中美戰略合作，包括向中國出口敏感技術。中美關係的進展很可能直接影響到鄧小平對中蘇關係的思考，以及第二天召開的政治局會議的決定。畢竟是中美戰略合作關係才能給中國帶來更大的戰略利益，包括安全利益和經濟利益。反之，他們認為蘇聯不僅在威脅中國，在經濟和其他領域也還不能為中國提供什麼更有價值的東西。在美中蘇戰略三角中避免因為中蘇過快接近而影響中美關係的穩定和發展是合理的選擇。在中蘇副外長級談判開始前，鄧小平透過同尼克森的會談，向美國公開了中國指導談判的原則。他告訴後者，中蘇談判的前提是消除中蘇關係的障礙，即「蘇聯的擴張主義和霸權主義，而不只是中蘇邊界問題。蘇聯在中蘇邊界擺了一百萬軍隊，這對中國是一個實實在在的威脅」。鄧小平這樣做顯然是不希望中蘇談判給中美戰略合作帶來消極的影響，由此可見中國領導人對穩定和發展中美關係的重視程度。

中蘇副外長級談判從10月17日正式在莫斯科舉行。蘇方按照原定計劃，首

先提出蘇中《相互關係原則的宣言》的草案。中方則提出《關於改善中蘇兩國關係的建議》，要求蘇方首先應消除對中國的軍事威脅，包括將蘇聯在中國毗鄰地區軍事力量減少到1964年以前的水準；撤走在蒙古的駐軍和軍事設施，停止支持越南入侵柬埔寨。蘇方提出蘇聯並沒有威脅中國的意圖，以及中蘇談判不應涉及蘇聯在蒙古駐軍和越南入侵柬埔寨問題。此後雙方各執己見，經過6次正式會談也未能取得任何共識。12月27日，蘇軍入侵阿富汗。1980年1月20日，中國外交部宣布中斷中蘇談判。

1982年3月24日，布里茲涅夫在中亞塔什干的一次授勳大會上在闡述蘇聯對亞洲政策時，表示希望為改善中蘇關係做出積極努力。中方很快做出初步回應。外交部當天在內部討論了布里茲涅夫的講話，黃華第二天當面向鄧小平彙報了討論的結論，鄧小平當時即指示外交部立即發表談話，要言簡意賅，既堅持原則又要有靈活性。根據鄧小平的指示，錢其琛於3月26日在外交部記者招待會上發表簡短聲明，表示中國政府「注意到了」布里茲涅夫有關中蘇關係的講話，中國「重視的是蘇聯的實際行動」。

4月16日上午，鄧小平會見了羅馬尼亞共產黨總書記希奧塞古。他請後者轉告布里茲涅夫，中國重視蘇聯的實際行動，蘇聯先做一兩件事看看，例如從柬埔寨、阿富汗問題上做起，或者從中蘇邊界或蒙古撤軍做起。這是後來中方提出的消除「三大障礙」的最初表述。夏季，鄧小平在自己家裡召開了一次專門會議，討論改善中蘇關係問題，他提出要爭取中蘇關係「有一個大的改善」，但必須是有條件的。他由此將同希奧塞古所談的三點歸納為蘇聯應主動解決的「三大障礙」，即從中蘇邊境地區和蒙古人民共和國撤軍；從阿富汗撤軍；勸說越南從柬埔寨撤軍。這一方案獲得與會者的同意。鄧小平還提出，由外交部派遣蘇歐司司長以視察使館工作名義前往莫斯科，直接向蘇聯方面轉達中方的意圖。

在8月10日，於洪亮隨身攜帶外交部起草並經鄧小平審閱的說帖前往莫斯科。說帖主要包括兩個內容：第一是中方認為時機已到，已經可以為改善中蘇關係做些實際的事情了；第二，建議蘇方先從勸說越南從柬埔寨撤軍做起，也可以從解決影響兩國關係的其他問題，如減少中蘇邊境地區的武裝力量做起；雙方還

應考慮為蘇軍撤出蒙古找到各方都可以接受的辦法。同時中方也在阿富汗問題上找到合理的解決辦法。於洪亮到達莫斯科後,即要求在中國使館面見蘇聯外交部副部長伊利切夫。伊利切夫在第一遠東司副司長賈丕才陪同下會見了於洪亮,後者幾乎一字不差地將說帖的內容當面背誦一遍。這是中方第一次正式直接向蘇方提出解決「三大障礙」問題。

伊利切夫等當時表示,要待請示後才能答覆。於洪亮此後前往波蘭,在回程經過莫斯科時,再次會見伊利切夫,後者表示已經向上級彙報此前的談話內容,蘇方會做出正式答覆。8月20日,蘇聯第一副外長扎伊采夫約見中國駐蘇使館臨時駐外代表馬敘生,遞交一份備忘錄作為正式答覆,表示蘇方願意在任何時間、地點和任何級別上同中國談判,以便「消除任何關係正常化的障礙」。鄧小平在聽取有關的報告後決定,重開中斷了兩年多的中蘇談判。中蘇雙方很快便商定,由兩國副部長級的特使就兩國關係正常化問題舉行政治磋商。

9月18日,鄧小平於下午在專列上同金日成單獨會談時談到中國的有關政策,包括:第一,此次中蘇談判的目標是實現關係正常化;第二,中方提出解除「三大障礙」是因為蘇聯對中國安全構成威脅,蘇聯解除三大障礙可以是分步驟的;第三,中蘇談判將是長期的,實質性問題不會容易解決;第四,中方處於有利地位,蘇聯比中國更急於談出成果,因為它「日子不好過」。這段談話表明,中國領導人一方面確定了中蘇談判的目標就是實現正常化;另一方面這時對談判仍然是不急於求成,因為他們相信中國處於比蘇聯有利的戰略地位,有條件從正常化進程中獲得實質性的戰略利益。

中蘇副部長級政治磋商從10月5日開始在北京舉行,外交部此前按照鄧小平不要轉彎太急和不急於求成的指示,確定了「立足戰略全局,堅持原則立場」的方針,並已經有了具體方案,即要求蘇聯從「停止支持越南侵略柬埔寨,促使越南從柬埔寨撤軍」做起。這是一個階段性的界碑,它標幟著中方政策最終形成。這項政策可以概括為三點內容:第一,中蘇關係正常化應該以實現中國的戰略利益為目標,即消除蘇聯對中國的安全威脅和解決在地緣安全領域面臨的麻煩;第三,在上述戰略利益中的優先目標是解決中國在印度支那地區面臨的麻煩,即越

南追求地區霸權造成的問題;第三,由於穩定和改善中美關係優先於中蘇關係正常化,以及中國的戰略地位優於蘇聯,中國並不急於求成。

蘇聯方面的決策過程目前還不得而知。前述鄧小平在4月同希奧塞古的談話和在9月同金日成的談話是否在中蘇磋商開始前被轉達給蘇聯領導人還無法確定。由於羅馬尼亞和北韓都是蘇聯陣營的國家,同蘇聯保持較好的關係,很難想像鄧小平的那些講話不被希奧塞古和金日成轉達給蘇方,尤其是希奧塞古一直在為中國向兩個超級大國傳話方面發揮著重要作用,中國領導人同他談話很少無的放矢。如果未來公布的檔案能證明蘇聯領導人已經瞭解鄧小平的談話內容,那麼可以大致斷定他們對談判也報定了不急於求成的態度。

提出消除「三大障礙」的重大影響是使中蘇關係正常化成為一場安全戰略的博弈。中方從此明確且堅決地將正常化談判作為謀求戰略利益的過程,務必要達成逐步地根本消除蘇聯對中國的安全威脅的目標,兩國關係正常化必須建立在雙方擁有戰略互信的基礎上。蘇方對正常化的定義就是談出一個作為雙邊關係基礎的準則,然後簽署一個外交文件。它是希望透過談判緩和雙邊關係以緩解在亞洲方向面臨的壓力,而不想對已經獲得的戰略地位做根本性調整。中蘇副外長級磋商到1988年6月止共進行了十二輪談判,成為典型的「馬拉松」式談判。

四、解決印支問題與「正常化」

　　這個時期中蘇的戰略博弈是全面的，包括全球、地區和雙邊等三個層次。到1985年中期，雙方談判的焦點逐步集中到地區層次，即集中到印支地區問題。首先是1985年秋，中國領導人在「三大障礙」問題上做出重大的決定。4月18日，鄧小平與英國前首相希思會談時，提出在消除「三大障礙」方面，蘇聯可以先做說服越南從柬埔寨撤軍。這是他首次親自表達在清除「三大障礙」方面，蘇聯可以先從勸說越南從柬埔寨撤軍做起。10月9日，鄧小平在會見羅馬尼亞總統希奧塞古時，請後者給蘇聯新任總統戈巴契夫帶口信，進一步提出蘇聯只要在越南從柬埔寨撤軍問題上與中國達成具有可信性的諒解，他本人或胡耀邦總書記願意同戈巴契夫舉行高峰會，他甚至表示可以破例到莫斯科去與戈巴契夫會見。

　　鄧小平的這個口信顯示了中國有關政策的兩個重要變化，即將「正常化」進程與越南從柬埔寨撤軍直接掛鉤，以及以中國最高領導人訪蘇作為對蘇聯協助解決越南入侵柬埔寨問題的回應，以增加促使蘇聯做出決定的壓力。這些變化反映出中國領導人的戰略思考的重大變化，即他們在處理對蘇關係時，已經將關注的焦點從解除來自蘇聯的安全威脅，轉向解決印支地區的問題，包括徹底打消越南地區擴張的意圖。如果在改善中蘇關係的同時，利用蘇聯的影響從根本上解決印支問題，中國的周邊環境將獲得實質性的改善。顯然，中國的主要目標已經是追求實實在在的地區戰略利益。

　　中國政策的轉變實際上也表明，中國領導人這時已經不再將蘇聯在中蘇、中蒙邊境地區的軍事力量視為中國的安全威脅。中國政策發生如此變化的原因需要深究。首先，導致中國領導人決心進一步調整對蘇政策的最主要原因仍然是在中國的內部，主要是中國的安全戰略和發展戰略在1985年夏季出現了重大的轉折。

　　5月23日至6月6日，中共中央軍委在北京召開擴大會議，討論百萬裁軍方案和精簡後的軍隊改革和編制。這次會議做出了三個至關重要的決定：（1）國防建設要以經濟建設為中心考慮其輕重緩急；（2）實行百萬人規模的大幅裁軍；

(3)在對外政策方面，放棄反蘇國際統一戰線的方針，並確定不再以「中美蘇戰略大三角」為基礎設計中國的對外政策。會議期間，鄧小平明確地概括了一段時間以來中國領導人的重要思考和結論，其中的一些重要觀點和這次會議的決定，對中國的對蘇政策產生了重要的影響。他在6月4日與有關領導人的談話中說，經過幾年仔細觀察和思考，中國決策層已經完成了「兩個重要的轉變」。第一是「改變了原來認為戰爭的危險很迫近的看法」。這句話可以被合理地延伸為，蘇聯的威脅也並不像以往被認為得那麼嚴重。第二是改變反霸統一戰線政策，不在所謂「美中蘇大三角」的思維框架中制定中國的對外政策。差不多從這個時候起，中國領導人越來越頻繁地向國際社會表明，中國已經不再將反霸國際統一戰線作為對外政策的戰略目標，並希望在建立多元世界政治秩序的基礎上改善中蘇關係。另一個需要重視的因素是在這個時期，中國領導人大致形成了對中國現代化進程的基本規劃，即爭取經過七十年的努力，在21世紀中期使中國的發展接近發達國家的水準。為了實現這個目標，鄧小平說中國「希望有七十年的和平」。這種對未來的思考很有可能是促使中國領導人下決心根本改變中國安全戰略和對外政策的關鍵性動力。

除了上述中國內部的變化外，中美關係的發展和印支形勢的變化也產生了重要的影響。1982年夏季中美簽訂「8.17」公報後，雙方處理了一系列糾紛，中美關係逐步穩定下來。1984年初到5月，兩國高層領導人實現了互訪，中美關係隨後進入一個全面發展的時期，特別是雙方的軍事合作取得了前所未有的進展。中美關係的穩定發展會使中國領導人相信，中國正處於有利的戰略地位，可以更加主動和自信地推動中蘇關係正常化。

1985年中國對外政策轉變對中國外交的影響也反映在中國政府開始調整對印支的政策。從目前公開的文獻看，這一政策調整是以「安定南疆」為主要目的，爭取盡快結束越南侵略柬埔寨和恢復印支地區的穩定與和平。鄧小平請希奧塞古轉達戈巴契夫的口信凸顯了中方要盡快徹底解決印度支那問題的迫切性，畢竟中國同越南的邊境軍事衝突仍在持續，這不僅在干擾中國的發展戰略，而且柬埔寨問題的複雜性決定了中國長期被拖在其中會損害中國的國際地位。

印支形勢在1985年夏季也出現了明顯變化。首先是越南領導人已經顯露出透過外交和政治途徑解決柬埔寨問題的意向。1985年3月25日，越南提出了政治解決柬埔寨問題的5點建議，雖沒有實質性改變，但在越軍撤出柬埔寨的關鍵問題上，文字表述還是出現了一些變化。6月下旬，越共中央總書記黎筍訪問莫斯科，這期間出現蘇越向改善對華關係的方向協調對華政策。戈巴契夫在莫斯科的歡迎宴會上致辭中說，蘇聯和越南都希望同中國關係正常化。黎筍也在致辭中表示要恢復中越的「傳統友好關係和正常的睦鄰關係」。6月28日，蘇聯外交部發言人在新聞發布會上說，蘇越領導人在會談中「涉及到了中蘇關係問題」，他們都認為「蘇中以及越中關係的正常化將符合加強亞洲和平與安全的宗旨」。《蘇越聯合宣言》中專門有一部分談到，蘇越都希望同中國的關係「正常化」。

　　客觀地看，中國當時在柬埔寨問題上也遇到相當複雜而且困難的局面。在如何安排越軍撤出後柬埔寨的政治前途方面，中國面臨的問題並不僅僅來自越南和蘇聯，還包括東南亞國家。中國將越南從柬埔寨撤軍與中蘇正常化直接掛鉤，反映了中國對自己戰略利益的評估，其結果是在決定中蘇正常化進程的諸多因素中，解決柬埔寨問題的重要性變得越來越重要。至於蘇聯在這個問題上做到什麼程度就是可以接受的，部分地取決於中國領導人在不同時期對相關問題的評估。例如如何評估中蘇政治關係取得答覆進展的緊迫程度；如何評估蘇聯在促使越南撤軍問題上的能力；以及隨著時空的變化，中方願意在政治解決柬埔寨問題上可能做出的讓步的程度；等等。後來中蘇政治談判之所以持續到1989年春夏之交，中蘇一時難以在越南撤出柬埔寨所涉及的政治問題上達成諒解是主要原因。

　　希奧塞古於10月22日在保加利亞開會期間，向戈巴契夫轉達了鄧小平的談話內容，戈巴契夫當時表示會認真考慮。但這一情況很可能沒有立即反饋到中國。11月4日出版的美國《時代雜誌》刊登了鄧小平的談話，其中包括分先後解決「三大障礙」的內容。很可能是因為中國方面這種公開和直截了當的反應，兩天後中方即接到蘇方通知說，收到鄧小平的口信了。隨後不久蘇方又提出，雙方可以立即在遠東某地舉行中蘇高峰會。蘇方對鄧小平口信的這種外交辭令式的反應表明，戈巴契夫還沒有準備好為中蘇正常化採取實質性的步驟。

1985年12月下旬，李鵬訪問歐洲途經莫斯科回國。李鵬在莫斯科停留期間，戈巴契夫臨時決定與他會見。戈巴契夫首先表示他收到了鄧小平托希奧塞古轉達的口信並給予肯定的答覆。然後他闡述了蘇聯對華政策，包括蘇聯繼續爭取實現正常化，以及希望同中國在國際事務中「站在一條戰線上」。李鵬在答覆中表示，中國不可能與蘇聯再搞統一戰線，當前最關鍵的是解決柬埔寨問題，「只要蘇聯促使越南從柬埔寨撤軍，中蘇之間一切都好談」。雙方這次仍然未能就解決柬埔寨問題達成共識。

　　導致戈巴契夫無法為改善中蘇關係做出重大決定的原因同他在蘇聯國內面臨的巨大困難有關，這種情況在1986年2月蘇共召開二十七大後才根本改變。戈巴契夫鞏固了他的權力地位，他試圖推行的改革也獲得了必要的支持。另一方面，蘇共二十七大剛結束，印支局勢出現迅速變化，越南在3月間提出了從柬埔寨撤出全部軍隊的時間表，即越南「將於1990年全部從柬埔寨撤軍」，而且「還可以早些撤軍」。韓桑林政權的外交部副部長貢昆本此後不久即表示，最多用兩年時間找到政治解決柬埔寨問題的辦法。這一變化引起包括有關各方的重視和反應，柬埔寨抵抗力量的三方代表不久即提出政治解決柬埔寨問題的「八點建議」，其中一個重要部分是越軍全部撤出後，將組成以施亞努親王為首並包括韓桑林政權代表在內的「四方」聯合政府。3月18日，胡耀邦在會見民主柬埔寨三方領導人時表示支持他們的建議，並說「只要越南從柬埔寨撤軍，就可以恢復中越傳統友誼」。

　　7月28日，戈巴契夫在海參崴發表講話，在涉及對外政策部分中的不少內容都與中蘇關係有關，這些內容被分別包括在闡述蘇聯對亞太地區政策部分裡，它們的確回應了中國關切的所有基本問題。關於從蒙古撤軍問題，蘇聯「正同蒙古人民共和國領導人一起研究關於相當大一部分蘇聯軍隊撤出蒙古的問題」；關於中蘇關係，蘇聯在各個領域發展同中國的合作，理解與尊重中國的國內政策，也願意談判解決黑龍江地區的邊界遺留問題，「而邊界線的正式走向可以以主航道為界」；關於撤退中蘇邊境蘇聯軍事力量問題，「蘇聯認為徹底削減亞洲的武裝力量和常規武器並使之達到合理的限度具有重大意義」，「蘇聯願意同中華人民共和國討論旨在相應地降低陸軍水平的具體步驟」。在印支問題上也明顯透露出

蘇聯不願再支持越南打這場毫無前途的戰爭,不過它並不準備按照中方的要求向越南施加壓力。戈巴契夫在講話中將柬埔寨問題作為一種地區衝突做專門論述,也是在這個基調上說「這裡的許多事情取決於中越關係正常化」。在當年4月的中蘇第8輪副外長級政治磋商期間,蘇方就提出可以將柬埔寨問題作為一種地區衝突,與中方討論解決辦法。

中國領導人這時顯然認為戈巴契夫有誠意改善中蘇關係,但戈巴契夫的談話模糊了雙方矛盾的焦點,沒有完全滿足中國已經改變了的地緣戰略關切。簡單地說,在中國的地緣戰略關切中,首要的問題已經不是所謂的「蘇聯大兵壓境」,而是消除印支地區緊張局勢。8月13日,中國外長吳學謙奉命約見蘇聯駐華使館臨時駐外代表費多托夫,告訴他中方並不滿意戈巴契夫忽視越南從柬埔寨撤軍問題。9月2日,鄧小平在接受美國著名記者華萊士採訪時表示,如果蘇聯在讓越南從柬埔寨撤軍問題上「走出紮扎實實的一步」,他就可以會見戈巴契夫。

1987年5月7日,中國總理趙紫陽在會見到訪的保加利亞領導人日夫科夫時,請他向戈巴契夫轉達口信:解決柬埔寨問題的關鍵是越南撤軍,越軍撤出後中國不支持任何一派單獨掌權,希望建立以施亞努為首的聯合政府。5月11日,鄧小平委託訪問中國的聯合國秘書長德奎利亞爾向越南方面轉達中方的建議,包括越南必須首先從柬埔寨撤軍,只有解決了柬埔寨問題,中越關係才能正常化。

5月13日,蘇聯副外長羅高壽在中蘇第十輪政治磋商結束後發表談話。他在重複戈巴契夫關於將柬埔寨問題當作地區問題(而非雙邊問題)同中國一起討論的同時,表示蘇聯「準備儘可能地協助解決柬埔寨局勢問題」。他也說明蘇聯的條件是柬埔寨未來的政治安排中不能有紅色高棉,這也是國際社會的意願。5月23日,戈巴契夫本人在回答義大利共產黨《團結報》提問時,首次將柬埔寨問題放在中蘇關係正常化的範圍內加以論述,認為雙方都應關心解決該問題,而且只能透過政治途徑解決。

11月16日,鄧小平會見土井多賀子率領的日本社會黨代表團時,再次表示只要蘇聯在解決柬埔寨問題上採取行動,他願前往蘇聯任何地方會見戈巴契夫。27日,戈巴契夫在會見同中國領導人保持良好關係的尚比亞領導人卡翁達時

说，他注意到鄧小平同土井多賀子的談話，他本人期待在北京、莫斯科或任何地方同鄧小平會見，但不應有「先決條件」。這是戈巴契夫首次公開回應中方舉行中蘇高峰會的建議。

直到1988年4月蘇、美、巴基斯坦和阿富汗達成政治解決阿富汗問題的日內瓦協議之後，蘇聯才開始採取實際行動。5月23日，蘇聯外長謝瓦納茲在會見越南外長阮基石時表示：「蘇準備同有關各方一起為解決圍繞柬埔寨形成的局勢做出貢獻。」兩天後越南方面宣布，於6月開始從柬埔寨撤出5萬軍隊，剩下的軍隊將由金邊政權指揮，並於1990年底前全部撤出。羅高壽第二天即發表講話，將越南部分撤軍的決定同即將舉行的中蘇第十二輪政治磋商聯繫起來，說柬埔寨問題「將在議程上處於明顯的地位」。5月29日，蘇聯政府發表聲明，說越南部分撤軍是「重大的建設性的貢獻」，蘇聯準備同所有相關國家一起尋求解決柬埔寨問題的建設性辦法。

很可能是因為蘇聯做出如此明確的表態，中方認為根本解決柬埔寨問題的條件已經成熟。在6月上旬的紐約聯合國會議期間，蘇聯外長謝瓦納茲會見了中國外長錢其琛，主動提出希望雙方召開專門會議討論柬埔寨問題。6月13日至20日，第十二輪中蘇副外長級政治磋商在莫斯科舉行，會議結束時雙方宣布不再有新一輪政治磋商，而是用專門解決柬埔寨問題的副部長級磋商代替它。中蘇政治談判從此集中到印支問題上。

8月27日至9月1日，中蘇舉行了有關柬埔寨問題的第一輪副外長級會談。從事後雙方披露的情況看，會談取得了一些進展，儘管中方表達出來的滿意度低於蘇方。9月1日，錢其琛會見羅高壽時說，雙方「找到了一些共同點，但在一些重大問題上還有分歧」。中國外交部發言人做了同樣的表示。中方的這種表態可能是在繼續施加壓力，談判取得的進展可能比公開宣示的要大些。9月2日，羅高壽發表談話時說，蘇方希望越南「明年撤出其全部軍隊，這樣做肯定會給中國和蘇聯之間的關係帶來積極的影響」。中蘇副外長級達成的另一個共識是將柬埔寨問題分為「內部」和「外部」兩個方面來解決。這顯然有利於進一步找到突破點。

9月16日，戈巴契夫在克拉斯諾亞爾斯克發表談話。他在中蘇關係部分表達了兩個重要的內容。其一是蘇聯「願意立即著手準備蘇中最高級會晤」，前不久的中蘇副外長級商談擴大了雙方對柬埔寨問題的相互瞭解；其二是第一次正式提出，希望中越之間直接談判解決柬埔寨問題。這一談話表明，蘇聯一方面希望加快實現中蘇高峰會的談判進程，另一方面希望透過推動中越直接談判來打破僵局。這是蘇聯政策的一個重要發展，它表明蘇聯的確在為擺脫困境尋找切實可行的辦法。戈巴契夫在克拉斯諾亞爾斯克的講話發表後不久，中方即同意接受邀請，派遣外長錢其琛訪問莫斯科。蘇外交部於9月28日發布了兩國外長將進行互訪的消息。

在10月19日召開的一次重要會議上，中國領導人決定將越南撤軍作為錢其琛訪蘇的目的，並決定如越南承諾1989年撤軍即可同意舉行中蘇首腦會晤。換句話說，從中蘇關係正常化的角度看，有關越南撤軍後柬埔寨內部的政治問題，將不是中蘇外長會談的重點，甚至不是中蘇首腦會談的障礙了。12月1日至3日，錢其琛訪問莫斯科。他在回憶中說，這次訪問的主要任務是為「中蘇首腦會晤做準備」。在這次外長會談中，雙方就越南從柬埔寨撤軍的時間表達成一致。蘇方再次建議中方直接同越南談判，以促使越南方面接受中蘇達成的關於越南最遲於1989年底撤軍的方案，以及加快政治解決的進程。此次外長會談的結果是雙方以《共同記錄》的方式達成內部諒解，包括儘早公正合理地政治解決柬埔寨問題，以及越南從柬埔寨撤軍的時間是1989年6月到12月底之間。

中蘇外長會談後不久，越南外交部於12月14日給中國大使館打電話要求建立直接聯繫，中越之間直接的祕密談判從此提上日程。根據以上的分析，蘇聯極有可能是越南此次向中國提出直接談判的幕後推手，中越直接會談無疑有助於政治解決柬埔寨問題，同時也緩解了蘇聯在柬埔寨問題上面臨的中方壓力。1989年1月6日，越南外交部宣布，越南軍隊至遲到是年9月從柬埔寨撤出全部軍隊。1月中旬，丁儒廉祕密訪問北京。期間越方明確承諾，根據解決柬埔寨問題的框架協議，越軍將於1989年9月底全部撤出柬埔寨，中方表示接受這一時間表。雙方在政治問題上仍然存在一些分歧，不過事實表明這對中蘇首腦會晤已經沒有實質性影響。

2月2日，蘇聯外交部長謝瓦爾達澤訪問北京。此次會談是為兩國首腦會晤做進一步準備，但實質性談判仍然是柬埔寨問題，中方繼續利用中蘇高峰會向蘇方施加壓力，爭取蘇聯在解決柬埔寨問題上做出更多的承諾。在經過一番曲折之後，雙方在2月6日同時發表了《中國蘇聯兩國外長關於解決柬埔寨問題的聲明》，並宣布戈巴契夫將於5月15日至18日訪華。至此，中蘇終於清除了妨礙兩國關係正常化的最後一個障礙。

　　在結束本文時需要説明，1980年代中蘇關係的內容並不僅僅是本文論述的這幾個問題，雙方關係一直在逐步改善，在包括政治、經濟、科技文化、解決邊界問題等諸多方面都取得了重要的進展。中蘇領導人在1989年5月高峰會中宣布兩國關係正常化時，兩國關係已經有了相當穩固的基礎。蘇聯解體後中蘇關係能夠平穩過渡到中俄關係這一事實證明，中蘇關係正常化是經過雙方長時期的戰略博弈最終將兩國關係建立在現代國家關係基礎之上的結果，是水到渠成的。

抗美援朝决策

韓戰中中美決策比較研究
——抗美援朝決策研究之一

　　50年前中國與美國在朝鮮的戰爭是兩個大國在各自境外進行的一場大規模的局部戰爭,這在二戰結束以後至今都是絕無僅有的。雙方在韓戰中的決策目標都經歷過明顯的變化,有一條類似的變化曲線。美國的目標是從決定進行軍事干涉轉變為越過三八線、用武力統一朝鮮,再被迫回到基本恢復戰爭爆發前的狀態。中國的目標是從決定抗美援朝轉變為越過三八線、將聯合國軍逐出朝鮮半島,再到沿三八線地區停戰。出現這種現象從根本上說是中美進行的大國間的「局部戰爭」的必然結果,而「局部戰爭」(這裡指使韓戰成為局部戰爭)概念的形成,是同雙方對各自在朝鮮半島的戰略利益的認識、雙方力量對比的狀況以及它們同各自同盟國的關係等等因素有著密切的聯繫。本文的目的是從大國間「局部戰爭」的角度,比較中美在戰爭不同階段的決策。由於上述中美雙方的決策均發生在韓戰的第一年,本文將研究集中於這一時期的有關問題。至於最後停戰的決策,當然屬重大決策,但從開始停戰談判到簽署停戰協議的兩年間,雙方和戰過程中涉及的問題有其特殊性,需要專門探討,故不將其包括在本文的論述中。

一、美國決定軍事干涉與中國決定抗美援朝

　　1956年6月25日朝鮮族戰爭爆發後，美國迅速決定進行全面軍事干涉。美國軍事干涉持續將近四個月，朝鮮戰局出現嚴重變化，戰火蔓延到中朝邊界地區後，中國決定出兵抗美援朝。中美雙方決策的軍事背景和性質顯然不同，中國出兵是對美國軍事干涉的反應。本章是從兩國都在本國境外的朝鮮半島採取直接軍事行動的角度，對它們的決策進行比較。

　　1.美國軍事干涉的決策

　　如何認定1950年6月25日朝鮮半島突然爆發的戰爭的性質，是美國杜魯門政府決心進行全面軍事干涉的決定性的和貫徹始終的因素。

　　早在1949年3月間，美國國家安全委員會便做出決定，認為美軍應撤出朝鮮半島，撤出時間不遲於6月30日。美國當時決定從南韓撤軍主要是基於這樣的考慮，即美國的戰略重心在歐洲，朝鮮半島在軍事上並沒有特別重要的意義，只要不存在蘇聯在那裡實行軍事擴張的直接威脅，防守這個對於美國來說是「遠在天邊的防線」既不必要，也不可能。所以美國決策層決定在兩個條件下撤軍：其一是蘇軍撤出北韓；其二是李承晚政權能夠維持其統治，並有一定的能力抵抗北韓可能發動的進攻。對於美國來說，第一個條件是絕對的，第二個條件的評估則帶有移動的隨意性，它取決於美國對來自北韓的威脅的判斷。1948年底蘇軍全部撤出北韓。6月29日，美軍按計劃全部撤出南韓。同時美國加強了對南韓的援助，並於1950年1月與李承晚簽訂了防務協定。

　　無論是基於何種考慮，美軍撤出朝鮮半島都是美國在亞洲收縮力量的重要標誌。1950年1月艾奇遜向美國新聞界發表的講話明確指出，南韓被劃在美國的太平洋「環行防線」以外，沒有人能保證它不會受到攻擊。如果那種情況發生，南韓只能靠自己抵抗和聯合國的「集體行動」。然而時隔不久，美國在亞洲收縮力量的方針便受到嚴重的衝擊。

　　自從歐洲發生「柏林危機」以後，美國政府在估計國際形勢方面，居主導地

位的看法是，全球性緊張局勢正在不斷加劇，「對美國安全最嚴重的威脅來自蘇聯的敵意圖謀和可怕的威力以及蘇維埃制度的本質」。1949年8月蘇聯完成了第一次核爆炸試驗。美國對此反應強烈，杜魯門於1950年1月31日指示國務院、國防部重新審議美國的防務政策和全球戰略。國務院和國防部經過三個月的準備，提出了一份全面系統的報告，國家安全委員會於同年4月下發各部門。這份編號為NSC68和其他一些有關文件聲稱：世界正處於以美蘇為中心的「歷史性的權利分配」進程中，蘇聯為了支配歐亞大陸「必然要千方百計地破壞或毀滅美國的完整的活力」，「冷戰實際上是關係到自由世界存亡絕續的真正的戰爭」，美國只能「憑著良知和毅力，作出生死攸關的新決定」。

在強烈的冷戰意識支配下，當時美國政府中瀰漫著危機氣氛。美國情報部門也在火上澆油，聲稱蘇聯在世界許多地方都具有發動軍事進攻的能力，以致美國決策層相信：「凡是東西方接觸的地方」都可以作出蘇聯在那裡發動進攻的判斷。這種神經質的估計同樣反映到對東亞形勢的判斷中，不過美國政府當時最擔心的是臺灣海峽和印度支那的局勢。4、5月國民黨軍隊相繼丟掉海南島和舟山群島，美國政府估計臺灣被解放軍攻占為時不久。由於中蘇條約的簽訂，杜魯門政府將中國完成國家統一的任何軍事行動都歸結為蘇聯擴張的一部分，內部要求採取軍事措施阻止中國解決臺灣問題的呼聲強烈，調門也越來越高。這種呼聲同當時美國內麥卡錫主義遙相呼應，終於釀出了麥克阿瑟對臺灣戰略地位類似「不沉的航空母艦」的著名評論，即「掌握在共產黨手中的臺灣就好比一艘潛艇供應站，其位置對蘇聯完成其進攻戰略極為理想，同時還可以把美國在沖繩或菲律賓的部隊的反攻行動完全將死」，所以美國必須要「保臺」，「臺灣最終的命運無疑取決於美國」。可以設想，在這種熾熱的氣氛中，不論在東亞或東南亞任何地區發生軍事衝突，美國都將以遏制蘇聯為由進行軍事干涉。

在一片「狼來了」的喊聲中，美國領導人獲悉韓戰爆發後，幾乎立刻斷定「進攻是由蘇聯發動、支援和慫恿的，非用武力不能加以制止」，否則「就會爆發第三次世界大戰，正如由於類似的事件而引起了第二次世界大戰一樣」。美軍方的反應同樣強烈。在韓戰以前，美軍幾乎沒有打過局部戰爭，美軍頭腦中沒有「有限戰爭」的概念。所以他們立即「以為第三次世界大戰開始了」，蘇聯「終

於決定要決一雌雄了」。顯然，美國決策層當時根本無法、也不願意去理解，韓戰在最初階段本質上是一場內戰。他們在戰爭爆發後舉行的第一次高層會議上便達成共識，即這是蘇聯「企圖違反協議把朝鮮搞到手」，「是柏林事件更大規模的重演」，美國必須堅決予以反擊。

美國領導人斷定韓戰是蘇聯發動的，使他們迅速決定進行全面的軍事干預。從6月25日到30日，美陸海空軍全面捲入戰爭，海空軍的作戰範圍擴大到三八線以北地區，可動用力量的底線劃在「目前情況下不危及日本的安全」即可。從後來的發展看後果尤其嚴重的是，美國的軍事干涉從一開始就沒有限制在朝鮮半島。在6月25日晚間的會議上，杜魯門批准了封鎖臺灣海峽的建議。第二天，杜魯門又批准向印度支那地區提供軍事援助和加強美國在菲律賓的軍事力量。杜魯門把這些行動統統稱為預防性措施，是在「共產主義已不限於使用顛覆手段來征服獨立國家，現在要使用武裝的侵犯與戰爭」的情況下作出的決定。問題在於美國領導人根本無法使人相信，它在朝鮮半島以外的軍事干預也是「預防」蘇聯擴張的「措施」，因為那些地區的矛盾與衝突的根源像朝鮮半島一樣極其複雜，並不是或者主要不是美蘇之間的問題。

在爭取和動員盟國支持方面，美國是相當順利的。美國首先是爭取聯合國相繼透過了要求北韓軍隊撤回三八線以北的決議，然後在聯合國決議的基礎上，促使盟國參與組成了聯合國軍。美國之所以如此得心應手，主要原因是它是西方陣營的領袖，而且承擔了戰爭的主要責任。聯合國軍更多的是象徵意義。艾奇遜說得非常清楚，「美國對別國不能有太多希望，他們要麼手頭上事情太多，……要麼拿不出什麼東西」。美國肩負著人力物力的主要責任，盟國不過是在壯聲勢，它們當然也就不會成為妨礙美國軍事干涉的因素，甚至不是美國決定軍事干涉時重點考慮的問題。

2.中國抗美援朝決策

同美國軍事干涉決策相比較，中國抗美援朝決策涉及的問題顯然要複雜得多，決策過程長且反覆多。出現這種情況除了對美國軍事干涉性質的認定外，主要是決策層面臨國內困難和受到盟國關係的牽制。

韓戰爆發前，中國領導人的主要精力集中於國內事務，中國軍隊的主要任務是抓緊進軍西藏和準備「解放臺灣」。在朝鮮半島和印度支那兩個方向上，中國顯然更重視後者，並在1950年春季開始向越盟軍隊提供訓練和援助、派遣軍事顧問團等。從解放戰爭後期到新中國成立前後，中國領導人的確將美國視為主要的安全威脅，這是他們決定與蘇聯結盟的原因之一。不過中國領導人當時並不認為美國的軍事威脅是迫在眉睫的，他們甚至認為，解放軍進攻臺灣美國也不大可能直接進行軍事干預。

在朝鮮半島，中國基本上置身事外，那裡的局面是美蘇外交折衝造成的，中國無插手餘地和必要。在解放戰爭期間，北韓曾經向東北的中共軍隊提供過重要的援助；中共也在內戰接近結束的時刻，讓大批在中共軍隊中作戰的朝鮮籍戰士攜帶武器回國。在金日成下決心發動進攻前，史達林曾要求金日成聽取毛澤東的意見。毛澤東很可能知道他的意見並不能起重要作用，所以只不過是建議而已。韓戰爆發後史達林曾親自出面，要求中國「盡快」向朝鮮派出代表，以「便於聯繫和迅速解決問題」。這表明當時中國對朝鮮局勢的關注程度。

韓戰爆發後美國的軍事干涉使中國領導人改變了對這一地區安全形勢的判斷。當北韓取得軍事勝利時，中國領導人對美國干涉的抨擊主要集中於美軍封鎖臺灣海峽。中國革命運動同時也是一場以革命運動形式進行的統一戰爭，美國封鎖臺灣海峽與中國革命的最後努力迎頭相撞，在中國領導人看來是難以容忍的入侵和對抗行動。更為重要的是，美國不僅在朝鮮半島使用武力，而且在臺灣海峽和東南亞加強軍事部署，從中國領導人的言論中不難看出，美國的這些軍事行動顯然被視為對朝鮮半島、印度支那和臺灣地區的全面干涉，韓戰不過是美國發動侵略的藉口。在這種情況下，中國在推遲進攻臺灣計劃的同時，開始逐步調整軍事部署。

美國第七艦隊封鎖臺灣海峽後，中國領導人於6月30日即估計，可能需要推遲進攻臺灣的時間。7月7日，中央軍委即決定組建東北邊防軍，原指揮部署進攻臺灣的粟裕被任命為東北邊防軍司令兼政委。8月上旬，隨著朝鮮人民軍攻勢受阻，中國加緊了軍事部署。在8月4日的政治局會議上，毛澤東指出：「如美

帝得勝，就會得意，就會威脅我，所以必須幫助北韓。」在8月26日的國防會議上，周恩來第一次明確提出推遲進攻臺灣，準備援助北韓，與美軍作戰。中國隨後開始在東北大規模集結軍隊，決定在已有4個軍的基礎上，再增加8個軍，並著手加強東北的防空力量。原準備進攻臺灣的第九兵團和開始復員的第十九兵團調至津浦路和隴海路集結。

9月15日美軍在仁川登陸，朝鮮戰局急轉直下，特別是美軍不顧中國的警告，於10月7日越過三八線北侵，使中國領導人認為與美國的戰爭已經難以避免。周恩來8月26日的講話反映了中國領導人那時的基本看法，即：「美帝國主義企圖在朝鮮打開一個缺口，準備世界大戰的東方基地，……美國如果壓服朝鮮，下一步必然對越南及其他原殖民地國家進行壓服。因此，韓戰至少是東方鬥爭的焦點。」這種擔心出現「多米諾」效應的看法在美軍越過三八線以後進一步強化，並越來越多地包含了與美國作戰難以避免的估計。如周恩來在1951年4月2日的報告中說：「朝鮮事件不過是個藉口；不在朝鮮爆發，也將在其他地區爆發，臺灣、越南都是可爆發的地方」，「對於我們來說毋寧以朝戰最有利」。可以肯定地說，韓戰爆發後美國在中國周邊地區的全面干預所導致的中國領導人對美國意圖的上述判斷，是促使他們決策出兵朝鮮的宏觀背景。毛澤東在闡述中國出兵的理由時，始終都強調是國際形勢，特別是「整個東方」形勢的需要。

中國領導人在決策出兵過程中遇到的最複雜的問題，可能就是與盟國蘇聯的關係。與美國不同，中國在社會主義陣營中不是領導者，也不是一個軍事和經濟上強大到可以不顧盟國的態度而單槍匹馬地與美國作戰的國家。特別是它當時在朝鮮半島既沒有參與以往的外交折衝，戰爭爆發後也沒有重大的影響力。目前公布的有關檔案證明，在韓戰爆發前後，是史達林將中國置於一個有限參與者的位置上。甚至在韓戰爆發三天後，北韓方面才向中國通報有關情況。

中國出兵決策並不是根源於盟國蘇聯的要求，這是毫無疑問的。7月上旬起中蘇之間已經考慮過在朝鮮作戰的軍事合作問題。從8月下旬，中國決策層開始認真考慮向北韓提供直接的軍事支持，並且確實在積極加強必要時與美軍作戰的準備。實際上史達林在發出建議中國出兵的電報之前，已經獲悉周恩來將發表的

國慶講話的內容周恩來在講話中指出：「中國人民決不能容忍外國的侵略，也不能聽任帝國主義者對自己的鄰人肆行侵略而置之不理。」羅申後來給史達林的報告也談到，過去中國領導人表示過可以出兵。所以存在這種可能性，即中國領導人的態度影響了史達林的有關考慮。不過也無庸諱言，史達林在關鍵時刻建議中國直接出兵，並要求金日成轉向中國請求幫助，的確產生了重要的影響。此後中國決策層有關出兵與否的決定，始終貫穿著如何處理與蘇聯的關係。

中國領導人與蘇聯協調政策主要集中在兩個問題上，即中國是否出兵和中國出兵後蘇聯承擔何種義務。第一個問題同中國決策層中的不同意見交織在一起。史達林顯然是主張中國出兵的，並且利用各種機會向中國領導人施加影響。根據當時中蘇在社會主義陣營中的相對地位，可以肯定蘇聯的影響是不可低估的。毛澤東在幾乎是同時接到金日成和史達林的建議後，立刻作出了出兵的決定。他在10月2日起草的給史達林的電報中，詳盡地闡述了對戰爭前景的估計和中國面臨的困難。由於毛澤東的決定未能得到多數同事的贊同，毛澤東並沒有將電報發出。他於第二天向蘇聯駐華大使說明了決策層的反對意見，包括擔心「美國與中國直接衝突」會破壞中國的和平建設計劃，以及國內各方面可能的不滿。

在可能是10月5日發出的給毛澤東的電報中，史達林聲稱美國並沒有做好發動大規模戰爭的準備，如果美國將戰爭擴大到中國，蘇聯就會與中國並肩作戰。他專門指出，如果中國出兵就會迫使美國讓步，「並被迫放棄臺灣」；反之中國如不介入，「它甚至連臺灣也得不到」。大致與史達林發出上述電報的同時，中共中央經過討論，也做出了出兵的決定。此時毛澤東等是否收到史達林的電報尚不清楚，不過毛澤東顯然感到仍然有同蘇聯協調政策的必要，所以他告訴史達林中國「是過一些時候再派（兵）」，並將派代表前往莫斯科「詳細商談」。

中國決定出兵以後，蘇聯應承擔何種義務便成為中蘇協調政策的主要內容，它包括蘇聯是否根據中國的要求提供援助，以及如不能完全滿足中國的要求，在蘇聯承擔何種義務的條件下，中國仍然可以出兵。毛澤東從一開始就認為中蘇必須協調行動，蘇聯有必要向中國提供幫助。10月8日，就在中央軍委發布《組成中國人民志願軍的命令》的同一天，周恩來和林彪離開北京前往莫斯科。周恩來

與史達林的討論集中在中國是否出兵和如中國出兵蘇聯如何提供援助等問題上。在10月11日的會談中，史達林強調，如果美國占領北韓，將對中國的安全形成長期、嚴重的威脅並危及東北的經濟發展。他甚至提出如果北韓失陷，中國東北應成為金日成流亡政府的庇護所。關於蘇聯出動空軍掩護志願軍作戰問題，史達林表示蘇聯空軍需要時間作準備，不可能立即出動。

　　史達林的決定無疑給中國出兵造成了巨大的困難，不過中國領導人仍然決定立即出兵。毛澤東隨後打電報給周恩來，指示他進一步爭取蘇聯做出堅定明確的承諾，包括用租借的方式提供軍事裝備和蘇聯空軍在兩個月內參戰。按照中國領導人的設想，志願軍最初將主要是進行戰略防禦和南韓軍作戰，在蘇聯空軍參戰和獲得新的軍事裝備後，再展開對美軍的進攻。史達林最終表示不能在空軍掩護問題上滿足中國的要求。10月18日，中國領導人根據周恩來介紹的蘇聯方面的情況，又一次討論了出兵決策問題並做出最後的決定。第二天志願軍跨過鴨綠江，在沒有空軍掩護和新裝備的條件下，揭開了抗美援朝戰爭的序幕。

　　本章分析表明，美國在朝鮮的軍事干涉與中國出兵朝鮮有直接的因果關係。不過從中美都是在本國境外訴諸戰爭的角度看，可以說雙方決策層都沒有將衝突視為僅僅是朝鮮的地區衝突。韓戰爆發後，美國認定北韓的進攻是蘇聯「征服」亞洲的第一步，必須予以全面反擊，所以它迅速決定進行全面軍事干涉。中國則斷定，美國的軍事干涉從一開始就超出朝鮮半島，表明美國蓄意在東亞進行針對中國的全面擴張和侵略，中美衝突在所難免，不堅決予以反擊便不能維護國家的基本安全。從雙方的決策過程看，中國顯然面臨更多的困難和麻煩。中美雙方的國力相差懸殊，而且中國不像美國那樣是其所屬國際陣營的領袖，這些因素導致中國的盟國對中國決策的影響遠遠超過美國的盟國對美國的影響，極大地增加了中國決策的難度，中國必須做出更多的努力與盟國協調政策，有時甚至需要付出一定的代價。不過這種努力所獲得的戰略利益是顯而易見的，它使美國在朝鮮戰場不得不面對兩個密切合作的大國。

二、越過三八線決策

1950年9月27日，美國政府授權麥克阿瑟指揮美軍越過三八線，以武力占領全朝鮮，結果終於導致中國決心出兵參戰。1950年12月31日志願軍發動第三次戰役，此次戰役目標是在三八線和三七線之間殲滅敵軍主力，為迫使美軍撤出朝鮮半島奠定基礎。戰役結束時，中朝軍隊打過三八線並進抵三七線。比較雙方在決策過程中如何考慮有關因素和決策的含義，對於研究大國間的局部戰爭具有特殊意義，因為從中可以看出，階段性軍事勝利多麼容易使決策者改變已經作出的戰略決定。

1.美國越過三八線決策

美國決定全面干涉後面臨的首要問題就是確定軍事干涉的目標。杜魯門在決定干涉的第二天即向國家安全委員會明確說明，美國的干涉目標是「迫使北韓人退回到三八線以北去」，「恢復那裡的和平，恢復原來的疆界」，即恢復到6月25日以前的狀態。這一意圖也清楚地反映在安理會6月25日、27日透過的決議中。

美國初期干涉目標的確定除了受戰場形勢的影響外，主要是擔心軍事干涉會進一步擴大為與蘇聯的全面衝突，同時還擔心所謂蘇聯在其他地區、特別是在歐洲發動突然襲擊。所以美國加強監視蘇聯在其他地區的動向，力避任何刺激蘇聯的行動。美國領導人也在關注中國的動向，並採取一些諸如空軍不飛越朝鮮北部邊界進行偵察、不允許國民黨軍隊參戰一類的「克制」行動。他們自以為是地相信，在封鎖臺灣海峽以後，這樣就足以避免中國捲入。到7月上旬美國政府作出的各項決定大致勾畫出當時美國干涉政策的基本輪廓，即以「聯合國行動」的名義進行全面軍事干涉，以使朝鮮半島恢復到6月25日以前的狀態。

7月下旬隨著朝鮮戰場形勢相對穩定，美國有關部門開始著手考慮修訂干涉目標。國務院這時傾向於保持謹慎。7月28日；國務院開會討論政策設計委員會起草的一份報告。該報告指出，必須考慮蘇聯和中國的反應，以及大多數盟國可

能不支持武力統一朝鮮，所以應「盡快在可以接受的條件的基礎上停止衝突」。顯然報告的起草者不主張美軍越過三八線。會議經討論一致同意暫不作出是否越過三八線的決定。國防部則認為，控制整個朝鮮半島的戰略好處甚大，美軍隨時可以越過三八線，干涉的目標是占領整個朝鮮或奪取40度線和39度線之間包括平壤在內的中心城市和交通樞紐，唯一限制美軍越過三八線的條件是蘇軍直接介入。

8月初美國政府內部已經很難聽到反對越過三八線的聲音了。8月下旬到9月上旬，華盛頓開始為武力統一朝鮮大造輿論。美國政府相繼作出了有條件越過三八線的決定，即美國的干涉目標應是占領整個朝鮮半島，所謂條件則是中蘇不直接參戰，美軍為此應該與朝蘇和朝中邊界保持距離，不在那些地區作戰。與此同時，美國開始與盟國協商，並爭取使聯合國透過決議，為美國的行動提供「合法的基礎」。在這方面美國照樣沒有遇到什麼阻力。

9月15日麥克阿瑟發動仁川登陸作戰，第二天在釜山的美第八集團軍開始反攻。出乎預料的軍事勝利促使華盛頓迅速作出越過三八線的決定。9月27日，參謀長聯席會議授權麥克阿瑟可以在三八線以北消滅「北韓的武裝力量」。

逐步排除蘇聯和中國直接干涉的可能性，是美國決定北侵的關鍵所在。隨著戰局的發展，美國領導人認為蘇聯直接干涉的可能性越來越小。到決定越過三八線時，儘管有關的指令無一不規定了蘇聯介入後的處置辦法，但是美國領導人已經基本確定，蘇聯不會直接進行軍事干預。10月2日，蘇聯代表在聯合國提出一項關於停戰、撤出外國軍隊和和平解決朝鮮問題的提案。這顯然是在示弱、美國由此可以放心了。

中國的反應是美國政府一直關注的另一個問題。從8月下旬起，中國政府越來越頻繁地譴責美國海空軍侵犯中國領空領海。隨著美軍步步向三八線迫近，中國政府開始發出強烈的警告，聲明對朝鮮局勢不會置之不理。中國政府的聲明和中國輿論的變化反映了中國決策層的意向，然而美國政府對這種明顯的變化不予重視。他們認為中國根本沒有干預的實力，出兵「純粹是發瘋」。

10月3日凌晨，周恩來緊急召見印度駐華大使潘尼迦，透過印度向美國發出

明確的警告。不論周恩來的措辭如何，這一行動本身就足以說明中國政府的基本立場。美國務院接到有關報告後，立即報告杜魯門和軍隊領導人。國務院主管東亞和中國事務的部門負責人均認為，應當非常認真地對待周恩來的警告。但美國領導人抱定成見，不相信中國領導人有決心和意志出兵朝鮮作戰，他們將中國領導人的警告看作是「訛詐」和「恐嚇」。10月7日美軍大批越過三八線，10月9日參謀長聯席會議向麥克阿瑟發出指示，針對中國可能進行的干預，授權後者只要有把握取勝就可以幹下去，只是在將戰爭擴大到中國時必須事先請示。24日麥克阿瑟下令，取消參謀長聯席會議關於只准使用南韓軍隊進入朝鮮北部邊境地區的限制，指示美軍可以打到鴨綠江邊。這一決定被證明給美軍帶來了災難性的後果。

　　美國實行武力統一朝鮮政策之所以招致失敗，首先如上所述是因為決策層在中國出兵這個他們自己視為戰略性的問題上，判斷完全錯誤。另一個不容忽視的原因是過分依賴麥克阿瑟這個戰場指揮官的決定，這極大地加重了美國決策層宏觀指導上的錯誤。

　　仁川登陸成功後，麥克阿瑟在美國決策層成為不容置疑的人物。10月15日，杜魯門總統不得不親自前往太平洋上的威克島，向麥克阿瑟請教中國出兵的可能性，並提醒後者不要使他的部隊成為脫韁野馬，在占領北韓以後不能將戰爭擴大到中國。杜魯門的擔心不無道理，後來麥克阿瑟確實一再突破參謀長聯席會議在使用美軍問題上的限制，華盛頓卻無法加以約束。志願軍發動第一次戰役後，美軍的失敗已經引起美國決策層嚴重的不安。情報部門、軍方和國務院均提出應該謹慎從事。在11月9日召開的國家安全委員會會議上，與會者已經指出了在中國參戰的情況下，美國要實現原定的目標是成問題的。但是似乎沒有人敢冒犯麥克阿瑟的權威，於是大家一起找到一個藉口，說是在遠離戰場的地方，很難作出比他更高明的判斷。11月8日，參謀長聯席會議打電報通知麥克阿瑟，華盛頓「擬重新考慮」武力統一朝鮮問題，同時也在考慮政治解決。麥克阿瑟的答覆是譴責華盛頓有人企圖搞「慕尼黑協定」那樣的綏靖政策，並聲稱依靠現有兵力完全可以對付中國軍隊，他正在準備發起總攻。

11月21日，國務院與軍方召開聯席會議。與會者對麥克阿瑟的作戰方案「憂心忡忡」，既不贊成他分兵冒進，又不敢貿然加以反對。結果這次在關鍵時刻召開的會議除了表示支持麥克阿瑟的計劃外，就是決定派人徵求麥克阿瑟對進至鴨綠江以南10至25英里處建立防線的意見。麥克阿瑟斷然否定了不打到鴨綠江邊的計劃，並於24日發動了全面進攻。25日志願軍發動了第二次戰役，將麥克阿瑟的軍隊全部趕到三八線以南。

從10月25日到12月24日兩次戰役期間，僥倖、盲從和不敢承擔責任等一切重要決策之大忌，美國決策層無不具有。既然美軍已經越過三八線，中國出兵就是勢在必行的，中美之間的軍事衝突難以避免。但是從現在已經公布的志願軍作戰計劃看，華盛頓與麥克阿瑟之間古怪的關係和聽任麥克阿瑟為所欲為的決策方式，肯定擴大了美軍的災難。

2.中國決策越過三八線

1950年12月30日，志願軍發起第三次戰役，全面突破三八線。1月8日戰役結束時，中朝軍隊已經全線進抵三七線。志願軍發起第三次戰役和決定突破三八線同樣是同中國的戰略目標緊密聯繫，而中國的戰略目標有一個變化的過程。

中國7月上旬即開始組建20萬之眾的東北邊防軍，主要是為了加強東北邊防。8月上旬，中國領導人已經注意到朝鮮戰局的變化並開始考慮出兵參戰，不過他們提出的參戰目標比較含糊，即幫助北韓「爭取勝利」。至於「勝利」的含義是什麼，在當時局勢混亂的情況下可以做多種解釋，很可能在中國領導人心目中也是需要隨形勢發展而定，上限是北韓完成統一，下限是北韓不被美國占領。隨著朝鮮人民軍陷入困境，中國領導人對參戰決策的緊迫感日益增長，並提出出國與美軍作戰。按照周恩來8月下旬的估計，韓戰將長期化，朝鮮人民軍將主動後撤，而中國軍隊將承擔「最後將美軍各個殲滅」的任務。顯然這時中國領導人考慮的重點還是幫助北韓打贏戰爭。

但是，當出兵的決定直接擺在中國領導人的面前時，情況已經與過去完全不同了。美軍在仁川登陸後，朝鮮人民軍甚至無法組織起有效的抵抗。毛澤東在10月2日給史達林的電報中明確提出，中國出兵與美軍作戰的目標就是爭取「殲

滅和驅逐美國及其他國家的侵略軍」，他同時也承認，存在不能大量殲滅美軍而形成僵持局面的可能性。毛澤東的估計明顯受到前一時期朝鮮局勢的影響，對已經出現的情況很可能沒有仔細斟酌。

由於多數同事的反對，毛澤東未將上述電報發出，而是向史達林轉達了中國決策層內部反對出兵的意見。儘管這時中國決策層沒有就是否出兵作出決定，但是周恩來的外交行動很可能反映了中國領導人當時的基本設想。在10月3日與潘尼迦的談話中，周恩來說明美軍不越過三八線是中國出兵與否的界線。中國首要的關注是美軍不得越過三八線，其次是和平解決朝鮮問題，這需要立刻停戰和外國軍隊撤出。這很可能是中國決策層當時的共識。如果考慮到它是在充分估計出兵與美軍作戰的困難後的共識，對後來的決策產生重要影響也就可想而知了。

中國領導人並不相信美軍會在三八線停步。在隨後兩天的會議中，中國決策層不僅討論了是否出兵，而且考慮了出兵後的作戰方針。正是在這個階段，林彪提出了「出而不戰」的建議，屯兵於朝鮮北部觀察形勢。有關的歷史資料證明，林彪反對出兵的主張遭到毛澤東、周恩來的批評，但他關於「出而不戰」的設想是否被討論過，目前尚不清楚。很可能中國領導人當時還沒有做最後決定，因為出兵後的作戰方針很大程度上取決與蘇聯協調政策的結果。

周恩來12日從莫斯科發回的電報顯然在中國決策層造成極大的震動。由於在朝鮮作戰無法得到蘇聯空軍的掩護，中國領導人不得不考慮是否堅持出兵？如果堅持出兵，應該和能夠打一場什麼樣的戰爭？中國領導人的決定是「攻防」兼備的。他們首先是堅持出兵；其次是決定採取穩妥的防禦作戰方針，既照顧東北邊境的安全需要，同時考慮志願軍入朝後的實力和安全。根據毛澤東的設想，志願軍入朝後應在平壤、元山鐵路以北和德川、寧遠公路以南地區構築防線。如敵攻擊則在陣地前殲滅，主要是與南韓軍隊作戰；如敵固守平壤、元山，志願軍則可以不打仗，進行換裝備和訓練，等待蘇聯空軍參戰，「六個月以內再談攻擊問題」。這其實是暫時的「出而不戰」或暫時不直接與美軍打大仗。用毛澤東的話說就是「將國防線由鴨綠江推進到德川、寧遠及其以南的線，而這是有把握的和很有利益的」。甚至在19日志願軍跨過鴨綠江的當天，毛澤東仍然要求「在目

前幾個月內，只做不說」，志願軍的作戰目標是在朝鮮北部「一部分地方站穩腳，尋機打些運動戰，支持朝鮮人民繼續奮鬥」。這一時期中國領導人對參戰總目標的闡述也是很有彈性的，他們更多使用的是透過爭取軍事上的勝利，「使美國知難而退」，這一目標本身就包含著迫使美國在一定條件下談判解決有關問題。

第一、第二兩次戰役的勝利促使中國領導人開始調整作戰方針，尤其是毛澤東更傾向透過運動戰迅速殲滅敵軍的生力軍。這種調整直接影響到第三次戰役的作戰目標。12月8日彭德懷致電毛澤東，提出暫時不過三八線，以便明年春季進攻中殲滅敵生力軍。毛澤東基於政治與外交方面的考慮，主張應越過三八線再打一仗，否則在政治上不利。他所說的政治上不利主要有兩方面的考慮，其一是美英等國正提出沿三八線停戰，以便將志願軍阻止於三八線以北，此時停止作戰將給國際社會以承認三八線的印象或誤解，不利今後的作戰；其二是在社會主義陣營中一些人不以為然議論紛紛，給中國造成壓力。實際上彭德懷也受到來自蘇聯軍事顧問和北韓方面的指責。基於同樣的理由，毛澤東甚至不贊成志願軍休整時間過長，要求彭德懷儘早發起第三次戰役。

不過毛澤東從政治上考慮儘早越過三八線，並不意味著他不贊成彭德懷對志願軍面臨困難的分析。彭德懷在部署越過三八線作戰的同時也告訴毛澤東，志願軍減員嚴重，後勤供應極度緊張，而美國不會馬上撤出朝鮮，美軍轉入防禦後態勢反而對其有利，因此戰爭「仍是相當長期的、艱苦的」。為了在執行毛澤東越過三八線指示時，儘可能適應志願軍面臨的實際情況，彭德懷提出「穩進方針」並告毛澤東，所謂「穩進」即「專打偽軍，目標縮小，能吃就吃，適時收兵」。這是使政治需要與照顧軍事上的困難得到較好協調的戰役方針，它得到毛澤東的贊成。毛澤東堅決支持「穩進」，同意「如不順利則適時收兵，到適當地點休整再戰」，戰役結束後「後退幾十個公里進行休整」。

第三次戰役的目標是突破三八線和在運動中大量殲滅敵軍。從戰役結果看，達到了突破三八線的政治目標，佔領了三七線以北地區並控制漢城，但是沒有達到大量殺傷敵軍的目的。需要指出的是，中國決策層面臨的最嚴重的問題是，在

第三次戰役設計中已經反映出來的速勝情緒，在志願軍打過三八線的激勵下迅速發酵。國內輿論高唱「把不肯撤出朝鮮的美國侵略軍趕下海去！」盟國也不斷施加壓力。金日成反對部隊休整時間過長，史達林也要求允許朝鮮人民軍繼續向南進攻。

彭德懷堅決反對繼續進攻，不同意北韓方面關於美軍會很快退出朝鮮的判斷，認為志願軍當前的狀況已經無法迅速發動新的攻勢。他甚至在1月15日致電周恩來，表示不贊成立即拒絕聯合國「朝鮮停火三人小組」的停戰方案。他建議提出有限期停戰，以便爭取兩個月的休整時間。由此可見他對於志願軍的困難估計得相當嚴重。

毛澤東的反應是相當複雜的。他一方面在軍事上堅決支持彭德懷停止進攻、休整軍隊。他於1月15日親自打電報給史達林，詳細說明志願軍的計劃和面臨的困難。他甚至提醒史達林如不充分準備，「就會重犯朝鮮軍隊1950年6月到9月所犯過的錯誤」。一天前毛澤東剛剛向史達林要求軍事貸款，由此也可看出他支持彭德懷的決心。另一方面他也在遷就盟友的要求。當北韓強烈反對彭德懷的軍事計劃時，他指示彭德懷讓朝鮮人民軍向南進攻並自行指揮，志願軍則擔任仁川、漢城和三八線以北之守備並進行休整。以毛澤東性格之鮮明仍須如此妥協，可見他承受的壓力之大。

不過毛澤東同時也決定拒絕「朝鮮停火三人小組」的建議。這部分地是因為在盟國的巨大壓力下，連停止進攻都如此困難，更何況「停戰」了。實際上1月11日，也就是周恩來聲明發出的前六天，蘇聯已經在聯大發言反對「朝鮮停火三人小組」的建議案，中國領導人並沒有多少選擇餘地。

毛澤東拒絕三人小組停戰建議也是因為他在第三次戰役結束後（不是在此之前），明確提出「解放全朝鮮」的作戰目標。需要指出的是，他不贊成持續攻擊和追擊既是接受彭德懷的建議，也反映了他對作戰方針的考慮。毛澤東具有豐富的戰爭經驗，對彭德懷的指揮才能非常信任，加之朝鮮人民軍以往失敗的慘痛教訓，這些都使毛澤東力圖將他的目標儘可能與戰場的實際情況相協調。他的選擇是在三八線南北地區打運動殲滅戰大量消滅美軍，迫使其撤出朝鮮半島，而不是

採取長遠距離的追擊作戰和攻堅戰。所以他在第三次戰役後希望志願軍有較多的時間進行充分的休整，以便發動更強大的攻勢。這種考慮使毛澤東沒能充分理解彭德懷提出的困難，不願因接受停火而束縛未來作戰和降低對美軍的威懾。這是他放棄一次取得外交主動和分化敵方聯盟的機會的重要原因之一。

本章分析表明，美軍越過三八線的決策是美國根本改變干涉初期的目標、企圖用武力統一朝鮮的結果。而在改變戰略目標時對中國參戰這樣的戰略問題判斷失誤，必然導致軍事上慘敗。志願軍越過三八線有一定的隨機性，毛澤東調整戰略目標是越過三八線的結果，而不是起因。不過雙方的決策過程均表明，在一場有限戰爭中，階段性、戰術性勝利很容易導致戰爭目標的擴大，引起難以預期的後果。

另一個重要的問題是，在對外戰爭中，最高決策與戰地指揮之間的關係會產生全局性的影響。美國這一階段的決策表明，高層決策與戰地指揮間古怪的關係給美軍帶來了災難性的後果。反之，中國高層決策與戰地指揮保持較協調的關係是志願軍能夠在有利時取得較大勝利、在困難時刻減少損失的重要保障。

三、「停戰談判」決策

本文所謂的「停戰決策」是指1951年6月中美雙方關於同意開始停戰談判的決策。它同「戰爭局部化」的概念有密切的聯繫。需要指出的是，美國所謂的「戰爭局部化」是不將戰爭擴大到朝鮮以外的中國本土，避免引發與中國和蘇聯的全面戰爭。在這個條件下，美國可以選擇或不選擇武力統一朝鮮。中國的「戰爭局部化」概念不僅是儘可能避免戰爭擴大到本土，而且包括不准美國在朝鮮北部、尤其是靠近中國邊境的地區實行軍事占領。美國同意停戰談判的是它最終決定使「戰爭局部化」因而不得不放棄武力統一朝鮮的政策的產物。中國則一直將確保「戰爭局部化」當作力爭實現的宏觀目標，政策調整是在此前提下進行的。

1.美國的「停戰談判」決策

中國出兵後，美國實際上面臨兩種選擇：其一是使「戰爭局部化」，即將戰爭限制在朝鮮半島，在中國參戰的情況下，這意味著美國必須放棄武力統一朝鮮的政策；其二是將戰爭擴大到中國，這將冒險與蘇聯發生直接的軍事衝突。

麥克阿瑟是擴大戰爭派的主要代表。第二次戰役後，麥克阿瑟急電參謀長聯席會議稱，中國軍隊的作戰目標是全殲聯合國軍，而他的兵力已經難以應付「全新的戰爭」。他隨後公開發表聲明，聲稱如何對付中國軍隊已經超出他的職權，這應由聯合國作出決定。麥克阿瑟顯然是在製造輿論，迫使美國政府允許他擴大戰爭。美國政府否定了麥克阿瑟的主張。在11月28日的國家安全委員會會議上，與會者都認為，應該從美蘇全球對抗的高度考慮在朝鮮的政策。第二天參謀長聯席會議警告麥克阿瑟：美國在東亞的地位「已經受到很嚴重的損害」，目前不得再採取任何可能導致戰爭擴大的行動。

11月28日會議不主張擴大戰爭的傾向是明顯的，但是杜魯門本人堅決認為當前不能示弱。他在記者招待會上聲稱，美國將加強軍事力量來對付中國軍隊，而且「一直在積極地考慮」使用原子彈。杜魯門充滿火藥味兒的聲音產生了複雜的反響。一方面是麥克阿瑟強烈要求增加美國在朝鮮的軍事力量，聲稱必須「重

新制定可行的、足以應付有關現實問題的政治決定和戰略計劃」。相反方向的壓力來自美國的盟國，它們特別擔心戰爭擴大會削弱美國對歐洲防務的支持，甚至引起蘇聯在歐洲實施報復。

面對尷尬的兩難選擇，美國決策層經過反覆討論和與盟國領導人會談，才大致廓清了政策，即在不損害歐洲防務和不擴大戰爭的原則下，繼續進行戰爭，直到形成對美國有利的條件為止。12月11日召開的國家安全委員會會議確認了上述原則。

戰爭時期的決策通常受制於戰場的形勢。1951年除夕之夜，中朝軍隊發動了第三次戰役，並於4日攻占了漢城。聯合國軍全線崩潰，到1月8日戰役結束時已經被迫撤到37度線附近。中朝軍隊的攻勢使美國政府認為，中國參戰的目標是將美軍徹底趕出朝鮮半島。美國立即採取行動，促使聯合國譴責中國為「侵略者」。與此同時美國在軍事上一度陷入動搖不定。在中朝軍隊發動第三次戰役前不久，參謀長聯席會議曾經指示麥克阿瑟，由於中國軍隊有能力將聯合國軍趕走，華盛頓在必要時將下令美軍撤到日本。中朝軍隊的攻勢開始後，參謀長聯席會議立即通知麥克阿瑟，如果他認為撤退可以避免更嚴重的損失，就可以下令向日本撤退。麥克阿瑟反對給他的指示，聲稱要守住哪怕是一塊地方，也必須擴大戰爭。

1月12日，杜魯門召集國務院和軍方領導人，討論如何下達給麥克阿瑟的命令。這次重要會議的決定首先強調要在朝鮮堅持住，其次是如果依靠現有的力量無法堅持或蘇聯介入，美軍就撤出朝鮮。決定的側重點是在不擴大戰爭的條件下儘可能在朝鮮堅持下去。第二天杜魯門親自打電報將會議的決定通知麥克阿瑟。美國政府的決定也得到主要盟國的支持。這時到朝鮮視察後回到華盛頓的柯林斯報告說，美軍的實際處境比在華盛頓聽到的要好得多，目前「重要的是絕對不要提撤出的問題」。

1月25日聯合國軍開始向北反攻。2月11日，中朝軍隊發起局部反擊。聯合國軍經歷又一次被沉重打擊和後撤後，於19日恢復攻勢。經過50天的攻防戰，聯合國軍於3月15日控制了漢城，並很快推進到三八線。軍事地位的改觀使美國

政府又一次面臨是否越過三八線北侵的問題。國務院顯然不贊成越過三八線。艾奇遜在給國防部的備忘錄中說，武力統一朝鮮將導致戰爭擴大到中國，並增加蘇聯直接介入的可能性，盟國也不會贊成，因此聯合國軍不應再越過三八線。軍方領導人認為，恢復到6月25日以前的狀態在軍事上不能接受。他們認為應將軍事問題與政治考慮包括在一項總的政策中，在作出決定前允許麥克阿瑟根據部隊安全的需要，在三八線南北兩側採取軍事行動。

國務院與軍方為了協調它們之間的矛盾多次召開會議，最終取得了一致的看法。首先，美國不必要也沒有可能用武力統一朝鮮，戰爭的目標只能是「擊退侵略和達到一種穩定的局面」；其次，美軍要爭取和守住的防線「應當是三八線以北，並且應當是在戰術上可資防守的，又是實際上可以得到的」。3月19日國務院與軍方的聯席會議接受了參謀長聯席會議關於有限度越過三八線、攻占並扼守三八線以北從臨津江至元山一線的建議。至此美國基本確定了作戰目標，即有限度地越過三八線，取得有利的軍事地位並迫使中朝方面停戰。

華盛頓的決定再次遭到麥克阿瑟的強烈反對。3月20日，參謀長聯席會議通知麥克阿瑟，總統即將發表政策性聲明。麥克阿瑟的答覆是他堅決反對放棄武力統一政策，並要求允許擴大軍事行動的範圍。不僅如此，正當杜魯門聲明的草案在盟國間和東京總部傳閱時，麥克阿瑟於24日發表聲明稱，軍事失敗是因為他受到聯合國的約束，如果允許將戰爭擴大到朝鮮以外地區，中國「就注定有立即發生軍事崩潰的危險」。他在3月20日給眾議院領袖馬丁的一封信中譴責美國領導人說：「他們難以認識到我們在這裡是用武器為歐洲作戰，而外交家們則仍在那裡進行舌戰」，「如果我們在亞洲輸給了共產主義，那麼歐洲的陷落就不可避免了」。3月25日這封信被公之於眾。

麥克阿瑟的言論引起強烈的反響。3月28日，中國方面發表聲明，譴責美國的目的是使戰爭「持久化和擴大化」。美國的盟國們更是高度緊張，它們紛紛要求說清楚，到底誰決定和代表美國的政策。顯然，麥克阿瑟的言行已經嚴重衝擊了美國政府的決策，杜魯門認為，麥克阿瑟的言行已經「足以構成對現行政策的挑戰」，並有可能顛覆美國的全球戰略。4月9日杜魯門簽署瞭解除麥克阿瑟的

一切職務的命令。

麥克阿瑟被解除職務並不等於美國內爭論的結束，因為他代表國會中一批人的意見和立場。結果是杜魯門政府撤掉麥克阿瑟以後，還必須應付國會中共和黨人的攻擊。不過杜魯門政府的軍政要員也不是平庸之輩，他們相繼出席從5月3日到6月27日舉行的參院外交和軍事委員會的聯合聽證會，成功地捍衛了政府的地位和政策，也為「戰爭局部化」方針爭取到必要的共識。

從解除麥克阿瑟的職務到國會聽證會結束，杜魯門政府渡過了一場政治危機。它在國內政爭中的勝利為其政策轉變奠定了政治基礎。

謀求停戰談判是「戰爭局部化」的必然結果。至第五次戰役結束時，聯合國軍在三八線以北部分地區終於控制了一條防線，與中朝軍隊形成僵持。美國政府開始尋找與中朝方面談判的途徑，4月間開始考慮透過與蘇聯接觸實現停戰。5月31日和6月5日，凱南先後兩次與馬立克會談，並取得進展。

6月23日，馬立克在聯合國新聞部舉行的廣播節目中發表演說稱，蘇聯認為「朝鮮的武裝衝突……也是能夠解決的」，「第一個步驟是交戰雙方應該談判停火與休戰，而雙方把軍隊撤離三八線」。在確認馬立克的演講代表蘇聯政府的立場後，國務院與軍方於6月28日召開聯席會議。與會者認為，直接與中國政府接觸會導致政府之間的談判，那是不可取的，最好的辦法是主動與中朝軍隊的戰場指揮官建立直接接觸。當天下午，參謀長聯席會議向李奇威發出指令，要求他發表一項邀請中朝方面舉行停戰談判的公開聲明。30日李奇威在戰區發表廣播聲明，美國終於邁出了停戰的第一步。

2.中國的「停戰談判」決策

如果說美國的「戰爭局部化」方針是逐步明確起來的，中國則完全不同，爭取「戰爭局部化」是決策層自始至終考慮和爭取的目標，它直接影響到中國是否出兵的決策，出兵後的作戰方針以及確定最終解決朝鮮問題的方式。周恩來10月3日同潘尼迦會談時，明確提出了「使朝鮮事件地方化」的概念，即朝鮮立即停戰，外國軍隊應該撤退，當時首要的條件是美軍不得越過三八線。從後來的發展看，這可以被認為是中國解決朝鮮問題的宏觀目標，它是相當明確的，正如周

恩來後來不久所說的，中國出兵就是使戰爭「局部化」，即不僅將戰爭限制在朝鮮半島，而且不能蔓延到三八線以北。

由於美國一開始就將對朝鮮的軍事干涉擴大到臺灣海峽，致使中國領導人不可能將維護本土的安全寄予美國沒有擴大戰爭的意圖之上。美國實行武力統一朝鮮的政策和美軍越過三八線則使中國領導人認為，只有選擇在朝鮮打敗或打退美國的干涉，才能從根本上保證本土的安全。

當然，出兵朝鮮同樣面臨美國將戰爭擴大到中國本土的風險。毛澤東從決心出兵的時刻便在考慮這個問題，準備「美國宣布和中國進入戰爭狀態，就要準備美國至少可能使用其空軍轟炸中國許多大城市及工業基地，使用其海軍攻擊沿海地帶」。做最壞的準備也是中國決策層決定出兵後的共識。不過這畢竟是準備，中國領導人實際上在盡一切努力避免這種前景，或者儘可能地減少受損害程度。他們採取了預防性的外交活動，以中國人民志願軍的名義出兵，也是避免使美國向中國宣戰的措施。爭取蘇聯的幫助是最重要的行動。

在10月3日轉達給史達林的談話中，毛澤東詳細陳明中國決策層內對出兵的顧慮，他們擔憂的主要問題就是「引起美國與中國的公開衝突」。史達林的答覆慷慨激昂，他主動提到中蘇同盟條約，表示如美國擴大戰爭（目前可能性並不大），蘇聯將與中國並肩作戰。史達林的承諾對中國決定出兵無疑起了重要的推動作用。周恩來10月12日從莫斯科發回蘇聯暫時不能向志願軍提供空中掩護的訊息後，毛澤東用以說服他的戰友可以出兵的重要理由之一是，蘇聯雖然不能立刻派空軍進入朝鮮，但它已經承諾保護中國本土免受美國海空軍的攻擊。在10月13日給周恩來的電報中，毛澤東強調了蘇聯空軍保護中國本土的重要性。兩天後毛澤東再次電告周恩來，表示了同樣的關注。在爭取蘇聯幫助的同時，中國也在加強全國性的防空準備。

志願軍的作戰方針也是與「戰爭局部化」密切相關的。毛澤東最初設想，中國出兵後將有兩種可能的後果，即：（1）在朝鮮境內殲滅和驅逐美軍；（2）中美進入戰爭狀態。在中美進入戰爭狀態也有兩種情況，其一是志願軍在朝鮮殲滅美軍主力情況下美國對中國宣戰；其二是志願軍與美軍在朝鮮形成僵持情況下

中美進入戰爭狀態。他認為最後一種情況最不利。戰爭的進程表明，毛澤東設想的情況均未出現，志願軍既未能將美軍趕出朝鮮半島，美國也未對中國宣戰，而是雙方在朝鮮僵持。這種情況的出現主要與蘇聯的作用有關，蘇聯保衛中國本土的承諾使美國不敢貿然將戰爭擴大到中國，蘇聯不在朝鮮提供空中掩護也使志願軍無法在朝鮮大量殲滅美軍。

在確定無法在朝鮮得到蘇聯的空中掩護後，中國領導人最初制定的作戰方針是相當謹慎的，即爭取在平壤以北建立二至三道防線，如遇攻擊則先同南韓軍隊作戰，在得到蘇聯裝備和蘇聯空軍掩護後再發動進攻，殲滅一部敵軍生力軍以迫使美國接受停戰，放棄武力統一朝鮮的政策。這種作戰方針是建立在使美國「知難而退」的戰略目標之上的。很有可能的是，直到第一次戰役發起的時候，中國領導人甚至都沒有將美軍退到三八線以南作為停戰的絕對條件，當時主要的考慮仍然是擊退美軍的進攻。所以毛澤東在10月23日的電報中提出，在大量殲滅敵軍後，即使美軍控制包括平壤、元山在內的城市，也有「迫使美國和我進行外交談判之可能」。在部署第二次戰役時則提出，「將戰線推進至平壤、元山間鐵路線區域，我軍就在根本上勝利了」。

取得第一、二次戰役的勝利後，中國領導人顯然考慮過停戰問題，並明確提出沿三八線停戰的設想。在12月3日與金日成會談時，中國領導人提出戰爭有可能迅速解決，美國有可能要求停戰。中國的停戰條件是美軍必須同意撤出朝鮮，首先撤至三八線以南。這次談話的內容被告之彭德懷，可以認為它相當於一項重要的原則。從當時蘇聯方面要求志願軍「趁熱打鐵」，打過三八線後再考慮停戰問題的情況看，中國領導人有可能就停戰問題徵求過蘇聯方面的意見。

12月中旬中國領導人制定了關於朝鮮停戰的五項條件，其中第一條就是「外國軍隊撤出朝鮮」。12月22日，周恩來針對聯合國的停戰決議發表聲明說，談判的基礎是「一切外國軍隊撤出朝鮮」。顯然，中國領導人這時已經傾向於提高戰爭目標。如前所述，第三次戰役以後，中國決策層對戰爭前景的估計越來越樂觀。1月14日毛澤東在給彭德懷的電報中闡述了他對戰局的估計，認為今後有兩種可能性，其一是美軍「略作抵抗，即退出南韓」；其二是在大邱釜山抵

抗到無法堅持下去「方才退出朝鮮」。總之是美軍早晚要退出朝鮮。他因此提出春季作戰目標就是「解放全朝鮮」，並轉告史達林。

志願軍領導層這時也同樣提出，將「一氣呵成，全殲敵人，全部解放朝鮮」作為「奮鬥目標」。不過與毛澤東不同的是，彭德懷並不認為經過未來一、二次戰役就可以實現這個目標，而且志願軍相當嚴重地缺乏兵員、彈藥和糧食。所以在美軍發動進攻後不久，他再次建議提出限期停戰並使志願軍向後撤退15至30公里。從彭德懷的分析中，可以清楚地感受到當時軍事決策遭受到政治考慮的嚴重束縛。毛澤東否決了彭德懷的建議。史達林也在火上澆油，聲稱「從國際觀點看」不應放棄漢城和仁川，繼續沉重打擊敵人是「完全合適的」。彭德懷不得不執行命令，但是他堅決執行「停止敵人前進，穩步打開戰局，……仍作長期打算的方針」，同時提醒毛澤東，如進攻不順利仍有可能後撤。毛澤東又一次批准了彭德懷的作戰方針。

2月中旬志願軍全線轉入防禦，彭德懷認為已有必要回北京，就戰略方針取得共識。21日彭德懷在北京與毛澤東的會談對於志願軍作戰方針的調整具有決定性的意義。毛澤東在聽取了彭德懷的彙報後，開始改變「速勝」的觀點，提出「能速勝則速勝，不能速勝則緩勝，不要急於求成」。3月1日，毛澤東將中國決策層的決定電告史達林，指出「必須準備長期作戰，以幾年的時間，消耗美國幾十萬人，使其知難而退，才能解決朝鮮問題」。根據當前戰場形勢，「敵人有重新進出三八線南北地區的可能」，並將「再占漢城，再過三八線，當不免有一番波動，必須預作準備」。史達林顯然同意中國領導人的決定，並表示將進一步提供軍事援助。3月15日周恩來將中國的決定和史達林的回覆轉告金日成。至此中國完成了與盟國的政策協調。3月14日中朝軍隊放棄漢城，4月初退至三八線地區進行防禦。

4月22日中朝軍隊發起第五次戰役。此次戰役是在判斷美軍有可能在中朝軍隊側後登陸的情況下，未經充分準備而提前發動的。戰役方針是在三八線和三七線之間大量殺傷當面敵軍，打破敵軍登陸作戰計劃，奪取戰場的主動權。至戰役結束時，雙方在三八線地區形成了相對穩定的戰線，戰爭呈相持狀態。此後志願

軍的作戰方針從以進攻為主的運動戰轉為積極防禦。在這種軍事背景下，中國領導人開始認真考慮停戰談判。

從當時的軍事態勢看，志願軍打到三八線已經超出了出兵時預想的結果，基本上實現了出兵決策時使「戰爭局部化」的戰略構想。與此同時志願軍在軍事上的弱點，如無空軍掩護，部隊機動能力不足，戰線拉長後後勤供應極其困難，等等，一時難以克服，還要時刻準備應付美海空軍對中國本土的攻擊。美軍在前兩次戰役遭到沉重打擊後，迅速改變戰術，志願軍已經不可能像前兩次戰役那樣，在運動戰中大量殲滅敵生力軍。總而言之，不可能在短時期內打破軍事僵持局面時，爭取停戰和政治解決不失為一種有利的選擇。上述種種很可能是中國決策層內能夠迅速就停戰談判達成共識的重要原因。

6月初，蘇聯方面向中國通報了凱南與馬立克會談的情況。此時金日成到達北京與毛澤東會談，他們決定準備與美國方面談判，爭取以三八線為界停戰。中國決策層經討論也認為，在三八線附近「邊打邊談，爭取談判解決問題」是可以接受的。6月13日，毛澤東向史達林通報中國在停戰問題上的立場，即以三八線為界停戰，關於中國在聯合國中的席位和臺灣問題可以不在停戰談判中解決。史達林回電表示「現在停戰是好事」。在決策層內達成共識和完成與盟國的協調以後，毛澤東終於確定了「充分準備持久作戰和爭取和談，達到結束戰爭」的方針。在李奇威發表建議停戰談判的聲明後，彭德懷和金日成於7月1日聯名答覆李奇威，同意舉行停戰談判。「停戰談判」決策終於付諸實施。

以上分析表明，軍事僵持局面的形成是雙方舉行「停戰談判」的直接原因。不過雙方的「停戰談判」決策從根本上說是「戰爭局部化」的戰略指導的產物，而這種戰略指導的形成是基於中美雙方對各自戰略利益的確認和對力量對比的估計。美國認識到，它的戰略利益和當時雙方的力量對比決定了不能將戰爭擴大到中國，因此不能不放棄武力統一朝鮮的政策；中國則將防止本土安全受到直接軍事威脅視為生死攸關的利益，因此既要保護本土不受到攻擊，也不能允許自己邊境地區存在敵對的軍事力量，更不能允許其在那裡進行戰爭。基於同樣的理由和對力量對比的估計，中國採取的軍事行動也必定是有限的和局部的。中美戰略指

導中包含的衝突決定了雙方不可避免地要在戰爭中進行實力較量,而雙方「停戰談判」的決策同樣也是它們戰略指導的合乎邏輯的產物。從這個意義上說,研究局部戰爭中的戰略指導思想,包括參戰者對其戰略利益的認定、對力量對比的估計和戰爭目標的確定,對於認識或預見一場局部戰爭的規模、一般進程和結局等等,具有不可忽視的重要價值。

越過三八線——抗美援朝決策研究之二

　　1950年10月中旬中國人民志願軍跨過鴨綠江，經過兩個多月連續作戰，於1951年元旦突破聯合國軍在三八線的防線，占領漢城並進抵三七線。多年來，由於歷史檔案的欠缺，志願軍越過三八線決策研究總的說來比較粗糙。隨著中國和俄羅斯歷史檔案的逐步解密和相關問題的研究——如中國參戰決策與參戰目標的研究、中國關於停戰的外交活動的研究、中國與盟國的關係的研究、中國軍事戰略的研究，等等——不斷深入，一些論著開始從更加廣泛的角度，研究志願軍越過三八線的決策過程與動機，特別是將志願軍越過三八線決策與中國參戰目標、盟國對中國決策的影響等等，聯繫起來加以考察，從而提出了一些相當重要的觀點。本文試圖針對以往研究中存在的一些疑問，透過探討中國參戰目標的複雜性、志願軍作戰方針的變化過程及其原因、盟國關係對中國決策的影響等問題，說明志願軍越過三八線在軍事上是權宜之計，政治考慮是導致該決定的主要因素。

一、中國參戰目標:「草鞋沒樣,邊打邊像」

多年來的研究成果幾乎都不否認,聯合國軍在10月初越過三八線,是導致中國決心參戰的關鍵性因素。如果這個論點是成立的,那麼從邏輯上說,三八線不論在法理上、心理上還是軍事安全的考慮上,對於中國都是可以接受的一個界限。由此產生的一個問題是,既然三八線具有這種意義,那麼是否中國在決策出兵時,就已經將三八線作為可以達到和可以就此止步的作戰目標?對此顯然不是用是或不是就可以解釋清楚的。已經公布的檔案表明,中國領導人從考慮參戰起,他們提出的作戰目標至少是經常變動的,有時看上去甚至不那麼清楚確定。

美國宣布介入韓戰和封鎖臺灣海峽導致中國領導人根本改變了對東亞地區安全形勢的判斷。韓戰爆發前,中國領導人的主要精力集中於國內事務,中國軍隊的主要任務是抓緊進軍西藏和準備「解放臺灣」。在朝鮮半島和印度支那兩個方向上,中國顯然更重視後者,並在1950年春季開始向越盟軍隊提供訓練和援助、派遣軍事顧問團等。中國領導人當時並不認為美國的軍事威脅是迫在眉睫的,他們甚至認為,即使解放軍進攻臺灣美國也不大可能直接進行軍事干預。在朝鮮半島,中國基本上置身事外。在金日成下決心發動進攻前,史達林曾要求金日成聽取毛澤東的意見。不過毛澤東很可能知道他的意見並不能起重要作用,所以只不過是提出建議而已。

韓戰爆發後,當北韓取得軍事勝利時,中國領導人對美國干涉的抨擊主要集中於美軍封鎖臺灣海峽。但是他們在內心深處對美國的軍事行動抱持深刻的警惕,認為美國不僅在朝鮮半島使用武力,而且在臺灣海峽和東南亞加強軍事部署,美國的軍事行動是對朝鮮半島、印度支那和臺灣地區的全面干涉,韓戰不過是美國發動侵略的藉口。他們這種認識的形成和加深,是他們決心參戰並考慮一切戰爭決策的最根本和最深刻的原因。不論是參戰還是越過三八線,都是同中國領導人消除美國威脅的決心和意志直接聯繫在一起的。

中國領導人在美國宣布封鎖臺灣海峽後不久,即開始考慮推遲進攻臺灣的時間。7月7日,中央軍委即決定組建東北邊防軍,其任務是保衛東北邊防和必要

時援助朝鮮人民軍，原指揮部署進攻臺灣的粟裕被任命為東北邊防軍司令兼政委。8月上旬，隨著朝鮮人民軍攻勢受阻，中國加緊了軍事部署。在8月4日的政治局會議上，毛澤東提出出兵的設想，即「如美帝得勝，就會得意，就會威脅我」，所以必須幫助北韓。8月中旬東北邊防軍的任務更加明確，即準備入朝作戰。在8月26日的國防會議上，中國領導人第一次明確做出推遲進攻臺灣，準備援助北韓，與美軍作戰的決定。至於幫助北韓與美軍作戰要達到何種目的，他們並沒有明確的闡述。中國隨後開始在東北大規模集結軍隊，並著手加強東北的防空力量。原準備進攻臺灣的第九兵團和開始復員的第十九兵團調至津浦路和隴海路集結。

9月15日美軍在仁川登陸，朝鮮戰局急轉直下。9月下旬和10月初，中國領導人透過各種可能的途徑，向美國發出不得越過三八線的警告。然而美軍置若罔聞，於10月7日越過三八線北侵。中國領導人因此斷定，美國將不會停止在東亞的軍事干涉。周恩來8月26日的講話反映了中國領導人那時的基本看法，即：「美帝國主義企圖在朝鮮打開一個缺口，準備世界大戰的東方基地，⋯⋯美國如果壓服朝鮮，下一步必然對越南及其他原殖民地國家進行壓服。因此，韓戰至少是東方鬥爭的焦點。」中國領導人顯然在擔心出現「多米諾」效應，而且他們的擔心在美軍越過三八線以後進一步強化。

可以肯定地說，是美軍越過三八線導致中國領導人相信，與美國作戰將無法避免。如周恩來在1951年4月2日的報告中說：「朝鮮事件不過是個藉口；不在朝鮮爆發，也將在其他地區爆發，臺灣、越南都是可爆發的地方」，「對於我們來說毋寧以朝戰最有利」。中國領導人對美國意圖的這一判斷，是促使他們決策出兵朝鮮的宏觀背景，而美軍越過三八線則是使他們斷定參戰無法避免的關鍵因素。

中國領導人決定出兵後，隨之而來的是出兵的作戰目標是什麼？以往的論著比較充分地論述了中國參戰的決策動機，大致將其分為國際主義（或擴大些說是意識形態）和國家安全等兩個方面。以往的分析是相當豐富的，不過還需要進一步解釋的是，在「國際主義」與國家安全雙重因素的影響下，中國領導人是如何

確定參戰（包括戰略的和臨時的）目標的。換句話說，他們是如何透過確定作戰目標，將兩者協調起來的。

從中國出兵決策的過程看，中國領導人先後提出了三個目標。第一個目標是10月2日毛澤東在給史達林的電報中明確提出的，即爭取「殲滅和驅逐美國及其他國家的侵略軍」。毛澤東在提出這個目標的同時也承認，存在不能大量殲滅美軍而形成僵持局面的可能性。

實際上，8月上旬中國領導人開始考慮出兵參戰時，就提出要幫助北韓「爭取勝利」。至於「勝利」的含義很可能在中國領導人心目中也是隨形勢發展而定的。隨著朝鮮人民軍陷入困境，按照周恩來8月下旬的估計，韓戰將長期化，朝鮮人民軍將主動後撤，而中國軍隊將承擔「最後將美軍各個殲滅」的任務。顯然這時中國領導人考慮的重點還是幫助北韓打贏戰爭。毛澤東10月2日在給史達林的電報中提出的目標，明顯受以往判斷的影響，他很可能沒有仔細斟酌後來出現的新情況。

第二個目標是10月3日周恩來提出的，即恢復戰爭爆發前的狀況，包括美軍不得越過三八線，並最終撤出朝鮮半島。周恩來在與潘尼迦的談話中說明，中國首要的關注是美軍不得越過三八線，其次是和平解決朝鮮問題，這需要立刻停戰和外國軍隊撤出。從談話發生的時間看，這很可能是中國決策層當時的共識。顯然，三八線在這時並沒有被確定為作戰的目標，不過可以根據周恩來的談話確定，它是中國可以接受的一條「安全線」。由於周恩來的談話是在中國決策層討論過作戰困難後的共識，它對後來的決策將產生重要影響。

第三個目標是10月中旬確定的，即在平壤、元山鐵路以北和德川、寧遠公路以南地區構築防線，「六個月以內再談攻擊問題」。在毛澤東看來，這可能是當時唯一有把握做到的，當然也是有利的。其實林彪曾經提出過「出而不戰」的建議，即屯兵於朝鮮北部觀察形勢。他的「出而不戰」的設想是否被討論過，目前尚不清楚。毛澤東獲知蘇聯不能提供預期的援助後，於10月12日提出出兵到「元山、平壤線以北大塊山區打開朝鮮的根據地」，6個月後「可攻擊美軍」。10月14日，毛澤東進一步明確提出，在平壤、元山鐵路以北和德川、寧遠公路

以南地區構築防線和先與南韓軍隊作戰的方針。這其實就是暫時的「出而不戰」，暫時不直接與美軍作戰。至於6個月以後的情況，至少也是很難預測的。可以作出這樣的推測，即使志願軍在某些條件的限制下只是長期守住這條防線，中國領導人也是可以接受的。用毛澤東的話說，就是「將國防線由鴨綠江推進到德川、寧遠及其以南的線，而這是有把握的和很有利益的」。

　　需要指出的是，上述三個目標是相繼提出的，而且每個決定都有其具體的背景。但是很有可能的是，它們共存於中國決策者心中，相互並不矛盾，或者說有矛盾卻至少暫時還可以兼容。這種狀況的外在表現就是決策目標的彈性和模糊性。在志願軍參戰後不久，中國領導人對這種彈性和模糊性作出了典型的概括，即透過爭取軍事上的勝利，「使美國知難而退」。其實這正是毛澤東決策特點的體現，即「草鞋沒樣，邊打邊像」。

　　這裡需要指出的是，上述三個目標中的每一個，其實都反映了協調「國際主義」和國家安全等兩個方面的需要。這兩方面的需要反映在具體的決策中，就是要造成這種形勢，即不允許美軍（敵對的軍事力量）靠近中國的邊境地區，同時使朝鮮民主主義共和國在朝鮮半島生存下去。所謂中國決策的彈性就是在這個範圍內的靈活選擇。因此也就不能簡單地認為，只要提出將美軍驅逐出朝鮮半島，就是在片面地追求「國際主義」。中國領導人希望能將美軍趕出朝鮮半島，部分原因是他們認為，只有這樣才能維護中國的安全。麥克阿瑟的行動使他們相信，只有將美軍趕出朝鮮半島，才能從根本上解除美國利用那裡侵略中國的威脅，所以說追求這個目標也是追求上述雙重目的的一種反映。

二、「取法乎上得其中」

　　如上所述，中國領導人在出兵作戰的目標上保持著彈性和模糊性。需要進一步說明的是，在出兵決策的過程中，不論基於何種理由，中國領導人相繼提出的作戰目標呈現向下滑動的曲線，即在考慮可能面臨的困難的基礎上，逐步降低作戰目標。三八線差不多就在這條滑動曲線的中間。中國有句俗話：「取法乎上得其中」，它對研究中國參戰後的軍事決策應該是有啟發的，因為它是中國傳統的決策思維的組成部分。

　　從志願軍進入朝鮮初期的軍事行動看，毛澤東明顯趨向於提升作戰目標，這種提升是逐步但也的確是相當迅速的，而且是在與志願軍領導人的協調中進行的。影響中國決策層迅速調整作戰目標的首要和直接的原因，是朝鮮戰場形勢急劇惡化，致使志願軍無法按照原定方針進行防禦作戰。

　　志願軍參戰的初期設想如上述，就是「先在朝鮮北部尚未喪失的一部分地方站穩腳，尋機打些運動戰，支持朝鮮人民繼續奮鬥」。根據這一設想，志願軍領導人選擇積極防禦的作戰方針，將入朝後的作戰目標確定為「在朝鮮北部控制一大塊地區」。具體部署則是爭取控制龜城、泰川、德川、寧遠到五老里一線，展開積極防禦作戰。毛澤東甚至提出，志願軍入朝參戰「幾個月內，只做不說」，由此可見其謹慎的程度。

　　問題是當志願軍跨過鴨綠江時，他們已經無法進入預定地區，實施防禦計劃。聯合國軍占領平壤後，迅速向北進攻。從聯合國軍的軍事行動中可以大致推測其戰略企圖，就是迅速占領朝鮮北部邊界的戰略要點並封鎖邊界，徹底消除中蘇阻止美國軍事占領全朝鮮的機會。至10月20日，即志願軍進入朝鮮的第二天，西線的南韓先頭部隊三個師已經進抵離志願軍預定防線90—130公里的順川、新倉里、成川、破邑一線。東線南韓先頭部隊一個師則已經進入志願軍預定防禦地區。此時進入朝鮮的志願軍為四個師又一個團，他們離預定防禦地區的距離比南韓軍隊要遠將近一倍。10月21日聯合國軍從平壤、元山全線向北進攻，志願軍不得不改變預定的作戰計劃。

中國領導人選擇了進攻性的作戰方針。毛澤東於10月21日即電告彭德懷等志願軍領導人，迅速完成作戰部署，向南韓軍隊發動進攻，作戰目標是殲滅西線南韓三個師，以達到「轉變朝鮮戰局」的目的。值得注意的是，他並沒有具體解釋「轉變朝鮮戰局」的含義。此後不久毛澤東再次打電報給彭德懷等，指示志願軍放棄「先有一個時期部署防禦然後再談攻擊的問題」，意即放棄出兵前夕確定的作戰方針。

志願軍領導人同樣注意到朝鮮戰局的變化，並相信已經無法實施預定的作戰計劃。不過在如何應對當前形勢和採取何種軍事方針方面，他們同毛澤東的想法是有距離的。彭德懷認為，志願軍有可能立即以運動戰方式，殲滅部分南韓軍隊，以此打擊聯合國軍的士氣並使其不敢冒進，從而達到爭取時間部署防禦的目的。10月22日，他打電報告訴毛澤東，志願軍應在半年內堅持防禦方針，爭取時間準備反攻。所以目前擬議中的戰役目標是在殲滅兩三個南韓師以後，仍按原計劃在元山、平壤以北山區防禦，支持朝鮮的游擊戰爭。

毛澤東顯然認為彭德懷的計劃過於保守，他在隨後的回電中提出根本改變志願軍的作戰方針。在他看來，由於朝鮮戰局的變化，志願軍初期作戰可能導致三對變數：其一是如果志願軍取得較大的勝利，聯合國軍將停止進攻甚至在一些地區後退；反之如果戰果不大，聯合國軍增援迅速，戰局將對志願軍不利。其二是如果美空軍給志願軍造成重大損失，志願軍將處於很困難的地位；反之，如美空軍無法造成嚴重破壞，志願軍則可以透過運動戰大量殲滅聯合國軍，或迫使美國進行和談，或志願軍逐一攻占所有的大城市。其三是美軍大量增兵而志願軍運動戰並不順利，將造成志願軍被動和困難；反之，則對志願軍有利。毛澤東決心根本改變防禦作戰的方針，提出「應在穩當可靠的基礎上爭取一切可能的勝利」。新的作戰方針有兩個明顯的特點，一是遠比此前的方針富於進取和進攻性；二是仍然保持著相當大的模糊性，可以認為其上限包括在具備某種條件的情況下（如美空軍作用不大等等）下，透過運動戰將美軍趕出朝鮮半島，下限則是在非常困難的情況下進行長期作戰，爭取和談。

志願軍發動的第一次戰役基本體現了毛澤東新的作戰方針，不過並沒有取得

大量殲滅聯合國軍和南韓軍隊的戰果。彭德懷的評價是中肯的，即第一次戰役的意義在於穩定北韓的人心和使志願軍可以立足，但是殲滅聯合國軍力不多，故不能根本扭轉戰局。實際上到戰役結束時，志願軍第42軍在東線仍在防禦聯合國軍的進攻。這種情況意味著毛澤東設想的第一、第二兩對變數中的有利情況並沒有出現，戰局將如何發展還無法確定。

第一次戰役的勝利以及勝利的程度，在很大程度上影響著中國決策層對作戰方針的思考。第一次戰役結束後不久，志願軍領導人根據他們對戰場情況和志願軍面臨的困難的估計，提出了「鞏固勝利，克服當前困難，準備再戰」的方針，其具體措施是利用山區隱蔽休整部隊，同時在內線戰略要地構築工事，待聯合國軍進攻深入後予以打擊。

毛澤東對戰局的思考同樣受到第一次戰役結果的影響。一方面戰役的勝利使毛澤東寧願繼續採取運動戰的方式，爭取迅速大量地殲滅聯合國軍的生力軍；另一方面，第一次戰役勝利的有限性也明顯地制約了他對第二次戰役目標的確定。在他的思考中，既然第一次戰役未能達到最理想的結果，志願軍的下一個作戰目標就應該是爭取根本轉變朝鮮戰場的態勢，即經過一到二次作戰，將志願軍的「防禦局面改變為進攻局面」。根據上述改變朝鮮戰局的設想，毛澤東於11月初提出，將德川方向作為戰略重點，在元山、順川鐵路以北區創造戰場，消耗聯合國軍的兵力。此後不久，他進一步明確，爭取在第二次戰役中殲滅聯合國軍七八個團，「將戰線推進至平壤、元山間鐵路線區域」，他聲稱如此志願軍「就在根本上勝利了」。

毛澤東所謂「根本上勝利」並不是為一時鼓舞士氣而發，它基本上可以被理解為志願軍取得戰場主動權，具體地說就是要攻占元山到平壤一線。從志願軍第二次戰役的作戰計劃、部署和戰役進程看，如果將戰線向南推進到平壤、元山正面一線，建立德川、球場、寧邊及其以北以西的戰略後方，志願軍便造成了進可攻退可守的戰略態勢，從而取得了戰場的主動權。這也是志願軍入朝前夕確定的戰略方針，區別只不過在於，它現在是透過運動戰沉重打擊聯合國軍之後才能實現。從這個意義上說，第二次戰役雖然是進攻作戰，但它要達到的目標卻是同出

兵前夕的計劃相一致的。第二次戰役結束後，聯合國軍撤退到三八線以南，志願軍占領平壤，基本達到預定的作戰目標。

如上所述，越過三八線並不是志願軍入朝初期所爭取實現的作戰目標，實際上它大大超出了志願軍當時預期的目標。從中國的安全利益、參戰的戰略意圖和初期作戰目標的確定等各個方面考慮，甚至可以說越過三八線不是中國參戰後非實現不可的作戰目標，中國領導人很可能也是這樣考慮的。唯其如此，才出現了發動第三次戰役和是否越過三八線的決策問題。

還在12月初第二次戰役取得初步勝利和志願軍準備攻占平壤時，毛澤東便提出越過三八線攻占漢城的設想。12月3日在與金日成會談時，毛澤東分析了戰爭的發展前景，再次提到戰爭有可能拖長。不過真正給人印象深刻的是他明確指出，目前已經存在迅速結束戰爭的可能性。在此基礎上他提出志願軍應該改變既定的作戰目標，一方面在占領平壤後爭取再占領漢城，另一方面是爭取進一步消滅聯合國軍的生力軍，首先是全殲南韓軍隊。針對國際上出現的調停活動，毛澤東提出了明確的停戰條件，即美國承認撤出朝鮮，首先撤退到三八線以南。

從12月3日的談話中可以看出，毛澤東對戰局的看法出現兩點變化：其一是突出了迅速結束戰爭的目標；其二是明確了將聯合國軍退到三八線以南作為停戰的必要條件。毛澤東認為，美軍有可能保證撤出朝鮮半島，但未必會履行承諾，不過作為停戰和談的條件是它必須撤到三八線以南。這次談話的內容於第二天轉達給志願軍領導人，當然它必然要對他們的決策產生影響。事實上毛澤東的新設想成為中國決策層考慮第三次戰役的出發點。

第三次戰役的決策實際上包括兩個問題。第一個問題是應該在何時發起第三次戰役。志願軍領導人接到毛澤東的電報後，認真研究了他的設想。他們根據戰場的情況判斷，要徹底打敗聯合國軍，必須經過艱苦的努力，戰爭很難迅速結束。他們經過討論後認為，新的戰役最好推遲到1951年春季或2、3月，目前志願軍應該進行較長時間的休整和補充，否則部隊很難應付艱苦的攻擊作戰。

志願軍政治部主任杜平事後回憶，毛澤東的答覆為他們始料不及。後者要求將第三次戰役提前到1951年的1月上半月，理由是停止進攻和長期休整，會在西

方國家中引起揣測，也會在蘇聯陣營引起議論。據當時的志願軍領導人回憶，北京的決定使志願軍領導人處境困難，他們不得不反覆考慮，如何在戰役部署中，協調政治需要與軍事困難的矛盾。

第二個問題就是是否要越過三八線。正如提前發動第三次戰役相當勉強一樣，在志願軍領導人看來，倉促越過三八線作戰也面臨相當大的困難，包括部隊過度疲勞、戰線拉長造成軍需供應的極度緊張以及聯合國軍生力軍損失並不嚴重，志願軍仍將進行極其艱苦的戰鬥，等等。12月8日，彭德懷即令志願軍各部向三八線附近的攻擊位置挺進。他同時電告毛澤東，如果能殲滅美軍第24師、騎一師和南韓軍隊的兩個師，志願軍將越過三八線並爭取占領漢城；如果不能殲滅上述幾個師，即使志願軍能夠越過三八線或取得漢城，也不宜做。他建議如果形成後一種局面，應在三八線做充分準備，同時派朝鮮人民軍深入南方作戰。顯然彭德懷主張第三次戰役不越過三八線為宜。

毛澤東再次表示不同意彭德懷的主張，他要求志願軍在新的戰役中無論如何要堅決突破三八線。毛澤東主要提出了兩個理由。其一是美國正要求志願軍停止在三八線以北，如果志願軍這時將攻勢限制在三八線以北，等於在客觀上造成接受美國要求的態勢，政治上極為不利；其二是從未來作戰考慮，要打破「三八線在人們中存在的舊印象」，保持戰略上有更大的選擇範圍，避免被三八線束縛。

這時志願軍已經面臨巨大困難，彭德懷接到毛澤東的電報後躊躇再三。他在經過幾天的苦思冥想以後，決心透過制定保守的戰役計劃來協調毛澤東的政治考慮與志願軍的實際困難。彭德懷在部署越過三八線作戰的同時告訴毛澤東，志願軍減員嚴重，後勤供應極度緊張，而美國不會馬上撤出朝鮮，美軍轉入防禦後戰略態勢反而對其有利，因此戰爭「仍是相當長期的、艱苦的」。至於部署中的第三次戰役，彭德懷指出打敗仗是不可能的，但有可能攻擊受阻或勝利不大。為了在執行毛澤東越過三八線指示時，儘可能適應志願軍面臨的實際情況，他提出「穩進方針」並告毛澤東。所謂「穩進」，即「專打偽軍，目標縮小，能吃就吃，適時收兵」，越過三八線以後能否控制該地區也要視情況而定，亦即仍有可能退回到三八線以北。

彭德懷的計劃是為了協調政治需要與軍事困難的選擇，它得到毛澤東的贊成。毛澤東表示支持志願軍「穩進」，同意「如不順利則適時收兵，到適當地點休整再戰」，戰役結束後「後退幾十個公里進行休整」。毛澤東之所以接受彭德懷的戰役計劃，其原因是複雜的。

首先，毛澤東具有豐富的戰爭經驗，熟諳處理最高統帥與戰場指揮間複雜關係之道，而且他對彭德懷的指揮才能非常信任，加之朝鮮人民軍以往失敗的慘痛教訓，這些都使毛澤東力圖將他的政治考慮儘可能與戰場的實際情況相協調。

其次，根據國內戰爭的經驗和戰爭的一般規律，毛澤東更強調在運動戰中殲滅聯合國軍的生力軍。雖然這時他已經傾向於提高戰爭目標，但是他並不贊成志願軍採取長距離追擊作戰和攻堅戰，而寧願選擇在三八線南北地區，透過運動戰大量消滅美軍生力軍，迫使其撤出朝鮮半島。他甚至要求彭德懷放棄派遣朝鮮人民軍深入南方作戰的計劃，使聯合國軍放心地繼續將主要力量置於三八線和三七線之間，從而有利於志願軍予以殲滅。

第三，從毛澤東對戰局估計始終保持「兩種可能性」的結論來看，這時他雖然迫切爭取迅速結束戰爭，但不大可能在內心真的斷定迅速結束戰爭是篤定的。或許用「取法乎上得其中」更能解釋毛澤東的決策思維邏輯。

正是上述幾個方面的複雜考慮，促使毛澤東接受了彭德懷的作戰計劃，從而保證了第三次戰役基本上達到了它所要追求的政治目標，同時避免了在軍事上承擔無法完成的任務。這次戰役在軍事上沒有達成大量消滅聯合國軍的目的，不過中國卻獲得了強有力的政治地位，並且基本保持了應付美軍隨後發動反攻的戰略地位和軍事實力，這也是不爭的事實。

以上分析表明，中國領導人在兩次戰役勝利後明顯在拉高戰爭目標，但是這並不必然導致志願軍越過三八線。中國領導人之所以在志願軍面臨巨大困難的情況下，仍然決定越過三八線作戰，主要是基於政治上的考慮。

三、「戰爭是政治的繼續」

志願軍越過三八線的決策在軍事上帶有權宜之計的特點，志願軍越過三八線並不意味著非長期占領並堅守相關地區不可。中國領導人在決定越過三八線的同時，便做好放棄三八線以南地區、退守三八線以北防線的準備。可以說中國領導人決定越過三八線，對政治因素的考慮遠遠超過軍事上的需要。問題是哪些政治考慮促使中國領導人在志願軍軍事力量並不占很大優勢的情況下，做出越過三八線的決定的。

從毛澤東給彭德懷等人的電報中可以看出，他的主要考慮之一是中國的政治威望。第二次戰役發起後不久，由於聯合國軍再次遭到沉重打擊，美國陣營內部開始出現議和的主張。同時一些國家開始嘗試透過聯合國調停來實現朝鮮停戰，其中比較突出的是亞洲13國呼籲中國不要越過三八線。隨後它們起草了一份《朝鮮和平方案》，準備在聯合國提出。一些國家駐聯合國代表也在私下向中國方面試探停戰的可能性。這使中國領導人立即面臨是否接受調停。

志願軍進入朝鮮後不久，中國領導人在內部多次談到，經過軍事鬥爭以後，美國有可能被迫透過談判解決朝鮮問題。當時中國領導人很可能傾向於認為，和談是可以接受的最現實的解決辦法，而且有跡象表明，他們在12月初認真考慮過停戰問題。不過在當時的局面下，他們沒有接受那些國家的停戰建議。

如前所述，毛澤東等中國領導人於12月3日同金日成在北京會談，討論了和談問題。他們認為，談判的起碼條件是美軍撤到三八線以南，時機以在占領漢城並殲滅大量南韓軍隊後為宜。這應該是中國領導人考慮了和談問題後的結論。他們之所以做出這個決定，當時戰場上的有利形勢是基本條件，另外還存在其他兩方面的考慮。

其一是中國領導人認為，在志願軍正發動進攻並明顯占據優勢的情況下，如果在三八線止步不前，將不可避免給國際社會造成中國實際上接受了外國調停的印象。特別需要指出的是，當時美國並沒有提出停戰要求，反之杜魯門政府正在

進行大規模的戰爭動員，大量增加軍費並宣布美國進入戰爭狀態。中國領導人作出參戰的決定是因為他們斷定，美國的戰爭目標是武力占領朝鮮半島。只要美國政府不宣布放棄武力統一朝鮮的政策，中國領導人必然會認為，此時的停戰建議不論由誰提出，都是美國爭取時間重整旗鼓的計謀。實際上他們也是這樣分析的。在這種情況下，他們有理由相信，中國貿然接受調停或停止進攻，將會嚴重地損害中國的政治威望，使中國在未來可能的政治解決過程中，至少也會處於不那麼強有力的地位。從這個意義上說，那些國家既不合時宜又欠周到的調停，反而成了促使志願軍非越過三八線不可的重要原因。

其二是中國領導人不能不考慮蘇聯陣營的反應。12月1日史達林剛剛向毛澤東發出賀電，祝賀志願軍的軍事勝利，並鼓勵他們再接再厲展開攻勢。這很難不被中國領導人看作是史達林發出的信號。這時蘇聯駐華代表和北韓方面也頻頻施加壓力，要求志願軍繼續進攻，打過三八線。史達林雖然表示，應該尊重志願軍領導人的決定，並批評了蘇聯代表的態度，但他同時表示向志願軍增加2000輛汽車。毛澤東不會不理解，史達林這樣做當然是為了鼓勵志願軍繼續作戰，因為彭德懷堅持謹慎作戰的理由之一，就是戰線拉長後志願軍運輸過於困難。中國領導人承受的壓力可想而知，他們肯定會認為，如果不越過三八線，中國在蘇聯陣營中威望同樣將受到損害。

毛澤東給彭德懷的電報證明，上述兩方面的政治考慮在他的決策中占據著主要位置。他一再鼓勵志願軍領導人放手一搏。在他看來，如果志願軍不越過三八線，「必引起資本主義各國甚多猜測，民主陣線各國亦必有些人不以為然，發生許多議論」，反之則「影響甚好」。從毛澤東的決定中可以看出，他對政治威望是何等的重視，這種「重視」也是他的決策動力之一。在重要的決策過程中，任何一個外部因素會產生什麼樣的影響，取決於兩方面的條件。一方面是這個外部因素在決策過程中所占據的地位；另一方面是決策者對有關的外部因素是否重視和重視的程度，而且重視的程度往往決定著外部因素影響的實際效果。例如，如果中國領導人在新中國剛剛成立的這個階段不那麼重視蘇聯對他們言行的政治評價，蘇聯方面的某些議論所產生的影響力將是不一樣的。

需要進一步分析的是來自蘇聯的壓力和影響的某些特點。蘇聯的影響毫無疑問是導致中國領導人決定越過三八線的重要原因。不過從現在已經公開的檔案看，直到第二次戰役發動之前，史達林至少並沒有公開干預中國的軍事決策。根據史達林最初對中國出兵數量和任務的設想，他認為中國出兵的目標應該是援助朝鮮人民軍守住三八線。史達林在10月1日給蘇聯駐華大使的電報中提出，中國至少派遣5到6個師前往三八線，其目的是掩護正在潰退的朝鮮人民軍，重新在三八線以北建立防線。在隨後不久與中國領導人的會談中，史達林進一步闡述了他對戰爭前景的基本估計，即如果中國出兵與美國「進行一場認真的較量」，美國「將不得不接受就朝鮮問題進行調停的條件」。由此可以推斷，史達林有可能設想中國參戰後，將迫使美國放棄武力統一朝鮮，接受和平解決朝鮮問題。現在公開的檔案表明，在中國決策出兵到第二次戰役開始這段時間，史達林並沒有提出任何超出以三八線為界進行和談的設想或要求。換句話說，史達林這時並不認為中國參戰的結果是將美國徹底趕出朝鮮。

　　12月初13國提出停火草案後，蘇聯明顯地表現出不希望中國接受停火。12月4日，中國駐蘇聯大使王稼祥利用辭行的機會，向蘇聯外交部長葛羅米柯瞭解蘇聯對朝鮮停戰的立場。關於是否應該與美國談判停戰的問題上，葛羅米柯表示，美國並沒有提出「和平解決朝鮮局勢的建議」。當王稼祥詢問志願軍是否應該越過三八線，葛羅米柯稱應該「趁熱打鐵」。從葛羅米柯的解釋看，很可能這時蘇聯領導人還沒有對志願軍越過三八線問題作出明確決定，但他們顯然不希望中國在第二次戰役後就此止步。

　　根據目前公布的檔案，蘇聯在王稼祥與葛羅米柯談話三天後，開始明確表示志願軍應該越過三八線並占領漢城。12月7日，周恩來告訴蘇聯駐華大使羅申，為了避免在停戰問題上處於不利地位，中國準備向有關國家提出停戰的五項條件。周恩來表示希望瞭解蘇聯的態度。葛羅米柯當天即指示羅申轉告中國方面，應該在占領漢城後，再提出自己的停戰條件。與此同時，蘇共政治局批評蘇聯駐聯合國代表維辛斯基，不應建議在朝鮮停戰，他應該提出「一切外國軍隊立即撤離朝鮮」。蘇共政治局認為，當前美國建議停戰只不過是為了爭取時間來挽救失敗。

蘇聯的上述行動表明，這時蘇聯同樣認為，志願軍的作戰目標應該是打過三八線占領漢城，占據有利地位後再提出停戰條件。從時間的順序看，蘇聯的決定是在毛澤東同金日成12月3日談話以後。不能排除蘇聯領導人是在瞭解了毛澤東關於占領漢城的談話以後，才作出上述決定的。但是蘇聯的決定既可以說是對中國的鼓勵，同時也是對中國的壓力。特別是在何時和如何提出停戰條件的問題上，蘇聯的態度更是決定性的。因為如果沒有蘇聯在聯合國的配合與支持，中國是無法解決和談問題的。正因為如此，周恩來瞭解蘇聯的態度後，立即通知在聯合國開會的中國代表，對停戰問題不要急於表明中國的條件，應採取拖延的方針。

　　總而言之，中國與蘇聯在決策越過三八線的過程中，實際上是相互影響，相互推動的。最初是志願軍的軍事勝利使得中國領導人傾向於提高戰爭目標；然後是蘇聯領導人鼓勵中國領導人決策越過三八線，並因此反對在越過三八線以前開始停戰談判；再然後是毛澤東雖然瞭解了志願軍的實際困難，卻必須考慮蘇聯的決定和反應；最終的結果是彭德懷透過制定謹慎的作戰方針，大致協調了政治需要與軍事困難之間的矛盾。

　　最後應該肯定的是，第三次戰役基本上是成功的，它使中國處於相當有利的政治地位。後來的問題在於是否能夠善用這種有利條件，這已經不屬本文探討的範圍了。

　　結論

　　綜上所述可以得出兩個結論。第一，志願軍越過三八線決策是韓戰發展到一定階段的產物，它的產生同中國出兵決策時制定的戰爭目標的模糊性（或曰彈性）有直接的關係。第二，志願軍越過三八線的決策是「政治決策」，即主要是考慮政治需要的軍事決策，儘管過程極其複雜，從結果看無疑是對中國有利的。「戰爭是政治的繼續」，在戰爭中軍事計劃經常要根據政治上的需要進行調整。戰爭決策之所以被稱為一門藝術，其原因之一就在於，當政治需要與軍事能力之間出現矛盾時，如何能加以有效與合理地協調。這包括協調的機制是否有效，制度的保障是否可靠，以及決策者是否具有協調的智慧和能力。

論「戰爭局部化」與停戰談判決策
——抗美援朝決策研究之三

本文研究的「停戰決策」是指1951年夏季中國人民志願軍發動第五次戰役以後，中國領導人決定接受美國方面的建議進行停戰談判的決策。目前只能間接地看到當時中國決策層的有關表述，即：「充分準備持久作戰和爭取和談達到結束戰爭。」本文的重點是探討這項政策形成過程中涉及的主要問題，故在此不對此段話進行詮釋。

從1950年10月初決定出兵朝鮮到1951年6月決定與美國舉行停戰談判，中國領導人經歷了一系列驚心動魄的決策過程，其中的停戰決策具有重大意義。從後來的發展看，儘管停戰談判持續了兩年之長，中美在朝鮮戰場較量的基本態勢卻是在1951年6月固定下來的。後來雙方反覆進行過多種規模的戰役，其結果均未能改變沿三八線附近對峙的基本格局。從軍事角度看，這種情況反映了中美在朝鮮半島的軍事力量由於各種複雜因素的制約，大致達到一種平衡狀態。

中國領導人在1951年6月決定進行停戰談判，無疑是基於對軍事力量對比的實際態勢的認知和認可。需要進一步回答的問題是，在決定出兵朝鮮和決定停戰談判之間的戰爭進程中，中國領導人是否考慮過，經過一段時間的戰爭，會出現停戰和透過談判解決朝鮮半島問題的可能性？在什麼條件下可以停戰和透過談判解決問題？以及在停戰談判的情況下爭取達到什麼目標？如果答案是否定的，那麼對停戰決策的解釋相對來說就比較簡單了。可以基本推斷，中國的戰爭目標從一開始就是明確簡單的，即將美軍驅逐出朝鮮半島。中國領導人只不過是在某個階段面對軍事鬥爭的結果，終於做出停戰的決定。近年來國內外的一些論著論述了這個觀點。也有論著提出基本相反的看法，認為志願軍參戰的目的就是打擊侵略，「恢復朝鮮和平」，透過和平方式解決朝鮮問題。似乎停戰談判本來也是中國出兵的目的，至少也是目的之一。

在本文論述的那個時期，目前可見到的直接或間接的歷史資料證明，中國決策層集體討論抗美援朝的戰略問題有過三次。第一次是1950年10月初討論是否出兵；第二次是1951年2月彭德懷回北京，討論志願軍未來的戰略方針；第三次是第五次戰役以後討論是否停戰。三次集體決策都存在不同意見，但相比較而言，中國領導人在第五次戰役以後就停戰談判問題達成共識，明顯要容易得多。這有可能也是有關這次會議的資料和探討均不多的原因。

據聶榮臻回憶，第五次戰役以後毛澤東主持會議，討論「下一步怎麼辦」，參加會議的人數不詳，但被稱為是「中央開會」，應屬比較正式的集體決策。與會者多數同意在三八線附近停戰，邊打邊談，爭取談判解決問題，會議確定了停戰談判的方針。聶榮臻回憶他當時提出的停戰理由是值得注意的，即：（1）占領三八線以北已經達到出兵的政治目的，（2）沿三八線停戰各方也比較好接受。這裡指出了中國決策層的兩個基本考慮：首先是中國已經達到了目的，換句話說是維護了被定義的基本利益；其次是「各方」可以理解為既包括敵人，也包括盟友。

聶榮臻的回憶大致反映了當時的實際情況，可以據此斷定，僅以中國領導人認識到五次戰役以後戰場形勢中存在不利因素作為促使他們決定停戰的理由，顯得過於簡單了，畢竟中國在1950年10月面臨的軍事態勢並不能說比1951年5月就要好，他們卻毅然決定直接參戰。反之，以中國領導人一貫主張和平解決朝鮮問題作為促使他們決定停戰的原因，同樣是過於簡單的。除了對戰場形勢的認識外，還有其他一些複雜的因素促成了中國領導人決定停戰談判。所以，仍有必要對中國的停戰決策進行更深入的探討，以豐富對中國抗美援朝決策的理解。

近年來已經出現的一些論著提出了一些很有價值的觀點。不過同中國出兵決策的研究相比，仍然比較薄弱，特別是同抗美援朝軍事戰略研究的結合不夠充分。本文擬針對以往研究中存在的一些疑問，重點探討中國的軍事戰略——包括「戰爭局部化」的戰略、志願軍作戰目標的制定及其變化等因素——對停戰決策的影響。

一、「戰爭局部化」與出兵前的軍事目標

沿著抗美援朝戰爭發展的脈絡可以看出，中國的決策目標有一條明顯的變化曲線。如果以三八線為橫坐標，這條曲線大致是從上向下滑動，一直到低於三八線；然後是向上滑動超過三八線，以及再向下滑動直到三八線為止（見下圖）。導致中國決策目標變化並最終鎖定在三八線的原因，固然首先取決於戰場上的軍事較量。從深層次上看，則是中國在決策出兵過程中已經大致形成的「戰爭局部化」概念的合邏輯的結果。

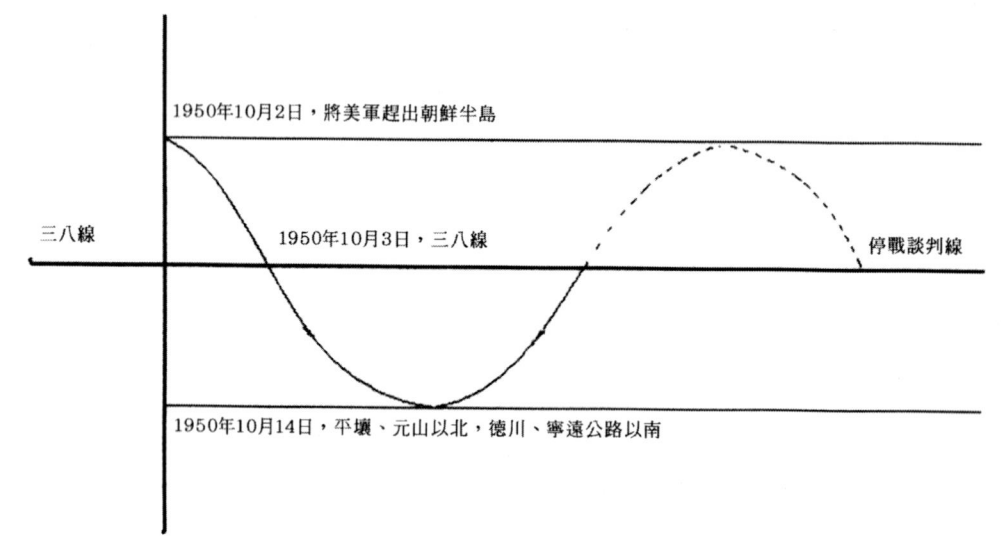

```
                1950年10月2日，將美軍趕出朝鮮半島
三八線                1950年10月3日，三八線                    停戰談判線


                1950年10月14日，平壤、元山以北，德川、寧遠公路以南
```

以往的研究已經比較充分地論證了美國企圖使用武力統一朝鮮半島在當時對中國戰略利益的威脅和損害，以及中國在決定出兵與美軍作戰的過程中所面臨的主要困難和問題，包括軍事上的困難和與盟國蘇聯之間協調政策的問題，以及由此引起的決策層內部在出兵問題上的分歧，等等。正是基於對各種複雜因素的爭論和分析，中國領導人在出兵決策過程中，已經基本上形成了使韓戰「局部化」的戰略原則，它大致包括三個內容：其一是儘可能防止朝鮮半島的戰爭擴大到中國本土；其二是阻止美國在朝鮮北部、特別是靠近中國邊境的地區實行軍事占領；其三是使北韓政權在朝鮮半島生存下去。

「戰爭局部化」作為中國決策的一個重要概念，最初是周恩來10月3日同潘尼迦會談中提出的，他當時使用的是「使朝鮮事件地方化」，即朝鮮半島交戰各方應立即停戰，外國軍隊應該撤退。他當時提出的絕對條件是美軍不得越過三八線。可以說這個概念包含了當時中國解決朝鮮問題的戰略意圖，它是相當明確的，正如周恩來後來不久所說的，中國出兵就是使戰爭「局部化」。從後來的進程看，「戰爭局部化」的概念直接影響到中國是否出兵的決策、出兵後的作戰方針以及最終解決朝鮮問題的方式。

　　以往的研究表明，美軍企圖用武力統一朝鮮半島，於10月初大規模越過三八線，是導致中國決心參戰的關鍵性因素。這一事件導致的結果並非因為其簡單就可以被忽略，即它使中國領導人認為，只有打敗或打退美國的干涉，才能從根本上保證本土的安全。同樣的邏輯，中國領導人必然認為，只有在軍事上打敗美國的干涉，才有可能實現韓戰「局部化」的戰略目標。

　　毫無疑問，出兵朝鮮同樣有可能導致美國將戰爭擴大到中國本土，其風險至少同不出兵同樣大。毛澤東從決心出兵的時刻便在考慮這個問題，準備「美國宣布和中國進入戰爭狀態，就要準備美國至少可能使用其空軍轟炸中國許多大城市及工業基地，使用其海軍攻擊沿海地帶」。做最壞的準備也是中國決策層決定出兵後的共識。中國領導人實際上在盡一切努力避免這種前景，或者儘可能地減少受損害程度。他們採取了預防性的外交活動，包括以中國人民志願軍的名義出兵以避免使美國向中國宣戰，以及爭取蘇聯承諾提供必要的援助。

　　中國領導人爭取蘇聯援助的過程表明，他們當時將儘可能避免韓戰蔓延到中國作為首要的考慮，這也是蘇聯的援助起碼要達到的標準。在10月3日轉達給史達林的電報中，毛澤東陳明了中國決策層對出兵的具體顧慮，其中主要的擔憂就是「引起美國與中國的公開衝突」。史達林在答覆中主動提到中蘇同盟條約，表示如美國擴大戰爭（目前可能性並不大），蘇聯將與中國並肩作戰。史達林的承諾對中國決定出兵無疑起了重要的推動作用。

　　在隨後的交涉中，史達林雖然沒有承諾立即在朝鮮半島向志願軍提供空中掩護，但保證立即向中國本土提供空中保護。這是在得知蘇聯暫時不能向志願軍提

供空中掩護後，毛澤東用以說服他的戰友可以出兵的重要理由之一。在10月13日給周恩來的電報中，毛澤東強調了蘇聯空軍保護中國本土的重要性。兩天後毛澤東再次電告周恩來，表示了同樣的關注。在爭取蘇聯幫助的同時，中國也在加強全國性的防空準備。

中國領導人的外交努力是成功的，它使抗美援朝戰爭最初階段形成了這樣的態勢：中國軍隊在朝鮮半島向美軍發動大規模進攻時，中國領導人基本上沒有本土會遭到美國海空軍攻擊的後顧之憂。

中國領導人在志願軍入朝作戰前制定的作戰計劃與「戰爭局部化」的戰略原則是一致的。最新的研究成果援引的有關歷史文獻也證明，在美國介入韓戰後不久，中國決策層即將美軍越過三八線確定為中國出兵的底線。由此產生的一個問題是，既然三八線具有這種意義，那麼是否中國在決策出兵時，就已經將三八線作為可以達到和可以就此止步的作戰目標？對此顯然不是用「是」或「不是」就可以解釋清楚的。已經公布的檔案表明，中國領導人從考慮參戰起，他們提出的作戰目標至少是經常變動的，有時甚至是模糊的。

10月2日毛澤東在給史達林的電報中的確明確提出，既然出兵朝鮮，就「要準備在朝鮮境內殲滅和驅逐美國及其他國家的侵略軍」。當然他也承認存在另外兩種可能的不利情況。有兩個因素可能決定著毛澤東的思考邏輯。其一是從韓戰爆發後，中國領導人在考慮有關問題時，前提一直是如何幫助北韓「爭取勝利」，而不是像後來做出參戰決定時那樣，必須考慮如何拯救那個政權。另一個必須考慮的因素是，美軍正乘勝向鴨綠江挺進。任何一個中國領導人當時恐怕都很難想像，除了徹底打敗美軍以外，還有其他辦法可以迫使美國放棄武力統一朝鮮的政策。

在隨後的集體討論中，決策層中幾乎沒有人贊成毛澤東要出兵朝鮮的想法。10月3日周恩來緊急約見印度駐華大使潘尼迦，為避免同美國的戰爭做最後一次外交努力。從談話發生的時間看，他表達的內容應該就是中國決策層當時的共識。周恩來告訴潘尼迦：「美國軍隊正企圖越過三八線，擴大戰爭。美國軍隊果真如此做的話，我們不能坐視不顧，我們要管。」他的談話顯示，中國關注的是

美軍不得越過三八線,其次是和平解決朝鮮問題,即恢復戰爭爆發前的狀況,包括美軍最終撤出朝鮮半島。在這裡三八線並不是作為中國軍隊的作戰目標提出來的,不過可以根據周恩來的談話確定,它是中國可以接受的一條「安全線」。如果能夠基本確定周恩來的談話是中國決策層討論後的共識,那麼前述聶榮臻回憶就應該不是空穴來風。

10月中旬,中國領導人再次調整了戰爭目標。在10月初的集體討論中,林彪曾經提出過「出而不戰」的建議,即屯兵於朝鮮北部觀察形勢。10月中旬,毛澤東明確提出,志願軍入朝後,先在平壤、元山鐵路以北和德川、寧遠公路以南地區構築防線,「六個月以內再談攻擊問題」。這幾乎就是「出而不戰」的計劃,不同的是將防線南推到德川、寧遠公路以南和平壤、元山鐵路以北地區。毛澤東認為這是當時唯一有把握做到的,當然也是有利的。用他的話說,就是「將國防線由鴨綠江推進到德川、寧遠及其以南的線,而這是有把握的和很有利益的」。

導致中國領導人調整作戰目標的因素主要是兩個。其一是戰場形勢的迅速惡化和中國領導人對實際情況的進一步瞭解。另一個至關重要的因素是當中國真正決定出兵的時候,可能是由於對中國軍隊能否取勝缺乏信心,特別是擔心空軍大規模參戰導致與美國的軍事衝突,史達林在是否向志願軍提供空中掩護的問題上大步後退。10月10日,史達林向到訪的周恩來和林彪表示,蘇聯空軍還沒有準備好,至少兩到三個月內不能為志願軍提供空中掩護。

毛澤東獲知蘇聯不能提供預期的援助後,於10月12日提出,志願軍的任務是到「元山、平壤線以北大塊山區打開朝鮮的根據地」,6個月後「可攻擊美軍」。10月14日,毛澤東經過與彭德懷等反覆交換意見,進一步明確提出了志願軍入朝的作戰目標,即「在平壤、元山鐵路以北,德川、寧遠公路線以南地區構築兩道至三道防禦線。如敵來攻則在陣地前面分割殲滅之,如平壤美軍、元山偽軍兩路來攻則打孤立較薄之一路」,「在我軍裝備訓練完畢,空中和地上均對敵具有壓倒的優勢條件之後,再去攻擊平壤、元山等處,即在六個月以後再談攻擊問題」。在19日志願軍跨過鴨綠江的當天,毛澤東要求「在目前幾個月內,

只做不說」，他甚至進一步含糊了志願軍的作戰目標，即在朝鮮北部「一部分地方站穩腳，尋機打些運動戰，支持朝鮮人民繼續奮鬥」。

當然，上述變化並不意味著毛澤東本人完全放棄了將美軍驅逐出朝鮮半島的想法，他畢竟還保留著6個月以後同美軍作戰的選擇。但不應過度解讀那句話，因為首先它不過是諸多軍事選擇中的一種，而6個月後出現「對敵具有壓倒的優勢條件」只是毛澤東的設想而已，實際情況是它從來沒有出現過。另一方面必須考慮到戰場的實際情況，當時中國決策層的所有戰略設想都是建立在這樣的判斷上，即美軍未經嚴重打擊不會自動放棄武力統一朝鮮政策的。這一判斷在當時是相當合理的，至少也是可以理解的，據此而準備同美軍作戰並爭取勝利，也是理所當然的。

總而言之，在出兵決策的過程中，不論基於何種理由，中國領導人相繼提出的作戰目標呈現向下滑動的曲線，即在考慮可能面臨的困難的基礎上，逐步降低作戰目標，三八線差不多就在這條滑動曲線的中間。在這裡有必要指出，五次戰役顯然不是中國領導人在志願軍出國之前制定的作戰計劃中所預定的，甚至不是他們所預期的，由此才能理解後來為什麼會一再考慮停戰的問題。

二、停戰談判設想的提出

　　如上所述，在出兵決策過程中，中國領導人對參戰目標的闡述是相當有彈性的，他們一再提出的「使美國知難而退」就是一種比較有代表性的表述方式。彈性的作戰目標無疑應該包含這樣的迴旋餘地，即在一定條件下透過談判解決有關問題。從實際情況看，中國領導人也的確考慮到這種可能性，周恩來在志願軍進入朝鮮後不久曾談到過，在戰爭進行到一定階段上，有可能透過談判解決朝鮮問題。

　　史達林當時的看法也有其參考價值。從現有的檔案看，史達林在10月1日給蘇聯駐華大使的電報中提出，如果中國向北韓提供軍事援助人員，哪怕是五六個師迅速推進至三八線，以便北韓軍隊能在中國軍隊掩護下，撤到三八線以北組織後備力量。在隨後不久與中國領導人的會談中，史達林進一步闡述了他對戰爭前景的基本估計，即如果中國出兵與美國「進行一場認真的較量」，美國「將不得不接受就朝鮮問題進行調停的條件」。由此可以推斷，史達林有可能設想中國參戰後，將迫使美國放棄武力統一政策，接受和平解決朝鮮問題。已公開的檔案表明，在中國決策出兵到第二次戰役開始這段時間，史達林並沒有提出任何超過以三八線為界進行和談的設想或要求。換句話說，史達林當時並不認為，中國參戰的結果必然是將美國徹底趕出朝鮮。

　　不過，上述情況只能證明中國領導人考慮到有談判的可能，這並不能簡單地等同於中國領導人早就預見到，會出現後來沿三八線停戰談判的局面。況且這首先也不取決於中國方面，志願軍的作戰對象美軍在遭到第三次戰役的打擊以前，也從來沒有考慮過停戰談判的問題。

　　從志願軍進入朝鮮初期的軍事行動看，毛澤東明顯趨向於提升作戰目標，這種提升是逐步的，但的確相當迅速，而且是在與志願軍領導人的協調中進行的。影響中國決策層迅速調整作戰目標的首要和直接的原因，是朝鮮戰場形勢急劇惡化，致使志願軍無法按照原定方針進行防禦作戰。

志願軍參戰初期的作戰方針如上述，即「先在朝鮮北部尚未喪失的一部分地方站穩腳，尋機打些運動戰，支持朝鮮人民繼續奮鬥」。據此，志願軍領導人將入朝後的作戰目標確定為「在朝鮮北部控制一大塊地區」。具體部署是爭取控制龜城、泰川、德川、寧遠到五老里一線，展開積極防禦作戰。毛澤東甚至提出，志願軍入朝參戰「幾個月內，只做不說」。

問題是當志願軍跨過鴨綠江時，他們已經無法進入預定地區實施防禦。至10月20日，即志願軍進入朝鮮的第二天，西線的南韓先頭部隊三個師已經進抵離志願軍預定防線90—130公里的順川、新倉里、成川、破邑一線。東線南韓先頭部隊一個師則已經進入志願軍預定防禦地區。此時進入朝鮮的志願軍為四個師又一個團，他們離預定防禦地區的距離比南韓軍隊要遠將近一倍。10月21日聯合國軍從平壤、元山全線向北進攻。

志願軍領導人注意到朝鮮戰局的變化，他們認為志願軍有可能立即以運動戰方式，殲滅部分南韓軍隊，使聯合國軍不敢冒進。不過當前的戰役不應改變原定的方針。10月22日彭德懷電告毛澤東：「在半年內，我軍基本方針是保持長津、熙川、龜城以北地區和長甸河口、輯安、臨江渡河交通，爭取時間，準備反攻條件。目前我無制空權，東西沿海諸城市甚至新義州，在敵海陸空和坦克配合轟擊下是守不住的，應勇敢加以放棄，以分散敵人兵力，減少自己無謂消耗。目前戰役計劃以一個軍箝制敵人，集中三個軍尋機消滅偽軍兩三個師後，以達到爭取擴大和鞏固元山、平壤線以北山區，發展南韓游擊戰爭。」

毛澤東則認為必須改變志願軍原定的作戰方針。在他看來，志願軍初期作戰可能導致如下三對變數：

其一，如果志願軍取得較大的勝利，聯合國軍將停止進攻甚至在一些地區後退；反之如果戰果不大，聯合國軍增援迅速，戰局將對志願軍不利。

其二，如果美空軍給志願軍造成重大損失，志願軍將處於很困難的地位；反之如美空軍無法造成嚴重破壞，志願軍則可以透過運動戰大量殲滅聯合國軍。

其三，如果美軍大量增兵而志願軍運動戰並不順利，將造成志願軍被動和困難；反之則對志願軍有利。

毛澤東提出「應當力爭此次戰役的完滿勝利，力爭在敵機炸擾下仍能保持旺盛的士氣進行有力的作戰，力爭在敵人從美國或他處增調兵力到朝鮮以前多殲滅幾部分敵人的兵力，使其增補趕不上損失。總之，我們應在穩當可靠的基礎上爭取一切可能的勝利」。他認為當前「是爭取戰機問題，是在幾天之內完成戰役部署以便幾天之後開始作戰的問題，而不是先有一個時期部署防禦然後再談攻擊的問題」。志願軍應迅速完成作戰部署並發動進攻，爭取殲滅西線南韓三個師，以「轉變朝鮮戰局」。 正是在調整作戰計劃的背景下，毛澤東在志願軍進入朝鮮後第一次首次明確指出，如能大量殲滅美韓軍隊，就有「迫使美國與我外交談判之可能」。

志願軍發動的第一次戰役固然取得了勝利，不過並沒有取得大量殲滅美、韓軍隊的戰果。這意味著毛澤東設想的第一、第二兩對變數中的有利情況並沒有出現，戰局將如何發展還無法確定。

第一次戰役的結果明顯地制約著毛澤東對第二次戰役目標的思考。他堅持志願軍應該經過一到二次作戰，將「防禦局面改變為進攻局面」；而這個目標將透過運動戰迅速大量殲滅敵方生力軍予以實現。毛澤東於11月初提出，將德川方向作為戰略重點。他強調指出：「德川方面甚為重要，我軍必須爭取在元山、順川鐵路以北區域創造一個戰場，在該區域消耗敵人的兵力，把問題擺在元山、平壤的正面，而以德川、球場、寧邊以北以西區域為後方，對長期作戰方為有利。」此後不久，他進一步明確，「爭取在本月內至十二月初的一個月內東西兩線各打一二個仗，共殲敵七八個團，將戰線推進至平壤、元山間鐵路線區域」，他聲稱如此志願軍「就在根本上勝利了」。

所謂「根本上勝利」基本上可以理解為志願軍取得戰場主動權，具體地說就是要將戰線向南推進到平壤、元山正面一線，建立德川、球場、寧邊及其以北以西的戰略後方，造成進可攻退可守（甚至可和）的戰略態勢。這也是志願軍入朝前夕確定的戰略方針，區別只不過在於，它現在是透過運動戰沉重打擊美、韓軍隊之後才能實現。毛澤東稱這一設想的實現為「根本上勝利」，是因為控制這個地區具有重要的戰略價值。如彭德懷在第五次戰役後指出，「元山、平壤線必須

控制於我手」，否則美軍占領該地區將「控制朝鮮蜂腰構成防禦縱深對我是不利的」。毛澤東在部署第五次戰役時，也表示這一地區是必須控制的底線。由此觀之，第二次戰役雖然是進攻作戰，但它要達到的目標是同出兵前夕的計劃基本一致的。

本文之所以強調第二次戰役作戰目標與決定出兵時的確定的作戰目標之間的聯繫或一致性，是因為唯其如此才能理解，為什麼在這個時期中國決策層會就未來的作戰目標展開討論，而這些討論已經直接觸及到「停戰談判決策」這個本文探討的關鍵問題。目前還只能從一些間接的資料中，看到討論的（很可能是）部分內容。

12月3日，即第二次戰役取得初步勝利和志願軍準備攻占平壤時，毛澤東在北京會見了金日成。目前還不清楚金日成為什麼這時訪問北京，合理的推斷應該是與戰局發展有關。毛澤東在會談中向金日成分析了戰爭的前景，並像以往一樣，指出戰爭既可能拖長也可能速勝。值得注意的是針對國際上出現的調停活動，毛澤東認為美國很可能提出停戰。他第一次提出了明確的停戰談判條件，即美國承認撤出朝鮮，首先撤退到三八線以南。他告訴金日成：「敵人有可能要求停戰，我們認為必須承認撤出朝鮮，而先撤至三八線以南，才能談判停戰，最好我們不但拿下平壤，而且拿下漢城，主要得消滅敵人，首先是全殲偽軍，對促進美國撤兵會更為有力量。美國如果承認撤兵，聯合國有可能同意在中蘇參加的條件下，主張全朝鮮在聯合國監督下，選舉自己的政府。」不過他根據自己政治經驗提醒金日成，美國的「諾言協定都不可靠，故應從最壞方面著想」。

從12月3日的談話中可以看出，毛澤東對戰局的看法出現兩點變化：其一是與出兵前後相比，毛澤東明顯地樂觀多了，他認為已經存在迅速結束戰爭的可能性；其二是明確提出將聯合國軍退到三八線以南作為停戰的必要條件，時機以在占領漢城並殲滅大量南韓軍隊後為「最好」。這無疑是毛澤東堅決主張發動第三次戰役的重要原因。這裡需要強調的是，毛澤東始終認為，一切可以接受的前景能否實現，都取決於軍事上的勝利，否則即使與美國達成協議也是不可靠的。毛澤東的思考中的這種觀點是相當重要的，在當時也是合理的。對美國的極度不信

任應該被認為是影響中國停戰決策的重大因素。指出這一點是因為以往一些研究未予足夠的認識。

當時國際環境中的一些因素在這個階段可能對他的決心產生了更重要影響。當時蘇聯駐華代表和北韓方面頻頻要求志願軍繼續進攻，打過三八線。12月4日，中國駐蘇聯大使王稼祥會見蘇聯外交部長葛羅米柯，談到停戰問題。後者表示美國自己並沒有提出「和平解決朝鮮局勢的建議」，而志願軍應「趁熱打鐵」越過三八線。12月7日，周恩來告訴羅申，為避免在停戰問題上處於不利地位，中國準備向有關國家提出停戰的五項條件。葛羅米柯當天即指示羅申轉告中國方面，應該在占領漢城後，再提出自己的停戰條件。與此同時，蘇共政治局批評蘇聯駐聯合國代表維辛斯基，不應建議在朝鮮停戰，他應該提出「一切外國軍隊立即撤離朝鮮」。蘇共政治局認為，當前美國建議停戰只不過是為了爭取時間來挽救失敗。盟國的態度顯然在推動毛澤東下決心堅決突破三八線。

12月3日談話的內容於第二天轉達給志願軍領導人，後者的答覆表明，他們對戰局的估計顯然不像毛澤東那麼樂觀。志願軍領導人認為，要徹底打敗美軍，必須經過艱苦的努力。聯合國軍的一線部隊達20萬，志願軍與朝鮮人民軍加在一起為30萬，不占絕對優勢。經過連續兩次作戰，部隊相當疲勞，而且後勤供應不足，西線主力20萬人僅有300輛汽車供運輸之用，其困難程度難以想像。故戰爭很難迅速結束，目前志願軍應進行較長時間的休整和補充，否則很難應付艱苦的攻擊作戰。

毛澤東與志願軍領導人對戰局的不同判斷當時比較突出地反映在第三次戰役是否要突破三八線上。12月8日，彭德懷在命令志願軍各部向三八線附近的攻擊位置挺進的同時電告毛澤東，在是否越過三八線的問題上，應該根據戰局的發展再做決定。他說：「能殲滅偽一、六兩師、美廿四師、騎一師，或給以殲滅性打擊時，我即將進越三八線，相機取得漢城。如上述敵人不能消滅，或給以殲滅性打擊時，即能越三八線或取得漢城，亦不宜做。因過遠南進，驅退敵至大邱、大田一帶，增加以後作戰困難，故擬在三八線以北數十里停止作戰，讓敵占三八線。待我充分準備，以便明年再戰時殲滅敵人主力。」

鄧華在此後不久給彭德懷的信中，表明了他對第三次戰役的結局存在幾種不同的估計，並傾向於不大可能大量殲滅美軍，因此建議應準備長期作戰。鄧華認為：「第三個戰役可能打出三個可能：一為敵被迫談判求和，二為被迫撤出朝鮮，三為安上橋頭堡一個（大邱、釜山）或兩個（漢城、仁川）。如我能殲滅比上一戰役更多的美軍，則可能出現第一、二個可能，否則為第三個可能。根據今天情況看來，第三個可能大。因敵有兩次經驗，且兵力更加集中了。雖如此，我們仍應爭取前兩個可能，縮短戰爭時間，於全局有利。……假如打成第三種局面，我意作較長期打算。保留小部分（兩三個軍）配合人民軍並撐他們的腰，廣泛開展游擊戰，來糾纏疲憊和消耗敵人。」

　　毛澤東沒有接受志願軍領導人的主張，堅持志願軍無論如何要堅決突破三八線。毛澤東主要提出了兩個理由。其一是美國正要求志願軍停止在三八線以北，如果志願軍這時將攻勢限制在三八線以北，等於在客觀上造成接受美國要求的態勢，政治上極為不利；其二是從未來作戰考慮，要打破「三八線在人們中存在的舊印象」，保持戰略上有更大的選擇範圍，避免被三八線束縛。

　　彭德懷在經過幾天的苦思冥想以後，決心制定一項相對保守的戰役計劃，使志願軍既能突破三八線，又不至於陷入困境。彭德懷在部署越過三八線作戰的同時告訴毛澤東：「據我看韓戰仍是相當長期的、艱苦的。敵人由進攻轉入防禦，戰線縮短，兵力集中，正面狹小，自然加強了縱深，對聯合兵種作戰有利。美偽軍士氣雖然較前低落，現在還有二十六萬左右兵力。政治上，敵馬上放棄朝鮮，對於帝國主義陣營來說是很不利的，英法也不要求美國這樣做。如再吃一兩個敗仗，再被消滅兩三個師，可能退守幾個橋頭陣地（釜山、仁川、群山），也不會馬上全部撤出朝鮮。我軍目前仍應採取穩進。」所謂「穩進」，即「專打偽軍，目標縮小，能吃就吃，適時收兵」，越過三八線以後能否控制該地區也要視情況而定。不論基於什麼原因，毛澤東表示贊成支持彭德懷提出的「穩進」方針，同意「如不順利則適時收兵，到適當地點休整再戰」，戰役結束後「後退幾十個公里進行休整」。

　　第二次戰役勝利後中國決策層內部對朝鮮戰局的討論表明，中國決策層的確

在進一步考慮停戰談判。不過戰局的順利發展使毛澤東本人越來越樂觀。他在第二次戰役取得初步勝利時，提出起碼要迫使美軍撤到三八線以南，才有可能進行停戰談判，甚至對迅速迫使美軍撤出朝鮮半島抱有希望。但就中國決策的完整過程看，志願軍領導人的看法也具有重要的影響，這主要體現在為第三次戰役制定了穩妥的作戰方針，從而保證志願軍在突破三八線的同時，避免了在軍事上承擔無法完成的任務。中國因此獲得了強有力的政治地位，志願軍也基本保持了應付美軍隨後發動反攻的戰略地位和軍事實力。

三、停戰談判決策的形成

　　肯定「戰爭局部化」戰略原則的存在和影響（包括宏觀指導意義），並不等同於認為只要確定一項基本合理戰略原則，它在每一個關鍵時刻就會自動地導致正確的決策。在現實中任何一項合理的戰略都不會自動導致在關鍵時刻作出合理的選擇。決策者是否能審時度勢，經常是至關重要的。第三次戰役結束就是一個關鍵時刻，一方面是志願軍突破三八線並占領了漢城；另一方面聯合國「朝鮮停火三人小組」提出了立即停火的五點建議，其內容接近周恩來12月下旬提出的停戰條件，而且不論基於什麼理由，美國已表示可以接受。這種局面導致中國決策層再次就朝鮮戰局和志願軍的作戰目標展開討論。最初討論的是是否接受「朝鮮停火三人小組」關於立即停戰的建議。

　　第三次戰役的目標是突破三八線和在運動戰中大量殲滅敵軍。從戰役結果看，志願軍雖然占領了三七線以北地區並控制漢城，卻沒有大量殺傷敵軍。這本在志願軍領導人的預料之中，問題是在規劃第三次戰役過程中已經反映出來的速勝情緒，在志願軍突破三八線的激勵下迅速發酵。國內輿論高唱「把不肯撤出朝鮮的美國侵略軍趕下海去！」

　　盟國也不斷施加壓力。很可能是延續第三次戰役之前的政策，1月11日，也就是周恩來聲明發出的前六天，蘇聯代表已經在聯大發言，反對「朝鮮停火三人小組」的建議案。蘇聯的決定極大地限制了中國領導人的選擇餘地，因為在何時和如何提出停戰條件的問題上，蘇聯的態度幾乎是決定性的。如果沒有蘇聯在聯合國的配合與支持，中國是無法解決和談問題的，況且志願軍要依賴蘇聯的軍事援助。這或許可以幫助理解，為什麼前引聶榮臻回憶中稱，停戰條件要考慮是否「各方」都可以接受。

　　彭德懷堅決反對繼續進攻，不同意北韓方面關於美軍會很快退出朝鮮的判斷，認為志願軍已經無法迅速發動新的攻勢。他甚至在1月15日致電周恩來，表示不贊成立即拒絕聯合國「朝鮮停火三人小組」的停戰方案。他建議提出有限期停戰，以便爭取兩個月的休整時間。由此可見他對於志願軍的困難估計得相當嚴

重。

　　這時的關鍵是毛澤東本人的看法。1月14日毛澤東在給彭德懷的電報中闡述了他對戰局的估計，認為今後有兩種可能性。其一是美軍「略作抵抗，即退出南韓」；其二是在大邱、釜山抵抗到無法堅持下去「方才退出朝鮮」。總之是美軍早晚要退出朝鮮。他因此提出春季作戰目標就是「解放全朝鮮」，並轉告史達林。正是這種看法使毛澤東不願因接受停火而束縛未來作戰和降低對美軍的威懾。重要的是這種看法已經開始貫徹到志願軍的軍事部署和準備中。這是導致中國領導層拒絕當時「朝鮮停火三人小組」建議的最主要原因，其結果是使中國喪失了一次取得外交主動和分化敵方陣營的有利時機。

　　不過，在軍事行動方面，毛澤東堅決支持彭德懷停止進攻、休整軍隊的計劃。他的經驗使他相信，透過在三八線南北地區以運動戰大量消滅美軍，而不是採取長遠距離的追擊作戰和攻堅戰，就可以達到驅逐美軍的目的。所以毛澤東一方面堅持其脫離實際的目標，另一方面卻支持彭德懷的軍事計劃。他於1月15日親自打電報給史達林，詳細說明志願軍的計劃和面臨的困難。他甚至提醒史達林如不充分準備，「就會重犯朝鮮軍隊1950年6月到9月所犯過的錯誤」。當北韓強烈要求立刻發動新的進攻時，他指示彭德懷，讓朝鮮人民軍向南進攻並自行指揮，志願軍只擔任仁川、漢城和三八線以北之守備並進行休整。

　　由於美軍迅速發起反攻，導致中國決策層內部再次開始討論停戰問題。應該指出的是，志願軍領導層中這時也存在「一氣呵成，全殲敵人，全部解放朝鮮」的看法。與毛澤東不同的是，他們並不認為經過未來一、二次戰役就可以實現這個目標，而且志願軍相當嚴重地缺乏兵員、彈藥和糧食。在美軍發動進攻後不久，彭德懷再次建議提出限期停戰，志願軍向後撤退15至30公里。

　　毛澤東否決了彭德懷的建議，並再次提高了停戰的條件。他要求志願軍立即發起第四次戰役，殲滅敵軍二三萬人，占領三七線以南的大田、安東一線，從而確保穩固地控制漢城、仁川等地，那時談判將對中朝有利，現在停戰則不利，故「是我們決不能允許的」。史達林也在火上澆油，聲稱「從國際觀點看」不應放棄漢城和仁川，繼續沉重打擊敵人是「完全合適的」。彭德懷不得不執行命令，

但是他堅決主張「停止敵人前進，穩步打開戰局，……仍作長期打算」的方針，同時提醒毛澤東，如進攻不順利仍有可能後撤。毛澤東又一次批准了彭德懷的作戰方針。

2月中旬第四次戰役第一階段結束，志願軍全線轉入運動防禦戰。在2月17日發給志願軍各軍黨委並報中央軍委的指示中，志願軍領導人明確指出：「目前在敵我力量對比上，敵人還暫時占某些優勢。」正是這種判斷使彭德懷認為，已有必要回北京，就戰略方針與毛澤東等取得共識。這時中央軍委已經注意到戰局變化中的不利因素和志願軍面臨的困難，並在考慮志願軍向三八線以北地區撤退。中央軍委2月8日起草的給彭德懷的電報表明，毛澤東也開始意識到，在將美國退出朝鮮半島作為作戰目標的情況下，韓戰不可能短期內結束。

21日彭德懷到達北京的當天，即與毛澤東討論了韓戰的有關問題，這次會談對於調整志願軍的戰略方針具有決定性的意義。毛澤東和其他領導人在聽取了彭德懷的介紹後，開始改變「速勝」的觀點，提出「能速勝則速勝，不能速勝則緩勝，不要急於求成」。隨後幾天，彭德懷密集會見其他軍事領導人或參加軍委擴大會議，介紹、討論和安排與志願軍作戰相關的重大問題。這些活動對志願軍戰略方針的轉變產生了重要的影響，促使中國決策層開始放棄「速勝」思想，並提出「戰爭準備長期，儘量爭取短期」的方針。

3月1日，毛澤東將中國決策層的決定電告史達林。這份電報比較充分地反映了中國決策層經過討論後，對戰局和志願軍作戰方針的決定。電報說明：志願軍「必須準備長期作戰，以幾年的時間，消耗美國幾十萬人，使其知難而退，才能解決朝鮮問題」。根據當前戰場形勢，「敵人有重新進出三八線南北地區的可能」，並將「再占漢城，再過三八線，當不免有一番波動，必須預作準備」。史達林同意中國領導人的決定，並表示將進一步提供軍事援助。3月15日周恩來將中國的決定和史達林的回覆轉告金日成。至此中國完成了與盟國的政策協調。

需要指出的是，此時提出這個方針明顯帶有過渡性，它還不能說明毛澤東的看法發生了轉折性的變化。因為類似「戰爭準備長期，儘量爭取短期」的說法，毛澤東在第二次戰役結束前後就講過。從政策調整的過程看，首先中國決策層仍

然將作戰目標確定為將美軍趕出朝鮮半島，所謂「準備長期作戰」是以此為出發點的。其次是沒有討論談判問題。其原因很可能是在美軍在戰場仍占據軍事優勢並正在發動大規模攻勢的時候，中國決策層不認為美國會有意停戰談判，而且他們必然會認為，在這種軍事被動的情況下提出停戰，將使自己處於不利的地位。這裡需要強調的是，他們直到這時都一直堅定地相信，志願軍如果不能取得巨大的軍事勝利和軍事優勢，美國不會停戰並放棄武力統一朝鮮的政策。這也是他們總是提出要將美軍趕出朝鮮半島的重要原因。

4月22日中朝軍隊發起第五次戰役。此次戰役是在判斷美軍有可能在中朝軍隊側後登陸的情況下提前發動的。戰役方針是在三八線和三七線之間大量殺傷當面敵軍，打破敵軍登陸作戰計劃，「奪回主動權」。至戰役結束時，雙方在三八線地區形成了相對穩定的戰線，戰爭呈相持狀態。第四、第五次戰役的情況清楚地表明，志願軍在軍事上的弱點，如無空軍掩護，部隊機動能力不足，戰線拉長後後勤供應極其困難，等等，一時難以克服，還要時刻準備應付美海空軍對中國本土的攻擊。加之美軍在前兩次戰役遭到沉重打擊後迅速改變戰術，致使志願軍已經不可能像第一、第二次戰役那樣，在運動戰中殲滅敵生力軍。

不可能在短時期內打破軍事僵局並建立軍事優勢，是此後不久中國決策層能夠迅速就停戰談判達成共識的重要原因。當時彭德懷顯然再次感到，有必要進一步與中央討論今後的戰略方針。5月下旬第五次戰役結束後，彭德懷即派遣鄧華及一些重要的一線軍級首長等返回北京。

志願軍固然有重新調整軍事戰略的需要，不過直接導致6月初中國決策層討論是否停戰談判以及相應地調整軍事戰略的關鍵因素，是恰在此時蘇聯向中國通報了6月1日美國代表凱南與蘇聯駐聯合國大使馬立克會談的情況。在這次會談中，美國方面明確表示希望盡快停戰。美國透過蘇聯轉達有意停戰的訊息，至少在技術層面上是有價值的。因為中國決策層一直對美國有關停戰的種種議論持嚴重的懷疑，由蘇聯轉達的訊息則使中國決策層可以基本確定，美國對沿三八線停戰有可能是認真的。這一判斷對中國決策層當時下決心停戰談判是至關重要的。

6月3日金日成到達北京，與毛澤東討論朝鮮的軍事形勢和戰爭方針。雙方

決定與美國舉行停戰談判，爭取以三八線為界停戰。前述聶榮臻回憶的集體討論，應該發生在6月初這段時間，與會者多數認為，在三八線附近「邊打邊談，爭取談判解決問題」是可以接受的。6月13日，毛澤東向史達林通報中國在停戰問題上的立場，即以三八線為界停戰，關於中國在聯合國中的席位和臺灣問題可以不在停戰談判中解決。史達林回電表示「現在停戰是好事」。

在決策層內達成共識和完成與盟國的協調以後，中國決策層終於確定了「充分準備持久作戰和爭取和談，達到結束戰爭」的方針。配合「停戰談判」決策的實施，志願軍於6月25-27日召開「高級幹部」會議，決定貫徹「持久作戰、積極防禦」的作戰方針。至此，停戰談判決策終於形成。在李奇威發表建議停戰談判的聲明後，彭德懷和金日成於7月1日聯名答覆李奇威，同意舉行停戰談判。抗美援朝戰爭進入一個新的階段。

結論

本文的論述已經證明，從中國人民志願軍發起第一次戰役後，除了以積極防禦為主要特點的第四次戰役外，其他幾次戰役都伴隨著對停戰談判的考慮，有關停戰的設想和條件也是不斷變化的，而且每次都涉及到戰役目標與軍事戰略之間的關係。其主要原因是志願軍進入朝鮮後的連續進攻作戰並不是入朝前所預期的和策劃好的作戰方式，對瞬息萬變的戰場形勢的瞭解和判斷導致了軍事和政治決策呈現出很強的隨機性。不過有關的各種意見和決策從根本上說，始終聯繫著對「戰爭局部化」和由此界定的戰略利益、制定的軍事戰略的本質的理解、背離或貫徹。因此探討停戰談判決策與探討軍事決策一樣，都必須比較準確地理解中國決策層有關「戰爭局部化」的概念。「停戰談判」決策形成的過程也表明，中國決策層在不同階段對戰場形勢和雙方軍事力量對比的認識和判斷，在特定的時期起著關鍵性的作用，而這些認識和判斷往往是由複雜的因素造成的，是在持續的爭論中形成的。由此觀之，一項合理的戰略並不必然導致在戰略實施的每個階段，決策者都必然會做出正確的選擇。反之，也不應該因特殊階段的決策失誤甚至是嚴重的失誤，便忽視一場局部戰爭中的戰略原則對於指導、認識或預見戰爭進程的重要意義。

地區問題

重建「中間地帶」：中國亞洲政策的緣起
（1949—1955）

  本文的主旨是探討導致中國亞洲政策的提出、形成和在1950年代中期出現飛躍性發展的主要內容、動力和過程。在冷戰的大部分時間裡，中國領導人都是在全球戰略的層面思考亞洲地區問題的，本文的研究並不否定這個基本判斷。不過大量新公布的歷史文獻和外交檔案證明，毛澤東等對亞洲地區問題的思考和他們針對此時期與亞洲地區有關的問題制定的政策等等，有著更為複雜和豐富的含義。從後來的發展看，這些政策的形成與實踐為中國外交提供了一個新的基礎和空間，中國因此建構起新的國家身分和認同。尤其是對中國外交影響重大的是這種變化加強了中國領導人的自豪感和自信心，他們渴望更加迅速地克服與外部世界交往中的戰略性缺失和獲得更強大的世界地位。需要指出的是，以往對這個時期中國外交的研究大多集中在中蘇結盟、中美對抗和主要的事件，對中國對外關係發展的內在邏輯和對亞洲地區政策缺少深入的探討。冷戰、中蘇關係與中美對抗、亞洲地區國際體系的變動和中國的內部事務等等因素以及它們之間的互動等，固然是中國亞洲政策發生發展的基本背景，也是探討中國亞洲政策的基本結構。本文試圖在這個結構中勾畫出中國亞洲政策的輪廓和線索，國內外新外交檔案的發現則為這項研究提供了條件和動力。

  論文的標題是受王正毅教授的啟發，他在一次會議中提出「建構『中間地帶』」的概念。不過選擇「中間地帶」作為關鍵詞主要還是基於對歷史的重新考察。「中間地帶」思想是毛澤東在1946年8月提出的，他習慣性地用形象的語言描述當時地緣政治和世界政治中正在展開的關鍵變化，認為美國和蘇聯兩個非歐洲大國的興起以及歐洲的衰落之後，美蘇之間的地緣空間中的那些政治力量大致都可以用「中間的」來概括，並將對世界政治的未來產生重大的影響。1954年夏季，中國的亞洲外交進入一個十分活躍的新時期，當時毛澤東重新使用這個概念概括他對世界政治的觀察和解釋對外政策的調整，從他的論述中可以明顯看到

一個連貫的論述邏輯，故有必要根據新出現的歷史文獻重新界定「中間地帶」思想的內涵和長期影響。本文論述涉及的東亞和南亞地區並不是毛澤東用「中間地帶」概括的全部地區，將這兩個地區作為研究對象主要是因為那裡是中國當時在蘇聯陣營之外展開外交活動的主要空間。

一、「中間地帶」：一種新認同的緣起

　　20世紀初中國興起的政治思潮和革命運動都證明，關注中華民族之命運的所有精英基本達成了共識，即中國是世界的一部分，中國的命運取決於中國是否能自覺和堅決地站在歷史正確的一邊，其代表者為孫中山之名言：「當今世界潮流，浩浩蕩蕩，順之者昌，逆之者亡。」中共領導人同樣認為「中國是世界的一部分」，而且在他們心目中的中國同世界的聯繫甚至還要更緊密、更具體。這主要表現為他們篤信，中國革命也是世界革命的一部分，中國革命的前途是同世界革命運動的前途聯繫在一起的。在他們看來，二戰以來的世界政治演變儘管極為複雜，但一個至關重要的現象是蘇聯與各國共產黨的命運緊密相關，「反蘇」必然「反共」，而「和蘇」就會「和共」。在中國也是如此，中共領導人對國共關係變化的每次判斷，都將蘇聯在世界政治中的狀態以及美英法等對中蘇關係的影響作為重要的依據。

　　抗戰結束後，中共領導人仍然認為「目前世界的中心問題是美蘇之爭，反映在中國便是蔣共之爭」。美國的政策是反蘇反共，國民政府則是「在反蘇時又必望連上共」。這種將國共之爭視為美蘇之爭的看法有兩層含義：一是中共與蘇聯是連為一體、密不可分的；二是中共中央因此需要同蘇聯協調政策，中共的政策要適應蘇聯的對華政策。不過到1946年3月東北內戰爆發之際，中共領導人的看法出現了重要的變化，他們當時不再認為中國的形勢發展同美蘇關係有那麼緊密的聯繫，中共有必要根據新的現實來決定戰略和對外政策。從1946年初起，毛澤東就在尋找機會在東北同國民黨軍隊打一場大戰以確立中共在東北的地位。3月間，毛澤東下決心不惜透過戰爭來控制北滿的大城市和交通要道。不過黨內也有人擔心東北大打有可能引起全面內戰，甚至引起美國的軍事干涉。這時邱吉爾剛剛發表富爾頓演講，有關美英蘇再度爆發衝突的國際輿論沸沸揚揚。中共中央因此確實需要解釋，世界形勢的變化到底對中共的戰略將有何種影響，以及中共的政策與美蘇關係之間到底是一種什麼樣的互動。

　　針對上述疑問，毛澤東在4月寫了一個簡短的文件表達他對世界形勢的一些

新看法。看來他並不十分有把握,所以文件當時僅限部分領導人中傳閱。他說蘇聯同美英法之間的關係是妥協為主;儘管目前妥協還不會很多。更重要的則是大國之間的妥協「只能是全世界一切民主力量」同美英法「做了堅決的和有效的鬥爭的結果」,特別是蘇聯同美英法妥協「並不要求資本主義世界各國人民隨之實行國內的妥協。各國人民仍將按照不同情況進行不同鬥爭」。換言之,中共中央不必為了配合蘇聯的對外政策而不斷對國民政府做出讓步。這篇文章是毛澤東等對冷戰與中國革命運動之關係的認識發生重要變化的一個信號。

全面內戰在6月爆發後不久,毛澤東開始用「中間地帶」這種話語進一步闡述他的上述看法。毛澤東在會見美國記者安娜・路易絲・斯特朗時,首次使用「中間地帶」來概括他對世界政治的新觀察,此後不久又據此對世界政治做了與眾不同的系統闡述。他當時描繪了一幅這樣的世界政治和地緣戰略圖景:在「美國和蘇聯中間隔著極其遼闊的地帶」,即「中間地帶」。「這裡有歐、亞、非三洲的許多資本主義國家和殖民地、半殖民地國家。美國反動派在沒有壓服這些國家之前,是談不到進攻蘇聯的」。在毛澤東看來,「中間地帶」有兩重屬性。從地緣角度看,那片地方處於美蘇之間而且「極其遼闊」;從國際政治的角度看,這裡的國家包括資本主義和殖民地、半殖民地等兩類,它們中的每一類都力量不足,但加在一起則數量極為龐大。毛澤東認為,3月以來美國進行反蘇宣傳是在施放煙幕,它的真正目的是為了「壓迫美國人民和向資本主義世界擴張它的侵略勢力」,把「美國向外擴張的一切對象國都變成美國的附屬物」。所以,只有「中間地帶」的國家和人民聯合起來反對美國的擴張,才能避免第三次世界戰爭。根據這個邏輯,世界政治中的主要矛盾就是美國到處侵略擴張和「中間地帶」的國家和人民反對美國的鬥爭,「美蘇之爭」自然也就不是中心、也不是最重要的了。

11月21日,毛澤東、劉少奇、周恩來等三人在延安棗園開會。當時由負責宣傳工作的陸定一做記錄,這表明他們是打算宣傳這次會議中提出的觀點的。毛澤東在發言中再次概要地闡述了「中間地帶」思想。他說現在世界分成了三塊地方,即美國、蘇聯和美蘇之間,其中的主要矛盾是「美國反動派與世界人民的對立,在中國也反映這種對立」,中共革命因此而「與世界有緊密的聯繫」。他還

估計，未來的發展很可能是美國同其他資本主義國家的關係「上升為世界的主要矛盾」，就像二戰爆發以前那樣，反正就不可能是美蘇矛盾占據世界政治的中心。經過在這個小範圍達成共識後，毛澤東指示陸定一專門寫一篇文章闡述上述新見解。

陸定一很快完成了初稿。該稿經毛澤東兩次批閱以及劉少奇、周恩來、胡喬木等閱後表示同意，於翌年1月4日在中共中央的機關報《解放日報》刊發。該文集中闡述了「中間地帶」思想的核心，即「現在世界的主要矛盾是美國人民與美國反動派的矛盾，是英美矛盾和中美矛盾」，那種關於世界政治中「美蘇矛盾是主要的」等等觀點，則是「中外反動派的武斷宣傳」。在這樣的論述邏輯中，中國革命在世界政治中地位大大上升，屬於決定世界政治的主要矛盾的主要方面中一部分。中共中央因此擁有了更多的自主性，中共推行更為激進的政策符合世界政治的大潮流。

毫無疑問，毛澤東提出「中間地帶」思想首先是為了中共戰略轉變的需要，既然中共中央選擇了戰爭解決問題，就必須回答同戰後一個時期以來的情況相比，世界政治的新特點是什麼，以及中共的戰略選擇同世界政治的關係。從這個角度說，毛澤東對世界政治的描述其實是很實用的，他對世界政治的本質的論述遠不能說是準確和完整的，但都滿足了中共戰略轉變的實際需要，而且這些論述還是把握住了一個實質性的問題，即中共可以走自己的路，因為不論美國和蘇聯在世界其他地方的關係和對抗達到何種程度，它們實際上都既無能力、也無意願介入國共內戰。

不過從更長遠的影響看，需要指出「中間地帶」思想中包含著一種新的認同的萌芽，其核心是包括中國革命運動在內的民族和革命運動有著比大國政治更為重大的影響和意義。根據陸定一文章的論述，正在形成一個「世界規模的統一戰線」，它包括「美國的人民，各資本主義國家的人民與殖民地半殖民地國家的人民」等「十幾萬萬人的極其巨大的隊伍」，這「標幟著世界歷史的新的一頁」。文章沒說蘇聯是這個「世界統一戰線」的一部分，儘管肯定了它會給予「同情和支援」；中國則與蘇聯不一樣，「中國的獨立和平民主運動，是這一段世界歷史

中的重要一部分」，中共應該「為一個新中國與新世界而堅決奮鬥」。顯然，在毛澤東的心目中，中國革命在世界政治中的地位大幅上升，他説「打破了德國，來了英法左傾，打破了日本，來了中國革命」。這就像一次大戰後出現了蘇聯一樣。後來的發展證明，這種新認同既然萌發，便不可避免地開始影響中共領導人對中國的世界地位的判斷，以及影響後來中國對亞洲的政策。那個地區是「中間地帶」的重要組成部分，也是中國主要的地緣政治舞台。

之所以説「中間地帶」思想中包含的只是一種新認同的萌芽，是因為「中間地帶」思想存在的時間並不長，前後也就延續了一年時間。到1947年9月，歐洲九國情報局會議召開以後，「中間地帶」這個概念在毛澤東的話語系統中一度消失了。共產黨情報局成立以及它立即公開宣布世界已經劃分為兩大陣營，尤其重要的是蘇聯借此公開宣布它將擔當起世界反美鬥爭的領導者和組織者。共產黨情報局會議《關於國際形勢的宣言》（以下簡稱《宣言》）指出，當前各國共產黨面臨的主要錯誤傾向是過低估計自己的力量，過高估計美國集團的力量。各國共產黨只要不怕美國的戰爭恫嚇和訛詐，就可以挫敗美國在歐洲和亞洲國家的任何計劃。這一論述顯然非常有利於中共中央的戰略決定和克服中共黨內的「恐美」思想或傾向。所以，自從共產黨情報局的《宣言》發表以後，中共中央很快接受蘇聯的觀點，宣布世界已經劃分為相互對抗的兩大陣營，以及蘇聯是和平民主陣營的領導者，等等。毛澤東還充分發揮《宣言》對世界形勢的論述，宣稱全世界反美力量超過了美國及其陣營的力量，以及中共「應當在自己內部肅清一切軟弱無能的思想。一切過高估計敵人力量和過低地估計人民力量的觀點，都是錯誤的」。

不過，毛澤東此時對世界形勢的看法和共產黨情報局的分析還是有明顯的差別。在「中間地帶」思想中，中國革命是處於世界政治中心的，雖然還不是唯一的中心。情報局《宣言》則斷言，世界政治的中心仍然是在美蘇之間，美蘇之爭的中心還是在歐洲。《宣言》幾乎沒有涉及中國革命和中共，而中共也沒有被邀請參加會議，在蘇聯看來，中共算不算共產黨都還是個疑問。毛澤東和中共中央這時立即表示接受「兩大陣營」的論述是有選擇性的和很實用的，儘管他們知道「中間地帶」在地緣和國際政治兩方面的確切含義是無法同「兩大陣營」協調起

來的。

革命民族主義的激揚是這個時期中共戰略思考的一個基本的歷史背景,同樣也是毛澤東「中間地帶」思想的一股源頭活水。二戰勝利後,民族主義在中國再次蓬勃興起,中共領導的革命運動如果沒有民族主義的訴求,就不會有任何成功的機會。實際情況是在中共的政治動員中,民族主義的確被證明是最行之有效的法寶之一,特別能在革命隊伍中激起昂揚的鬥志、獻身的熱情與無所畏懼的勇氣。這個時期中共革命民族主義在追求民族解放這一點上與以往並無不同,同其他政治集團相比本質上也無不同,它的突出特點在於針對列強在東亞以《雅爾達祕密協定》為基礎構建的國際秩序的挑戰、衝撞直至根本性的革命與顛覆。這一特點在抗戰剛結束時就表現出來,「中間地帶」思想的提出則是第一次用中國話語進行理論化的嘗試。

伴隨著中共的戰略轉折,中共的革命民族主義進入新的高潮。1947年12月,中共中央在米脂縣楊家溝召開擴大會議,討論中共軍隊轉入戰略進攻後的部署。這次會議決議中的一個重要內容是宣布接受情報局《宣言》的觀點。不過毛澤東的很多論述內容與其說是在迎合蘇聯對世界政治圖景的新描述,不如說是在繼續為中共的戰略做論證。會議期間的討論反映出黨的領導層存在不同的意見,與會幹部中有人認為仍然存在爆發大的國際衝突的可能性,「全世界人民的力量尚不足以制止戰爭」,等等。毛澤東則有針對性地重申了他在1946年4月那個短文件中提出的觀點,特別是批評一些中共幹部「談帝國主義就好像談虎色變」。他說那是一種精神作用,「中國多年與帝國主義鬥爭,遭受失敗,故精神有些害怕」。特別是他指出「恐美」在蘇聯也有,「喜歡美國罐頭,喜歡美國紙菸,對偉大的現實看不起,這就是由於戰爭受了創傷,精神上未獲解放,怕紙老虎」。毛澤東直截了當地批評法國共產黨和義大利共產黨熱衷走議會道路而導致革命力量遭受挫折。毛澤東還流露出對狄托和南斯拉夫共產黨代表的讚賞。他以南共領導人在共產黨情報局會議期間強硬批判美國為例,暗示日丹諾夫和莫洛托夫的發言有些軟弱。對毛澤東來說,中國革命運動是首要的,他無非是要使中共指揮戰鬥員獲得一次精神解放,但他對南共的讚揚和對蘇共的暗指顯然對中共與蘇聯的關係造成了消極影響,蘇南關係破裂後他一度被懷疑是中國的「狄托」。更重要

的是中共革命所包含的革命民族主義訴求使毛澤東在涉及中國世界地位的問題上不可能同蘇聯始終保持一致。

二、「一邊倒」中的亞洲政策定位

論述「中間地帶」思想的緣起以及它與「兩大陣營」理論之間的區別並不是要否認後者對中國外交的歷史性影響。本文要做的是將焦點從中蘇結盟與中美對抗等等轉向「一邊倒」對中國亞洲政策的影響。這個影響的核心就是在建國伊始，毛澤東等即將承擔亞洲革命中心的重任確定為亞洲政策的重要目標。

有關中蘇同盟的研究聚焦於1949年2月初蘇共政治局委員米高揚訪問西柏坡對中蘇結盟的意義時，幾乎都忽略了後者向中共中央傳達的一個重要訊息，即史達林有意讓中共擔當起東亞革命運動的領頭羊。此後一直到毛澤東建國後訪問莫斯科的歷次雙方高層交往中，這一直是雙方討論的重要話題，其結果對中國亞洲政策的影響巨大。蘇聯對外政策轉上冷戰軌道之後，史達林試圖更積極地推動亞洲的革命運動，蘇聯有關部門開始在亞洲尋找合適的代表。他們最初並不是很關注中共的地位，這同史達林對中國局勢的估計有關。這種情況持續到1948年春天，中國內戰局勢的急劇變化、蘇聯與中共在東北關係的發展以及史達林與毛澤東的電報聯繫，等等，導致史達林決定讓中共承擔亞洲革命中心的重任。

米高揚向中共中央非常清楚地轉達了史達林的上述意圖。他在強調中國革命的亞洲意義時說，毛澤東等中共領導人不必謙虛，「中國革命是偉大的歷史事件」，「中國共產黨的經驗具有歷史意義，它豐富了馬克思主義科學」，「中國經驗的總結對亞洲國家革命運動具有重要的理論價值」。他代表蘇共中央建議中共「不應參加共產黨情報局，而應建立以中國共產黨為首的共產黨東亞國家局」，並詢問「亞洲國家共產黨之間的聯合行動」是否有可能。毛澤東當時表示同意並說要爭取「儘早成立」。他說「我們與印度支那和朝鮮共產黨聯繫緊密些，同其他共產黨聯繫較少」。然後雙方還談到具體的步驟，毛澤東表示希望在中共軍隊占領華南並等局勢穩定後再討論。此後毛澤東的確同史達林探討過組建共產黨東亞國家局。這是米高揚訪問西柏坡導致的一個重大的事態，其關鍵是使中共領導人相信他們從此要承擔起東亞革命運動中心的歷史責任。

在3月召開的中共七屆二中全會期間，中共領導人之間至少談論過中共在東

亞革命運動中的地位。毛澤東這時是相當謹慎的，這同他的主要思考是一致的，因為他剛剛告誡說「務必使同志繼續保持謙虛、謹慎、不驕、不躁的作風」。3月13日，毛澤東在會議上作總結報告時很明確地說，中國革命是20世紀可比肩於俄國十月革命、第二次世界大戰勝利的「第三個最偉大的勝利」。不過他不贊成王明說他的思想「是馬列主義在殖民地半殖民地的具體運用和發展」。他提出了這樣幾個理由：第一，殖民地半殖民地地域寬闊，這樣定義好像「史達林只管那些工業發展的地方，而殖民地半殖民地就歸我們管」；第二，如果有的國家不聽中國的，「直接到莫斯科去買貨，這又怎麼辦呢？」；第三，「不要忙於想寬了，先把中國自己的事情做好，如果有可以運用到其他國家的經驗，自然會有人運用的」。毛澤東這時還是謙虛的，不過他列舉的理由中並沒有完全否認中國革命在亞洲地區將擁有首要地位的內在邏輯。

在劉少奇7月祕密訪問莫斯科期間，史達林本人親自說明希望中共成為東亞革命運動的中心。他明顯地突出了東亞和中國在世界政治中的地位，向劉少奇描述了一個世界革命的中心不斷從西方向東移動的歷史過程，即在馬克思恩格斯死後，世界革命從歐洲「移到東方」，即俄羅斯，「現在又移到了中國和東亞」。他說中共有「很高的地位」，因此「責任更大了」。會談中，隨同劉少奇訪蘇的高崗提出中共參加情報局的問題。史達林認為中國的情況與東歐國家不同，一是「中國是一個長期被帝國主義壓迫的國家」；二是中國的資產階級同東歐的不同。他建議組織一個「東亞各國共產黨聯盟」，因為「在東亞各國有許多情形是和中國相同的」，即中國革命的經驗在東亞是有普遍意義的，蘇聯也可以參加東亞共產黨聯盟。可以推斷，史達林這些評價會極大地強化中共領導人對東亞地區革命的認同和責任感，他們看來是樂於接受這種使命的，儘管他們在取得全國政權之前還不準備採取重大的行動。當時，至少在莫斯科的中共代表團已經開始從東亞革命的角度考慮問題了。劉少奇當時專門就東亞革命運動的策略問題給史達林寫過一個報告，他直言不諱地說，報告中的建議是「根據中國的經驗」。

建國後不久，中共領導人公開宣布願意承擔亞洲革命領導者的義務。建國僅45天，亞洲和澳洲工會會議就在北京召開了。劉少奇擔任這個會議主席團的主席並致開幕詞，他豪邁地宣布中國革命的經驗和道路在殖民地和半殖民地是有普

遍性的，即「中國人民戰勝帝國主義及其走狗、建立中華人民共和國的道路，是許多殖民地半殖民地國家的人民爭取民族獨立和人民民主所應該走的道路」，「這條道路是毛澤東的道路」。他在會議期間還發表講話說，中國工人階級的勝利就意味著他們「所擔負的責任也就大大地加重了」，「在國際上還要擔負援助世界各國資本主義國家特別是亞洲、澳洲各殖民地半殖民地國家的工人階級和勞動人民的繁重的責任」，而且「這是一種光榮的責任」。劉少奇的兩篇講話邏輯清晰，顯示了中共領導人的地區認同、角色理解和對支援地區革命的相當明確的義務感。

毛澤東訪問莫斯科期間同史達林討論印度支那和朝鮮半島的局勢，中蘇決定結盟無疑產生了重大影響。3月4日，毛澤東、周恩來等從莫斯科回到北京。10天後，劉少奇即為中共中央起草了一份有關支援東亞革命的黨內指示。這種時間上的連接至少表明毛澤東和史達林就社會及亞洲的問題達成了某種共識。劉少奇在這個指示中寫道：中國革命勝利後，「用一切可能的方法去援助亞洲各被壓迫民族中的共產黨和人民爭取他們的解放，乃是中國共產黨與中國人民不可推辭的國際責任，也是在國際範圍內鞏固中國革命勝利的最重要的方法之一」，中共應給各國共產黨和革命團體等「兄弟般的幫助」，「詳細地向他們介紹中國革命的經驗」，不能表現出「冷淡和驕傲」。這是「一邊倒」嚴重影響中國處理亞洲事務的認知與態度的標誌性事件，它表明中國領導人願意承擔東亞革命中心的重任。

以往的研究都忽略了「一邊倒」對中國領導人理解何為外交的直接影響。1949年11月8日，外交部召開成立大會。周恩來在大會上發表講話說，建國後的外交任務「分成兩個方面」，一方面是「同蘇聯和人民民主國家建立兄弟友誼」；另一方面就是「反對帝國主義」。在階級存在的條件下，國家機器是階級鬥爭的武器，它的對外功能就是「聯合各兄弟國家，聯合各國被壓迫的人民」，反對敵視新中國的國家。比較毛澤東訪蘇期間中國領導人分別處理同越南和印度建交問題是有意義的，這兩個案例對於解讀「一邊倒」的影響相當典型。

新中國成立不久，越共中央即派遣李班、阮德瑞祕密使華，爭取軍事援助和

恢復中越兩黨高層直接聯繫。中共中央當時希望越共能協助阻止國民黨軍隊敗逃到越南境內，並考慮向它們提供軍事援助。不過雙方關係的實質性進展發生在毛澤東訪問莫斯科期間。12月24日，劉少奇向在莫斯科的毛澤東電告雲南局勢時說，越共代表明確提出希望中國提供數額巨大的軍事援助並要求互相給予外交承認。他告訴毛澤東，政治局開會認為在法國沒有承認中國之前，與「胡志明建立外交關係是可以的，利多害少」。至於「害」是什麼電文中沒說，只是請毛澤東定奪。毛澤東當天即回電要求劉少奇轉告越共，「派一個政治上負責任的代表團」公開來華，中方「予以公開歡迎」。劉少奇接電後即通知越方派「一個政治上負責任的代表團來北京」，不過他明確提出「應祕密地來到中國，不應公開」。此後雙方很快就建交問題達成一致。1月15日，越共中央宣布「越南民主共和國政府決定承認與中華人民共和國政府建立正式外交關係」。周恩來3天後回電，宣布與胡志明的共和國建交。19日，《人民日報》以《東方民族解放鬥爭的新勝利——祝中越兩國建立外交關係》為題發表社論高調予以肯定。胡志明則已經踏上親赴北京求援的旅途。

　　1月25日，胡志明到達武漢。直到這時，劉少奇才從中南局的來電中知道，到訪的越南「負責任的」代表竟然是胡志明本人。他感到茲事體大，因為這畢竟是要接待第一位國家元首。他立即指示中南局只在黨內表示祕密歡迎，善加款待後「周密護送來京」。第二天即電詢毛澤東，對胡志明本人來訪，北京是否要公開歡迎，毛澤東覆電表達了極大的熱情。他要求劉少奇、朱德、董必武、聶榮臻等都應前往車站迎接，越南要求援助事項「凡可能者均應答允之」，並希望胡志明能等他和周恩來回京後舉行「高峰會」。28日，劉少奇轉達胡志明的一封電報，後者提出打算祕密訪問莫斯科。這樣做的好處對胡志明是顯而易見的，他可以一舉實現中越「高峰會」和蘇越「高峰會」。

　　1月30日，胡志明到達北京。北京的領導人並沒有公開到火車站熱烈迎接，劉少奇只派楊尚昆到車站接人，以便繼續保密。當天晚上，劉少奇設宴招待胡志明並隨後舉行了會談。胡志明對他想要獲得的援助是富有想像力的，他甚至提出要得到飛機，等等。劉少奇表示願意滿足越方大部分要求，具體方案要同毛澤東商量後確定。會談後，劉少奇打電報告訴毛澤東，胡志明是光腳走了17天才進

入中國，知道如去莫斯科往返要個把月，便打算取消這個行程，而且為見到毛澤東而在北京等一個月亦「認為不可能」，那樣會耽誤革命工作。毛澤東立即回電力邀胡志明訪蘇，他說史達林經勸說已同意立刻接待胡。為了能使胡志明順利成行，毛澤東說服了史達林派飛機到北京接駕。

胡志明於2月6日抵達莫斯科，訪問期間他有機會被史達林接見，從披露的會談內容看，象徵意義更大一些，因為史達林已經將援越抗法的重任交給中國，毛澤東也已經毅然承擔起這個重任。2月16日，史達林設宴招待中國代表團。胡志明借參加宴會的機會，向史達林提出越共也與蘇聯簽訂一個同盟條約。史達林除了高度讚揚胡志明很有智慧，其他未置可否。不過不管怎樣，越南已經被帶到蘇聯陣營之中。

在同一時間，毛澤東用完全不同的態度處理與印度建交問題。建國前後，中國領導人將剛獨立不久的印度視為國際反動勢力的一部分。在《人民日報》的版面上，印度政府被定義為「反動政府」，是帝國主義的「合作者」。對印度的這種負面評價因當時印度政府對西藏問題的態度而愈加強化。1949年12月16日，緬甸政府致電中國外交部表示願意建立外交關係。毛澤東在莫斯科打電報告訴周恩來，要求對方「派一負責代表來北京」商談相關問題，他說「對一切資本主義國家都應如此」，而談判則是為了保證「主動權仍然操在我手」。毛澤東的覆電既有對緬甸政府的階級定性，也包括了要求對方派代表談判的真正目的。21日，周恩來在回電中表示很同意毛澤東的主張，透過先談判再建交來「取得主動」，「並可在談判中適（原文如此）宕時間」。他當天即覆函緬甸政府要求舉行建交談判。此後不久，印度政府亦表達建交意願，中國領導人基本上是照此辦理。

1950年1月17日，劉少奇電告毛澤東，尼赫魯本日發來一電表示，唯有同意兩國已經建交並採取實際步驟「才能進行有效談判」，即先建交再後談判。此後劉少奇就此事再電毛澤東，提出對印度來電的答覆方式，並認為處理方式會涉及同英國的關係。20日凌晨1時，毛澤東電告劉少奇他同意給印度的答覆，但對英國的答覆「應當拖一下」。顯然是因為對劉少奇轉達的外交部一些人的看法不滿

意，毛澤東在電報中説，他們「不瞭解拖一下的作用」，因為「主動權完全握在我們手中」。他當天晚些時候又發給劉少奇一封電報，專門解釋要求與印度等國家談判建交就是為了拖延時間，談判無非是「出些難題拖延時日，表示我並非急於要和這些帝國主義國家及其附屬國建立外交關係，相反地倒證明這些國家是在急於要鑽進來」。他還認為拖住它們的好處是「同時也可使美帝國主義集團推遲其鑽進來的時日」。毛澤東將這些國家主動提出與中國建交等看作是想要「鑽進來」，既然將印度定義為帝國主義的附屬國，「打掃乾淨屋子再請客」的原則也就適用於中印建交。在中國政府舉行的一些活動中，也特意不邀請印度代表參加，以示對社會主義國家和資本主義國家之區隔。中國於4月1日同印度正式建交，導致中國很快做出決定的主要原因是解放軍已著手準備向西藏進軍。

此後不久，中國領導人先後做出了援越抗法和抗美援朝的決定，它們無疑是中國亞洲政策形成過程中有長久影響的事件，對此已有不少專門的研究成果，故不贅述。當毛澤東在中南海同時指揮志願軍對聯合國軍發起第一次戰役和越南人民軍對法軍發起邊界戰役時，可以想像他心中多少會有「亞洲革命中心」的感覺。毛澤東等對中國革命經驗在亞洲具有普適性的信念在很長時間裡都深刻影響著中國的亞洲政策。

三、重返「中間地帶」

從建國直到1955年4月亞非會議召開,與中國建交的亞洲國家是印度、緬甸、印度尼西亞、巴基斯坦和阿富汗等。這種近乎停滯的發展狀況固然同美國的遏制政策有關,另一方面也是因為影響中國同亞洲新興國家關係的因素是極為複雜的,包括一些歷史遺留問題如邊界領土爭端、華人華僑,等等,而中國領導人當時完全沒有同這些國家打交道的經歷和經驗,他們既沒有到過那些國家,也沒有直接接觸過那裡的領導人。不過也有必要指出,「不承認」、「打掃乾淨屋子再請客」等政策被繼續貫徹和中國領導人對外交本質的理解等,是至關重要的「內因」。史達林逝世後蘇聯調整對外政策、美國軍事遏制造成的安全形勢嚴重惡化以及國內實施「一五計劃」等重大事態的發展,推動中國亞洲政策開始發生重大變化,朝鮮停戰則是重要的契機。

1952年韓戰進入僵局和中國領導人將關注轉向國內事務後,他們已經在思考對亞洲新興國家的政策。當時中國除了站在蘇聯陣營一邊同美國對抗之外,對外關係需要有新的發展領域,首先就是發展與周邊亞洲國家的關係。誠如他們最初交往所獲之心得,以印度為代表的亞洲國家與中國「更接近一些,統一戰線更強一些」。1952年4月30日,周恩來在外交部第一次駐外使節會議上發表講話,他修改了此前對「國際統一戰線」的一貫闡述。他說區別不同國家的「主要關鍵是對戰爭與和平的態度」,而不是國家的階級屬性,他還非常有針對性地提出一個問題:「外交是國家和國家的關係,還是人民和人民間的關係?」他的回答是「就外交工作來說,則是以國家和國家的關係為對象的」。這在今天看來是簡單明瞭的結論在當時是有重要意義的,因為在蘇聯陣營國家之間,執政黨間的黨際關係是決定性的,通行的國家關係準則被稱為「無產階級國際主義」。它並不能被運用於與其他類型的國家關係中,當然歷史也已經證明,即使是在蘇聯陣營國家之間它也是不可持續的。中國領導人有必要為與意識形態和社會制度不同的國家相處找出行得通並被廣泛接受的原則。

首先是中印關係的發展為中國調整亞洲政策注入了重要的動力。1951年5月

23日，《中央人民政府和西藏地方政府關於和平解放西藏辦法的協議》簽訂。西藏局勢逐步穩定，中印之間在西藏地方的關係隨之凸顯，雙方不斷就印度在西藏一些地方駐軍、印度外交人員的特權等等進行具體交涉。1953年9月2日，尼赫魯致函周恩來，提出雙方就中印在西藏地方的關係問題進行談判。三天後，印度外交祕書面交中國駐印度大使袁仲賢一份備忘錄，提出「盡快商討所有待決問題」，認為過去的經驗證明，「零星考慮個別問題不能引導向圓滿解決」。10月3日，賴嘉文再次向袁仲賢面交一份備忘錄，建議中國政府「乘最早的機會」解決兩國在西藏地方面臨的問題。15日，周恩來覆函尼赫魯，正式表示希望兩國於12月在北京舉行談判。他在信中提出中印關係的基礎是「平等互利及互相尊重主權」，建立在不平等條約基礎上的印度在西藏地方的特權必須終止，但印度在那裡的具體利益可以透過談判協商解決。23日，尼赫魯覆函表示同意舉行談判並同意周恩來在覆函中提出的三點「新的基礎」。

12月末，中印談判如期在北京舉行。31日，周恩來會見印度談判代表團。他提出雙方應該按照「互相尊重主權、互不侵犯、互不干涉內政、平等互惠和和平共處的原則」。從中印關係的極端複雜性和後來兩國關係的曲折發展看，周恩來當時系統地提出這麼多的原則是有相當強的針對性的，這也印證了處理中印關係對於中國外交的典型意義。1954年4月29日，中印簽訂了一項協定，在「序文」中包括了周恩來的上述建議，「和平共處五項原則」第一次完整地載入外交文本。和平共處五項原則是在中國與印度的協議中首先提出不能說是偶然，它反映了中國領導人認識國家關係的內在邏輯。進一步說，中國領導人必須將革命意識形態同國家的對外政策和外交行為進行某種程度的切割，才能使「和平共處五項原則」不至於成為不能取信於人的華麗空談。要做到這一點，就需要他們有比較自覺的國家領導人的角色意識，而這種角色意識需要在對外交往的過程中逐步構建。

此後不久發生的最具影響力的事件是日內瓦會議，這是周恩來第一次以國家代表的身分參加非社會主義國家間的多邊國際會議。會議期間，周恩來與之打交道的幾乎包括了當時世界上各種類型的國家的代表人物。這些人物中除了蘇聯、朝鮮和越南的代表，其他人都將周恩來當作中國的國家領導人，而不是中共中央

政治局的一名常委。同樣，當周恩來等人作為國家外交代表出現在國際多邊外交舞台上時，他們也必須要用國家和國家利益這類話語思考和解釋中國的政策和行為，否則就難以同其他國家的談判代表進行基本的外交交往。

周恩來在日內瓦會議休會期間對印度的訪問在中國亞洲政策轉變過程中有特殊的意義，儘管這次訪問的起因是尼赫魯的反覆邀請。5月23日，印度駐聯合國代表賴嘉文會見正在日內瓦開會的周恩來，他在會談一開始便說尼赫魯邀請周恩來在回國途中訪問新德里。周恩來當時未置可否，第二天他在向北京彙報此次會談內容時提到尼赫魯發出邀請，不過這個內容被列在這個很長的報告的第四項，只用了兩句話知會北京而已，未作任何評論和建議。他的注意力都放在解決印支停戰問題上了。6月13日，梅農再次當面向周恩來發出邀請，他說周恩來哪怕是「路過印度小住，一天也可以」。周恩來告訴他「現在很難答覆」。這段對話被列在報告給北京的會談記錄中，不長也不突出，周恩來也沒有先向北京表達任何意見。不過就在此時，中共中央指示周恩來接受尼赫魯的訪印邀請。

北京的領導人是在一個更為宏大的框架中思考中印關係和周恩來是否訪問印度的。日內瓦會議召開後不久，外交部曾經就如何評價印度、印度尼西亞、緬甸、巴基斯坦和錫金等亞洲五國總理會議提交專門的研究報告，認為五國總理都贊成印度支那停戰，而且他們提出的停戰方案同中國的主張很接近，特別是印度、印尼、緬甸等在中國關切的地區安全問題上，與中國有重要的共同點，即都反對美國在亞洲建立軍事同盟體系。6月12日，外交部副部長章漢夫向中共中央提交了有關周恩來是否訪問印度的建議，它被包括在一份有關爭取與東南亞各國簽訂互不侵犯條約的綜合性報告之中。該報告提出，周恩來訪印取決於中央是否下決心積極發展同印度這類亞洲非社會主義國家的關係，因為印度、緬甸等有可能在訪問中提出「複雜的邊界問題」，而這短期內「還不可能解決」。但是，錯過這次時機對中國設想中的簽訂「亞洲和平公約」計劃則「可能是一個重大的損失」，所以關鍵是能否確定「積極爭取這些國家的方針」。

毛澤東、劉少奇等看過報告後很快做出肯定的答覆，劉少奇在給周恩來的電報中指示他接受尼赫魯的邀請。17日，周恩來告中共中央他決定在日內瓦會議

休會期間前往新德里。後來因為緬甸總理吳努也發出邀請，他的行程中又增加了對仰光的一天訪問。從周恩來給北京的報告內容看，他設想這次訪問的目的主要是在解決東亞地區安全問題上同尼赫魯交換看法並爭取達成共識，具體地説就是為締結「亞洲和平公約」做準備，打擊美國組織東南亞條約的計劃，以及實現印支停戰。

6月25日到29日，周恩來訪問了印度和緬甸。這是建國後中國領導人第一次訪問非蘇聯陣營的亞洲國家，此前他們只去過莫斯科。周恩來分別同尼赫魯和吳努簽訂了中印、中緬《聯合聲明》，印、緬領導人在聲明中確認他們也同中國領導人一樣，認為「和平共處五項原則」適用於亞洲國家和世界其他國家之間的關係。這兩個公報的重要價值在於，它們使中國領導人相信「和平共處五項原則」可以作為中國在亞洲高舉的一面旗幟，而擁有這面旗幟不僅對中國在這個地區追求的戰略目標是有益的，而且對中國亞洲政策的轉變十分重要。周恩來同尼赫魯會談的一個重要內容就是向後者説明，中國領導人認為「革命是不能輸出的」。換句話説，就是中國不會也不可能在推動革命運動的基礎上同亞洲新興國家發展合作關係。

這次訪問使周恩來更加樂觀和自信。在日內瓦會議上和休會期間的外交活動使他對國際問題的看法有了相當大的改變，對印、緬的訪問則是錦上添花，他相信中國在亞洲的外交天高地廣，大有可為。7月5日，周恩來在柳州結束了與越共中央的會談，説服他們接受了積極爭取印支停戰的方針。這相當於克服了中國亞洲政策轉變的最後障礙，他此前已經基本確定印支停戰的關鍵就是越南方面是否下決心做出妥協，事實也是如此。第二天，周恩來風塵僕僕趕回北京，並於當晚到毛澤東處參加了一次重要會議，彙報他的外交活動並討論今後的對外政策。周恩來的彙報對中國領導人下定決心調整對外政策起著關鍵性的作用，這次與會者還包括劉少奇、朱德、陳雲、鄧小平，他們決定第二天召開政治局擴大會議，就印支問題和中國對外政策做出重大決定。

7月7日，中共中央政治局召開擴大會議，專門討論中國的對外政策。周恩來在會上報告了日內瓦會議的情況、他對印度和緬甸的訪問成果以及他同越共中

央會談的情況，等等。他最後說「原想再關一年門，現在看來是關不了的」，「有欲關不能之勢！」因為中國的國際地位很高，而且蘇聯也希望中國能更多地參與國際事務。周恩來的介紹令與會者感到鼓舞。毛澤東對周恩來和中國代表團的工作表示了肯定，而且對周恩來的建議深表贊成。他說「關門關不住，不能關，而且必須走出去」，因為「門要關死已經不可能了，而且很有一種有利的局勢，需要我們走出去」。就這樣，「打掃乾淨屋子再請客」的時期結束了。用周恩來的話說：「前幾年，我們說先打掃乾淨房子再請客。現在經過初步整理，房子已經基本打掃乾淨了，因此可以請一些客人來。」

非常重要的是毛澤東在這次會上重新用「中間地帶」概括了他對世界政治的觀察與結論。他說世界形勢變化很大，「總的國際形勢就是美國人相當孤立。一方面蘇聯陣營團結得很好，另一方面則是世界的其他部分四分五裂」。美國「主要的最大的目的，還是整這個中間地帶，就是從日本到英國這些地方，整得這些國家哇哇叫」，美國是利用反共的旗幟把它盟友的地盤「占領起來」，特別是在東方占領了諸如日本、菲律賓、巴基斯坦、泰國等很多國家。在他看來，美國的戰略目標同他在1946年夏季所闡述的一樣，是藉口反共來控制「中間地帶」。他認為在他描述的世界政治圖景中，中國「情況是很好的」，中國「走出去」發展的空間就是那些處於「中間地帶」的國家，而指導方針就是「和平共處」，「只要在和平這個問題上能夠團結的，就和他們拉關係，來保衛我們的國家，保衛社會主義」。第二天，毛澤東在政協常委會上就外交政策發表講話。他說今後外交要全面發展了，而指導方針就是「國際和平統一戰線」。到此為止，中國領導人終於為他們調整對外政策提供了一套完整的論述，其特點是透過將「和平共處五項原則」整合到傳統的「國際統一戰線」理論之中，從而大致協調了支持亞洲革命和發展亞洲外交之間的內在矛盾，這也是他們下決心改變對外政策的一個重要依據。

8月24日，毛澤東會見英國前首相艾德禮，他再次闡述了「中間地帶」思想。他以歐亞大陸為中心，把世界政治結構描述成按照地理狀況分成的三個部分，美國所處的北美在歐亞大陸的「那一邊」，蘇聯和中國「處在這一邊」，剩下的都歸於「中間地帶」。「美國反共是把它當作個題目來做文章」，它的真實

目標是「占領處在這個廣大中間地帶的國家，欺負它們，控制它們的經濟，在它們的領土上建立軍事基地，最好使這些國家都弱下去」。此後不久，毛澤東也這樣提醒到訪的尼赫魯，他說美國反共「是以此為題目，另有其他的目的」。

　　毛澤東的這些論述對於解釋冷戰國際體系的出現和基本特徵是有其合理性的。對二戰後國際體系的解釋建立在一個基本事實之上，即美國和蘇聯兩個非歐洲大國的興起以及歐洲的衰落，冷戰和諸多地緣和世界政治版圖的勾畫都緣起於這個變化。美蘇兩個大國之間的那些國家大致都可以用「中間的」來概括，毛澤東的一系列分析就是建立在這個基本的概括之上。不過比較1946年8月提出的「中間地帶」，毛澤東此次重提這個概念還是有巨大區別的。1946年夏季提出的那個「中間地帶」中除了英國為代表的一些中等「資本主義國家」，其餘的成分是成千上萬的革命人民和他們發動的革命運動。1954年夏季描述的「中間地帶」中的主要行為體則包括各種各樣的新興民族國家和即將興起的國家。至少中國領導人的目光聚焦在那些國家上，他們必須為處理同它們的關係找到指導原則，「國際和平統一戰線」和「和平共處」等概念就這樣合邏輯地出現了。

　　中國領導人在7月6日到8日的幾次會議中所闡述的思想是中國外交的一次歷史性轉變的開端，在中國外交的演變過程中占據著承前啟後的歷史地位。隨著日內瓦會議結束，中國外交進入了一個新的發展時期。從8月開始，中國領導人在北京陸續接待了很多來自世界不同地區的一批批代表團。它們包括赫魯雪夫率領的蘇聯政府代表團和一大批蘇聯陣營國家的代表團，還有諸多來自亞洲和歐洲國家的領導人和各類型的政府、政黨的代表團。在所有這些外交活動中，毛澤東、周恩來等都事必躬親。從他們同來自亞洲、歐洲國家的領導人、政治人物的交往中，可以很容易地發現「中間地帶」這個概念開始取代「兩大陣營」；「和平」、「和平共處」等概念則高頻率地出現，成為中國領導人闡述國際政治問題和中國對外政策的主要外交話語。與之相聯繫的則是重新命名亞洲新興民族國家。

　　中國領導人在如何定義亞洲非社會主義國家方面，很長時間裡都存在困惑。到1954年夏季，在中國外交中出現了一些新的概念，中國領導人開始用它們來

稱呼亞洲（後來加上了非洲）新興國家。這些概念大致分成三類，它們反映了中國領導人認知的視角和邏輯。第一類是以地理文化為標準的，諸如「東方國家」、「亞洲國家」、「亞非國家」，等等。第二類是以國家主權獨立程度為標準的，如「獨立自主」、「接近獨立自主」，等等。第三類是以同冷戰「兩大陣營」的關係為標準的，如「中間國家」、「中立國家」、「第三世界集團」國家，等等。顯然，當中國領導人決定改變對外政策時，他們已經在有意識地重新定義這些國家，以便為新政策找到合理的依據，以及建立起能夠進行有利和有效交往的外交話語。重新定義亞洲新興國家的性質和地位對中國外交發展的重要意義在於，以這些定義為基石構建起來的話語系統實際上反映的是中國外交的一種新認同，即中國不僅擁有不同於美國等資本主義國家的身分，而且也不同於蘇聯等社會主義國家。

1954年10月，毛澤東在為與尼赫魯會談做準備時決定，將「東方國家」的認同作為他的論述中心。在那次會談中，毛澤東闡述了包括中國在內的各亞洲新興國家擁有三個「共同點」，即都曾經遭受過帝國主義、殖民主義的侵略和壓迫，都是農業國、工業落後被人看不起，以及地理上都在東方、在亞洲。他分析了這些共同點的優勢和劣勢，並闡述了中國將做出何種努力，甚至告訴尼赫魯中國打算開始研究原子彈。從此以後，「共同點」就成為中國領導人同後來所有到訪的亞非國家領導人會談的主題。1955年4月19日，周恩來在萬隆會議全體會議上所作補充之發言是一個經典之作，他將毛澤東的「認同」主題推向了一個高潮。毫無疑問，中國領導人確信中國是一個具有上述本質和形象的國家，而且這種本質和形象是有價值的和積極的，是中國外交行為的基礎和出發點。

中國領導人在建構新的國家認同方面獲得了異乎尋常的成功，這並不僅僅體現在為發展同亞非國家的關係奠定了一個堅實的基礎並開闢了一條寬廣的大道，更重要的是這次認同建構的高潮同中國領導人的革命史觀結合在一起，使中國人對自己具有這樣特殊的身分堅信不疑，並充滿自豪和自信。這在當時固然加強了中國同美國對抗的信心，後來則成為導致中蘇分歧的一個重要根源。中國領導人因為這種認同而在內心深處生發了一種在道義上比蘇聯更優越的感覺，他們相信中國在亞非（後來增加了「拉」）的民族解放運動中先天地具有高於蘇聯的合法

性。

　　新中國這次外交轉變的高潮是中國參加1955年4月召開的萬隆會議。從1954年春季開始一直到1955年夏季，外交部的工作者們針對亞洲發生的如科倫坡會議、日內瓦會議、馬尼拉會議、茂物會議、萬隆會議等重大事件，以及這些事件涉及的主要亞洲國家，等等，做了大量和相當深入的調查和分析，認為亞非新興國家的人民和各個階層的人都反對戰爭、要求和平和反對西方；那裡的「統治階層」為了維護其統治也不得不舉起和平和中立的旗幟，反對美國擴張和在亞洲建立反華的軍事同盟體系。這些報告使中國領導人下決心更積極主動地參與亞洲區域多邊外交，更多地選擇與亞洲國家合作，他們並相信能夠透過亞非會議走到亞洲舞台的中心。在決定參加萬隆會議的決策過程中，毛澤東一如既往地扮演了領導核心與政策主要推動者的角色。他這個時期將注意力集中於外交領域，這十分有利於中國亞洲政策的迅速形成。這以後，中國開始積極爭取參加亞非會議並認真著手準備，直到周恩來登上萬隆的講台。中國透過參與並推動這次會議取得成功，極大地改善了同亞非國家的關係，周恩來本人則獲得了空前的聲譽和影響力。

　　結論

　　以上論述表明，中國亞洲政策的轉變蘊含著並比較典型地反映了那個時期中國領導人的世界戰略思維，並對此後的中國對外政策產生了長遠的重大影響。在他們看來，「中間地帶」尤其是其中的亞洲地區有著重大的戰略價值，這裡是中國改變世界政治版圖的主要戰略空間，是比中蘇同盟更為持久的「落腳點」和「出發點」；這裡有地緣安全方面的特殊重要性，是中國東南方向的安全緩衝地區之一，中國需要在這裡狙擊美國的擴張；這裡也是中國在美蘇兩個陣營之外展開一場新的戰略性競爭的舞台的一個主要部分，中國有可能在這裡擁有足夠強大的影響力甚至是領導地位。中國領導人將從這裡開始在國際冷戰格局中開闢新的外交戰場，這在當時已見端倪。中國的亞洲政策轉變是中國構建「中間地帶」的努力的開端，它的確打開了一個重塑冷戰並推動冷戰全球化的獨特而又影響巨大的進程，中國從那時起直到後來很長時間（很有可能直到今天）都試圖將這裡作

為自己的主要外交舞台。

中國援越抗法政策再探討

　　1950年4月開始的「援越抗法」是建國後首次大規模軍事援外行動。它醞釀於中國革命的最後階段,形成於中蘇談判結盟時期,是新中國邁出軍事介入周邊事務的第一步,也是理解冷戰時期中國援外政策的第一個歷史故事。以往的研究都簡單描述援越抗法的決策過程或中方在策劃重要戰役中的作用,卻忽略了很多有長遠影響的重要內容(包括革命意識形態、中蘇同盟與地緣安全觀等之間的互動對中國東亞政策的具體影響;中國對外援助中道義原則的提出與主要特點;中國印支政策的形成與中越矛盾的歷史緣由,等等)。這種忽略導致嚴重低估了援越抗法對冷戰時期中國東亞政策和援外政策的持續影響,這意味著迄今對冷戰時期中國東亞政策和援外政策的理解存在嚴重缺陷。本文的目的就是呈現一個更完整的援越抗法政策,並在此基礎上探討該政策產生的主要動力、主要內容和主要經驗,等等。由於涉及諸多領域,本文在論述中提出的問題會多於解決的問題,特別是其中一些尚處萌發狀態,後來才逐步發展成尖銳的矛盾,本文涉及的歷史時期有限,無法概括解釋,專此說明。

一、「援越抗法」政策的緣起

抗戰後中共與越南共產黨（當時稱越盟）在1947年間建立起無線電聯繫，毛澤東也是在當年底即表明，他已經萌生了未來支持越南抗法鬥爭的想法。導致他在內戰轉折時期想到要支援越南的基本原因是兩國革命運動的歷史聯繫，中共與越共交往在源頭上同共產國際有直接關係。胡志明在巴黎結識了包括周恩來在內的一些留法勤工儉學的中國學生，大革命期間，胡志明在廣州擔任過蘇聯顧問的翻譯。後來胡志明同中共領導人保持時斷時續的聯繫。當時雙方的核心認同就是中共與越共是蘇聯、共產國際領導下兩個共產黨之間的同志關係。這種關係後來被稱為「同志加兄弟」是十分貼切的。

1945年8月日本宣布投降後，胡志明曾領導建立了越南民主共和國。1946年12月，法軍進攻越南民主共和國，胡志明立刻號召奮起抵抗，抗法戰爭從此開始。此時正值國共全面內戰爆發，廣西地區的一些中共部隊為躲避國民黨軍隊追剿，曾經分散進入到越南境內，他們得到越共部隊的接待和保護，中共邊境地區黨組織還在越南境內開辦過幹部培訓班。雙方還有過層級比較低的軍事合作，越共游擊隊幫助過邊境地區中共部隊攻占國民政府的地方政權。越南歷史學家描述說，1949年初，越軍有兩個排的「主力部隊」在廣西地區參加了解放軍作戰。

中共領導人真正開始關注印支地區是解放軍打過長江以後，這同軍事形勢有直接關係。按照毛澤東的設想，如果廣西的白崇禧部隊退到印支地區，中共軍隊將堅決追擊到那裡予以消滅，並同時消滅其他敢於抗拒的「反動派」。後者很可能包括了法國軍隊。史達林則勸告中共軍隊不要進入印支地區，以免引起美英法的干涉。他打電報告訴毛澤東，應警惕美英軍隊在華北港口登陸，不要急於派軍隊到華南邊境地區去。中共中央後來為了防止美國的干涉，明確規定中共軍隊不得超越國境線，這樣越共的幫助就顯得比較重要了。這是中共中央開始考慮向越共提供軍事援助的直接原因。史達林的建議也導致中共領導人開始考慮列強是否會利用越南作為軍事干涉中國革命的基地。他們當時認為美英法等有可能加強在印支的軍事存在，但從那裡發動軍事干涉的可能性並不高。分析內戰後期中共領

導人的這類思考有重要價值，因為他們在建國後繼續將印支地區作為存在安全威脅的戰略方向，而且地緣安全考慮在中國印支政策中所占的比重越來越高。

　　從對外政策的角度看，中共中央在建國前夕將越南歸類為存在革命鬥爭的東亞國家，而「革命鬥爭的主要形式已經是或將要是武裝的游擊戰爭」。《人民日報》對越南抗法鬥爭的報導雖有增加但仍很少，其中包括轉載蘇聯《真理報》的文章和越盟殲滅法軍的消息。總的來看，中共中央與越共的交往這時既不密切也不深入，這種情況一直持續到解放軍向西南進軍。越共中央代表李班、阮德瑞於10月祕密到達北京，要求得到軍事援助和恢復兩黨高層的直接聯繫。中共中央這時很希望越共能協助阻止一些國民黨軍隊敗逃到越南境內。不過雙方關係的實質性進展發生在毛澤東訪問莫斯科期間，當時中國領導人做出兩個重要的決定：向越共提供軍事援助和與越南民主共和國（以下簡稱越南）建交。

　　毛澤東啟程赴莫斯科後不久，廣西戰役即告結束。雲南盧漢宣布起義後，由於中共軍隊尚不能及時開進，國民黨李彌部隊開始向雲南邊境地區轉移，這引起中國領導人的警惕，他們擔心李彌部隊進入越南就會從後方威脅越共軍隊，故多次指示有關部隊迅速截擊向越南境內敗逃的國民黨軍隊。這時法軍也在加強在中越邊界地區的軍事部署，以防止中國內戰蔓延到越南境內。法軍行動引起中共中央的警惕，擔心他們向國民黨軍隊提供庇護。1949年11月30日，周恩來以外交部長名義在《人民日報》發表聲明，譴責國民政府正企圖使越南成為其「捲土重來的基地」，警告法國殖民當局不得「容留國民黨反動武裝」。國民黨軍隊的行動和法國殖民政府加強在邊境地區的軍事部署，是造成中國領導人認為越南涉及中國的安全利益並感到有必要進行干預的一個重要原因。

　　12月24日，劉少奇向在莫斯科的毛澤東報告了雲南政治和軍事局勢，他同時轉達說越共代表明確提出兩項要求。一是希望中國提供一筆數額巨大的軍事援助，包括三個師的軍事裝備和物資，1000萬美元的財政援助，以及派遣軍事幹部到越南協助指揮作戰。二是要求中國與越南互相給予外交承認。對於軍事援助，劉少奇告訴毛澤東，在北京的領導人認為可以援助但需要有所節制。武器裝備和醫藥器材可以提供「但不能給予太多」；部分物資可透過貿易解決，「但不

能有一千萬美元」；軍事幹部可以派，不過要先派遣羅貴波帶電臺前往瞭解情況，「然後再派軍事幹部」。總之是不能立刻和完全接受越方的要求。對於外交承認，劉少奇報告說政治局開會時權衡了利弊，他們認為在法國沒有承認中國之前，與「胡志明建立外交關係是可以的，利多害少」。用「是可以的」這樣的行文顯然並不是表達十分積極的態度，而且他們是看到了還是有「害」的，只是比「利」少而已。至於「害」是什麼劉少奇沒說，他請示毛澤東做決定。實際上，對當時的中國領導人而言這並不是那麼容易權衡利害的。1954年日內瓦談判期間，法國代表告訴周恩來，他們原來是準備承認新中國的，後來由於中國與越南民主共和國建交「而未能實現」。

毛澤東此刻正在莫斯科，他接到劉少奇來電的當天即回電，對援越表現出極大的熱情，這同他正與史達林會談有關，在莫斯科經常需要從世界革命運動的角度討論問題，不過他這時還是堅持了「先談判，後建交」的既定方針。他指示劉少奇轉告越共，需「派一個政治上負責任的代表團」公開來訪，北京要「予以公開歡迎」；援越物資則要採取逐步增加，以便越方「善於掌握這些物資」；羅貴波帶電臺去越南很有必要，要「諄囑」他「務須採取友好合作態度，多鼓勵、不要批評」。毛澤東還首次提出派到越南的軍事幹部只能做「顧問」。這是中國後來決定派遣「軍事顧問團」的由來。

毛澤東的積極表態有力地推動了雙方的討論。劉少奇接到毛澤東的指示即電告越方立即派「一個政治上負責人的代表團來北京」。與毛澤東不同的是，他明確提出越代表團「應祕密地來到中國，不應公開」。第二天，劉少奇又電告對方，表示中國「很願意」給越共「一些援助」，並將派遣一個代表並隨同五六個人帶電臺前往越共控制地區。與此同時，林彪也派遣四野151師向老街靖邊方向進軍，以便截擊可能退入越南的國民黨軍隊。中方還明顯地加強了管理中越邊境貿易和人員的往來。

顯然，在北京的領導人比毛澤東要謹慎，他們在沒有瞭解清楚越方實際狀況之前，並不打算貿然承諾提供更多的援助。另一個原因同中共中央曾經不贊成胡志明在1946年事變之前對法國的妥協有關，他們認為那種「中立」政策是錯誤

的。當時胡志明基於策略考慮一度同法國殖民當局合作。特別是他還給杜魯門政府寫過幾封信，要求美國支持越南獨立。當時正值毛澤東提出「中間地帶」的思想，很反對「各國人民」隨著大國間的妥協也妥協。顯然，雙方這個階段的交往還不足以消除在中國領導人內部對越共過去「中立」政策的消極看法。當然，他們也還需要確定公開與越共交往是否會引起法國的干預。

在1950年元旦發出的一份電報中，劉少奇告訴林彪等人，越軍因作戰需要可以經過中國境內或暫時躲避，但應是「非正式地」允許，並告訴越方「不是必要的時候」就不要進入中國境內，如必要過界「亦須在夜間祕密行動」；如越方需要彈藥、糧食等，可以在越方保證能夠保密時，方可「暫時送給他們不大的一批」。毛澤東很快從莫斯科表示他並不贊成這種謹慎的措施，劉少奇在5天後的一個電報中告訴林彪，毛澤東認為「必須儘可能給越盟人員及越南人民以便利和幫助」，越方所需彈藥、糧食等「應盡力幫助」，毛澤東要求應將越方「看成自己的同志一樣」。

1月2日，劉少奇電告林彪等人，對越代表訪問北京一事，「在中央未公布前並暫時保守祕密」。在接到毛澤東的指示後，劉少奇再電林彪，指示後者要給予越共代表團「熱情招待並用最迅速的辦法送他們來北京」。不過，他這時仍然認為雙方聯絡不暢，在北京的越方代表並不能解釋清楚到底需要何種援助，故中國不能盲目地提供援助，更不能有求必應。劉少奇這時還不知道，他將在北京接待的越代表是胡志明。

胡志明這時決定親赴北京求援同越共第三次全國代表大會有直接關係。這次會議認為越軍不適應形勢的需要，包括缺乏武器裝備和軍事幹部等，尋求中國援助是解決困難的唯一辦法。就在胡志明啟程的時候，1月15日，越南宣布與中國政府「建立正式外交關係」。周恩來於3天後回電，宣布中國與越南建交。這是中國邁出援越抗法的重要一步，也是越南得到的第一個實質性的政治支持。越共中央機關報《人民報》撰文稱1月18日是「外交勝利紀念日」，是「舉國歡騰的日子」。

1月25日，胡志明到達武漢。劉少奇這時才從中南局發來的電報中得知，

「負責任的」越代表是胡志明本人，建國後到訪的第一位國家元首。他立即指示中南局不要公開此事，只在黨內表示祕密歡迎，並善加款待後「周密護送來京」。第二天，他電詢毛澤東對胡志明來北京是否要公開歡迎？這時中蘇談判正取得轉折性的進展，毛澤東覆電表達了極大的熱情。他要求劉少奇、朱德、董必武、聶榮臻等都應前往車站迎接，越南要求援助事項「凡可能者均應答允之」，並希望胡志明能等他和周恩來回京見上一面，舉行今日所稱的「高峰會」。他隨後又發一電報說，越方在戰後搞的「中立」政策不是原則錯誤，意即中方不必再受過去的看法約束。28日，劉少奇將胡志明的一封電報轉給毛澤東，後者向毛澤東、史達林和周恩來提出打算祕密訪問莫斯科，以便一舉實現中越「高峰會」和蘇越「高峰會」。

1月30日，胡志明到達北京。劉少奇當時只派楊尚昆到車站迎接而且繼續保密。當晚，劉少奇設宴招待胡志明並舉行會談。胡志明對所要求之援助是富有想像力的，他甚至提出要得到飛機等。劉少奇表示可以滿足越方的大部分要求，具體辦法和內容要等同毛澤東商量之後確定。劉少奇還表明，中國並不急於同法國建交，相信援越可能不會對法國承認新中國有實質性的影響。胡志明在會談中解釋了越共過去一度搞過的「中立」政策。劉少奇按照毛澤東的口徑說那不是原則性的錯誤。

劉少奇對胡志明的氣質印象深刻。會談後，他電告毛澤東說胡志明「年已六十」，看著很瘦「但尚健康」，特別是光腳走了17天才進入中國。他本人因擔心離開「戰鬥崗位」時間過長而打算取消訪蘇，為見到毛澤東而在北京等一個月亦「認為不可能」。毛澤東立即回電力邀胡志明訪蘇，他告訴劉少奇，史達林是在他的勸說下才同意立刻接待胡志明的，史達林本來希望在蘇聯承認越南後胡再訪問莫斯科。現在胡志明如嫌路遠不願意來，他會再與史達林電話協商。

劉少奇接到電報後再與胡志明協商，後者遂毅然決定2月3日啟程前往莫斯科。他們當即與蘇聯駐華駐外代表商量是乘火車還是飛機。這時毛澤東和周恩來從莫斯科發來一封賀電，問候胡志明並告之「蘇聯已承（認）越南」，中國已代為轉達了越南要求各蘇聯陣營國家承認並建交的文件，估計這些國家「亦可能承

認」。就這樣，中國順便把越南也帶到蘇聯陣營，胡志明則必須要到莫斯科共襄盛舉了。為了能使胡志明順利成行，毛澤東還促使蘇方派飛機接胡志明，以致後者終於在2月6日便抵達莫斯科。

在莫斯科期間，史達林會見了胡志明，不過象徵意義更大一些。在胡志明到莫斯科之前，史達林告訴毛澤東，援助越共之重任可由中國擔任，蘇聯可提供一些物資從旁協助。胡志明當然希望能有更密切蘇越關係。2月16日，史達林設宴招待中國代表團。胡志明借參加宴會的機會，向史達林提出越南希望也與蘇聯簽訂同盟條約。史達林除了高度讚揚胡志明很有智慧，其他未置可否。至此，中蘇基本協調了在印支地區的政策，即由中國擔負起支援胡志明革命的主要責任，蘇聯則給予支持。

中國的援越抗法政策最終確定下來是在毛澤東等訪蘇回國後不久。毛澤東回到北京後不久，即接到羅貴波從越南前線發回的電報，他建議在中越邊境的高平、老街等地區發動一場戰役，打開中越邊界的交通。羅貴波還提出需要向越共提供15000人的武器裝備，以及派遣一批從營到軍級的幹部前往越軍擔任軍事顧問。中國領導人接到電報後立即召開會議，討論援越問題。這次會議確定了援越抗法政策，即透過提供軍事援助和派遣軍事顧問團的方式，幫助越共打敗法國殖民統治。援越抗法政策終於確定下來。

二、「積極援助，但不包辦」

從4月開始到9月，中國為了實施邊界戰役，立即向越共提供了各種槍支15700支，各種火炮及火箭筒500餘具，以及大量彈藥、糧食、藥品和通訊器材等，並有大批越南軍人進入中國邊境地區接受軍事訓練和接收武器裝備。與此同時，中央軍委任命韋國清為軍事顧問團團長。4月17日，中央軍委向各野戰軍下達抽調幹部組建顧問團的命令。組建工作於5月中旬完成，共調集從兵團級幹部到工作人員共281人。6月27日，韓戰爆發兩天後，毛澤東、劉少奇和朱德等在中南海接見了軍事顧問團的團以上幹部。結合此前的決策過程綜合分析他們在此次會見中對援越抗法政策的闡述，可以大致將這項政策概括為「積極援助，決不包辦」。

援越抗法政策包含著比較複雜的動力，既有支援東亞革命運動的強大的內在衝動，也有對國家安全的基本考慮，還有中蘇同盟的影響，故有必要分析它們之間的相關性。如前所述，毛澤東從一開始就表現出援越抗法的巨大熱情，他尤其強調這是中國的「國際主義義務」。中蘇結盟無疑強化了這種義務感，使中國領導人愈加認為有必要採取切實可行的行動。3月14日，劉少奇為中共中央起草了有關支援東亞革命的黨內指示，主要內容是中國革命勝利後，「用一切可能的方法去援助亞洲各被壓迫民族中的共產黨和人民爭取他們的解放，乃是中國共產黨與中國人民不可推辭的國際責任，也是在國際範圍內鞏固中國革命勝利的最重要的方法之一」，中共應給各國共產黨和革命團體等「兄弟般的幫助」，「詳細地向他們介紹中國革命的經驗」，不能表現出「冷淡和驕傲」。在這個方針的指導下，援越抗法勢在必行，要確定的只是方式和計劃而已。

援越抗法是建國後第一次履行「國際主義義務」的實踐，中國領導人的確表露出一種神聖的使命感。毛澤東在6月27日對顧問團的講話特別清楚地展示了他所理解的國際義務，即取得國家政權的共產黨「那就要幫助人家，這叫國際主義」。他號召顧問團成員發揚很高尚的精神，因為越南是很艱苦的，「要打擺子，有犧牲的危險」，至於何時能回來則「不要急」。劉少奇、朱德也同樣強調

了援越「是具有世界意義的」，是「重大的國際任務」。

　　在中國領導人的認知中，所謂國際主義在理論上是基於階級認同的一種原則和義務，必須是無私的和不可附加其他政治條件的；另一方面也是一種含混著儒家道德風範和歷史經驗的理念、道義原則。這導致中國領導人尤其是毛澤東本人特別關注中國國際援助行為在道德層面的完美度，中國對外援助在行為上應該表現出更近似於中國歷史傳統中行王道的倫理再現。他們十分注意塑造一種他們認為是新型的黨際關係，中國應樹立高尚的道德形象，而榜樣的力量是無窮的，只要中國顧問們做到高大全，越方自然會心悅誠服。毛澤東在講話中用了不少篇幅告訴軍事顧問們應該如何做人。他尤為強調「搞好團結」，「不要看不起人家」，「要有老實、謹慎的態度」，「不能表現出我們勝利者的驕傲自滿」，顧問團甚至要做到儒家提倡的每日「省吾身」的境界，最長不超過一週便要認真反省一次。他甚至提到漢代那時起「中國曾經欺負過越南」，例如「馬援征交趾」什麼的，顧問團應該就這類歷史問題向越共道歉，等等。劉少奇在會見中也發表了類似的談話。毛澤東後來還親自在王稼祥起草的軍事顧問團《工作守則》中增加了「熱愛越南人民的一草一木，尊重越南民族獨立及越南人民的風俗習慣」。在向越軍提供武器裝備的那些電報上，毛澤東時常會加上「應該是好的和合用的」等。為了確保上述道義原則被堅決執行，中國領導人同時要求軍事顧問團的領導人遇到重要問題必須要「請示報告」。

　　中國領導人在提倡搞國際主義義務的同時，也直截了當地表達了對中國地緣安全的關切。他們相信幫助越共「也對我們自己的安全有利」，是「一舉兩得的事」。從當時中越邊境地區的局勢看，中國領導人有理由對法國在印支的軍事存在感到擔憂，儘管這種擔憂達到何種程度才是合理的這一點是需要認真鑑別的。法國人當時在中越邊境地區加強軍事部署和軍事偵察是為了防止國共戰爭蔓延到越南，所以要求進入越境內的國民黨軍隊殘部必須放下武器。不過法國政府內部認為中共在奪取全國政權後很可能會支持越共。正是在冷戰開始向東亞蔓延的背景下，法國越來越多地向美國尋求援助，而這個蔓延的過程中存在著兩大陣營之間明顯的互動。

1950年2月1日，就在蘇聯等國家外交承認越南一天後和毛澤東說服史達林邀請胡志明訪蘇的當天，美國國務院一個工作小組提交了一份有關印支問題的報告。該報告認為中蘇正在共同努力「顛覆」反共的東南亞國家政府，那裡「正處於落到共產黨統治的危險之中」，法國軍隊「正在抵抗紅色中國共產主義的向南擴張」，法國需要援助，美國的選擇無非是「要麼支持印度支那的法國人，要麼眼看著共產主義在東南亞蔓延」。2月7日，杜魯門政府宣布承認法國扶植的保大政府。5月1日，杜魯門總統簽署了向保大政府提供1000萬美元的援助計劃。

　　韓戰爆發後，杜魯門政府宣布在朝鮮半島進行全面干涉的同時，批准向印支地區提供軍事援助和加強美國在菲律賓的軍事力量。杜魯門隨後宣布向法國提供1500萬美元的軍事援助，兩天後美軍用運輸機開始在越南為法軍空投物資，美國對法國殖民當局的援助當年即達到1.5億美元。8月12日，中國軍事顧問團到達越南高平的廣淵地區。9月間，美國也應法國的請求，向越南派遣了一個軍事援助顧問團，幫助法軍訓練越南軍隊和從事戰略諮詢。

　　中國抗美援朝也極大地影響了美國的印支政策，此前美國認為印支問題的核心是如何遏制蘇聯的影響擴大；中國參加韓戰後，美國則斷定中國是這個地區的主要威脅，美國東南亞戰略的重點是致力於遏制中國的擴張。這種變化釀成了後來美國長達十年的軍事干涉，當下則是決心給予法國越來越多的援助。

　　美國在東亞地區的全面干涉加劇了中國領導人的擔心。6月27日，就在杜魯門政府宣布加強對法屬印支援助的同一天，毛澤東和劉少奇將越南局勢同美國在朝鮮的干涉聯繫在一起，他們說美國在「朝鮮、越南的行動，是想造成對我們包圍的形勢，一有機會，就會直接對我們」，「唇亡必齒寒」。11月，羅貴波從越南返回北京彙報工作，毛澤東指出中越關係具有戰略意義，即雙方有一個共同的敵人——法國。他說越南驅逐了法軍，「中國的南部邊疆也就解除了法國殖民者的威脅」。這時志願軍已經在朝鮮同美軍直接作戰，中國領導人對地緣安全的重視程度必然大幅上升。

　　對地緣安全的關切既是導致中國援越抗法的原因，也是導致中國領導人對越南抗法「不包辦」的原因。中國領導人從一開始就決定採取有限度援助越南的方

針,所謂「不包辦」首先就是堅持中國軍隊決不直接在印支參戰,他們始終堅持了這個原則。1952年7月11日,羅貴波曾經在給中央軍委的電報中提出,為了順利完成西北戰役計劃,越共希望中國雲南部隊能參加作戰。中央軍委10天後覆電明確予以拒絕,指出不能出兵深入越境配合作戰「是早已確定的一條重要原則」。

中國領導人之所以堅持不直接參戰,首先是為了避免引起美英法等國家對中國的軍事干涉,這個原則是毛澤東在1949年渡江戰役後答覆史達林時確定的。當時史達林因為擔心引起美英法干涉,建議中共軍隊占領西南中心城市後,不要急於向邊境地區進軍。毛澤東則堅持要控制全部國土,同時又透過不到國外作戰來避免外國軍事干涉。同時,中國領導人也不允許越共軍隊進入中國領土作戰。1950年1月23日,越共中央曾提出派部隊進入中國領土協助中國軍隊截擊國民黨殘部。26日,劉少奇覆電婉拒越方建議,他說國民黨軍隊已經被消滅了,「越南部隊不必到中國地界來」。

毛澤東是在莫斯科訪問期間提出向越南派遣軍事顧問的設想的,這也是學習蘇聯的結果之一。在國共內戰期間,蘇聯在向中共提供援助包括向東北地區派遣技術顧問等,從未忽略盡一切努力避免給美國指責蘇聯介入中國內戰之口實。訪蘇期間,毛澤東第一次會見史達林時就提出,解放軍攻打臺灣時希望蘇聯祕密出兵參戰。史達林則表示,「援助的形式需要考慮周到,這裡主要的問題是不給美國人的干預提供藉口」,所以他建議派遣蘇聯的「參謀人員和教官」。這是後來蘇聯向中國派遣軍事顧問的由來,很可能也是毛澤東遇到胡志明的求援時會想到派遣軍事顧問的直接原因。因為同蘇聯一樣,中國在印支也面臨著不能給「美國的干預提供藉口」的相似情況。實際上,中國領導人後來派遣軍事顧問團也是相當謹慎的,他們堅持並非常注意軍事顧問團必須採取祕密的方式。毛澤東告誡即將赴越的幹部們,「行動要絕對保密,不要張揚,連親友也要保密」,顧問團在越南要有代號,要多穿便衣或越軍軍服。總之就是不要給美英法等國家「找藉口的機會」。事實表明,中共領導人的謹慎是非常必要的,這些措施對防止美國介入和後來的日內瓦談判成功等都起了重要的作用。另一個因素是在建國初期,毛澤東戰略關注的重點一直是在華北地區,他肯定不希望因為過度援助越共而使

中國軍隊被牽制在西南方向。韓戰爆發後中國大軍入朝作戰，中國領導人當然更不會派兵進入印度支那。

不過，中國領導人為什麼寧可在朝鮮半島用兵，卻不願直接捲入印支戰爭，還是需要進一步解釋的。援越抗法決策與中蘇結盟幾乎同步，史達林在印支問題上不積極的態度不可能不影響中國的政策。蘇聯的戰略重心在歐洲，法國是蘇聯在歐洲的「統戰對象」，中國作為蘇聯的盟友直接與法國在印支直接作戰，蘇聯的歐洲政策必定要受到嚴重衝擊，這是蘇聯不希望看到的局面。進一步說，在中國領導人的觀念中，法國是反動程度大大低於美國從而需要區別對待的資本主義國家，實際上它也沒對新政權表現出特別的敵意。所以，中國領導人在避免引起美國介入的同時，也需要與蘇聯協調行動以及爭取在對法關係上留有餘地，這是合邏輯的選擇。當然，中國軍隊跨過鴨綠江而中國領導人堅持不在印支用兵，這在越方肯定不是那麼容易理解的。尤其是中國參加韓戰後，中國領導人拒絕派兵進入越南實施小規模的支援作戰，毛澤東甚至都不同意越軍將法軍戰俘送到廣西境內。這樣肯定是有潛在的負面影響的。

中國領導人堅持這一原則對維護中國的安全環境無疑是必要的。美國政府當時無意直接捲入印支戰爭，不過也是有條件的，一旦中國軍隊直接在越南作戰，美國將至少會派遣海空軍參戰，甚至有可能動用海空軍攻擊中國本土。越領導人也許會寄望中國在韓戰結束後斷然出兵印支。毛澤東顯然注意到這個問題，實際上他不僅要向越方解釋朝鮮局勢，而且還需要首先向派駐越南的中國顧問們解釋清楚，中國在朝鮮和越南的援助「意義同樣重大」，出兵朝鮮和不出兵越南都是根據「實際情況」。

三、推廣「中國革命經驗」

　　中國領導人從決定援越抗法開始就很重視在印支中推廣中國革命經驗，他們相信中國革命的勝利應該也必然會在全世界、至少也要在中國的周邊地區產生巨大的影響，其經驗特別是對東亞革命運動具有普遍意義，越方需要認真學習並運用這些經驗。不過如前所述，他們相信模範的行為更有感召力。而且基於中共經受過的慘痛教訓，他們有意識地避免蘇聯式的「強加於人」。羅貴波回憶說，毛澤東曾經「有些激動」地談到「中央蘇區」的共產國際軍事顧問李德。在毛澤東心目中，李德不僅給中共的事業造成莫大損失，而且「包辦代替，盛氣凌人，指手畫腳，強加於人，像個欽差大臣，神氣十足」。這就是作為一個普通人也是面目可憎的，毛澤東決不允許他麾下的戰將們變成李德再世。他諄諄告誡他們千萬小心謹慎，不要有「勝利者的驕傲情緒」，不要「強加於人」，「不能擺大國的架子」，否則將事與願違。無論哪個中國領導人都在提醒前往越南的幹部，一定要謙虛謹慎，要相信越南人自己會學習中共的革命經驗。中國領導人希望得到的不僅是越方按照中國革命經驗走下去，而且要他們心悅誠服，這才是國際主義的最高境界和最佳效果。蘇聯人就是因為沒有做到這一點，才導致中共領導人對他們很不滿意。

　　羅貴波等到越南後相當嚴格地踐行了毛澤東強調的道義原則。1951年6月2日，羅貴波向中共中央報告說，他會經常受邀參加越共中央政治局會議，並被要求提供意見。他的原則是能不參加的會議就不參加；參會只提自己瞭解情況的、成熟的和對方可能接受的意見；重要問題先向中共中央報告和請示；凡涉及越共內部的人事、歷史等問題均不參與、不發表意見。這些原則得到中國領導人的首肯，不過他們希望他還是可以更積極一點。11月間，胡志明當面向毛澤東提出，邀請羅貴波參加越共中央政治局會議。毛澤東當時即表示接受，但在胡志明走後他告訴羅貴波，參會必須要謹言慎行。羅貴波則繼續堅守未經中央批准不向越方提出任何建議的原則。

　　儘管中國顧問團言行謹慎，但越方對中國革命經驗的態度顯然是很關注的。

初到越南的羅貴波很快就報告中共中央，越共對中國革命的經驗似乎並不重視。5月8日，劉少奇在覆電中提醒羅貴波，「根本不要用過多的心思去注意越南同志這些毛病。更不要去批評他們這些毛病」。他所說的「毛病」包括越南人「害怕說出自己的缺點錯誤，對中國革命的經驗不重視，更多地依賴外援，隨便開口要幫助等」。劉少奇要求羅貴波「誠懇老實和熱情地」在各個方面提出建議並介紹「中國的經驗」，假以時日就會有效果。20來天後，羅貴波就在一個電報中告知劉少奇，他經過多方瞭解證明過去是判斷「有偏差，應予糾正」，越方「基本上都是歡迎和接受中國革命的經驗的，他們一致認為中國革命的許多經驗，尤其是中共已經總結與糾正的缺點和錯誤中的經驗，基本上適合和適用於越南」。不僅如此，越方還認識到「過去越南得不到解決的問題，現在有了解決的圖景，過去找不到的方向，現在有了指針」。還無從知曉越南領導人為什麼會有如此之大的轉變，或者說羅貴波是如何在這麼短的時間裡發現了越共中央與過去看到的竟是如此之不同。劉少奇很快回電表揚羅貴波說：「你對越南同志重視與學習中國革命經驗一點，改正以前錯誤的看法，是很好的。」他鼓勵羅貴波和其他人在「介紹中國革命經驗方面可以多做一些工作」，但「絕不可性急，不可自以為是」。

　　戰爭中打勝仗就是決定一切。越方對中國革命經驗的態度是在邊界戰役後根本改變的，他們因戰爭勝利而信任中國軍事顧問團。在邊界戰役發起之前，越軍原擬先攻占高平。陳賡到達越南後提出先攻占東溪，取得中共中央同意後便開始說服越軍指揮員。他的主要論據就是中國革命的經驗，即「集中優勢兵力，消滅敵人的生力軍」。戰役結束後，胡志明給中共中央發電報說：他認為邊界戰役的勝利「是革命的國際主義的毛澤東路線的勝利」。10月下旬，越軍召開邊界戰役總結會議，越主要領導人均出席。陳賡在發言中「深刻闡述了毛澤東人民戰爭思想和人民軍思想」，還介紹了「中國革命戰爭經驗」。胡志明在發言中高度評價中國的援助，他說邊界戰役的勝利是「無產階級國際主義的勝利」。越共中央領導人長征的發言肯定是最令人鼓舞的。他說邊界戰役是「毛澤東軍事思想同胡主席思想相配合的勝利」，特別是越軍指揮戰鬥員從戰役實踐中認識到了，「毛澤東軍事思想不僅適用於中國，也完全適用於越南抗法戰爭」。越方此後一直宣

傳越南革命需要學習蘇聯和中國的經驗，但是「要特別注意學習中國的經驗」，因為中國的經驗「最適合中國的環境和水平」。

此後不久，羅貴波再次回國述職。毛澤東在認真聽取前者的彙報後，對中國以謙虛的姿態履行國際主義義務將效果更好這一觀點更加堅信不疑，而且他本人的感覺也隨之迅速昇華。羅貴波回憶說，毛澤東當時即提出中國的援助應該是「無私的、無償的、不附帶任何政治條件的」。這是後來中國闡述對外援助的道義原則的最初版本。羅貴波當時很感動地認為，毛澤東「這種國際主義也是世界上罕見的」。總之就是同蘇聯很不一樣的。

越方內部的變化進一步增強了毛澤東的信心。1951年2月，越共召開第二次全國代表大會，其中一項議程就是確認中國革命經驗和毛澤東思想的指導地位。大會透過的黨章規定：「越南勞動黨以馬、恩、列、斯的學說和毛澤東思想與越南的革命實踐相結合作為黨的思想基礎和一切行動的指南。」此次大會前後，越共《人民報》不斷發表文章，闡述學習中國革命經驗的重要意義。

向越南推廣中國革命經驗的經典範例是在越軍中展開類似中共軍隊在全面內戰爆發後展開的「新式整軍運動」。1952年冬，胡志明訪問莫斯科，向史達林請教越南革命運動的一些所謂重大問題，其中之一是在越南發動土地改革。1953年1月，越共中央四中全會透過決議，準備實行土地改革。3月初，胡志明告訴與他同車返回越南的韋國清，越方將根據史達林「他老人家」的建議開始推動土地改革。據描述，韋國清當時立即想到了中國革命的經驗，擔心土改展開後越軍中有可能出現波動。他提出進行土地改革的同時，在越軍中「也要進行教育和整頓」。在中國軍事顧問團的指導下，越方模仿解放軍在內戰時期的「新式整軍運動」，在軍內展開政治教育，包括動員戰士進行「憶苦」來激起能夠鼓舞鬥志的「階級仇恨」。有的越軍部隊還觀看了電影《白毛女》，據描述「當場有十餘人哭倒」，「有一個戰士跑到銀幕前槍打『黃世仁』」。這裡描述的越軍反應同當年解放軍幾乎是一樣的。

推廣中國經驗的另一範例是幫助越方建立財政制度。1951年初開始，羅貴波等做出巨大努力幫助越方解決財政問題。中國領導人指示羅貴波轉告胡志明，

越方「可用自力更生的辦法在基本上解決」戰時財政問題。他們認為重要的是越方要認識到自力更生是「堅持長期鬥爭，戰勝法國殖民者一項十分重要的基本戰略」。「一切問題能在越南用自力更生辦法可以解決者，應力求在越南就地解決」。總之，越方有必要像當年中共那樣樹立自力更生的信念，中國顧問將根據中共在革命時期的經驗幫助越方建立合理的財政制度和加強貿易來支持其戰時經濟。事實上越方後來建立的財政制度基本上是中共根據地財政制度的複製。

　　羅貴波等的工作是卓有成效的，他們幫助越共中央建立了一套比較完整的財政制度。4月14日，羅貴波報告中共中央，經過整頓稅收、控制貨幣發行、嚴格財政管理，等等，越南爭取當年財政接近平衡「是有客觀條件的」。5月31日，胡志明曾經打電報給中共中央，報告越共的財政狀況，說他們無法解決「收少支多的困難」。三週後，劉少奇在覆電中很清楚地告訴他，「你們預算中的收入是可以超過的，你們的開支也可以節省一些」，總之，越方的財政困難是可以「進一步克服」。中國領導人非常希望越共中央能從中國革命經驗中學會自力更生，當然他們也不願繼續有求必應。

四、分歧的由來

　　從援越抗法政策形成期的指導思想和實踐看，所謂「不包辦」也包含了不能漫無節制地滿足越方對援助的要求。越方從一開始對援助就有過度索要的傾向。最早到北京的李班等便開出包括1000萬美元的巨額援助清單；胡志明第一次到北京也提出過援助飛機的要求；他回國後不久又提出要求中國提供人員、各種物資和裝備，以及3000噸糧食等。毛澤東在莫斯科時固然更為慷慨一些，但回到北京後也有所改變。實際上，中國領導人在援越抗法期間一直在試圖控制住越共索要援助的胃口。

　　從4月開始向越南運送援助起，在雲南地區的部隊便報告中共中央，越共「要求數目太大，實無力供給」。他們甚至拒絕向越方提供糧食。劉少奇指示陳賡等應根據越共確實需要和中方有支付的能力等兩個標準提供援助，並要向越方解釋清楚，至於糧食等則不可完全拒絕。中共中央在給羅貴波的電報中也告誡他不必有求必應，「當儘可能滿足越方要求，不能辦到者則無法供給」；其他物資可暫時作為軍事援助，都要記錄在冊，將來越方有能力時「可要求他們償付一部分物資」，現在先以幫助越軍作戰為主。

　　中國領導人的上述行為同他們在中國革命中的經歷有一部分關係，特別是同他們處理蘇聯援助的經驗有直接關係，在這方面他們感到無愧於心。在6月27日會見顧問團成員時，中國領導人就專門提出了越方也必須要學會「自力更生」。毛澤東很清楚地說明，「不可能把他們的需要包下來」。朱德說，靠中國的幫助「不是唯一辦法」，中共軍隊是靠奪取敵人的武器和自己生產武器打贏了內戰，所以無論如何也要幫助越軍建立根據地。羅貴波曾經當面向毛澤東直陳越方提出的「援助計劃太大，要求過高」。毛澤東則表示要用柔性勸說的方式勸告他們，原則是提供「凡是越南實際需要的，我們又有的」。後來發生的問題表明堅持這個原則是很有必要的。

　　1951年3月18日，胡志明打電報給中共中央，要求援助1500噸米、150輛汽車、夏衣10萬套等。中共中共很快就決定先援助米500噸。5月15日，胡志明又

一次電告中共中央，越南「正處於青黃不接期間，如無援米必告斷炊」。他提出再迅速提供1500噸至2000噸米。劉少奇第二天即批示「如有辦法，給他們運去此批糧食為好」。5月23日，中共中央通知胡志明，同意分兩批運給越方1500噸米。但是實際情況是越方沒有接運這批糧食的能力，而且管理十分混亂。6月21日，中共中央電告越方，3月間運到鄰近越南老街的河口鎮的500噸米「你們迄今仍未運走」。在這種情況下「再送去恐受損失」。

在武器裝備援助方面也有類似問題。中國領導人在1951年初即感到，越方會「隨便開出要求援助的貨單，有時數目很大」，有些要求甚至「完全不近情理」。他們要求中國軍事顧問團對越共的援助請求「均應做負責的審查」，不合理或不可能的要求「均應刪除或減少」，而且要向越方說明必須愛護武器彈藥。5月2日，劉少奇在給中國軍事顧問團的電報中專門談到援越武器裝備的管理。他說根據來自南寧的報告，援助越方250輛汽車他們只領走65輛，而且交送越方的物資「保管甚差」，公路兩旁「遺置很多彈藥」，都已經生銹不能使用，僅運回的報廢彈藥就有300餘噸。他要求將此情況轉告胡志明，軍事顧問團今後必須審核越方提出的軍援項目是否為必要。

隨著抗美援朝戰爭的發展和中國財政狀況的變化，中國政府逐步加強對援越物資的管理和控制。1951年4月7日，華南分局電告中共中央，越方派駐海南島的聯絡人員向海南區黨委大量借款，故希望中央迅速指示中南軍政委員會華南分會撥付。劉少奇覆電說，以後越方借錢必須事先做出預算並經中共中央批准才能撥付，海南區黨委「不得任意借給他們」，以前未經批准即借給「也是錯誤的」。8月10日和13日，羅貴波向中共中央報告，中越之間貿易很不平衡，中方已經向越方提供價值210億元人民幣的物資，越方表示到一年後才能償付150億元的物資，同時又提出中方再提供價值350億元的物資，問題是他們並沒有那麼大的實際需要。羅貴波認為「中越貿易目前不可能成為正常的貿易關係」。中共中央覆電不同意他對中越貿易的看法，中越貿易「只能按照一般貿易規則進行等價交換，不能與財政援助混同」，越方要儘可能發展出口物資的生產以償付中方出口物資，這點必須告訴越方。

在第一次印度支那戰爭期間,中國是向越共提供援助最多的國家,特別是軍事援助規模巨大,包括各種槍支15.5萬多支、槍彈5785萬多發、火炮3692門、砲彈108萬多發、手榴彈84萬多枚、汽車1231輛、軍服140萬多套、糧食和副食品1.4萬多噸、油料2.6萬餘噸,以及大量其他各類物資。儘管如此,雙方的軍事合作中仍然存在一些問題,包括中國援助的項目和數量上不能符合越方的預期、中國軍事顧問在日常工作中對越軍的態度、越軍幹部對中國軍事顧問的不信任,等等。尤其是雙方在越軍軍事戰略方面的分歧,對雙方關係的負面影響比較深。

　　中國軍事顧問團對越軍的軍事戰略一直有比較大的影響,不論是戰略謀劃和具體戰役設計過程中,中國軍事顧問團的意見往往是決定性的,而中國軍事顧問團則是接受中共中央的直接指揮,它的主要戰略設想均反映了中共中央的看法。按照毛澤東最初的戰略設想,中國軍事顧問團應該幫助越軍在背靠中國的地區打開局面,建立起穩定的根據地。這一戰略規劃被逐步貫徹到中國軍事顧問團的作戰計劃中。1950年12月上旬,中國領導人已經形成了先完全控制北部地區然後再進攻中部和南部的戰略思路。做這種戰略選擇首先是中國革命的經驗使然。中共在戰後因控制了東北而獲得了背靠蘇聯的戰略基地,可以方便地從蘇聯得到大量的援助。另一方面也同中國軍事顧問團對越南戰略形勢的分析有關。他們認為,越南部地區遠離指揮中心而且被法軍封鎖,交通聯絡很困難,「軍事工作的辦法很少」,所以南方應發展游擊戰「配合北部戰場」,戰略重點則應放在北部地區。

　　中國領導人選擇這種戰略的確對改善中國的安全環境也是有利的。正如王硯全後來總結1950年9月到10月發動的邊界戰役的意義時所提出:「邊界戰役的勝利迫使法國侵略軍設在中越邊界的大小據點絕大部分撤退了,使得逃亡越南的國民黨殘餘匪特失去了支持,有利於中國廣西、雲南當時正在進行的肅清匪特的鬥爭,有利於中國鞏固南部邊疆的國防。」邊界戰役的結果是越軍攻占了5個重要的城鎮,控制了長達750公里的毗鄰中國的邊境地區,越北根據地同中國連成了一片。後來相繼實施的西北戰役、寮國上寮戰役、奠邊府戰役等,差不多都同完全控制越北同中國接壤的地區有關,其結果當然包括「有利於中國鞏固南部邊疆的國防」。中國領導人也是基於這樣的理由認為中越是相互支持的。

中國當時的戰略環境的確正處於持續惡化階段，主要是美國開始在東南亞構築針對中國的軍事包圍圈。1950年10月，美國首先同泰國簽訂了《軍事援助協定》；12月23日，美國同法國和保大政府簽訂了正式的軍事援助協議。1951年夏季，美國加快了行動。8月，美國同菲律賓簽訂《共同防禦條約》；9月同澳洲和紐西蘭簽訂了《美澳紐安全條約》。美國加強軍事遏制不可能不影響中國領導人對印支戰爭的戰略思考。1951年夏季，朝鮮戰場上中美軍隊沿三八線對峙的戰線基本穩定後，中國領導人在印支的戰略也越來越明確，就是集中力量奪取越南北部和寮國上寮的戰略要點，建立大片背靠中國的戰略根據地。

1952年2月16日，從北京返回不久的羅貴波即提出，當年下半年發起西北戰役，然後再揮師進入寮國作戰。這個作戰計劃獲中共中央同意，中國領導人當時認為「幫助寮國解放，甚為重要」。3月18日，越中央軍委召開會議，討論西北作戰計劃。會上多數越軍幹部不贊成中方關於9月組織西北戰役的計劃。他們的理由多種多樣，其中有一些反映了對中國戰略意圖的深刻猜疑，而且後來被證明是很難改變的。根據韋國清向毛澤東的彙報，當時越軍的高級幹部中有人認為，中方建議發動西北戰役的目的是為了鞏固中國的邊境地區，「是因為對中國有利」。

1952年9月下旬，胡志明祕密訪問北京，透過同中國領導人的直接溝通和協調，西北戰役計劃才最終確定下來。10月18日，越共中央政治局召開會議，韋國清、羅貴波等參加。會議決定執行胡志明與中共中央商定的原則，按計劃發動西北戰役。西北戰役勝利後，中國軍事顧問團參與到隨後展開的寮國作戰之中。中共中央提出發動上寮戰役的目的是為了鞏固西北戰役的成果，將越共的西北根據地與寮國北部連成一片。對中國來說，同時也就是在中越、中寮邊境形成了一道屏障。越方的猜疑並沒有因為西北戰役和上寮戰役的勝利而消除，儘管那裡形成的局面對他們也是非常有利的，沒有這些戰役打下的牢固基礎，就沒有後來奠邊府戰役的勝利。1953年夏季，中國軍事顧問團開始策劃冬季作戰。這時越軍幹部中再次出現波動，用韋國清的話說就是「舊病復發」，他們再次猜疑中方作戰計劃的動機。

中國領導人這時已經掌握了法軍的納瓦爾計劃，該計劃的主要內容是經過持續作戰最終在越北地區消滅越軍主力。法軍7月開始從北部到中部、南部展開掃蕩作戰。在中國領導人看來，納瓦爾計劃如果成功不僅對越共不利，而且很不利於改善中國西南方向的安全環境，故必須反擊，絕不允許法軍在越西北地區獲得立足之地。1953年11月20日，法軍空降部隊攻占西北重鎮奠邊府。24日，韋國清在越軍委高級幹部會議上全面闡述了發動冬季攻勢的意義，他說繼續將越北作為戰略方向是符合實際情況的，做這樣的戰略選擇也是同中國革命的道路一樣的。越軍再次接受了中方的作戰計劃。由於法軍調整軍事部署，越軍的冬季攻勢後來很快發展成奠邊府戰役。該戰役的發生主要是基於軍事形勢的變化，但它很快成為即將召開的日內瓦會議的外交籌碼，並成為印支停戰前的最後一戰。當周恩來領導的中國代表團在日內瓦會議上堅決貫徹在越南以南北分界停戰的方案時，中國軍事顧問團相繼提出並貫徹的一系列軍事計劃造成的戰略格局變得十分清晰，它成為越南南北分治的基礎。

　　隨著1954年7月各方在日內瓦達成停戰協議，援越抗法即告結束。作為建國第一次大規模軍事援外行動，援越抗法中形成的主要原則和獲得的主要經驗，包括推廣中國革命經驗的衝動和嘗試，等等，均對中國援外政策造成深遠影響。當然，它遺留的一些矛盾也在後來出現的特殊條件下發酵並造成重大的後果。

「回歸亞洲」：中蘇關係與中國印度支那政策的演變（1979—1989）

  本文的主要目的是分析1980年代中蘇關係正常化進程與中國對印度支那政策轉變之間的互動及其影響。中國在1980年代逐步形成對東亞和南亞的新戰略方針，其主要特點是基於對世界戰略形勢的重新認識、對中國世界地位的重新界定以及新的國家發展戰略，跳脫以往將這些地區問題從屬於冷戰中美蘇全球性對抗的窠臼，更多地從地區的角度認識和更多地依靠地區力量來解決有關的矛盾和衝突，在與中國毗鄰的東亞與南亞地區造成有利於貫徹新國家戰略的地區安全與經濟形勢。中國印支政策的轉變及其後果是此新戰略形成的重要方面，而中蘇關係正常化進程在其中起著關鍵作用。這是深入研究此問題的價值所在。

一、提出問題

　　此研究首先涉及的一個基本問題是中國在冷戰時期是否有針對東亞和南亞的地區戰略？換句話說，中國在亞洲不同地區的政策是否有共同遵循的戰略原則？國內外不少論著持否定的答案，認為中國是一個亞洲地區強國，但沒有地區政策。這種看法是有部分根據的。中華人民共和國誕生後，透過三次重要的軍事行動——1950年10月——1953年7月的「抗美援朝戰爭」，1962年的「中印邊界自衛反擊作戰」和1979年的「對越自衛反擊作戰」，基本奠定了中國在亞洲的地區強國地位。這三次戰爭決策的過程表明，中國領導人最初幾乎都沒有將它們看做僅僅是地區衝突。他們當時將中國同這個地區各國家的雙邊問題等，都同冷戰、同中國在冷戰中的全球性思考、戰略設想及戰略選擇聯繫在一起，儘管程度有所不同。中國領導人通常是根據自己對冷戰下的世界政治之本質的理解和對特定時期的世界戰略形勢的估計，選擇美蘇作為敵人或盟友，然後根據他們的選擇來衡量和判斷他國，尤其是將他國對自己的敵人的態度當做標尺來區分「敵我友」，簡言之就是「以美劃線」或「以蘇劃線」。例如，冷戰時期中國在分處東亞兩端的朝鮮半島和印支大規模使用武力，兩個決策各有其複雜的原因，但在戰略層面思考的共同點是它們都同中國領導人對冷戰的戰略態勢及其對中國威脅的程度等的認知有關。前者被中國領導人認為是反擊美國的侵略；後者被他們認為是反擊蘇聯的擴張。而且它們分別反映了中國在不同階段的戰略選擇，前者是中蘇同盟的產物，後者則同聯美抗蘇直接相關。在中印邊境戰爭中，中國決策者也認為印度的軍事挑釁同美國和蘇聯的鼓勵和支持有關。

　　不過全面觀察冷戰結束時中國的地緣安全狀態就可以發現，在朝鮮半島，在中國透過抗美援朝戰爭打破美國武力統一的政策後，形成了北南雙方持續的對峙；在南亞半島透過軍事打擊挫敗了印度的地區野心，並幫助造成了印度與巴基斯坦相互制衡的局面；在印度支那半島則是透過軍事打擊，同時開始持續地支持柬埔寨抵抗力量。透過直接軍事打擊和長期援柬抗越，最終永久性地結束了越南控制該地區的夢想，並順便也將蘇聯勢力排擠出去。在中國東南方向不同的毗鄰

地區出現類似的局面，很難說是偶然的。當然，這些並不都是因為中國的有關政策，但中國的政策肯定起了重要的、有時甚至可以說是決定性的作用。這種情況表明，中國的確有以維護國家基本安全為主旨的戰略原則，指導或規範著中國針對亞洲不同地區的政策，只不過它缺乏來自官方文獻的系統且明確的闡釋，或者說它被大量充滿道義辭藻的官方文獻所掩飾。

中國在這些地區的重要決策至少展示了兩個共同點。其一是絕不允許敵對大國的軍事力量過度靠近中國的邊境地區，即需要保持一個「緩衝區」；其二是在不同毗鄰地區均「抑強扶弱」，透過包括軍事行動在內的各種方式造成地區內部的力量制衡，保持影響地區形勢的有效槓桿。這種現象的存在決定了有必要更深入地分析中國在冷戰時期處理毗鄰地區問題的動機以及有關政策的本質特徵。在這方面，中國對印度支那的政策是最具分析價值的。例如，在冷戰時期中國對北韓的支持幾乎是沒有變化的，一些特徵甚至延續到冷戰後。在印支則不同，從建國初的援越抗法，到1954年和1962年兩次為實現該地區和平作出外交努力，再到1960年代中期大規模援越抗美，最終演變到1979年對越作戰，此後小規模的軍事行動持續了很長時間。中國在整個冷戰時期對印支政策可以說變化驚人，內容複雜豐富。

二戰後的印支問題最初的確是地區性的，它被捲入冷戰並一度變得如此突出和具有象徵性，是中美兩國共同作用的結果。儘管胡志明聲稱他早在法國就信奉了列寧主義，但蘇聯對他的事業基本上是冷漠的。胡志明本人在戰後曾經向杜魯門政府發出呼籲，希望後者支持越南的獨立和解放，美國人對此也沒有什麼反應。胡志明在1946年12月事變後逃入密林，他那個草房子裡的政府當時被稱為「叢林政權」，未獲任何國際承認。中華人民共和國誕生後，胡志明終於得到一個大國的真誠支持，他領導的反法運動實際上是在1950年初被中國領導人攜帶到蘇聯陣營裡的。毛澤東在莫斯科時，胡志明的政權不僅被中國承認為越南的合法政府，而且還被中國當做一個國家帶到蘇聯陣營面前。透過同史達林協商，毛澤東幫助胡志明的政權得到蘇聯和其他東歐國家的承認。胡志明在莫斯科曾向史達林試探簽訂一個條約，未被後者接受。1954年的日內瓦會議是一個重要的轉折點，中國一度希望印支問題地區化，並經過努力造成了這種局面。美國從

1963年代開始的軍事介入終於使這個地區成為冷戰的又一個熱門焦點和前沿，隨後不久中蘇之間的競爭也向這個地區蔓延，局勢變得更為複雜。這些發展同二戰後興起的反殖民主義運動匯合在一起，使印支成為一個罕見的被賦予全球多種政治象徵的地區。1973年美國退出那裡後，蘇聯繼續把這個地區同美蘇全球對抗捆綁在一起。這些是1980年代中國印支政策演變的基本歷史背景。

　　建國之初有兩個因素使印支問題對新中國對外政策具有重要的意義。其一是中國領導人建國伊始便提出的支持民族解放運動的承諾。最初包括了在史達林引導下給予東南亞地區民族解放運動以特殊關注。史達林在劉少奇1949年夏訪問莫斯科時告訴後者，中共取得政權後應該多關心東方的殖民地、半殖民地地區。另一個因素是逐步形成的國防戰略，它的部分內容決定了中國需要保持印支地區穩定和阻止敵對大國的介入和控制。深入探討這兩個先後出現的因素是有意義的，它們是梳理中國印支政策的主要線索，它們之間的相互交織、相互牽扯以及在各個時期發展的特點，是造成中國印支政策變動的基本原因。如果說1960年代中期中國的印支政策越來越多地服務於毛澤東日益宏大的全球抱負，那麼1980年代中國印支政策的演變方向就是向以追求地緣安全為主要目標的回歸。

　　1979年中國對越戰爭決策表明，中國是否在印度支那直接用兵在當時主要是取決於中國領導人對冷戰的戰略態勢（蘇聯擴張的嚴重性）和中國的戰略處境（受到蘇聯的嚴重威脅和承擔著維持全球均勢的重要責任）的判斷。從後來印支局勢的演變看，中蘇關係正常化的特殊影響是蘇聯決定放棄在印支地區角逐的同時，也逐步為中國提供了一種選擇，即建立一個解決印支問題的地區框架。當然，這同美國已經在十幾年前退出印支地區有關，當時美國並沒有提供任何解決辦法。蘇聯則在美國退出後迅速進入這個地區，導致中國再次選擇了同大國對抗的方式。與美國不同的是，蘇聯在退出印支地區時選擇了另一個辦法，即提出將越南侵柬作為東南亞地區的問題，推動中國同越南以及其他一些東南亞地區的有關國家合作，尋求最終解決地區衝突的途徑。儘管蘇聯的動機相當複雜，包括不情願向越南施加壓力等等，它的做法畢竟為中國在地區層次上思考和解決問題造成了客觀的條件。

二、「項莊舞劍」與「一石二鳥」

1978年12月25日，越南軍隊入侵柬埔寨，於1979年1月7日攻占金邊，被打敗的紅色高棉軍隊撤退到山區。在越南發動侵柬戰爭之前，中國至少在形式上還在試圖緩解越南與民主柬埔寨之間的矛盾，但是中國同越南的矛盾在加深以及與民主柬埔寨保持密切關係並給予包括軍事援助在內的各種支持，在當時並不是什麼祕密。越軍入侵柬埔寨以後，中國立即開始譴責越南。越軍攻占金邊後，中國政府譴責越南的用詞明顯更加尖銳。李先念在當天的一次國外記者招待會上向越南發出警告說：中國的「忍耐是有限度的，不能把中國的話當成耳旁風」。中國越來越激烈的反應逐步引起國際社會對中國可能採取的措施的關注或期待。

從中國政府公開發表的聲明和中國領導人的有關言論中可以看出，激烈反對越南侵柬首先是因為他們斷定，越南侵柬同蘇聯的全球擴張有直接的關係，尤其是同蘇聯威脅中國有直接的關係。中國領導人幾乎利用所有的國際場合指責越南侵柬是蘇聯霸權主義在亞洲的延伸，「是蘇聯爭霸太平洋和印度洋的戰略部署的一個重大步驟」，是「蘇聯社會帝國主義在亞洲的代理人」。恰逢此時訪美的鄧小平直言不諱地告訴美國人，中國「把越南叫做東方的古巴」，對越南如「沒有必要的教訓，恐怕任何其他方式都不會收到效果」。

客觀上看，蘇越之間建立的戰略關係明顯包含針對中國的意圖，蘇聯在鼓勵越南謀求地區權勢，特別是在越南發動侵柬戰爭中起了重要的作用。越南完成國家統一後，中國印支政策的重點是阻止蘇聯介入這一地區，包括阻止越南與蘇聯建立針對中國的軍事同盟。1978年11月3日，越南與蘇聯簽訂了具有軍事同盟性質的《蘇越友好合作條約》，這是越南倒向蘇聯的標誌性事件，是中國最終決定發起對越作戰的關鍵原因。中越雙邊關係中以及兩國在印支地區層次上的矛盾，特別是越南入侵柬埔寨，都因為有蘇聯在背後支持越南對抗中國這一因素而迅速激化。

1979年2月17日，中國邊防部隊在廣西的龍州、靖西和雲南的河口、金平等地區，向越南發起軍事打擊。中國發動對越作戰的目的主要是阻止蘇聯在東南亞

擴張，並鼓勵其他國家勇於挺身反對蘇聯的擴張政策。中國政府公開聲明，「蘇越大小霸權主義勾結起來，進行侵略擴張，這是當前印度支那地區的和平遭到破壞、東南亞地區的安全和穩定受到威脅的根源所在。」中共中央的有關通知比較系統地反映了中國領導人的認知，它包括兩層含義：其一是他們相信越南入侵柬埔寨的目的是「破壞我領土安全和國家威信，配合蘇霸在我北方的威脅和在印支地區以及整個東南亞的擴張」，越南已「甘當亞洲的古巴」；其二是中國懲罰越南「勢必引起蘇聯社會帝國主義的反應」，中國有必要「做好充分準備」。中國領導人當時已經透過各種方式，包括同美國的情報合作，基本判定蘇聯的反應很可能是有限的，即在他們估計的三種可能的反應——惡罵、恐嚇和局部入侵——中，第二種的可能性最高，因為蘇聯的戰略重點在歐洲，以致在亞洲打仗力不從心。這並不表明越南侵柬同蘇聯的戰略之間的聯繫是有限的。

這裡有必要指出的是中國決定對越作戰時，沒有提出任何意識形態方面的理由。中國領導人當時決定對一個社會主義國家使用武力時，並沒有認為在意識形態領域有採取措施以取得合法性的必要。在1960年代末調整對蘇聯政策時，中國領導人還認為有必要論證蘇聯已經變成一個「社會帝國主義國家」了。現在鄧小平等顯然認為，只要將越南的擴張定義為「地區霸權主義」就足夠了。在中國的國際政治話語中，所謂「霸權主義」是指憑藉軍事和經濟實力侵占、統治或控制其他國家或地區，而越南作為「地區霸權主義」還是因為它是為蘇聯擴張服務的。這類話語反映的戰略思維是需要深入分析的，它們是中國地緣安全思想的一種情不自禁的表露，而且有著潛在的強大的說服力，為對越作戰提供了一種合法性。即使越南是一個社會主義國家，中國只要斷定它是地區安全的威脅就可以動用武力，這很能說明這個時期地緣安全的戰略優先地位。

中國發動對越作戰也是為了支持民主柬埔寨堅持抵抗越南入侵。根據中共中央《通知》的論述，越南地區霸權主義的一個主要表現是「把昨日並肩作戰的盟友柬埔寨當作鯨吞的對象」，「大舉出兵，侵占柬埔寨首都金邊和大片領土」。中國對柬政策更能反映中國印支政策的複雜性。從1954年日內瓦會議開始，中國透過事實上承認施亞努的王國政府合法，已經為防止越南控制印支地區創造了條件，儘管當時中國領導人很可能還沒有這種意圖。此後中國同柬埔寨一直保持

著良好關係，同柬埔寨簽訂了互助條約並向後者提供了有力的援助和支持，多次在施亞努面臨危機時慷慨地伸出援助之手。就在越軍攻占金邊前不久，中國政府已經派專機接施亞努親王及家屬到北京避難，這是這位親王在又一次面臨亡國危機時受到中國的庇護。上一次發生在1970年春美軍入侵柬埔寨並扶持一個傀儡政權的時候，那時施亞努幾乎沒有落腳之地，中國領導人幫助他組織了一個流亡政府。

　　無論不同時期中國對柬政策的目標為何，客觀上的確造成了對越南統一後公然宣示的地區野心的有力制約。有研究揭示，中國在支持施亞努親王的同時，從1960年代中期起也開始關注波布上台後柬埔寨共產黨推行的政策，從而在柬埔寨內部鼓勵起一支更為親中國的政治力量。中國同柬共的關係或許同當時興起的中蘇論戰有關，柬共全面贊成中共中央的立場，特別是贊成毛澤東視為珍寶的武裝奪取政權思想；另外柬共領導人對越南的地區野心有著發自心底的擔心與反感。中共與柬共的這種關係使中國多了一種選擇，包括利用激進的柬共來影響越南的政策。

　　1975年4月17日，波布領導的紅色高棉攻占金邊，這使柬埔寨在中國政策中那種維持印支地區均勢的作用明顯地呈現出來。紅色高棉控制金邊後，中國很快予以承認，並與之簽署了提供軍事援助的協議。6月下旬，波布等柬共領導人訪華。毛澤東等會見了到訪的波布等人，對柬共政策表示支持，並向他們介紹了向社會主義過渡的經驗。這期間中國領導人多次同波布等會談，會談必然會涉及印支地區的戰略形勢。鄧小平在6月30日歡迎泰國領導人的晚宴上就警告說，蘇聯企圖將東南亞納入其勢力範圍，他呼籲第三世界國家應團結起來。

　　毛澤東本人這個時期顯然比較關注柬埔寨局勢。1974年春，在紅色高棉控制柬埔寨之前，毛澤東和周恩來等曾會見在北京的喬森潘、英薩利和施亞努。毛澤東在會談中提出柬共應繼續維持與施亞努的統一戰線，雙方不要分裂，要「小吵架，大團結」。此後，毛澤東在會見施亞努和喬森潘等人時，再次表示希望紅色高棉同施亞努之間應繼續維持統一戰線的形式，而不是分道揚鑣。正是毛澤東的這種關注使施亞努還能生存下來，並在柬埔寨政治舞台上最終發揮了被歷史證

明是不可替代的作用,這為中國後來的選擇留下了更多的餘地。需要説明的是,毛澤東在世時,中國對柬政策並不都是為了安全戰略利益,其中包含十分濃重的革命意識形態因素。

民主柬埔寨建國後不久,越南和柬埔寨就發生了邊境糾紛,甚至發生過軍事衝突。當時中國為了避免將越南推到蘇聯的懷抱,在向民主柬埔寨提供援助的同時,還是希望緩解越柬衝突。但是,一旦越南最終選擇公開同蘇聯建立軍事安全關係,中國立即公開站在民主柬埔寨一邊。從越南統一後印支局勢的發展看,民主柬埔寨在印支地區有特殊的戰略地位。1977年7月18日,越南與寮國簽訂《友好與合作條約》。1979年2月18日,越南與它扶持的韓桑林政權簽訂了《和平友好與合作條約》。此後不久,韓桑林政權與寮國於3月22日簽署了《經濟文化科學技術合作協定》。越南操縱的這一系列準備結盟活動同越蘇《友好合作條約》結合在一起,已經使印支隱然形成了一個親蘇的地區軍事集團,並同時對中國懷有敵意。這種局面使柬埔寨抵抗力量成為中國打破越南控制的地區軍事集團的唯一槓桿。

另一方面,紅色高棉的軍隊雖然仍然是抗越主力,但在柬內外均陷政治孤立,因此中國全力促成柬埔寨各派抗越力量結成以施亞努為首的反越統一戰線。正是在中國的大力支持下,柬埔寨抵抗力量終於聯合在一起,並在1982年6月22日建立了一個民主柬埔寨聯合政府,中國在政治、軍事、外交和經濟等各個方面給予支持。這個政府的許多重要政治活動是在北京展開的,它的國際地位也有賴於中國的支持和幫助。

顯然,越南侵柬後中國印支政策的本質內容並沒有改變。中國領導人繼續將這個地區的衝突視為主要是全球冷戰的反映,中越矛盾激化和越南侵柬均是蘇聯在印支擴張的結果,越南是在配合蘇聯威脅中國。這種戰略思維決定了中國領導人從全球戰略的角度認識和解決印支問題,中國的反應必須有利於維護中國邊疆的安全,有利於遏制蘇聯在這個地區的擴張,以及有利於鞏固和加強國際反蘇統一戰線。選擇軍事手段是因為他們認為這是能同時達成上述三個目標的有效辦法。另一方面,柬埔寨在中國印支政策中起著地區槓桿的作用,只要有柬抵抗力

量存在，印支就不可能有穩固的親蘇聯地區聯盟，所以支持柬抵抗力量和迫使越南從柬撤軍便成為中國印支政策的主要內容，柬埔寨問題也成為中蘇戰略博弈的一個焦點。

三、成為中蘇正常化的「障礙」

　　1979年3月，中國軍隊從越南撤軍後不久，中蘇關係出現重要變化。當時圍繞1950年2月14日簽署的《中蘇友好同盟互助條約》的存廢，中蘇兩國政府終於展開了正式談判，儘管級別並不很高。此前雙方都在考慮條約的存廢，並試圖利用這個機會緩和緊張關係。中蘇緩和關係的結果之一是印支問題變成影響中蘇關係正常化的一個重要「障礙」。

　　當時中國國內對如何處理中蘇條約有過比較多的討論，尤其是中國駐蘇聯使館內部經過討論認為，中美關係和中日關係的正常化使中蘇軍事同盟關係已經過時，最穩妥的處理辦法是同蘇聯談判爭取簽訂一個新的國家關係文件。馬敘生銜命回國彙報使館的建議後得到的印象是，中國外交部的想法同使館的建議是吻合的。此後外交部提交了《關於不延長中蘇友好同盟互助條約的請示》，於3月24日獲鄧小平批准。4月初，鄧小平做出明確指示，不再延長名存實亡的中蘇條約，但應為解決兩國間懸而未決的問題和改善中蘇關係舉行談判，簽訂相應文件。4月3日，中國外交部長黃華約見蘇聯駐華大使謝爾巴科夫，宣布中方決定中止條約，並建議舉行談判以簽訂相應的文件。

　　蘇方照例譴責了中方的決定，但僅三天後，蘇聯外交部長葛羅米柯約見中國駐蘇聯大使王幼平，宣布蘇聯同意舉行談判，並希望中方告知談判的題目和希望達成的目標。5月5日，中國外交部副部長余湛約見謝爾巴科夫，遞交了中方有關談判內容和宗旨的備忘錄，包括確定兩國關係準則；消除國家關係正常化的障礙；發展貿易、科技、文化等各個領域的關係，並根據談判結果簽訂相應的文件，以及舉行中蘇邊界談判。6月4日，蘇方回覆表示同意舉行談判，並建議7月和8月在莫斯科舉行副外長級談判。

　　中方接受了在莫斯科舉行談判的建議。一些間接的資料透露了中方的準備情況，其中最重要的事件是8月間談判方針出現了重大的變化，這次變化導致印支問題同中蘇正常化談判直接掛鉤。8月29日，中共中央政治局召開專門會議，討論中蘇談判問題。鄧小平在會議中提出，中方談判的核心目標是解除蘇聯造成的

安全威脅，即不能在百萬大軍壓境的情況下同蘇聯改善關係。具體原則是要求蘇聯從蒙古撤軍和不支持越南侵略柬埔寨。中蘇雙方都承諾：不在對方鄰國駐軍和建立軍事基地，不利用鄰國威脅對方。鄧小平的談話表明中國決策層決定將談判方針從確定國家關係準則和簽署協議轉向消除蘇聯造成的安全威脅。這一轉變意義重大，印支問題從此被明確納入到對蘇聯政策的框架中。

中蘇副外長級談判從10月17日開始正式在莫斯科舉行。蘇方按照原定計劃，首先提出蘇中《相互關係原則的宣言》的草案。中方則提出《關於改善中蘇兩國關係的建議》，要求蘇方首先應消除對中國的軍事威脅，包括將蘇聯在中國毗鄰地區的軍事力量減少到1964年以前的水準；撤走在蒙古的駐軍和軍事設施；停止支持越南入侵柬埔寨，此外還應先解決邊界問題，以及擴大經貿交流等。蘇方堅持蘇聯並沒有威脅中國的意圖，以及中蘇談判不應超出雙邊關係的範圍，不能涉及第三方（包括蘇聯在蒙古駐軍和越南入侵柬埔寨）。12月3日，在經過第六次正式會談無結果後，雙方同意1980年春在北京舉行新的會談。蘇聯入侵阿富汗以後，中國政府宣布中斷副外長級談判。

1982年3月24日，布里茲涅夫在中亞塔什干的一次授勳大會上闡述蘇聯對亞洲政策時，主要談到對中國、印度和日本的政策。該講話涉及對華政策的內容分為四個部分，其中第四部分提出，蘇聯「願意在不帶任何先決條件的情況下就雙方可以接受的，在互相尊重彼此利益、不干涉彼此的事務和互利的基礎上和當然是在不損害第三國利益的情況下就改善蘇中關係的措施達成協議」。這裡實際上堅持了蘇方不涉及第三方的原有立場。

兩天後，中國外交部發言人根據鄧小平的指示在記者招待會上發表簡短聲明，表示中國政府「注意到了」布里茲涅夫的講話，中國「重視的是蘇聯的實際行動」。4月16日，鄧小平會見了羅馬尼亞共產黨總書記希奧塞古。他請後者轉告布里茲涅夫，中國重視蘇聯的實際行動，蘇聯先做一兩件事看看，例如從柬埔寨、阿富汗問題上做起，或者從中蘇邊界或蒙古撤軍做起。這是後來中方提出的所謂消除「三大障礙」問題的最初表述。此後鄧小平在自己家裡召開了一次專門會議，提出要爭取中蘇關係「有一個大的改善」，但必須是有條件的。他由此將

同希奧塞古所談的三點歸納為蘇聯應主動解決的「三大障礙」，即從中蘇邊境地區和蒙古人民共和國撤軍；從阿富汗撤軍；勸說越南從柬埔寨撤軍。他的建議獲與會者同意。

8月10日，蘇歐司司長於洪亮以視察使館工作名義前往莫斯科，向蘇方轉達中方的說帖。該說帖包括兩個內容：第一是中方認為時機已到，已經可以為改善中蘇關係做些實際的事情了；第二，建議蘇方先從勸說越南從柬埔寨撤軍做起，也可以從解決影響兩國關係的其他問題，如減少中蘇邊境地區的武裝力量做起；雙方還應考慮為蘇軍撤出蒙古找到各方都可以接受的辦法。同時中方也希望在阿富汗問題上找到合理的解決辦法。這是中國第一次正式向蘇聯提出「三大障礙」問題。

8月20日，蘇聯第一副外長扎伊采夫約見中國駐蘇使館臨時駐外代表馬敘生，遞交一份備忘錄作為正式答覆，表示蘇方願意在任何時間、地點和任何級別上同中國談判，以便「消除任何關係正常化的障礙」。鄧小平在聽取有關報告後決定重開中斷了兩年多的中蘇談判。9月18日下午，鄧小平在專列上同金日成單獨會談中表示對中蘇談判仍然是不急於求成，因為中國處於比蘇聯有利的戰略地位，有條件從正常化進程中獲得包括解決印支問題在內的戰略利益。

中蘇雙方很快便商定，由兩國副部長級的特使就兩國關係正常化問題舉行政治磋商。10月5日，談判在北京舉行。根據錢其琛的回憶，中方在談判前已經有了明確的方案，即鄧小平所謂「先從一件事做起」，就是指的蘇聯「停止支持越南侵略柬埔寨，促使越南從柬埔寨撤軍」。第一輪磋商開始後，錢其琛即強調消除「三大障礙」，他還進一步說明蘇聯可以從解決越南從柬埔寨撤軍問題做起。伊利切夫則重申了蘇聯的立場。

1982年11月10日，蘇聯政府宣布布里茲涅夫逝世。中方很快決定利用此機會改善中蘇關係，決定派外交部長黃華率團專程前往莫斯科參加弔唁。13日晚，黃華在離京之前專門打電話給鄧小平，請求進一步指示。鄧小平在電話中對原定方針做了新的補充和修改，其內容凸顯了對消除「三大障礙」的重視和對以往方針的堅持。中國代表團啟程後，鄧小平又指示新華社要發一個簡短的談話，

對布里茲涅夫既不能簡單地批評，也不能只說好話。胡喬木根據鄧小平的指示起草了以黃華名義發表的談話稿，並於當天播送，其中明確提出要消除「三大障礙」。

黃華在莫斯科期間取得的最重要進展是在11月16日下午同蘇聯外長葛羅米柯舉行了一個半小時的正式會談。黃華在會談中重申了蘇聯需要消除「三大障礙」，他期待葛羅米柯在蘇方從中蘇邊界撤軍方面有所表示。但是，葛羅米柯一方面明確排除討論越南從柬埔寨撤軍問題的可能性，他說蘇聯可以做所有取決於蘇聯的事情來推動正常化。

布里茲涅夫逝世後的蘇聯政局進入一個不穩定時期，主要是最高領導人不斷因健康原因更換，對華政策也陷於停滯。1983年春，美蘇就在歐洲地區削減中程飛彈部署問題展開新一輪談判。8月26日，安德洛波夫接受《真理報》採訪。在涉及到中國安全關切的問題上，他作出了有利改善中蘇關係的回應。《人民日報》於兩天後摘要轉載了安德洛波夫的談話，這一非常舉動表明了中方對安德洛波夫談話的重視，不過轉載時仍然批評他「對中蘇關係中存在的障礙隻字未提，卻仍然堅持所謂的在確定中蘇關係時應『不損害第三國』的立場」。不過，鄧小平在9月24日同金日成的談話表明，中國領導人認為安德洛波夫的談話表明蘇聯印支政策有些變化。安德洛波夫很快又去世，他的續任契爾年科病魔纏身，不久人世，中蘇關係遂陷入停滯。

四、成為唯一的「障礙」

　　大致是在1985秋，中國領導人在「三大障礙」問題上做出重大的決定，即明確將解決印支問題置於「三大障礙」中的最優先地位。這一變化是逐步完成的，儘管時間並不很長，它所反映的中國對外政策的變化則意義重大。在中國領導人戰略思維中，印支問題也從大國全球戰略對抗的層次向東亞地區問題的層次回歸。伴隨著這種回歸，印支問題成為中蘇關係的優先問題，本質上則是中蘇關係正常化要服務於中國印支政策的需要。

　　1985年4月18日，鄧小平在與英國前首相希思會談時首次明確表達中國的戰略優先，即在消除「三大障礙」的問題上，蘇聯可以先做說服越南從柬埔寨撤軍這一條。這是中國領導人的戰略關注在發生變化的重要信號。中國領導人終於邁出決定性一步是在當年秋天。10月9日，鄧小平在會見羅馬尼亞總統希奧塞古時，請後者給蘇聯新領導人戈巴契夫帶口信，進一步提出在「三大障礙」中蘇聯只要在越南從柬埔寨撤軍問題上與中國達成具有可信性的諒解，他本人或胡耀邦總書記願意同戈巴契夫舉行高峰會。他說他甚至可以破例到莫斯科去與戈巴契夫會見。在這裡妨礙中蘇關係正常化的「三大障礙」實際上已經變成了一個，即蘇聯勸說越南從柬埔寨撤軍，鄧小平本人甚至以訪問莫斯科作為條件，敦促戈巴契夫做出政治決斷。這一變化是巨大的和很有分析價值的。它表明中國領導人在處理對蘇關係時，已經將關注的重點從解除所謂的「蘇聯威脅」轉向解決印支問題，即透過改善中蘇關係來追求中國在印支地區的安全利益。由此可以清楚地看到，中國的主要戰略追求已經窄化到實實在在的地區戰略利益。

　　1985年夏，中國政府開始調整印支政策。這一調整是以「安定南疆」為主要目的，爭取盡快結束越南侵柬戰爭和恢復印支地區的穩定與和平。這同中國發展戰略的內在需求是協調一致的，中國不可能在全力以赴地追求現代化目標時，繼續無限期地接受印支處於戰爭狀態並使自己捲入其中。中國同越南的邊境軍事衝突仍在持續，這不僅在干擾中國的發展戰略，而且柬埔寨問題的複雜性決定了中國長期被拖在其中會損害自己的國際地位。

中國的政策調整並不是一相情願的，印支形勢在1985年夏季的確出現了重大的變化。首先是越南領導人已經顯露出透過外交和政治途徑解決柬埔寨問題的意向。1985年3月25日，越南提出了政治解決柬埔寨問題的5點建議。這一方案雖無實質性突破，但在越軍全部撤出柬埔寨這個關鍵問題上，文字表述還是出現了一些變化。值得注意的是，這個聲明發表在契爾年科逝世兩週以後，越南這樣做很可能包括向克里姆林宮新主人做姿態的目的。6月下旬，越共中央總書記黎筍訪問莫斯科。戈巴契夫在歡迎宴會上的致辭中說，蘇聯和越南都希望同中國的關係正常化，並認為這有利於地區和世界和平。黎筍不論是否情願，也在致辭中表示要恢復中越的「傳統友好關係和正常的睦鄰關係」。6月28日，蘇聯外交部發言人在新聞發布會上說，蘇越領導人在會談中「涉及到了中蘇關係問題」，他們相信「蘇中以及越中關係的正常化將符合加強亞洲和平與安全的宗旨」。在雙方發表的《蘇越聯合宣言》中包括「雙方認為，蘇聯和越南社會主義共和國同中華人民共和國實現關係正常化將符合加強亞洲和平與國際安全的目的」。由於缺少歷史文獻，目前還無法分析和判斷蘇聯在越南領導人就中越關係做這種表態方面起了何種作用，不過可以推斷，戈巴契夫要求越南領導人在對華政策上與蘇聯保持步調一致的可能性是很高的。特別是蘇聯政策的邏輯中已經出現了將越南侵柬問題地區化的含義，即由地區有關國家自己扮演主要角色來解決該問題。

　　中國之所以利用中蘇關係正常化來推動越南從柬埔寨撤軍，也是因為中國在柬埔寨問題上遇到相當複雜而且困難的局面。在如何安排越軍撤出後柬埔寨的政治前途方面，中國面臨的壓力並不僅僅來自越南和蘇聯，還來自國際社會，尤其是東南亞國家特別關注不能允許紅色高棉再次執政。中國領導人採取直接掛鉤的做法反映了對中國戰略利益的評估，然而柬埔寨問題的確不是蘇聯能夠完全控制的。對於中國來說，蘇聯在這個問題上做到什麼程度就是可以接受的，仍然保留著可以操作的空間，也取決於中國領導人在不同時期對相關問題的評估，包括如何評估蘇聯在促使越南撤軍問題上的能力；以及隨著時空的變化，中方願意在政治解決柬埔寨問題上做出的讓步的程度；等等。後來中蘇政治談判之所以持續到1989年春夏之交，中蘇一時難以在越南撤出柬埔寨所涉及的政治問題上達成諒解是主要原因之一。

1985年12月下旬，李鵬訪問歐洲途經莫斯科回國。在莫斯科停留期間，戈巴契夫臨時決定與前者會見。李鵬在會見中告訴戈巴契夫，當前中蘇關係中最關鍵的是解決柬埔寨問題，「只要蘇聯促使越南從柬埔寨撤軍，中蘇之間一切都好談」。1986年2月，蘇共召開二十七大。戈巴契夫在大會的政治報告中提出，蘇聯將從阿富汗撤軍。談到改善中蘇關係時，除了繼續表達將追求兩國關係正常化外，並沒有在中方關切的實質性問題上做出改變。蘇共二十七大結束後，中共中央曾經召開會議討論該次大會的情況。在涉及中蘇關係方面，與會者認為蘇聯「只走了一小步」，還沒有下決心按照中國的條件解決印支問題。

　　不過這時印支局勢在迅速變化，最突出的標誌是越南提出了從柬埔寨撤出全部軍隊的時間表。1986年3月4日，波蘭《晚快報》刊載了越南外交部第一副部長阮頤年對記者的談話。他說「越南軍隊將在1990年前撤出柬埔寨，即使那時波布集團的殘餘分子還在」，「這甚至還可以發生得更早一些」。這是自從越軍入侵柬埔寨以來，越南方面首次非正式地公開表示要在1990年前撤出柬埔寨，並且不以徹底清除紅色高棉作為撤軍的絕對條件。3月10日，越南外交部發表《關於中國反越的敵對政策備忘錄》，在指責中國時也提出「將於1990年全部從柬埔寨撤軍，如果能有一個政治解決辦法的話還可以早些撤軍」這個明確的撤軍時間表。柬埔寨的韓桑林政權的外交部副部長貢昆本此後不久即表示，最多用兩年時間找到政治解決柬埔寨問題的辦法。

　　越南政策的變化引起各方的重視。民主柬埔寨聯合政府的三方代表不久後即在北京召開內閣會議，提出政治解決柬埔寨問題的「八點建議」，其中最重要的部分是提出越軍可以分兩階段撤軍，越軍全部撤出後將組成以施亞努親王為首的「四方」聯合政府，在有關柬埔寨未來的政治安排中，不排除將越南扶持的金邊政權包括在內。民主柬埔寨聯合政府三方在北京開會做出這樣重大突破的決定，沒有中國的支持是不可想像的。3月18日，胡耀邦在民主柬埔寨聯合政府提出「八點建議」的當天就會見了民主柬埔寨三方領導人，表示支持民主柬埔寨的建議。胡耀邦在此次會談中還表示，「只要越南從柬埔寨撤軍，就可以恢復中越傳統友誼」。4月22日，中國政府利用中國同寮國建交25週年的機會，開始主動尋求改善同寮國政府的關係。此後兩國關係逐步恢復和改善，到1988年6月，中寮

關係完全正常化。

　　1986年7月28日，戈巴契夫在海參崴發表講話，在涉及對外政策部分中的不少內容都與中蘇關係有關。他將這些內容分別放在闡述蘇聯對亞太地區政策的框架裡，特別是將柬埔寨問題定義為東南亞地區問題，聲稱解決柬埔寨問題「取決於中越關係正常化」。戈巴契夫講話中明顯透露出蘇聯不願意再支持越南打這場毫無前途的戰爭，不過也不準備按照中方的要求向越南施加壓力。此外，戈巴契夫將柬埔寨問題作為一種地區衝突做專門論述，也是在這個基調上說應由中越之間加以解決，這是蘇聯在權衡各種利弊後的選擇。一方面蘇聯還不想而且實際上也很難做到讓越南從柬埔寨撤軍，蘇聯未必能完全支配越南的政策；另一方面因為瞭解中方對柬埔寨問題的重視程度，不希望因無所表示而影響中蘇關係的發展。在當年4月的中蘇第八輪副外長級政治磋商期間，蘇方就提出可以將柬埔寨問題作為一種地區衝突，與中方討論解決辦法。戈巴契夫的講話是循著相同的邏輯，將解決柬埔寨問題作為地區衝突，推給印支地區的主要國家包括中國和越南去解決。但是，不論蘇聯基於何種理由，這種推脫責任的政策至少提供了兩個重要的內容：其一是蘇聯不再有意願介入印支地區的問題，而且無意繼續被越南拖在這個泥潭中；其二是將越南侵柬定義為地區問題，蘇聯將支持在地區內尋找政治解決辦法。戈巴契夫的論述方式展示了蘇聯外交思維的變化，從而提供了一個從地區角度認識印支問題的框架，而且蘇聯隨後的確為此採取了實際行動。這會對中國的政策產生何種影響，的確值得觀察和分析，事實上，中國能不接受這種印支問題「地區化」的邏輯嗎？

　　中國領導人這時認為，戈巴契夫的談話模糊了雙方矛盾的焦點，沒有完全滿足中國已經改變了的地緣戰略關切。簡單地說，在中國的地緣戰略關切中，首要的問題已經不是所謂「蘇聯大兵壓境」，而是迫使越南從柬埔寨撤軍。8月13日，中國外長吳學謙奉命約見蘇聯駐華使館臨時駐外代表費多托夫，告訴他中方並不滿意戈巴契夫忽視越南從柬埔寨撤軍，而這正是鄧小平透過希奧塞古轉話的核心。9月2日，鄧小平在接受美國著名記者華萊士（Mike Wallace）採訪時表示，如果蘇聯在讓越南從柬埔寨撤軍問題上「走出紮紮實實的一步」，他就可以會見戈巴契夫。

五、回歸「地區」

到1986年夏季，中蘇在除了印支問題之外的重要問題上都取得了進展，雙方的交鋒集中到越南從柬埔寨撤軍上。1987年5月上旬，保加利亞領導人日夫科夫訪華。中國總理趙紫陽在7日會見他時，請他向戈巴契夫轉達口信：解決柬埔寨問題的關鍵是越南撤軍，越軍撤出後柬埔寨的內政由柬埔寨人自己解決，中國不支持任何一派單獨掌權，希望建立以施亞努為首的聯合政府。中國領導人在這裡明確表態不支持紅色高棉在越軍撤出後控制柬埔寨。5月11日，鄧小平委託訪問中國的聯合國祕書長德奎利亞爾向越南方面轉達中方的建議，包括：（1）柬埔寨的內政和某個人犯的錯誤都不能成為侵柬的理由，越南必須首先從柬埔寨撤軍，結束那裡的戰爭；（2）越軍撤出後，柬埔寨問題由柬四方協商解決；（3）中國支持施亞努親王為首的四方聯合政府，不希望紅色高棉掌權；（4）只有解決了柬埔寨問題，中越關係才能正常化。至此，中方解決柬埔寨問題的政策已經明確。

蘇聯方面很快做出了反應。5月12日，戈巴契夫會見了剛從北京訪問歸來的保加利亞領導人日夫科夫。第二天，蘇聯副外長羅高壽發表談話說，蘇聯認為柬埔寨問題是地區問題（而非雙邊問題），但蘇聯「準備儘可能地協助解決柬埔寨局勢問題」。他也說明蘇聯的條件是柬埔寨未來的政治安排中不能有紅色高棉，這也是國際社會的意願。5月23日，戈巴契夫本人在回答義大利共產黨《團結報》提問時，首次將柬埔寨問題放在中蘇關係正常化的範圍內加以論述，認為雙方都應關心並願意透過政治途徑解決該問題。蘇聯對外政策的轉變必然加劇蘇越關係中已有的矛盾，蘇聯媒體開始公開表達對越南的某些不滿。

不過，戈巴契夫海參崴講話已經表明了蘇聯亞太政策的優先次序，即解決蘇軍撤出阿富汗要先於解決柬埔寨問題。所以，蘇聯在柬埔寨問題上雖然不斷表明態度，但真正採取實際行動則要遲緩得多。越南方面當時繼續堅持將越南撤軍同不允許紅色高棉參加越南撤軍後的柬埔寨政府掛鉤。蘇聯在此問題上顯然還無法或者還不願意勸說越南做出讓步。11月16日，鄧小平會見土井多賀子率領的日

本社會黨代表團時，再次表示只要蘇聯在解決柬埔寨問題上採取行動，他願前往蘇聯任何地方會見戈巴契夫。27日，戈巴契夫在會見尚比亞領導人卡翁達時說，他注意到鄧小平同土井多賀子的談話，他本人期待在北京、莫斯科或任何地方同鄧小平會見，但不應有「先決條件」。

1988年4月，蘇、美、巴基斯坦和阿富汗達成政治解決阿富汗問題的日內瓦協議，蘇聯此後才開始採取實際行動。5月23日，蘇聯外長謝瓦納茲在會見越南外長阮基石時表示：「蘇準備同有關各方一起為解決圍繞柬埔寨形成的局勢做出貢獻。」兩天後越南方面宣布，於6月開始從柬埔寨撤出5萬軍隊，剩下的軍隊將由金邊政權指揮，並於1990年底前全部撤出。羅高壽第二天即發表講話，將越南部分撤軍的決定同即將舉行的中蘇第十二輪政治磋商聯繫起來，說柬埔寨問題「將在議程上處於明顯的地位」。5月29日，蘇聯政府發表聲明稱，蘇聯準備同所有相關國家一起尋求解決柬埔寨問題的建設性辦法。

由於蘇聯做出如此明確的表態，中方認為根本解決柬埔寨問題的條件已經成熟。在6月上旬的紐約聯合國會議期間，蘇聯外長謝瓦納茲在會見錢其琛時，主動提出雙方召開專門會議討論柬埔寨問題。6月20日，第十二輪政治磋商結束時雙方宣布，將舉行專門解決柬埔寨問題的副部長級磋商。

在這次聯大會議期間，中方很可能也感受到有關各方不僅堅持要求越南從柬埔寨撤軍，同時也堅決反對紅色高棉在越軍撤出後控制柬埔寨政權。7月1日，中國外交部就柬埔寨局勢發表四點聲明，表示「越南儘早從柬埔寨全部撤軍是解決柬埔寨問題的關鍵」，中方「贊成在施亞努親王主持下建立柬埔寨4方參加的臨時聯合政府」，「讓柬埔寨人民在沒有外來干涉和武力威脅的情況下，進行自由選舉」，中國「願意同其他國家一道對柬埔寨的獨立、中立和不結盟地位作出國際保證」。7月2日，李鵬在擔任總理後首次接受外國記者採訪時專門談到中蘇關係與柬埔寨問題，他重申了外交部有關柬埔寨問題聲明的立場。

8月27日至31日，中蘇舉行了有關柬埔寨問題的第一輪副外長級會談。9月1日，錢其琛會見羅高壽時說，雙方「找到了一些共同點，但在一些重大問題上還有分歧」。9月2日，羅高壽發表談話時說，蘇方希望越南「明年撤出其全部軍

隊,這樣做肯定會給中國和蘇聯之間的關係帶來積極的影響」。從羅高壽的談話中可以大致推斷,在越南撤軍問題上,中蘇的分歧包括越南全部撤軍的時間表,即中方希望越南撤軍早於1990年。蘇方在這個問題上顯然有意願採取更積極的行動,羅高壽第二天向越方通報了中蘇會談的情況。

中蘇副外長級會談達成的另一個共識是將柬埔寨問題分為「內部」和「外部」兩個方面來解決。越南方面一直堅持將撤軍同阻止紅色高棉參加聯合政府掛鉤,而蘇聯堅持越軍撤出後只建立一個施亞努領導的臨時機構而非政府。目的是為了使韓桑林政權還能作為政府存在,同時保持排除紅色高棉進入未來政府的機會。在這種情況下,將越南撤軍與柬埔寨未來的政治安排分開解決,是有利於進一步尋找突破點的。

9月16日,戈巴契夫在克拉斯諾亞爾斯克發表談話。他在中蘇關係部分表達了兩個重要的內容。其一是蘇聯「願意立即著手準備蘇中最高級會晤」,因為中蘇副外長級商談擴大了雙方對柬埔寨問題的相互瞭解;其二是正式提出希望中越之間直接談判解決柬埔寨問題」。蘇聯推動中越直接談判來打破僵局無疑是一種策略,不過歷史的轉變通常就是在這種權宜之計的行動中實現的,蘇聯的策略背後代表的是它無意願繼續陷在印支地區,而蘇聯退出和中越直接談判則是印支問題地區化的關鍵,這可能是中方對戈巴契夫談話給予肯定性評價的原因之一。

10月9日,中國領導人召開高層會議,中方決定將越南撤軍作為錢其琛訪蘇爭取達成的目標,並決定如越南承諾1989年撤軍,即可同意舉行中蘇首腦會晤。11月8日,中方確定了中蘇首腦會晤的具體形式。12月1日至3日,錢其琛訪問莫斯科。在外長會談中,雙方就越南從柬埔寨撤軍的時間表達成一致。蘇方按照戈巴契夫克拉斯諾亞爾斯克講話的方針,再次建議中方直接同越南談判以促使越南方面接受最遲於1989年底撤軍的方案,以及加快政治解決的進程。此次外長會談的結果是雙方以《共同記錄》的方式達成內部諒解,包括儘早公正合理地政治解決柬埔寨問題,越南從柬埔寨撤軍的時間是1989年6月到12月底之間。

中蘇外長會談結束後不久,越南外交部於12月14日給中國大使館打電話說,越南第一副外長丁儒廉請中國駐越大使李世淳於15日上午10時前往越南外

交部商談兩國關係問題。李世淳按照國內指示於15日訪問越南外交部，丁儒廉面交了越南外長阮基石給錢其琛的一封信，其中提出1989年3月前在北京舉行兩國外長會晤。中方經研究於12月23日答覆越方，建議越方在近期內派一位副外長到北京就解決柬埔寨問題舉行內部磋商。中越之間從此展開祕密談判。以上的分析表明，蘇聯極有可能是越南此次向中國提出直接談判的幕後推手。中越直接會談具有重要意義，它是蘇聯退出和印支問題最終地區化的重要標誌。1月中旬，丁儒廉祕密訪問北京。期間越方明確承諾，根據解決柬埔寨問題的框架協議，越軍將於1989年9月底全部撤出柬埔寨，中方則表示接受這一時間表。

2月2日，蘇聯外交部長謝瓦納茲訪問北京。在經過一番曲折之後，雙方終於在2月6日同時發表了《中國蘇聯兩國外長關於解決柬埔寨問題的聲明》。從聲明的內容看，蘇聯顯然並沒有完全滿足中方的要求，或者說它就是雙方都做了一些妥協的產物。它更重要的價值是表明，當時儘管壽命已不長但畢竟還是超級大國的蘇聯不再干預印支地區，印支問題終於地區化，在中國對外政策框架中也終於成為一個地區問題。

結論

在比較系統地追溯中蘇關係與中國印支政策之間的互動及其影響後，需要進一步探討的是印支問題地區化引起的中國對外政策思維的變化和對中國新地區戰略的影響，這無疑需要放在中國對亞洲其他地區政策的變化這個更大的框架中加以考察。在中國新亞洲戰略研究中，中國印支政策的演變只是多個視角之一，要完整呈現該戰略方針的全貌，包括中美關係、中國對東盟國家政策的發展、對朝鮮半島政策、對南亞政策等等的變化，需要更為豐富和深入的專題探討。

中美關係

未確定的開端：內戰末期中共對美政策再探討

　　本文的主旨是利用近一時期出現的新歷史文獻再考察1948年至中華人民共和國建國這個時期中共對美政策演變的主要內容和特點。以往對此時期中共對美政策的研究成果並不多見。那些成果主要是強調了冷戰、中共與蘇聯的關係、毛澤東的革命理念等等如何影響了中共對美政策的確立及其後果，因篇幅限制這裡不再做具體的文獻分析。近年來出現了不少新的歷史文獻，使得有條件也有必要重新考察這一歷史事件。本文不再重複此時期中共對外政策（包括對美政策）的宏觀背景（很多相關的論著已經對這方面做了比較充分的論述），而是聚焦於政策發展各階段的具體事件和中共領導人處理這些事件的具體過程，包括中共內部的政策形成機制的複雜性。當然，這樣做並不是說宏觀背景不重要，只是要透過更具體地分析連續出現的個案和中共領導人具體的處理方式，使中共走上與美國對抗之路的過程呈現得更加完整，也提供更豐富一些的視角。實際上新出現的歷史文獻也足以說明，中共對美政策的演變和內容比以往研究所證明的要複雜得多。尤其是分析中共中央對個案的具體處理方式與宏觀背景之間的內在聯繫，並逐步從中揭示和總結中共中央政策制定的機制和程序等，仍然需要更深入的研究。

一、從「承認」到「擠走」

　　1948年春夏，中共軍隊開始相繼攻占華北一些大中城市，中共領導人終於直接面對處理同外國官方機構的關係，對美政策從此提上議事日程，他們必須要解決的不僅僅是繼續用反帝口號進行政治動員，而且要滿足取得內戰最後勝利和建國兩方面的需要。在對美政策上具體地說就是防止美國軍事干涉和美國是否承認中共政權。這兩個問題因中共的革命和建國在時間上重疊而同時出現，它們之間存在著相互衝突的內在矛盾則是分析中共對美政策延伸和變動的重要線索。

　　在防止美國軍事介入中國內戰的問題上，中共中央的政策一如既往地在宣傳上言辭激烈而政策極為謹慎細膩，特別是在涉及與美軍衝突或糾紛的問題上，中共領導人明確重申必須嚴格執行事前請示之原則。1948年3月24日，中共中央在給華東局有關談判處理扣押5名美軍人員的指示中，詳盡闡述了何為「有利有理有節」，並特別指出「任何外交談判，從中央到地方，外交代表絕不能不經請示，便可宣布談判破裂」，「以後一切外交文稿，均應先由中央批准，然後發表」。相比較而言，有關「承認」問題要複雜得多。

　　從當時中共中央給有關地區領導人的指示的內容看，中共領導人最初有意願在地方政權的層次上同美國等國家建立官方關係。7月下旬，華北局報告稱，有法國領事表示希望與中共當局建立「外交關係」。中共領導人指示華北局可「非正式的同意」，他們認為法方很可能是受美國之托「試探」，故華北局要「表示出華北解放區願意與各國建立外交關係」。可以推斷這種態度應適用於在地方一級處理對美關係。中共領導人這種反應很難說是經過深思熟慮的。他們在這方面既不瞭解多少情況，也很缺乏經驗，所以在行動上比較謹慎，對不同情況的回應是觀望和試探性的。例如規定上述原則應限於華北地區，並且「不忙訂立具體的協定」，以便留下調整政策的空間。

　　中共中央在華北地區的上述原則很快延伸到東北地區並出現了積極的變化。東北野戰軍攻占瀋陽後，東北局直接面對處理瀋陽的美國領事館問題，中共中央由此而首次明確提出了迫使美英法等承認中共地方政權合法性的方針。東北野戰

軍於11月2日攻占瀋陽。此前三天，中共中央專門就美英法等國的領事館和僑民問題電令東北局，要求其必須要建立起專門的外交事務機構，必須遵守中央的指示，以及在採取任何措施之前必須請示，而「不要草率決定」。從電報的內容看，中共中央這時的意圖不是要斷絕同美國的關係，而是透過各種具體措施「逼使這些資本主義國家的外交機關，不得不承認我解放區地方政府的政府地位和權力」。這是這個階段中共中央有關在地方層級與美國建立官方聯繫的明確表述，此節標題中的「承認」即指透過特定的交往方式迫使美方承認中共地方政權的合法地位。

11月1日，東北局轉發給中央一份有關占領瀋陽後如何處理外交事務問題的請示，其中包括了是否關閉外國銀行和派兵警衛美英等領事館。因為在瀋陽是首次遇到蘇聯和美英法等國商業機構同時存在的情況，此外東北局也擔心國民黨特工攻擊外國領館給瀋陽軍管會製造外交糾紛。周恩來當天草擬了一封很長的電報。他在電報中專門叮囑東北局，一定要特別重視瀋陽地區的特殊情況，在那裡中共首次遇到蘇聯和美英法等國領事館、外交機構、商業機構等同時存在。為了慎重起見，東北局應暫時不停止外國銀行的營業，對外國領事館均應提供武裝保護，並不得對其人員和室內實行檢查。電報說「許多外交事宜和國際慣例，我們甚不熟悉」，東北局應多向蘇方人員請教。但他也說明，蘇方的意見也「只做參考」而已，「凡與政策有關者均應先報告中央請示」。周恩來在電報中明確要求東北局派人通知各領事館「不得設立無線電臺」，如有電臺應向中共瀋陽政府報告並交政府保存，歸國時再交還給他們。周恩來估計美英等領事館會有祕密電臺，但東北局採取行動前必須祕密偵查證實，並報中央批准後「才得進入其內檢查」。

11月5日，中共瀋陽市長朱其文事先未經請示就接待了美英法等國駐瀋陽的領事，並於3天後回訪了這些國家的領事館。朱其文的這些行動並不能說是完全違背了中共中央的政策，因為他不這樣做就很難執行中共中央10月29日指示中的一些要求，向英美法人員轉達東北局的有關規定，並達到迫使對方承認中共瀋陽政權合法性的目的。當時東北局即對朱其文進行了嚴厲的批評並報中央。中共中央重視的是朱其文事前不請示便以市長身分與美英法官方代表接觸。顯然，中

共內部還沒有在處理對外關係問題上做到上下步調一致，地方負責人對外交紀律的敏感和重視程度遠沒有達到中共領導人心目中的要求。中共內部的這種情況是導致後來政策發生重大轉變的至關重要的原因之一。

11月10日，中共中央根據東北局的報告，曾提出利用軍事管制來限制美英法人員活動，相信經長期相持他們會被迫撤走。從間接披露出來的電文內容看，東北局報告說，美英法領事館沒有承認中共瀋陽政權的合法地位，中共中央指示東北局針鋒相對，也不承認它們是外交機構，同時告誡東北局一定要行事謹慎並做到事前請示。這時中共領導人可能已經有了迫使美英法領館撤出瀋陽的想法，但對採取何種具體措施和到底需要用多長時間均無確切的看法，而且十分謹慎小心。至於為什麼出現這種想法，很可能同東北局與美英法等領事館打交道的情況有關。

15日，中共瀋陽軍事管制委員會向美英法領事館發出通告，限其36小時內交出所存之電臺。導致東北局採取此措施的原因一方面是落實中共中央早前的指示，另一方面就是軍事形勢急劇變化和蘇聯的反應。在遼瀋戰役即將結束時，毛澤東已經與林彪等開始討論第四野戰軍祕密入關參加平津戰役。11月中旬，中共中央決定東北野戰軍主力部隊提前結束休整，盡快祕密進入華北。從中共中央同四野司令部的來往電報中可以看出，保密是這項戰略決策的關鍵之一。毛澤東本人極為關注瀋陽外國領事館的電臺，他甚至為此指示在瀋陽附近的部隊，「宜推遲出發時間，因瀋陽有敵電臺，我一行動，敵必警覺」。在取得戰爭勝利壓倒一切的歷史時刻，外交只能是配合軍事行動；在無法配合時則必須讓步。這是決定中共政策轉變和美領事館後來命運的至關重要的戰略背景，軍事壓倒一切的戰略優先順序決定了中共中央在面對複雜局面時寧可選擇相對簡單但對保密來說最有效的辦法。

就在瀋陽軍管會發出通告的第二天，蘇聯駐哈爾濱總領事向高崗提出，應該沒收瀋陽美英法領事館的電臺，他說「這是關係蘇聯很大的事情」，而且暗示是蘇聯高層的想法。高崗當即告訴前者，已經向三國領事館發出了收繳電臺的通告，東北局對美國領事館的方針是將其「擠走」，而收繳電臺就是為了「擠走」

它們。他隨後即打電報給中共中央，請求考慮他在談話中提出的「擠走」美國領事館的建議。中共領導人很快就回電，表示同意高崗「所取擠走美、英、法領事館的方針」，而且要高崗轉告馬里寧，中共的外交政策「一定和蘇聯協商處理」。「擠走」美國領事館的方針似乎就這樣定下來了，不過從過程看，中共中央決定同意「擠走」美英法領事館的過程至少也是相當倉促的。所以，這個電文最後告訴高崗還是要保持一些謹慎，「關於整個外交方針及策略，另電告」。這表明中共領導人認為，還有必要從更大範圍來考慮其含義以及如何限制其影響。

對中共中央來說，雖然能認可「擠走」方針，但不能容忍瀋陽軍管會事前不請示的做法。11月17日，瀋陽軍管會在通告發出超過36小時之後向中共中央發了一個電報，報告說美方回函稱僑民中無電臺，領事館中是否有電臺則未談，也沒有交出電臺。他們請示在這種情況下，中央是否批准瀋陽軍管會進入美領事館強取。中共中央在回電中嚴厲批評瀋陽軍管會在15日發出通告之前沒有請示，在美領館超過36小時不交電臺後又不執行通告的內容，反而請示中央如何處理，這些「實為大錯」。電報要求瀋陽軍管會應向美領事館發出警告，在若干小時後如繼續不交出電臺，瀋陽軍管會將進入領事館查收，並告美領館人員因其蔑視瀋陽軍管會命令而禁止「與外界自由來往」。中共中央認為「如此辦理」才能達到「擠走」美領事館的目的，「首先給美國舊領事以限制，使其知難而退」。

接獲中央電報後，瀋陽軍管會副主任伍修權接見美領事華德，要求美方交出電臺。後者予以拒絕，稱那是美國政府財產，需要得到美國務院批准才行。東北局立即請示中共中央，是否可以進入美領事館強行取出。18日，毛澤東在這個電報上寫了自己的意見，從中可以看出他心情已略平靜。他寫道：「電臺所有權可仍屬美方，我接受暫時代管，將來兩國建立外交關係退還。似較妥當。」這表明中共領導人並不是很瞭解該如何應對這類涉及領事館財產所有權的問題，特別是這時他們不打算升高對抗。

第二天，周恩來起草了回電，措辭緩和且內容十分周到。電報要求瀋陽軍管會進入美領事館收繳電臺時，應明確聲明決不承認對方為外交機構，只視之為僑民並保護他們安全和「非正式外交往來」，如對方有違反法令的行為，軍管會有

權限制其人身自由,直到「驅逐出境」。特別重要的是,這份電報要求瀋陽軍管會應聲明,收繳的電臺是由中共方面保管而非沒收,「待將來雙方建立外交關係或舊領館人員自瀋陽回國時,當予發還」。這是目前能看到的中共中央首次提到未來存在與美國建立外交關係的前景,並可向美方表達。電報還要求瀋陽軍管會行動必須特別嚴謹,不給美方任何藉口。很遺憾的是歷史並沒有留下多少時間可以供事態向前延伸,否則不論最終結果是什麼,後人畢竟可以看到更豐富一些的中美關係。

東北局到第二天下午6時才收到上述中共中央電報。在5個小時以前,瀋陽軍管會已經按照此前的指示進入美領館,他們不僅查收了電臺及相關設備等,而且開始對美領館實行封鎖,限制美領館人員的行動自由,並斷電、斷電話等。查收電臺之外的種種措施是按照蘇聯人的建議實施的,東北局在給中共中央的電報中說,蘇聯人告訴他們,過去國民政府就是這麼對付蘇聯駐瀋陽機構的。東北局還報告說,在查收電臺過程中,「美領態度一般尚乖」,不過「似乎已有逐其出境之理由存在」。看來東北局是十分支持甚至更希望盡快將美國領事館「擠走」,他們的措施幾乎是「趕走」了,這恐怕更符合他們的真實願望。從他們因此事所受中共中央反覆之批評看,外交對於中共地方領導人來說實在是巨大的麻煩,以致他們寧願選擇比較簡單易行的解決辦法,最好是轄區內沒有美國人。有必要強調,忽視地方領導人在處理具體問題時面臨的困難和他們做出的反應有可能造成的影響,會導致對中共對外政策的解讀被簡單化。

瀋陽軍管會採取的措施超出了中共中央授權的範圍,儘管比較18日和19日的電報內容,可以看出中共中央的態度的確是有過變化的,即曾經同意過東北局採取更強硬的態度直至「擠走」。在獲知瀋陽軍管會封鎖美領館後,毛澤東首先提出對英法領事館的態度應該比對美領事館更緩和一些。同時又一次嚴厲批評東北局無視中央權威,「瀋陽外交行動至今仍是事先不請示(如割斷電燈電話),實在太危險了」。

23日,中共中央致電東北局領導人系統闡述了對美政策。電報再次強調任何外交行動都必須要事前請示,批評東北局割斷美領事館電話、電燈等行動「實

屬違背中央關於一切外交行動必須事先請示的規定」，東北地區要「照顧全局，急躁魯莽不得」，任何事情「均必須事先請示中央，否則相當危險」。中共中央一再批評東北局違背外交事務紀律這一點也可說明，瀋陽軍管會的行動的確偏離了中共中央的政策軌道，而且不僅僅是在執行外交事務紀律方面。中共中央在這封電報中詳細闡述了對未來與美國可能發展官方關係的方針，要求目前在東北的行動必須考慮外交的全局。中共中央的原則包括：第一是對美國與英法要有所區別；第二是東北地區有特殊之處，在東北對美領館實行的「擠走」方針不一定在其他地區也實行；第三是不承認國民政府與美國等國家的外交關係，「並不等於我們永遠不與這些帝國主義國家發生外交關係」。如前所述，中共中央在11月17日的電報中曾經告訴東北局領導人，將另電告之「關於整個外交方針及策略」。經過5天的考慮和這期間處理各種意外交事件後，中共領導人終於比較系統地闡述了他們對未來與美國關係的設想。從電報的內容看，他們是經過認真考慮的，而且他們的思考遠不像公開發表的反美言辭那麼簡單，他們至少也是考慮過為未來的政策選擇保留一些空間。

此後不久，東北局報告於21日抓獲間諜和破獲間諜小組，並稱他們承認與瀋陽美領館有聯繫，東北局還估計美領事館中可能還有祕密電臺。東北局表示非常迫切地希望能盡快查清間諜小組與美國人的聯繫，並明顯傾向盡快將美領館擠走。中共領導人很快覆電對東北局的果敢行動表示「欣慰」，他們早已獲知瀋陽地區有間諜組織的電臺，很擔心間諜組織會危及到四野進入華北的軍事行動。與此同時他們在電報中也指出，在未能證明該間諜組織確實與美領館有直接關係以及不能證明美領館有祕密電臺時，不贊成東北局完全隔絕美領人員之間的往來，也不允許檢查華德的私人住宅。東北局則堅持為破獲間諜案線索，仍需禁止領館人員之間的往來。12月下旬，中共中央還指示東北局在間諜案沒有新發現的情況下，應從聖誕節當日起適當放鬆對美領館人員的限制。其後的事態表明，如何處理瀋陽美領館一事在當時實際上被暫時擱置起來。

處理瀋陽美領館問題的過程表明，中共此時的政策既不清楚也不穩定，波動明顯。在缺乏外交知識和經驗的情況下，中共領導人固然相當謹慎，有時甚至是緊張的。另一方面，在中央與東北局、瀋陽軍管會之間，政策遠不能說是協調和

順暢無礙的，中共領導人有時很難直接控制住東北地方當局的作為。他們一直在避免激化與美方的關係，同時也希望在瀋陽的做法不要自動地蔓延到其他地區。

二、「不承認」與「不斷絕」

在處理瀋陽美領館問題後期，相繼發生了一些與此事無關的事情也在影響中共中央的決策。12月初，中共中央接到一份來自香港的祕密報告。該報告記錄了一位叫雷文和的美國記者告訴中共在香港的代表說，現在美國對華政策的核心就是如何在新中國政權中「造成一有效的反對派」，美國政府有意承認未來的中國新政府，條件是這個政府中要有美國可以接受的反對派，以及允許美國有上海和青島的駐軍權。毛澤東對此反應強烈。他斷定美國人已經從單純扶蔣改為一面幫國民政府軍事頑抗，一面在中共革命隊伍內部組織反對派，所以中共必須百倍警惕並粉碎美國的「政治計劃」。他要求他的戰友們傳閱這份報告。

全面內戰爆發後，毛澤東一直在思考未來的新國家走什麼道路，他認為在這個戰略性的問題上同美國的矛盾越來越深刻，而且美國一直在施展各種陰謀詭計。12月30日，毛澤東在他撰寫的新年獻詞中將美國的行動視為中共面對的一種主要危險，美國正「在革命陣營內部組織反對派」，以使中共「務必要不太多地侵犯帝國主義及其走狗的利益」，使反動派獲得喘息的機會，「然後在一個早上猛撲過來，將革命扼死」。所以中共必須要「將革命進行到底」。

1949年1月上旬召開的政治局會議上，中共領導人主要還是在如何取得戰爭最終勝利的框架下思考和討論與美國之間的相互「承認」問題。他們認為美國此刻提出建交問題是另有圖謀，它有可能「甚至不惜用承認人民共和國的方法以取得合法地位」，目的則是實施「內部破壞」，所以要警惕「這一帝國主義的陰謀計劃」，「並堅決將其擊破」。另一方面，在瀋陽遇到的複雜局面使中共領導人體會到對美外交雖不緊迫卻十分麻煩，暫時擱置是成本最低的選擇。所以他們在這次會議中確定了「不必忙於要」美國承認，既是因為「我們是打倒它，不是承認它」，也是因為還缺乏外交經驗，故「不忙於解決」。毛澤東甚至提出「不承認為好」。日益高昂的革命民族主義在會議發言中反映明顯，這也對「不承認」原則的提出有重要的影響，在此不詳述。會議結束後不久，蘇共中央政治局委員米高揚訪問西柏坡，中共與蘇聯的關係進一步密切，這無疑在強化中共領導人的

上述傾向，從而導致中共中央在七屆二中全會確定了「不承認」的原則。

在3月召開的七屆二中全會期間，毛澤東發表了帶有結論性的講話，他說不急於解決美國的「外交承認」問題，「就是在全國勝利以後的一個相當時期內也不應急於去解決」。從中共領導人的言論看，他們這時相信擱置「承認」問題比「迫使」美國承認中共政權更有利。在會後發布的外交政策文件中，中共中央重申對國民政府的對外關係「一概不予承認」，並提出對美國官方代表實行更為嚴格的管制，包括「派兵監視，不得給以自由」。中共中央提出「不承認」原則被證明是重要的，因為這時美國政府已經明確要將「承認」作為與中共政權「討價還價」的籌碼。

但是，中共軍隊占領南京前後的一些事態發展表明，毛澤東在七屆二中全會提出的「不承認」方針並不是那麼堅定不移的。4月17日，周恩來就向將參加新政協會議的民主人士通報說，雖然在外交上原則問題「決不讓」，特別是對美國「一定要採取嚴肅的態度」，但在具體執行中「又要很謹慎，有理有利有節地去處理問題」。他透露「美國也不是不要和中國交往，司徒雷登一直到處找我們拉關係」，中共中央的態度是「既不斷絕，也不急於建立外交關係，就是要按平等原則進行談判」。中共中央這時也已決定選派燕京大學畢業的黃華去南京，在中共南京市委中負責外交事務工作，包括同司徒雷登接觸。中共領導人這種言行至少不能說是敵對的。可以說「不承認」此時已經延伸出了「不斷絕」。

這時美國駐華使館仍然留在南京，沒有隨國民政府遷到廣州。美國大使司徒雷登本人也提出並在尋找同中共建立聯繫的渠道，他的行動也獲得美國務院同意。美方的行動足夠引人注目，不過僅此一點還不足以解釋中共對美政策何以如此快地出現重大變化。還存在一些其他更重要的原因。首先是毛澤東與史達林之間互信的增加，導致蘇聯方面不打算妨礙（甚至希望）中共中央緩和同美國的關係。

4月13日，蘇聯代表科瓦廖夫打電報給史達林，彙報了他同毛澤東等中共領導人談話的內容。毛澤東在介紹七屆二中全會確定的「不承認」政策時說，為了經濟需要中共將不得不同資本主義國家保持一些事實上的關係，但不建立合法的

「關係」，他說這是「半放手的外交」。他告訴科瓦廖夫這還不是最後的決定。另外，4天前他得到從香港那邊來的電報說，由美國前副總統華萊士介紹的美國貿易公司要同中共商談貿易，以及還有消息說美國要透過花旗銀行向中共貸款。總之，毛澤東談了不少經濟方面的問題、困難和中共中央的應對措施。顯然，經濟方面的困難正促使中共領導人考慮採取更靈活的「半放手外交」，他們需要瞭解蘇聯方面的態度，所以毛澤東告訴科瓦廖夫，中共中央「還沒有回覆呢」。

4月19日，史達林給毛澤東回電，明確表示中共中央「不應該拒絕與包括美國在內的一些資本主義國家建立官方關係」。他列舉的重要理由包括：第一，這樣做有利於完成國家統一，可防止那些國家支持其他政權；第二，不應拒絕資本主義國家的貸款和貿易，只要不影響中國的主權和民族工業就好；第三，蘇聯暫時還無法向中共提供貸款，蘇聯政府需要同中方政府簽協議才行。換句話說就是中共中央還不能指望很快就能從蘇聯得到貸款。史達林的這種表態不論基於何種考慮，都使中共中央在對美政策方面有了更大的選擇空間。

渡江戰役發起前後對美國軍事干涉的擔心和防範也在推動中共中央考慮同美方接觸。4月20、21日，中共軍隊在長江三江營地區同數艘英國軍艦發生激烈炮戰，東亞國際形勢頓時緊張起來，美英蘇等大國駐東亞的軍隊都進入緊急戰備的狀態，局勢有一觸即發的感覺。中共中央在21日接獲了關於外國軍艦在長江游弋情況，曾指示渡江戰役前線指揮部，凡進入戰區妨礙作戰的兵艦，不論是哪個國籍，均可予以炮擊。史達林立刻提醒毛澤東，當前最危險的是美國的軍事干涉，具體地說就是美軍有可能在華北地區的港口登陸，從背後攻擊中共軍隊。如何防止在緊張局勢下發生美國的軍事干涉等，就因長江炮戰這一突發事件成了中共中央面對的一個突出的問題。

中共軍隊攻占南京後發生的涉外交事務件加劇了中共領導人的擔憂。4月25日，攻占南京的中共35軍一部官兵進入美國駐華大使司徒雷登官邸，引起一場軒然大波，來自國際輿論的壓力加劇了氣氛緊張。中共中央聞訊後於27日去電嚴詞批評總前委，未及時對下屬部隊官兵進行外交政策方面的教育。電報最後說：「此事必須立即引起注意否則可能出大亂子。」此後不久，中共中央又從外

電獲悉，中共南京駐軍通令不允許外國記者向外發電報稿。中共中央立即電令總前委，必須取消不許外國記者發電報的規定，並告誡說：「南京為各國大使公使集中地區中外觀瞻所繫如此妄為極為危險。」此後，中共中央就35軍涉外交事務件處理問題再次指出，對外交事務如此擅自處理，「影響所及，至為危險」。

從「可能出大亂子」、「極為危險」、「至為危險」等等這些用詞中可以看出，中共領導人對外交事務極為重視、極為謹慎，對南京發生的情況極為不滿。中共軍隊進入南京後的一些行動證明，中共中央在指揮戰鬥員中進行反美教育是卓有成效的，他們的確沒有了懼怕外國人的心理而且士氣高昂，否則35軍官兵未必有膽量闖入司徒雷登的官邸並感到理直氣壯，以及對外國記者心存敵視。問題是在中共中央看來，如不及時控制住這種情緒，而任其自由宣洩，就有可能釀成招致外國軍事干涉的事件，而這恰恰是中共中央要全力避免的。不僅如此，即使沒有導致外國軍事干涉，也會限縮中共領導人在外交上可以選擇的空間，這時他們未必已經完全沒有這方面的念頭。實際上，在南京地區的基層官兵對中共中央的批評並不是完全服氣的，他們能理解推翻帝國主義並堅定地為之戰鬥，但對中共中央指示中所說的「靈活性」卻頗感費解，用他們的話說反正「就是靈活不起來」。總前委在給中共中央的報告中說，官兵這種反應「是真實的合理的」，應該做出非常具體的規定以便能夠執行。軍隊內部的這種狀況也會增加中共中央的壓力，推動他們在努力控制部隊官兵的行動，隨後發布的有關規定之具體令人吃驚，甚至包括除指定人員外，「其他任何人不得與外僑來往，不得與外僑談話」；警衛部隊在任何時候「對外僑無權使用武器，嚴謹開槍」，等等。總前委的回電也再次證明，在解讀中共中央政策形成過程時，的確需要重視地方領導人在具體事件中的反應，他們如何處理面對的問題往往會導致十分複雜的局面。

中共中央嚴格控制部隊官兵的原因並不僅僅是為了防止出現意外，他們同時力圖緩和軍隊中官兵脫軌行動造成的與美國之間的緊張，也是為了配合隨後將要展開的與美方的祕密交往。4月28日，毛澤東打電報告訴總前委的鄧小平等人，美國已經「託人請求和我方建立外交關係」，如果美國能斷絕同國民政府的關係，中共將考慮同美國建交。4月30日，毛澤東以「李濤」之筆名，就英艦在長江被擊傷一事發表聲明，即史稱「李濤聲明」。毛澤東在該聲明中宣布，新政權

願意考慮同外國政府建立外交關係，條件是外國政府必須與國民政府斷交和從中國撤軍。周恩來則告訴前往南京的黃華可以同司徒雷登接觸，「看看他有什麼要求和願望。」至此，中共與司徒雷登在南京的接觸拉開序幕，而目的是為了探尋發展雙方關係的途徑。

三、南京祕密交往與中斷

　　黃華被專程派往南京領導該市的外交事務工作是一個標誌性的事件，黃華此後與司徒雷登的祕密會談對中共政策的確造成了很有分析價值的影響，這段交往在史家看來還是相當精彩的。

　　5月7日，司徒雷登的祕書傅涇波走訪黃華的辦公室，轉達司徒雷登盼與中共方面直接接觸的願望。他當時說司徒雷登之所以沒有隨著國民政府去廣州，就是希望能與中共建立聯繫，而且司徒雷登的這個行動獲得了美國國務卿艾奇遜的首肯。可見此正是「美國對華政策改變的時期」，司徒雷登則是促成此次轉變的最佳人選。此訊息轉達北京後中共中央作何思考尚無從考證，但可以肯定的是這大大超出中共領導人頭腦中對美國人的負面想像。

　　對於一直在思考如何防範美軍登陸華北攻擊中共軍隊後方和防止美國人鑽到「鐵扇公主肚子裡」進行內部破壞的毛澤東來說，傅涇波的談話的確造成了重要的影響。他於三天後親筆寫了包括七點指示的回電，明確放寬了與司徒雷登接觸的範圍。他指示黃華可以接受邀請，前往會見司徒雷登，目的是「偵查美國政府的意向」。對於司徒雷登願意繼續做大使與中共辦交涉和修改中美商約等，則「不要表示拒絕的態度」。毛澤東似有欲身臨現場的感覺，他的指示事無巨細，包括了黃華遇到不同的情境時應該如何變換態度等等。他說如果司徒雷登態度友善的話，黃華也「應取適當的友善態度」，即一種「莊重而和氣的態度」。

　　5月13日晚8點，黃華以私人身分到司徒雷登官邸訪問，與後者會談兩個小時。從南京市委在這次會談後發給中共中央的報告內容看，雙方討論的中心問題是駐華美軍將何去何從和「承認」等兩個問題。司徒雷登說明，美使館留在南京是經國務院批准的，而他本人希望促成「中美雙方平等互利的外交關係」，並「盼聯合政府廣泛團結民主分子參加」。在黃華問他對「李濤聲明」的看法時，司徒雷登表示，美國目前無法宣布斷絕同國民政府的關係，因為中共的新政府還沒有成立，只有新政府成立後提出要求，美國「才能承認」。傅涇波這時詢問了新政協何時召開和新政府何時成立，並說新政府成立後司徒雷登回國一趟，再由

國內派來則「承認」問題「自然解決」。關於駐華美軍，司徒雷登直言撤軍「已不是問題」。對中共中央非常關注的美軍登陸華北之可能，司徒雷登說青島美軍在中共軍隊到達後即撤走。當時中共中央正急於瞭解駐上海美軍的動向。司徒雷登對此表示，那裡有陸戰隊幾百人，目的是為了保護美國僑民，中共軍隊「一到他們就撤走」；崇明島以南的美軍艦完成撤僑即離開。司徒雷登還說，他本人並不介意35軍官兵進入官邸的行為。南京市委的報告最後將司徒雷登的談話綜合為：青島和上海的美軍會在中共軍隊到達前「先撤出一步」，外交上要求非正式往來並承認領事地位，司徒雷登不會在南京久留，他本人不會介意侵犯其住宅事，以及「聯合政府內應吸收美帝走狗」，等等。至於司徒雷登的態度則是「慣用的友善」。傅涇波在會談中的一些表示應該說代表了司徒雷登的設想，那些是後者礙於身分不便表達的。

黃華會見司徒雷登的結果導致中共領導人增加了對司徒雷登的信任，儘管他們在言辭上仍然是犀利無比和充滿敵意的。這種信任主要反映在中共中央的軍事決策中。在會見發生之前，中共中共曾經電令總前委，在攻占吳淞和嘉興等重要城鎮時，應「極力注意避免和外國兵艦發生衝突」。在會見後，中共中央因確信美軍無意軍事介入，大大放寬了同外國軍艦作戰的限制，即不允許任何外國軍艦進入黃浦江。

5月20日，毛澤東電令總前委，「有敢進入並自由行動者，均得攻擊之；有向我發炮者，必須還擊。直至擊沉擊傷或驅逐出境為止」。第二天，總前委即向吳淞口駐軍傳達命令，對黃浦江「實施炮火封鎖，如炮擊我者，更應還擊」。值得注意的是，總前委的命令中解釋說，實施封鎖是因為外艦多為國民黨海軍假冒，司徒雷登已「作個人負責的表示，吳淞口內已無美軍」。23日，中共中央指示第三野戰軍「迅速準備提前入閩」，而且只要占領上海、寧波、福州和青島等地，「美國出兵干涉的可能性就很少了」。當然，不能說這時毛澤東因為司徒雷登的說明便完全放心了。28日，中共中央再次向各野戰軍發出「帝國主義國家有聯合干涉的某些象徵」的警告。不過，華東局和總前委在第二天的報告中即表達了某種程度的不同看法，他們認為「今後最大的困難，恐將是帝國主義從經濟方面所施的壓力」，當然，中央做「有備無患的謹慎部署」也是「完全必要

的」。

5月23日,毛澤東向蘇聯方面通報了黃華與司徒雷登會談的情況。他告訴科瓦廖夫,黃華同司徒雷登數度會談,主要內容包括三個方面,即美國不支持國民政府、美軍撤出中國、建立聯合政府等。他介紹了司徒雷登的主要觀點,後者表示美國已經停止支持國民政府,美國使館留在南京就是一例;美軍將從中共軍隊到達的城市撤出,如青島、上海等,美軍現在駐紮是因為那裡有很多美國的財產需要保護。他還表示希望聯合政府有更廣泛的代表性,等等。然後,毛澤東說司徒雷登在「撒謊」,而且與麥克阿瑟的行動不一致,如果所有資本主義國家的大使館都撤出中國,「我們會很高興」。毛澤東的這番介紹更多的是政治表態。6月初,青島美軍如司徒雷登所說自動撤出後,他才基本打消了對美軍事干涉的顧慮,這也是事實。這期間,蘇聯方面沒有對中共代表與司徒雷登的接觸表示任何負面評價。

6月3日,中共中央就司徒雷登回國一事給南京軍管會發出指示。從這項指示的內容看,美軍撤出青島後,黃華同司徒雷登的接觸已經集中到雙方未來能否建立官方關係。毛澤東就司徒雷登要求訪問上海一事電告南京市委,黃華可見司徒雷登,並告同意他前往上海視察,同時要聲明美方不得向國民政府提出對日和約問題。他特別指示黃華可以私人身分向司徒雷登透露,新政協可能在中共軍隊占領廣州後召開。這最後一點暗示性是很強的,因為4天前毛澤東剛剛親自在新華社的社論《祝上海解放》中加了一段話:「這些外國政府如果願意開始從中國事變中吸取教訓,那麼,它們就應當著手改變干涉中國內政的錯誤政策,採取和中國人民建立友好關係的政策。」此時,被擱置一段時間的美瀋陽領事館事件也出現有緩解的跡象,該領館被允許與南京和北京的美國官方機構進行明碼通訊,華德等人員不久後被瀋陽軍管會允許離開瀋陽。

6月6日,黃華按照指示與司徒雷登舉行第二次會談,內容涉及廣泛。關於司徒雷登提出去上海和傅涇波去美國,黃華表示中共均可安排。關於黃華提出對日和約問題,司徒雷登表示美國沒有改變開羅會議的決定,在對日和約簽訂後就將臺灣「交還中國」。關於黃華要求美國政府斷絕同國民政府的關係,司徒雷登

表示美國大使館留在南京就已經表明了態度，而且今後不論國民政府遷都何處，他「可肯定申明美國代表不擬隨往」；由於中國政局未明朗，美「現採被動」觀望。至於美援則是去年的決定，已經所剩無幾。黃華則照例對美國援助國民政府痛加指責，司徒雷登也說明了美國在建交問題上的障礙，即美國人「害怕共產主義」和「希望今後儘量吸取一切民主開明人士參加」政府。黃華再次予以批駁，然後談話「乃告結束」。

　　從上述報告的記錄看，雙方在談到「承認」問題時矛盾不僅突出，而且相當尖銳。美國政府和中共中央的基本態度都是不急於解決建立外交關係的問題，儘管司徒雷登本人作為一位曾經的傳教士，可能比華盛頓的意願要強烈一些。中共中央如前述，在1月就有了「不急於建交」的考慮。在美國方面，5月13日，司徒雷登向國務院提出有關美國駐華使、領館地位的六點建議，其中包括只要國民政府「沒有明白無誤地滅亡」，美國與中共的接觸就只能限於「美國人的福利、財產方面的諮詢與抗議」。與此同時，艾奇遜提出了美國承認新政府的三項條件：（1）事實上控制該國的領土和行政機構；（2）有能力並願意履行國際義務；（3）得到該國人民的普遍接受。結果就有了後來在會談中雙方各說各話。黃華說應由「美國首先採取行動與人民民主政府建立關係」，司徒雷登則聲稱美國「只好處於被動地位」。這種關於誰「先走第一步」的爭議後來一直延續了幾十年。

　　雙方的分歧雖已十分明顯，中共中央並沒有做出斷絕接觸的決定，而且還在進一步推動雙方的接觸。6月8日，傅涇波會見黃華，提出司徒雷登在回國前希望能訪問北京（記錄中用當時名稱「北平」）。他還詳細地陳述了對美國政府內部有關情況的看法，並說「司徒需要知道中央更高級方面的意見，回去講話才有力量」。黃華當時告傅涇波，他認為由於美國還沒有表示要斷絕同國民政府的關係，司徒雷登去北京「並非易事」。第二天，南京市委將會談內容電告中共中央。

　　中共中央接到南京市委的電報後，認為透過非官方渠道與司徒雷登接觸更方便一些，故透過燕京大學校長陸志偉邀請他訪問燕京大學。12日，陸志偉起草

了一封給司徒雷登的信，其內容和措辭都很值得關注。陸志偉在信中說，他11日上午見到周恩來，而且毛澤東也已經知道司徒雷登要來燕京。他說「我推測政府將會同意你的」。但是，在陸志偉的信未發出之前，6月14日，周恩來指示南京市委，司徒雷登和傅涇波如果再提出要求訪問北京，可以表示同意他返美前「至燕京大學一行」，至於能否與周恩來會見，等他到北京後「再定」。15日，毛澤東在新政協籌備會上發表講話。他在一如既往地譴責了帝國主義的干涉和陰謀之後說，中共反對的只是帝國主義制度和「陰謀計劃」，「任何外國政府」只要接受「李濤聲明」的立場，就可以「談判建立外交關係的問題」。陸志偉的信是16日寄出的，這種時間上的巧合的確比較容易擴展人們的想像空間。

6月18日，傅涇波再次訪問黃華，他在這次會見中對美國在「承認」問題上的態度的陳述引起南京市委的重視。傅涇波說，司徒雷登「最近得到國務院的指令，贊成其與中共聯絡」，並希望他返美兩個月後暫以私人身分回北京，將來兩國建交後即可「重新任命其為駐華大使」。南京市委當天即報告中共中央，並詢問由於傅涇波沒有再提返美前訪問北京之事，是否要「予以暗示」，讓他主動提出訪問北京的要求。

21日，中共中央覆電南京市委說：司徒雷登可能還會提出返美前訪問北京，陸志偉也去信暗示他如果願意來訪「可能得到許可」。如果他不再提，「我們暫時不必表示，以觀其變」。下面一句至關重要，為毛澤東親自加上：「待他返美前約十天左右，可表示如他欲去平（北京，作者注），可獲允許並可望與當局會晤。」這封電報是中共中央政策出現變化的一個重要信號，不過這個變化持續的時間並不長。

同一天，南京市委再次寫報告請示中共中央，應如何處理司徒雷登訪問北京的要求。南京市委分析認為，司徒雷登要求訪問北京最有可能的原因是美方擔心將來承認中共政權後，中共「不接受彼任駐華大使」。這一分析顯示，至少南京市委對美國政策的估計較為積極，而且分析的相當細緻深入。由於還沒有收到中共中央當天發出的指示，他們對毛澤東是否同意司徒雷登訪燕京大學一事並不知情，所以在報告中進一步詢問中共中央，是否需要「試探司徒赴北具體任務」。

從電報的行文看,他們是明顯地傾向於同意司徒雷登訪問北京的。

陸志偉12日起草的信16日發出,信在途中幾經輾轉,26日才到司徒雷登手中。司徒雷登在當天的日記中寫道,他從與周裕康談話中聽説,他去北京的話,毛澤東會視他為「老朋友」,而這天收到的陸志偉的信「也提到關於我要往北平旅行的事」。這些中間人傳遞的訊息看來還不足以使司徒雷登得出明確的結論,他本人的確也感到困惑。這期間,司徒雷登也請陳銘樞給中共領導人帶話,轉達希望會見之意。他為了再試探中共中央對他訪京要求的態度,還曾邀請黃華參加他的生日宴會。中共中央當時指示黃華拒絕了這一邀請,因為他們決定再等待一段時間。

這時中共與美國正處於尖銳對抗的氣氛中。由於美軍撤出青島,中共中央已無軍事方面的顧忌,遂於6月中旬公布了瀋陽美國領事館捲入間諜案。針對美國駐華使、領館和美國輿論強烈指責中共違反國際法,中共公開宣布將審判美領事館涉案人員。22日,中共中央指示東北局,不允許瀋陽美領事館任何人員離開瀋陽。第二天,中共中央電告上海、南京等市委,說「帝國主義者正在採取利誘和脅迫的兩種手法爭取合法地位(以便從內部進行破壞)」,等等。中共中央處理瀋陽間諜案實際上就是基於這種認識,向美國發出一個即使它不打算進行軍事干涉了,也不要企圖「從內部進行破壞」的強烈警告。也可以推測這也包含了向司徒雷登施加壓力以增加其緊迫感的意圖。

27日,傅涇波攜陸志偉給司徒雷登信會見黃華,表示司徒雷登接信後感到突然,故希望瞭解中共的意圖。黃華解釋説,曾經向北京報告司徒雷登的願望,但還未接獲指示。如果司徒雷登仍然有此要求,他可以代為稟報。傅涇波這時做了堪稱最差的外交姿態,儘管他也許只是基於習慣。他説司徒雷登原來有前往北京的願望,但現在行期緊張,中共如同意「須儘早決定」。28日,黃華經請示周恩來後會見司徒雷登。他嚴格按照周恩來的明確指示,按照覆電中原文逐字告訴後者北京的決定:「同意准許司徒去燕京一行,彼希望與當局晤面事亦有可能。」司徒雷登當時極為高興,立即表示雖然有很多困難,他仍決定上報艾奇遜做出決定。然而,隨後的發展卻是全面逆轉。

中共領導人的態度在隨後兩天出現了劇烈變化。6月28日，黃華將27、28兩天的會談情況彙總報告中共中央。周恩來閱後即起草回覆，認為傅涇波27日所持之陸志偉信內容不實。他說陸志偉給司徒雷登的信「曾由我同志交來一份」，內容與傅涇波所說不一樣，而且周6月14、15兩天沒有見過陸，「更從未與陸談司徒問題」，故需要詳查該信的內容，他並懷疑或是陸「以假信示我」，或是傅涇波「故加數語，以抬高司徒身價」。他告訴黃華必須謹守前電既定原則，說明中共是「准許司徒去燕京一行」，而不是邀請和歡迎他；司徒雷登希望「與當局晤面亦有可能」（即不是確定的），但這些都是他提出，「決非我方邀請」，這一點「不能絲毫含糊」。電報最後說：「我們對美帝亦決無改變其政策的幻想。」

從目前公開的歷史檔案中還無法找到中共政策在兩天時間裡急劇變化的最直接的原因。就陸志偉信的內容這件事而言，有一種可能是傅涇波在傳遞訊息過程中，把陸志偉的信和周裕康對司徒雷登講的話混淆在一起，從而造成了某種混亂。實際上在黃華與司徒雷登交往的全過程中，不能排除傅涇波有誇大司徒雷登與中共交往和推動雙方相互承認的意願的可能。周恩來還曾為此要求祕書楊超調閱陸志偉給司徒雷登信的中英文稿，以便查明誰是「陰謀挑撥者」。不過重要的是中共領導人的行為方式表明，他們已經基本結束了與美國發展外交關係的想法，不打算繼續南京的祕密會談了。6月30日，就在周恩來發出上述電報當天，毛澤東發表了他的《論人民民主專政》，並發出了一項黨內通報說，透過審理瀋陽間諜案證明「美使館過去確曾從事間諜工作」。這時劉少奇已經啟程赴莫斯科，毛澤東在兩週後告訴鄧小平，在南京與司徒雷登接觸是為了迫使美國「就範」，「而一個多月的經驗看出，帝國主義就我之範亦非易事」，所以要盡快把「一邊倒」落實到行動上，以打破美國的封鎖。

從美國方面看，當時傅涇波曾提出先斬後奏的建議，即司徒雷登先去北京，然後再向國務院報告。司徒雷登未敢如此行事，他還是於6月30日向艾奇遜發出了一份內容很樂觀積極的請示電報，希望能被批准北上。結果是他的北京之行被否決，艾奇遜第二天即覆電要求司徒雷登務於7月25日趕到華盛頓，中途不得停留，「在任何情況下都不得訪問北平」。當時艾奇遜並不瞭解毛澤東已經發表了

《論人民民主專政》及其內容。

如果說美國務院不允許司徒雷登訪京和中共中央6月30日電報及毛澤東當日發表《論人民民主專政》等象徵中共與美國接觸的終結,那麼美國政府於8月5日發表《美中關係白皮書》和毛澤東隨後發起並親自參與的對《白皮書》的批判運動,則標幟著後來長達20年的中美全面對抗的開始。

結論

本文試圖利用新發現的檔案更詳盡地揭示此時期中共對美政策發生和演變的過程,儘管復原是不可能做到的,但作為個案分析還是凸顯了一些有意義的內容。首先是這項政策是逐步發展起來的,其過程並不是連貫、清晰和一成不變的,在不同地區有不同的重點,並與不同地區的特殊條件有密切關係,這些特殊條件包括地區領導人的個人特性以及他們同中共中央的關係等。其次是對美政策在中共中央的戰略表列中排序不高,這個排序大致是軍事優於其他,內政優於外交,對蘇優於對美,所以對美政策變化並不總是取決於雙方在具體時間進行的具體交往本身,經常會受到其他一些事件的影響、牽制,很難有連貫的政策表述和行為。此文中的個案研究也證明,處理對美官方關係對中共領導人來說是一個缺乏專業知識和經驗的領域,而且他們並不總能集中精力思考和處理相關問題,這一方面導致他們通常行事謹慎,另一方面也有可能是他們寧可選擇暫不交往的原因,「不承認」其實也是一種比較簡單易行的辦法。

1958年炮擊金門決策的再探討

　　本文的目的是從軍事角度探討1958年「炮擊金門」的決策過程。此研究基於一個基本事實，即「炮擊金門」不論被賦予何種政治意義，它首先是一場現代化軍事行動，戰略謀劃、軍事計劃和準備等必定是很複雜的過程，而且軍事戰略設想和軍事能力從根本上決定著政治目標的限度和結局。這決定了研究「炮擊金門」決策中相關的軍事問題的重要性，這也正是以往研究成果中不足之處。

　　1958年「炮擊金門」是需要進一步界定的概念。以往的研究成果都沒有對這個研究對象做出明確的定義。本文使用「炮擊金門」主要是為文字簡潔，它是指1958年夏季解放軍在福建沿海採取的一系列軍事行動，包括空軍奪取福建沿海上空的制空權、砲兵打擊金門國民黨守軍以及陸海空三軍對金門的聯合封鎖。

　　本文的基本觀點是1958年「炮擊金門」是解放軍1954年制定的奪取東南沿海蔣占島嶼之軍事計劃的一個部分，是1954年春季即逐步展開的軍事行動在特殊國內外環境下的繼續。解放軍對東南沿海蔣占島嶼的軍事進攻在醞釀階段到後來的發展，都帶有明顯的防禦性質，1958年炮擊金門也是如此，儘管在某個階段上被毛澤東賦予了獨特的政治意義。戰略謀劃和作戰計劃包含的防禦性質是導致決策動機和過程呈現複雜性的一個關鍵原因。多數論著是從「解放臺灣」和國家統一的視角和大背景之下研究「炮擊金門」，這無疑是有其合理性的，因為奪取沿海蔣占島嶼從一開始的確是奪取臺灣的軍事計劃的組成部分，追求國家統一無疑一直是有關決策的重要動力。但是由此導致的問題是沒有重視並深入分析軍事計劃包含的防禦性這個基本但十分重大的問題。

　　迄今為止中國學術界對1958年炮擊金門的研究取得不少成果，這些成果的共同特點是著重分析炮擊金門的決策動機，力圖透過越來越細緻地勾畫相關的決策過程，詳細地分析和揭示有關決策動機的複雜性和發展過程。其中一些近年來發表的研究成果特別分析了中國國內因素對有關決策動機的影響，這反映了這項研究的新的進展。不過，檔案未公開所造成的限制和由此而產生的種種問題仍然

存在。另一方面,一些研究成果在著重描述決策過程時,並沒有對1954—1955年東南沿海軍事行動對1958年炮擊金門決策的影響、軍事計劃與政治考慮之間的相互影響等做深入分析。彌補以往之不足並著重論證解放軍軍事計劃包含的防禦性及其對軍事行動的影響,正是本文努力的方向。

一、東南沿海作戰計劃的形成

　　1958年「炮擊金門」同1954—1955年東南沿海軍事行動有直接的聯繫，它是大致形成於1954—1955年東南沿海作戰過程中的軍事計劃的繼續實施，這項軍事計劃的主要和基本內容緣於1952年春季。以往的研究已經很詳細地描述了1954—1955年作戰的過程，但對解放軍發動作戰的背景和動機未做完整的分析，對軍事行動過程出現的各種因素及其對後來產生的影響等，則缺乏比較詳盡的闡述。

　　這裡首先說明，1954—1955年東南沿海軍事行動是指解放軍於1954年春開始在東南沿海展開的一系列作戰，包括海空軍在浙江沿海的「力量向前伸」與春汛護漁作戰、空軍在浙江沿海奪取制空權作戰、海空軍保護海上航運作戰、福建沿海炮擊大、小金門和浙江沿海奪取大陳列島的三軍聯合作戰。這一時期的軍事行動大致持續到1955年4月上旬。4月23日，周恩來在萬隆發表聲明，表示中國政府願意同美國政府談判，討論「和緩臺灣地區的緊張局勢問題」。以此為標誌，東南沿海的軍事行動基本結束。

　　有不少資料證明，在1954年春季東南沿海軍事行動展開後，解放軍總參謀部開始擬訂有關的作戰計劃，最終於8月9日由中共中央政治局會議討論透過《關於對臺灣蔣匪軍積極鬥爭的軍事計劃與實施步驟》。這項軍事計劃的具體內容目前還沒有公開，不過可以對該軍事計劃的指導思想和原則做合理的推論：這項軍事計劃是基於對臺軍事鬥爭將長期化的判斷，將最終解決臺灣問題分為「兩步走」，即先奪取東南沿海的蔣占島嶼和取得制空權，然後在條件成熟時完成統一臺灣。這一推論是基於對有關的回憶和傳記的研究，以及分析韓戰後中美關係、臺灣海峽的軍事形勢和解放軍在東南沿海的軍事計劃和軍事行動、解放軍的現代化計劃等幾個方面的因素。

　　1949年春取得渡江戰役勝利以後，中共中央於6月即向第三野戰軍領導人提出「解放臺灣」的任務。當時中共中央認為，解決臺灣問題已經關係到上海及沿海各港口城市的安全。此後隨著大陸地區陸續解放，攻占臺灣逐步成為解放軍的

作戰重點之一。特別是1949年10月中華人民共和國成立以後,「解放臺灣」被確定為需要較早完成的戰略任務。中共中央這一時期設想是爭取在1950—1951年發動攻臺戰役,畢其功於一役,完成國家統一。

中國領導人從開始為「解放臺灣」進行動員起,就非常關注美國的政策。當時他們認為美國直接進行軍事干涉的可能性並不大,但這種判斷由於韓戰爆發後美國封鎖臺灣海峽而根本改變。1950年6月25日,韓戰爆發,杜魯門政府在兩天後宣布派遣美國第七艦隊封鎖臺灣海峽以及向臺灣派駐美空軍。美軍封鎖臺灣海峽和朝鮮戰局的發展最終促使中國領導人決定推遲原定作戰計劃。

從此一直到1953年7月停戰前,解放軍在東南沿海的主要作戰行動是防禦性的,包括清剿國民黨軍隊支持的海匪,沿海城市的防空作戰,突破國民黨軍隊的海上封鎖,奪取一些沿海島嶼,等等,軍事行動的規模都不是很大。根據《張愛萍傳》記載,解放軍華東軍區於1952年春夏間開始考慮和籌劃奪取東南沿海島嶼,當時曾制定攻占大陳列島的作戰計劃,並於6月中旬向軍區發布作戰指示。彭德懷認為當時中美正交戰中,美軍肯定會介入,故經毛澤東批准延後到韓戰結束以後再實施。顯然,東南沿海作戰的最初設想同美臺簽訂共同防禦條約問題並無直接關係。1953年7月,朝鮮停戰,此後解放軍的戰略重心逐步向東南方向轉移,明顯加強了在東南沿海的軍事部署,並首先展開爭奪浙江沿海制空權。

這個時期開始加強東南沿海軍事行動的指導思想與建國初期奪取蔣占島嶼和準備攻臺的軍事行動已有不同。建國初期解放軍的戰爭目標就是要徹底摧毀國民黨政權的統治並完成國家統一,到1953年前後,在解放軍的相關戰略思考中,已經增加了維護國家安全的觀念。這首先起因於解放軍制定國防政策和軍事現代化計劃。根據參加制定中國第一個《軍事建設五年計劃綱要》(以下簡稱《綱要》)的張震回憶,1952年春,周恩來開始領導制定第一個五年計劃時,即要求總參提出軍事建設五年計劃供軍委討論。總參在制定計劃過程中,明確界定了美國在朝鮮半島、東南沿海和印度支那等三個戰略方向上「構成對新中國安全的主要威脅」,並基於此判斷提出了國防政策和建軍方案。《綱要》於7月獲毛澤東批准後開始實施,包括在北方的山東半島和遼東半島、南方的海南島重點設

防，修築永久堅固的工事，等等。這種國防布局必然導致解決東南沿海島嶼和臺灣問題中的國防因素突出出來，並深刻影響解放軍的戰略思維。

外部因素則是艾森豪威爾政府於1953年2月起推行「放蔣出籠」政策，慫恿和支持國民黨軍隊加強對大陸沿海的軍事攻擊。韓戰爆發後美國軍事介入臺灣問題的影響並不僅僅是導致解放軍停止攻臺計劃。國民黨軍隊在1950年代初期仍然處在潰敗中，甚至已經準備棄守大陳列島和金門等島嶼。但到1953年夏季朝鮮停戰前後，國民黨軍隊在美國的軍事援助和支持下，在東南沿海所占島嶼逐步形成一條以大陳列島為中心的戰線，並以這些島嶼作為基地，加強對大陸沿海地區的海空軍事攻擊和侵擾。其中最大規模作戰是國民黨軍隊於7月16—17日集結12000部隊，進攻福建東山島等。國民黨軍隊的軍事行動顯然是進攻性的，本質上就是美國在朝鮮半島以外開闢的另一條戰線，它對大陸東南沿海地區安全構成了嚴重的威脅，包括威脅大陸漁民的生命和財產安全、生產安全、海上交通安全和一些沿海城市的安全，等等。在此背景下，中國領導人將臺灣當局的軍事行動與美國在臺灣海峽的軍事活動聯繫在一起，定義為美國敵視和威脅中國的侵略性政策。

另一個重大事態是美國同臺灣當局開始磋商簽署軍事同盟條約，儘管雙方在是否防禦東南沿海島嶼問題上存在分歧，但臺灣當局相信簽署該條約只是個時間問題。美國內部雖有分歧，但支持與臺灣簽約的勢力顯然十分有影響力。美臺之間討論簽約開始於1953年春夏，此正為美國開始積極在亞洲建立和加強針對中國的軍事基地和聯盟之時。中國政府對美國這一行動高度警惕，中國主流媒體不斷增加和強化宣傳，譴責美國在亞洲建立軍事同盟是企圖侵略中國，加劇了亞洲地區的緊張局勢，而美臺之間醞釀的軍事條約則是美國企圖長期占領臺灣和利用臺灣威脅中國安全的陰謀。總之，韓戰結束後，解決臺灣問題包括奪取東南沿海蔣占島嶼，已經從建國初期的完成國家統一演變成包含完成國家統一和維護國家安全等兩方面內容的戰略問題，這是所有相關政策問題的基本背景。

1954—1955年解放軍東南沿海作戰持續時間一年左右，其中規模最大最受研究者關注的是奪取大陳列島戰役，攻占大陳列島戰役的關鍵則是三軍聯合作戰

攻占一江山島。此次戰役與1954年7月下旬中國政府提出「解放臺灣」口號等結合在一起，成為學術界研究的主要對象。以往的研究多少忽略了一個重要的觀察角度，即解放軍奪取沿海島嶼和解決臺灣問題的計劃恰恰是形成於軍事行動逐步發展到高潮的1954年夏季，而不是先有計劃才開始行動，故有必要深入分析制定軍事計劃與政治和外交考慮等之間的相互影響。

如前所述，華東軍區開始考慮和籌劃奪取東南沿海島嶼開始於1952年春夏，但未獲批准。1953年春季，隨著東南沿海地區緊張局勢上升，華東軍區再次開始制定奪取東南沿海蔣占島嶼的軍事計劃。從此開始到1954年7月上旬，經反覆討論，最終形成了奪取東南沿海島嶼的戰略方針，即「從小到大、由北向南、逐島進攻」。這個方針首先解決的是解放軍應逐步奪取浙江沿海和福建沿海的蔣占島嶼，而不是同時進攻大陳列島和金門、馬祖等島嶼。其次，在浙江沿海島嶼和福建沿海島嶼之間，首先奪取浙江沿海的大陳列島，然後再奪取福建沿海的金門、馬祖，即「由北向南」，而不是先攻金門，後取大陳。第三，不論是攻占大陳列島還是金門等島嶼，均採取從奪小島到占大島、逐島進攻的作戰方式，即「從小到大」，「逐島進攻」，而不是同時攻擊大陳、二陳，或同時攻擊大、小金門和馬祖等。至此，奪取東南沿海蔣占島嶼的作戰行動也實際上分成了「兩步走」。

在考慮和確定戰略方針期間，局部的軍事行動已經展開。1954年春季，解放軍空軍在浙江沿海實施「力量向前伸」，與國民黨空軍爭奪制空權；海軍則主動前出浙江海域，展開春汛護漁作戰，海空軍均取得顯著戰果。7月11日，軍委基本同意浙江沿海島嶼作戰方案，毛澤東本人也於當日予以批准。

兩天後即13日，中國政治軍事領導人召開高層開會，專門討論為到中國港口的外國商船護航。這次會議的參加者包括了朱德、鄧小平等，以前討論東南沿海作戰問題的會議上有黨政高層領導人參加是不多見的。會議召開同外交部和國外的輪船公司要求護航有直接關係。此前國民黨海空軍攻擊和劫持外國商船的行動時有發生，最嚴重的一起是6月23日，國民黨海軍將蘇聯商船「圖阿普斯號」劫往臺灣，這嚴重損害了中國海上航運的安全，極大地增加瞭解放軍護航的壓

力。由於蘇聯顧問提出了護航的建議,這在當時的嚴重性是可想而知的。在此背景下,會議責成總參作戰部擬訂護航和保衛領海領空的作戰計劃。至此時解放軍的軍事行動和計劃基本上是防禦性的,維護東南沿海安全是作戰的主要目的。

綜合目前已經公開的資料和回憶錄的訊息,7月下旬起,中共中央的政策開始出現變化。實際上媒體公開出現明顯變化應始於7月13日會議以後,這次會議對後來宣傳調門的升高很可能起了重要的作用。7月16日,《人民日報》就解放軍護航問題發表文章,措詞強烈地譴責國民黨海軍劫持和攻擊十幾個國家的商船是海盜行為,文章稱解放軍將為「最後收復臺灣和粉碎美國的海盜行為而奮鬥到底」。此後中國媒體明顯加強了對美國的譴責,這主要包括兩方面的內容。一是譴責美國國會透過決議,阻撓中國恢復在聯合國的合法席位;二是譴責美國企圖與臺灣當局簽訂軍事條約。媒體的變化至少也是部分反映了中國領導層的關注在變化,國民黨海軍劫持蘇聯商船可能是最直接的原因。

根據張震回憶,彭德懷在7月22日召開的軍委會議上傳達了中共中央和毛澤東關於解決臺灣問題的指示,並指示要擬訂軍事解決臺灣問題的計劃。這表明,中國決策者們討論過臺灣問題,時間應在17日至21日之間,具體內容則不得而知。毛澤東在這次政治局會議上發言批評說,韓戰後沒及時提出「解放臺灣」是一個錯誤,他此時提出這樣的批評也同英國首相邱吉爾7月14日聲稱要聯合國託管臺灣有關。7月23日,《人民日報》發表題為《一定要解放臺灣》的重要社論,譴責美國與臺灣當局密謀軍事同盟,同時也批評了邱吉爾的談話。《人民日報》發表這篇社論應當是這次政治局會議的決定。

7月24日,毛澤東在華東軍區海軍司令部海軍上報的作戰方案上批示,應召集華東、浙江和福建等軍區的領導人到北京,討論針對大陳島的軍事行動。這個批語的內容表明,毛澤東在如何採取軍事行動的問題上仍然是相當謹慎的。由於檔案沒有公開,目前還無法瞭解隨後中共中央和中央軍委是否和如何討論相關的軍事和政治等問題。但可以從7月27日中共中央給周恩來的電報中瞭解出現的變化。《毛澤東傳》介紹了這份電報的內容,即「在韓戰結束之後我們沒有及時(約遲了半年時間)地向全國人民提出這個任務,沒有及時地根據這個任務在軍

事方面、外交方面和宣傳方面採取必要措施和進行有效的工作，這是不妥當的，如我們現在還不提出這個任務，還不進行工作，那我們將犯一個嚴重的政治錯誤」。《周恩來年譜》中的記載表明，電報的內容還包括了對日內瓦會議後亞洲形勢的估計，即美國仍會繼續製造緊張局勢，以及美臺之間可能形成軍事同盟，因此中國還面臨著同國民黨當局的戰爭，還有「解放臺灣」的任務。

根據《彭德懷年譜》介紹，軍委於7月30和31日兩天召開軍事會議，部署東南沿海軍事行動。彭德懷在會上首先説明，有必要及時提出「解放臺灣」的問題。不過從目前的材料中還看不出他隨後説明的戰略指導思想和軍事計劃同7月11日批准的計劃相比有重要的變化。總參作戰部根據7月22日會議的決定，很快制定並提交了《關於對臺灣蔣匪軍積極鬥爭的軍事計劃與實施步驟》的草案。這個計劃的標題沒有用「解放臺灣」，多少也能説明一些問題。8月8日毛澤東批准該計劃，第二天政治局討論透過，軍委於8月31日正式頒布命令。此前在23日，《人民日報》刊發了《中華人民共和國各民主黨派各人民團體為「解放臺灣」聯合宣言》。8月11日，毛澤東在政府委員會第三十三次會議上説，現在提出「解放臺灣」「是為了強調它」，「解放臺灣的時間也不會很短」。

以上情況表明，大致是從7月16日以後，毛澤東和中共中央開始賦予東南沿海軍事行動更為複雜的政治內容，即基於對日內瓦會議以後亞洲形勢的估計和東南沿海不斷加劇的緊張局勢，利用已經確定要實施的軍事行動，突出瞭「解放臺灣」的戰略目標。這期間突出的事件是美國方面的行動，包括美國反對聯合國討論恢復中國的代表席位的言行上升；美臺加強軍事關係和公開宣傳準備締結軍事條約；美海空軍加強在東南沿海的軍事活動；美第七艦隊航母進入海南島東部海域，最嚴重的是事件是7月26日兩架執行護航任務的解放軍作戰飛機被美軍擊落。很可能是這些因素同國民黨海空軍的行動結合在一起，導致中國領導人認為臺海緊張局勢在加劇。

從實際情況看，美臺商談簽約的確升高瞭解放軍同美國發生軍事衝突的可能性，加大了奪取沿海島嶼的困難程度。可以推斷，很可能是這種局勢導致毛澤東和中共中央賦予原定的軍事行動更為明確、也更為重大的政治意義，將計劃中的

軍事行動同「解放臺灣」緊密聯繫起來，在外交上同防止美臺締約結合起來。但是需要指出的是，解放軍的軍事計劃本身並無重大調整。《關於對臺灣蔣匪軍積極鬥爭的軍事計劃與實施步驟》的內容包括東南作戰的指導原則和從此時造成1957年逐步奪取浙江福建的沿海島嶼，也就是說要繼續貫徹兩個「兩步走」。

以往有不少論著認為，中國當時採取的宣傳和軍事行動是為了阻止美國與臺灣簽訂共同防禦條約，並以此推論，中國在東南沿海的軍事行動不僅沒有達到目的，甚至加速了美臺條約的簽訂過程。不能說這個觀點全無根據和道理。7月初周恩來在日內瓦會議休會期間回國彙報會議情況期間，毛澤東在7日的政治局會上曾經專門提到，要爭取「破壞」美國同臺灣簽訂軍事條約的可能，要採取宣傳和外交兩種辦法，包括抨擊美國的政策和與美國進行外交接觸等，「迫使美國跟臺灣不要訂條約」。在7月27日給周恩來的電報中，中共中央提出了有關美臺簽約的內容。但認為中共中央發起軍事行動是為了消除美臺簽約可能性，顯然是過於簡單化了。首先就很難使人相信，毛澤東等中國領導人真的認為，透過在報紙上發表宣言和在沿海採取有限的軍事行動，就足以阻止美臺簽約。從邏輯上說，爭取阻止美臺簽約和相信擬定中的軍事行動就能阻止美臺簽約，是不一樣的。包括攻占大陳列島的軍事計劃，如前所述，是長期醞釀並在提出「一定要解放臺灣」的口號之前就確定了，即使在中共中央提出「解放臺灣」的口號後，這個計劃基本沒有變化。從毛澤東本人7月23日親自修改並批准下發的為外國商船護航的指示中可以看出，他在軍事行動方面仍然保持非常的謹慎，如規定對外國海空軍如「不發生自衛問題，一律不得採取攻擊行動」。在7月31日的軍事會議上，彭德懷指示空軍轟炸作戰的範圍仍然是在浙江和福建蔣占島嶼，並不包括臺灣。《周恩來年譜》引用的27日的電文則是「擊破」美臺條約，其含義是可以做比較寬泛解釋的。

問題的關鍵很可能是中國領導人是如何理解美臺條約適用範圍的，即在他們看來，美臺條約有可能包括浙江和福建的沿海島嶼，甚至有可能將封鎖中國大陸的範圍擴大到「廣東沿海及東京灣地區」。其結果不但會造成臺灣的長期分離，而且會對中國大陸構成更加嚴重的安全威脅，解放軍甚至無法完成預定的奪取沿海島嶼的計劃。中國領導人的擔心是有根據的。6月初美海軍艦隊駛近大陳島顯

示武力。8月19日，美海軍四艘軍艦抵達大陳島，美指揮官還登島視察。中國領導人因此必定要考慮，在美臺簽約的情況下應儘量阻止條約涵蓋範圍。

11月11日，解放軍總參謀長粟裕在給華東軍區的命令中，指示有關部隊須積極作戰，以迫使美臺條約不能適用於大陸蔣占島嶼。11月30日，解放軍總參謀部下達的作戰命令表明，解放軍當時決定儘早攻占浙江沿海島嶼，主要是為了防止美臺條約包括大陸的沿海島嶼。12月初美國與臺灣當局簽署《共同防禦條約》後，華東軍區仍按計劃上報《關於進攻一江山作戰計劃方案》。有資料顯示，在討論批准攻占一江山島過程中，中國決策層並沒有因為美臺簽約而改變戰略指導方針，實際上美臺簽約反而強化瞭解放軍攻占一江山島的決心。從軍事角度看，奪取東南沿海蔣占島嶼是阻止美臺條約將它們涵蓋其中的最可靠的保證。

1955年1月18日，解放軍按計劃向一江山島發起攻擊，並迅速達成戰役目標，東南沿海作戰由此達到一個高潮。第二天，美第七艦隊部分艦隻抵達大陳列島外海。但此後不久，美國透過蘇聯方面轉達國民黨軍隊將撤出大陳列島，希望解放軍屆時不要發起攻擊。2月8日至12日，國民黨軍隊陸續全部撤出大陳列島，浙江沿海其他一些島嶼的國民黨軍隊也相繼撤出。2月下旬解放軍占領浙江沿海全部島嶼，此地區作戰基本結束。

以上分析表明，1954—1955年東南沿海作戰中，奪取沿海島嶼既是「解放臺灣」的戰略步驟，也是針對被認為是迫在眉睫的安全威脅，而且作戰的動力首先是來自解除東南沿海面臨的安全威脅。在制定和實施奪取東南沿海蔣占島嶼的軍事計劃過程中，毛澤東和中共中央利用已經實施中的軍事行動，提出了「一定要解放臺灣」的口號，凸顯瞭解決臺灣問題的重要性，但這並沒有根本改變這項軍事計劃的防禦性，毛澤東也沒有因為提出「解放臺灣」的口號而提出比原定計劃更激進的軍事目標，他在軍事問題上甚至比一些軍事領導人更為謹慎。可以做合理的推論，很有可能即使沒有提出「解放臺灣」的口號，軍事行動也會發生。這對理解1958年炮擊金門決策是非常重要的。

二、1958年炮擊金門的背景與起因

　　近年來發表的一些學術論著對1958年夏季炮擊金門的決策目標做了比較系統的探討，它們比較注重揭示包括毛澤東這時對國際形勢的極度樂觀估計、國內「大躍進」運動的考慮、外交思想和政策的激進化等等因素的影響。這些成果存在的共同問題是不重視甚至無視1958年炮擊金門與1954—1955年奪取浙江沿海島嶼作戰之間的聯繫。1958年炮擊金門作戰的籌劃、準備到實施中的諸多特點均表明，這次軍事行動同1954—1955年奪取浙江沿海島嶼作戰有直接的聯繫，這裡所謂的聯繫主要是指：（1）軍事計劃本身的連續性，（2）1954—1955年作戰經驗對1958年作戰的指導思想和戰略謀劃等的影響。

　　首先，從軍事計劃的角度看，炮擊金門本身就是1954年夏季制定的東南沿海作戰計劃在福建沿海的實施。1955年初奪取浙江沿海島嶼的軍事行動結束後，解放軍並沒有立即發起奪取福建沿海蔣占島嶼的戰役。一些軍隊將領傳記和年譜等披露，2月25日完成奪取浙江沿海島嶼的任務後，總參幾乎立即部署將作戰重點南移，著手準備奪取福建沿海制空權，以及準備攻占金門和馬祖。3月上旬，總參制定了福建沿海作戰方案並獲軍委批准。該計劃準備先攻馬祖，並於年內奪取金門。

　　以4月23日周恩來在萬隆發表聲明為標誌，東南沿海的軍事行動暫告結束。但是大量資料顯示，解放軍的軍事準備幾乎從未停止。當年3月上旬，空軍組織進入福建的演習，並初步擬訂進入福建的作戰計劃。5月間，總參和空軍司令部即提出空軍當年夏季即進入福建新建機場的計劃，並獲毛澤東同意。7月8日，軍委召開會議討論奪取金門的作戰方案，7月14日毛澤東批准了會議的決定。在9月10日的廈門會議上，彭德懷提出了奪取金門戰役的計劃，獲軍委批准。10月上旬軍委多次開會討論福建沿海作戰計劃，並決定加緊戰役準備，於11月開始實施，後因未獲毛澤東批准而推遲。為適應作戰需要，1956年春，南京軍區進行大調整，為直接指揮進攻金門、馬祖而專門增設了福建軍區。9月，中共八大召開期間，粟裕受軍委委託召集有關人員開會，討論空軍進入福建作戰的各種問

題,並在會後即提出空軍進入福建的方針:「以小進求大進,逐步往前推進」。這就是1958年空軍進入福建的行動方針,由此可以推斷,這次會議很可能討論了相當具體的作戰問題。

1958年3月5日,彭德懷向鄧小平提交空軍進駐福建的計劃和時機,3天後毛澤東批示按照此計劃進行準備。根據彭德懷的祕書鄭文翰統計,從1955年到此次終獲毛澤東同意為止,彭德懷已經先後六次提出實施空軍進入福建的計劃。4月間,韓先楚根據軍委作戰設想和指示,制定了火炮打擊金門的計劃。上述來自各種歷史人物年譜和傳記的間接資料顯示,1958年8月炮擊金門有其連續性和必然性,儘管最後一刻的決定的確有重要的政治考慮。

其次,1954—1955年東南沿海作戰所遇各種情況和獲得的經驗,必然會影響到1958年炮擊金門的指導思想、戰略籌劃和具體的軍事計劃與行動。深入考察1954—1955年的經驗,很有助於理解1958年炮擊金門過程中諸多決策的來龍去脈。

避免與美國發生軍事衝突在1954—1955年的決策中是一個貫穿始終的原則,後來這個原則也貫穿於1958年炮擊金門之始終。1954—1955年作戰時期,美軍多次在相關海域和空域部署海空軍力量,進行軍事演習,對解放軍進行軍事威懾。中國政府在宣傳中強烈抨擊美國的軍事干預,但在軍事行動中則保持巨大的耐心和謹慎。幾乎在每一個重大軍事行動中,毛澤東和軍委都為避免與美軍發生軍事衝突作出具體和嚴格的規定。例如在籌劃攻占大陳列島時,解放軍領導人多次強調應避免同美海空軍作戰,華東軍區於6月1日即提出不得主動攻擊美國海空軍的規定;彭德懷在7月30—31日的軍事會議上指出,作戰計劃應在無美海空軍的情況下實施,此後聽取彙報時重申避免同美海空軍作戰。在護航作戰中,毛澤東親自修改注意事項,強調海空軍行動「僅限於」國民黨軍隊,對美軍如「不發生自衛問題,一律不得採取攻擊行動」。12月中旬,毛澤東曾一度因為美軍在大陳海域附近舉行大規模軍事演習,要求彭德懷等重新考慮攻占一江山的時機。在國民黨軍隊撤出大陳列島過程中,解放軍空軍做出明確和嚴格的規定,以避免發生誤擊美戰機。可以做合理的推論,解放軍作戰的計劃是建立在美軍不

直接介入的前提下的,如果因為政策失誤而與美軍發生衝突,甚至導致美軍直接介入,東南沿海作戰肯定無法達到預定的目的。

避免同美海空軍發生軍事衝突也有更深層的原因。在12月美臺條約簽訂前,避免與美海空軍作戰除了戰役考慮外,還有瞭解美國協防沿海島嶼的程度之意圖。軍委在7月11日的一項指示中表示,選擇攻占一江山島的目的包括「打擊美蔣協防陰謀,查明美軍可能採取的行動」。《美臺共同防禦條約》簽訂後,該條約涵蓋的範圍以及該條約是否包含進攻大陸的意圖,成為解放軍東南沿海作戰必須面對和查明的戰略性問題。1954—1955年軍事行動遺留的重大問題之一是沒有能最終確定,《美臺共同防禦條約》是否包括福建沿海的蔣占島嶼。1956年8月解放軍空軍擊落一架美軍飛機,美軍立刻調動三個航母編隊向江蘇沿海事發地區集結示威。這也就是1958年炮擊金門決策中毛澤東提出「是偵察美國人的決心,是考驗美國人的決心」的歷史背景。

還需要考慮的一個因素是,1954—1955年作戰是在日內瓦會議結束和萬隆會議召開之間展開的,這個時期中國領導人的確在考慮緩和同美國關係的可能性。從相關的指示中可以看出,軍事行動中越來越多地增加了照顧外交政策的特點,「外交」這個詞也開始出現在一些作戰指示中。換句話說,這場軍事行動揭示了東南沿海作戰必定涉及重大的對外政策考慮,甚至可能成為執行某種對外政策的手段。1955年6月,空軍司令劉亞樓未知會毛澤東本人即著手部署空軍準備進入福建,結果受到毛澤東批評。粟裕就此事所作的書面檢討中提到,對東南沿海問題涉及「政治上複雜的外交鬥爭理解不深刻」。顯然,負責作戰的解放軍領導人已經逐步形成了這種認識。這種共識的形成大有利於統一作戰思想和行動。在1958年金門作戰中,空軍司令劉亞樓曾向參戰部隊強調軍委的政策:「臺灣海峽的鬥爭屬於中國的內政,由於美國的介入,已成為複雜的國際性問題,因此,軍事鬥爭必須服從政治鬥爭和外交鬥爭。避免同美海空軍作戰這個戰役決定從形成到發展的複雜背景也是後來1958年炮擊金門被稱為「軍事政治仗」或「軍事外交仗」的原因,至少也是原因之一。

浙江沿海作戰中遇到另一個重要情況是解放軍攻占一江山島後,國民黨軍隊

很快從大陳列島撤出,其他浙江沿海島嶼的國民黨軍隊也陸續撤出。解放軍原準備在攻占一江山島以後,觀察美軍是否直接介入後再決定下一步作戰行動。美國透過蘇聯轉達國民黨軍隊將撤出並希望解放軍不要攻擊撤出的國民黨軍隊,肯定出乎中國領導人的預料之外。自此以後,迫使國民黨軍隊撤出福建沿海島嶼成為解放軍作戰的重要選擇。1955年3月9日軍委批准攻占馬祖的作戰計劃,毛澤東專門提示,如果「馬祖及其他任何島嶼敵人撤走時,我均應讓其撤走,不要加以任何攻擊或阻礙」。在1958年初解放軍提出的作戰方案中,也包含著用炮擊和封鎖等軍事行動迫使國民黨軍隊撤出金門的設想。這也是對金門實施三軍封鎖作戰的由來。

從作戰角度看,用軍事壓力迫使國民黨軍隊撤出金門、馬祖固然是上上策。不過多數研究成果都忽視了另一個重要的因素,即中國領導人對東南沿海作戰中財政問題的考慮。包括毛澤東在內的中國領導人都對戰費相當敏感。總參1953年10月擬定了攻占金門的作戰計劃,毛澤東於12月下旬否定了該計劃,除華東軍區有不同意見外,他認為所需經費過高是最主要的因素。一五計劃期間,中國領導人一直在控制軍費在國家財政中的比例,軍隊制定作戰計劃時自然會顧慮財政方面的壓力,實際上東南沿海作戰在規劃之初便受到戰費問題的很大影響。可以對1958年炮擊金門的決策過程做一個合理的推論:毛澤東發動「大躍進」的目的之一是為了「超英趕美」,炮戰開始不久他甚至提出經一年努力即超過英國。這期間他不可能希望糜兵費餉地打大仗,否則他的宏大設想更不可能實現。因此在封鎖作戰達不到迫使國民黨軍隊撤出金、馬時,結束大規模作戰而不是登陸作戰即「打而不登」,在戰略上對毛澤東也是合乎邏輯的選擇。有間接的資料表明,在7月26日的軍委會議上,彭德懷即認為「要儘量節約可以不用的錢,投入工業建設」。在9月2日黃克誠提交的《軍委關於對臺灣和沿海蔣占島嶼軍事鬥爭的指示》中,第一段即有解放軍裝備「不必為近期準備打臺灣搞那麼多那麼大」。這反映了中國領導人這個時期的想法,毛澤東第二天即批准該指示,說明毛澤東本人有同樣的考慮。

本文第一部分提出東南沿海作戰計劃帶有明顯的防禦性,這也是理解1958炮擊金門決策本質的重要線索。以往研究成果都忽略的另一個重要的事實是解放

軍攻占一江山後，國民黨空軍連續兩天相繼對廣東和福建沿海城市進行大規模報復性轟炸，造成嚴重損失。特別是1月20日對福州等地的轟炸，炸毀民房4000餘間，引起大火燒燬民房8000餘間，另炸沉炮艇一艘，炸傷三艘。可能是因為看到戰報時深感痛心，彭德懷對空軍進入福建一直有一種緊迫感。福建沿海制空權不僅是防空問題，還關係到金門、馬祖作戰的成敗。解放軍選擇由北向南、先浙後閩，同沒有取得福建沿海制空權有很大關係。國民黨空軍從臺灣基地起飛到大陳列島上空，因航程較遠幾乎無法作戰，故在浙江沿海的空戰中多採取少數飛機作戰和騷擾戰。金門離臺灣機場則近的多，國民黨戰機可持續作戰40分鐘。而解放軍空軍從當時最近的連成機場起飛，到金門上空也僅能作戰10分鐘。1954年7月中旬，軍委批准一江山島作戰計劃並非偶然，當時空軍從5月開始經過3個月作戰，剛剛取得浙江沿海的制空權。所以，取得制空權不論對於防空還是奪取蔣占島嶼，都是事關全局的戰略性問題。而要取得制空權，空軍能及時進入福建則成為關鍵。換句話說，空軍進入福建又因此成為福建沿海作戰的關鍵步驟和首要步驟。

空軍進入福建涉及兩方面問題。其一是修建機場和保障運輸，包括修建鐵路和公路。其二是解放軍對空軍進入福建機場對臺海局勢可能產生何種影響的判斷和應對計劃。第一個問題相對簡單，相關工程在攻占一江山前後相繼動工，從1955年6月到1956年5月，解放軍在閩浙地區修建的一批一線、二線機場相繼完工，1957年12月，鷹廈鐵路也建成通車。第二個問題則比較複雜，而且對解放軍的作戰計劃有重大的影響。

根據在朝鮮戰場與美國空戰的經驗，解放軍空軍1955年春在規劃進入福建機場時，就設想到兩種可能出現的情況。首先是機場特別是一線機場一旦建成，立即招致國民黨空軍的轟炸，如同志願軍在朝鮮戰場修建機場反覆遭美軍轟炸破壞而無法使用一樣。這是1955年5月華東軍區即決定空軍立即進入福建已建成部分機場並獲軍委同意的重要原因，福州前線總指揮所於5月30日成立當與軍事行動迫近有關。後軍委多次討論空軍進入福建計劃，終因對國際形勢和外交方面的考慮，到11月初停止執行。其次則是空軍大規模進入福建的軍事調動可能引起國民黨空軍的攻擊和轟炸。軍委和空軍在規劃空軍入閩過程中，高度重視如何應

付這種局面,這對後來炮擊金門作戰的影響至為重大。

如前所述,到1958年3月為止,軍委多次開會提出空軍入閩的時間表,均未獲毛澤東批准。在這個過程中,解放軍空軍逐步建立了東南沿海防空體系,取得了大部分沿海地區的制空權,殲擊機作戰半徑從浙南方向可達福建的烽火列島,從粵東方向可達汕頭,沿海僅有500公里地段尚無法提供空中掩護。國民黨空軍則利用這一空隙,經常進出大陸進行偵察和襲擾。1957年隨著中美大使級會談中斷,國民黨空軍的偵查和襲擾明顯上升。11月下旬起,國民黨空軍飛機一再經福建沿海進入大陸腹地,飛經地區遍及除西藏和西北以外的幾乎所有地區,有時長達9小時,最嚴重的曾達石家莊地區,未被擊落然後經連雲港地區退出。這一情況引起中國領導人高度重視,周恩來一再強調「影響太壞」。12月18日,毛澤東在總參的有關報告上批示:請彭德懷「督促空軍全力以赴,務殲入侵之敵」,並「考慮我空軍一九五八年進入福建問題」。至此炮擊金門已經不可避免。重複前面的有關內容是有意義的,即1954年8月頒布的《關於對臺灣蔣匪軍積極鬥爭的軍事計劃與實施步驟》的計劃中提出,從1954年到1957年逐步奪取浙江福建沿海的蔣占島嶼。毛澤東提出1958年空軍進入福建是有根據、有軍事計劃支撐的決定。

三、炮擊金門決策過程探析

關於毛澤東1958年決定炮擊金門的動機和目的可以用眾說紛紜來形容，從以往的回憶和研究成果中大致可以概括出這樣幾種：支援中東人民的反美鬥爭；對美國進行戰略偵察，瞭解美國軍事干涉的底線；打擊臺灣當局在福建沿海和空域的侵擾；迫使美國恢復中美大使級會談；為「大躍進」鼓勁；對美國實行「絞索」政策，等等。這些說法都是有根據的，這至少也反映了影響毛澤東思維的因素是多種多樣的，而且經常發生變動。但是，如果僅僅羅列毛澤東在不同階段說過的話，不進一步深入分析決策過程的內在邏輯以及這些被表述出來的目標中可能存在的內在矛盾，就很難把握炮擊金門決策的本質特徵。本文認為東南沿海作戰計劃及其在福建沿海實施的特點，提供了一個極有價值的觀察角度，一條可以貫穿始終的分析線索。

在毛澤東指示空軍1958年進入福建後，福建沿海作戰的解放軍將領於1958年1月15至19日在福建軍區曾經召開一次重要的作戰會議，討論空軍進入福建作戰計劃，這次會議提交的報告包括了炮擊金門決策過程中的幾乎全部軍事問題。目前僅能從《823炮擊金門》中間接看到報告的一些內容。也有回憶證明的確召開了這次會議，會議的報告提交毛澤東等。會議的參加者中不少參加過1956年中共八大期間的軍事會議，他們比較瞭解福建沿海作戰計劃的主要目的和問題。有些還參加了八大後不久召開的討論福建沿海地區作戰的軍事會議。

1月會議的報告在肯定空軍應進入福建地區的同時，對後果做了詳細的分析，其中包括：（1）空軍進入福建不會引起大戰，但美軍會製造臺海地區緊張局勢，較大的可能是國民黨空軍轟炸福建機場、城市和交通樞紐，解放軍的「行動計劃必須建立在敵人會轟炸的基礎上，準備應付最壞的情況」。（2）為反擊國民黨空軍轟炸，直接轟炸臺灣並不適宜，但可以「抓住金門、馬祖這兩條小辮子」，小打或大打。小打是用地面砲兵和海軍艦艇打擊馬祖；大打則是陸炮和海空三軍打擊和封鎖金門、馬祖，報告認為「即使不用步兵登陸，也有可能將金門、馬祖敵人迫走」。（3）空軍進入福建時間「最早也要到七、八月間才

行」，而且那時的氣象條件有利於空軍進入福建的戰術安排，對國民黨空軍作戰不利。

這份報告包含了作戰的時間表、對作戰形勢和進程（包括可能出現的各種複雜情況等）的基本判斷、應對措施和可能的結果，對理解炮擊金門決策有重要價值。3月5日，彭德懷根據軍委會議的精神，向鄧小平提交空軍進駐福建的報告，內容包括：擬定7、8月間空軍進入福建，估計經長時間圍困，國民黨軍隊有可能放棄金門、馬祖，但也有可能困守，海空軍準備應付國民黨空軍對江蘇、浙江和山東沿海的報復性轟炸。3天後毛澤東批示按照此計劃進行準備，最後執行則視當時情況再定。以上發展證明，空軍進入福建實際上是炮擊金門最直接的起因，彭德懷上報的作戰方案是以1月會議的報告為藍本，即以空軍進入福建作戰作為奪取金門、馬祖的核心環節。

毛澤東決定實施炮擊金門是7月18日向正在參加軍委擴大會議的解放軍高級將領們直接宣布的。有間接證據顯示，此前一天彭德懷已經向三總部領導人傳達毛澤東的決定，要求空軍盡快進入福建，以及砲兵準備封鎖金門，包括封鎖海上航運。這部分具體內容還有必要做深入瞭解。據當年在總參作戰部的王尚榮將軍的傳記記載，7月14日彭德懷等召開作戰會議，制定了在福建沿海作戰的具體方案和軍事部署。這一日期需要進一步考證。根據粟裕的祕書鞠開記錄，當天下午粟裕在軍委擴大會議上做第二次檢討發言，剛獲透過。根據彭德懷祕書的記載，當天下午他去參加軍委擴大會，彭德懷應該也在會上，陳毅在粟裕檢討後作兩條軍事路線鬥爭的報告，到晚八點才結束。兩位祕書都沒有提到當天上午或晚8點以後，彭德懷與粟裕等在一起開軍事會議。軍委擴大會的內容也表明，當天他們討論金門作戰問題的可能性很低。根據《毛澤東傳》記載，15日到18日毛澤東召集解放軍領導人開會，討論國際形勢和對策，然後做出炮擊金門的決定。如有那次討論作戰的會議，發生在17日的可能性更高一些。

促使毛澤東決定立即行動的直接原因是中東局勢驟然緊張，以及由此帶動的臺海局勢緊張。臺灣當局於17日召開緊急會議，軍隊隨即進入緊急戒備。同時太平洋美軍也宣布進入緊急戰備狀態。18日會議決定最遲到7月25日要大規模炮

轟金門，毛澤東說炮擊的目的是以實際行動支援中東人民，作戰對象是駐守金門的國民黨軍隊，空軍兩個師在炮擊同時或稍後進入連成和汕頭機場。這清楚表明，此時他決定炮擊金門是針對美國在中東的干涉，用毛澤東的話說是「意在擊美」。彭德懷隨後部署作戰計劃，包括空軍27日轉入福建機場，砲兵準備於25日打擊金門守軍艦艇、封鎖港口等。中美大使級談判中斷後，毛澤東於1958年6月中旬即向中國外交部說明，有必要調整1954年以來的對美政策，應該「堅持和美國鬥爭，不和美國政府發展關係」。這一看法肯定對決定炮擊金門有重要的影響。

由於尚無法看到毛澤東和彭德懷18日會議講話的記錄，根據目前出版的間接材料分析，他們二人對作戰的安排是有區別的。毛澤東強調的是大規模炮擊金門，彭德懷則將空軍進入福建放在首要位置。這種區別表明，毛澤東考慮的是最終的政治效果，但彭德懷的思維邏輯受到長期制定軍事計劃的影響，將取得制空權視為福建沿海一切作戰的前提，空軍進入福建是「關鍵的第一仗」。彭德懷從著手指揮作戰那一刻起，軍事行動實際上就包含了兩個部分：一是空軍進入福建；二是炮擊金門。由於重視政治效果，毛澤東不僅強調炮擊金門，而且很重視炮擊的規模，提出要達到一次發射10萬到20萬發砲彈。從現在披露的談話內容看，彭德懷則有意無意地顯露出用炮擊封鎖金門的強烈意圖。這恰恰是解放軍原定作戰目的之一。

從戰役發展的進程看，解放軍空軍嚴格按照預定計劃和作戰方針，於27日開始陸續進入福建和粵東的各機場，29日開始與國民黨空軍作戰，展開奪取福建沿海制空權的戰鬥。可以說空戰拉開了炮擊金門的戰幕，毛澤東卻在同時決定無限期推遲炮戰。他在27日給彭德懷、黃克誠等的信中提出暫停炮擊，「看一看形勢」，「總有打之一日」。他認為比較好的時機是國民黨空軍轟炸漳州、福州、杭州、汕頭等，他寫到「那就最妙了」。信中表露出他認為此前決定有些操之過急。這封信更重要的是透露出毛澤東對空軍進入福建後軍事形勢的判斷，即他認為引發臺海軍事衝突特別是國民黨空軍進行報復的可能性非常高，所以才有「等彼來攻」後再反擊等語。

毛澤東的判斷實際上再一次反映了作戰計劃的巨大影響。福建沿海軍事行動開始於中東出現緊張局勢之後，中國領導人一直在關注和討論該事件對整個國際形勢的影響，包括是否引發世界大戰，雖然他們認為這種可能性並不高。在這種氣氛影響之下，戰爭問題和準備打仗迅速成為軍委擴大會的重要內容。這次軍委擴大會持續了兩個多月，一直以批判軍事教條主義和個人主義為中心內容，7月15日以後開始發生變化，18日以後差不多都是討論戰爭和國防問題，結束時彭德懷則要求各位領導人迅速回到各自的崗位，準備應付突發事變。另一方面，不僅1月19日形成的空軍進入福建計劃認為國民黨空軍會報復性轟炸沿海城市，7月18日布置作戰和隨後的討論中，彭德懷亦提出要準備「打大仗、打惡仗」。可以說準備反擊國民黨空軍很有可能採取的報復行動，一直是解放軍作戰方針的重要組成部分。

　　正是基於以上判斷，如何在空軍轉入福建機場過程中儘量避免國民黨空軍的報復性轟炸和與美軍發生衝突，成為解放軍領導人高度關注的問題。軍委和空軍對作戰行動做出極為嚴格的規定，包括：（1）空軍不進入公海作戰；（2）國民黨空軍不到大陸轟炸，解放軍空軍不轟炸金門、馬祖，如國民黨空軍轟炸大陸，解放軍空軍即轟炸金門、馬祖，但不轟炸臺灣；（3）不主動攻擊美軍，除非美軍侵入中國領空。毛澤東本人同樣對空軍的行動極為慎重，儘管他的語言總是豪情萬丈的。聶鳳智曾經回憶毛澤東非常關注空軍進入福建可能遭受攻擊，在空軍於8月初進入漳州機場時，他甚至直接向聶鳳智瞭解飛機著陸的朝向，並告誡戰機不得進入金門上空。從純軍事的角度看，1958年7月中旬選擇美國在中東進行軍事干涉時發動金門作戰，其實就是選擇了美國進行軍事干涉可能性最低的時機，也就是最符合解放軍作戰設想的時機。當年負責指揮空軍進入福建作戰的聶鳳智就曾認為，選擇美國干涉中東時決定空軍進入福建，「迫使美國難以顧及東西兩頭」，其意即美國很難在臺海直接軍事干涉。

　　以上的分析至少也證明了原定軍事計劃的確對決策有強大的影響力，用炮擊金門支援中東人民很可能是毛澤東一時興起，絕非神來之筆。27日的信可以說是一個標誌，在空軍開始實施進入福建作戰時，毛澤東便放棄了用炮擊金門支援中東人民的想法，或者說這個想法已經很不重要了，保證空軍順利進入福建並取

得制空權等成為首要的目標。在這裡不妨提出這種可能性，即不論是否為了「支援中東人民」，解放軍空軍這時都會進入福建。還可以進一步設想，即使沒有中東局勢緊張，奪取福建沿海制空權的軍事行動也照樣會發生，而一旦發生後形勢將如何發展，導致炮戰至少也是可能性之一。這裡順便提出一個問題，從毛澤東27日信的行文看，選擇7月25日即發動炮戰這個具體的決定未必是他本人做出的。這需要進一步分析，也有待檔案解密。

8月17日至31日，中共中央政治局在北戴河召開擴大會議，討論1959年的國民經濟計劃。毛澤東18日凌晨1點在一份報告上批語，再次提出準備炮擊金門，並說明作戰目的是「直接對蔣，間接對美」。該報告是廣州軍區擬在深圳方向舉行軍事演習的請示，起草時間是在8月13日，何時報到毛澤東處尚不清楚，批語何時轉回彭德懷處也不清楚。8月20日上午彭德懷等討論毛澤東的批示，下午毛澤東召集開會，研究作戰方案。21日葉飛到北戴河彙報前線情況，在下午的會上做出23日開始炮擊的決定，當晚軍委向前線下達作戰命令。

毛澤東再次決定炮擊金門的動機是理解此後決策發展演變的關鍵因素，如何解讀「直接對蔣，間接對美」則是核心。吳冷西的回憶提供了重要的訊息，因為他本人參加了8月23日（開始炮擊金門當天）和8月25日的政治局會議，這兩次會議上毛澤東都談了（不可能不談）炮擊金門的目的。分析毛澤東談話的內容，所謂「直接對蔣」包括炮擊和封鎖金門，迫使國民黨軍隊自己撤出金門，在封鎖無法達成目的的情況下是否發起登陸作戰，則要「相機行事」，關鍵是美國是否軍事介入。所謂「間接對美」就是透過作戰瞭解美國協防金門的決心，即「偵查美國人的決心，考驗美國人的決心」。毛澤東在23日的會上也有不少豪言壯語，如「思想上獲得解放」、「支援阿拉伯人民」、「整美國人一下」，等等。這些話固然均事出有因，但此時更像是毛澤東正當化自己決定的論述，畢竟大規模炮擊是有風險的，解放軍的作戰計劃中也明確指出，存在國民黨軍隊不撤出金門的可能性很高。正當化自己的行為是人的天性，毛澤東也不能例外。更重要的是後來決策目標的實質性調整一直圍繞著是否迫使國民黨軍隊撤出金門展開的，與那些激情的語言並無直接聯繫。例如，毛澤東後來從沒有考慮是否能造成「支援阿拉伯人民」的作用，便決定將金門留在蔣介石手中。

毛澤東8月18日決定炮擊金門曾使包括彭德懷在內的不少人感到突然，因為13日彭德懷指示王尚榮，如無情況福建前線部隊可以解除戰備。總參19日已經通知前線部隊解除戰備。不過客觀地看，解放軍砲兵和海軍已經完成大規模集結和實戰準備，要參戰部隊長期盤馬彎弓，引而不發，是不可能的。毛澤東必定要做出選擇，或者在不出現國民黨空軍大規模轟炸的情況下放棄炮擊金門，或者選擇作戰方案中強度更高的作戰方式。問題是什麼原因促使毛澤東選擇炮擊金門。以上曾分析毛澤東決心炮擊的動機，儘管還無法更確切地分析和證實他此時下決心的思維過程，但是已經形成某些有利再戰的客觀條件則是有跡可尋的，這些條件肯定有助於推動毛澤東升高作戰強度。

　　首先是空軍已經陸續進入福建，並在奪取制空權的戰鬥中取得初步勝利。在奪取粵東和福建制空權戰役的第一階段，即7月27日至8月22日，進入福建的空軍部隊出動戰機255批共1077架次，空戰四次，擊落國民黨空軍戰機4架，擊傷5架，解放軍空軍僅被擊落1架。更重要的是，解放軍將領認為極有可能發生的中等規模的空戰和國民黨空軍轟炸沿海城市的情況等並未發生，國民黨空軍每天約100架次飛機起飛，主要在臺灣海峽上空巡航，僅有少數進入大陸上空偵察飛行。事實表明解放軍的作戰計劃高估了國民黨空軍的反擊能力，加上解放軍空軍逐步取得空中優勢，正反兩個方面的情況使嘗試升高作戰強度以加快迫使國民黨軍隊撤出金門的進程，成為合理的選擇。

　　其次是赫魯雪夫於7月31日到8月3日訪華，結束時中蘇發表了聯合公報。這次中蘇高峰會和聯合公報的發表，為炮擊金門提供了有利的外部條件。在中國是否向蘇聯通報福建沿海作戰行動這個問題上，以往存在一些不同看法。這裡的事前通報涉及兩個問題。一是是否透過雙方的軍事或外交部門進行了協調；二是在7月底到8月初赫魯雪夫訪問北京期間，毛澤東是否告訴他中國的軍事計劃。中國一些新出版的官方論著和當事人的回憶提供了有力的證據，證明炮擊金門之前中國領導人並沒有向蘇方通報相關軍事計劃。當然，在有關檔案可以被直接查閱之前，仍然要保留一些謹慎。《毛澤東傳》》披露了1959年9月30日毛澤東與赫魯雪夫的談話紀要，前者在談到炮擊金門問題時說，那時美國「以為我們在炮打金門問題上達成了協議。其實，那時我們雙方並沒有談這個問題」。他解釋說首

先是因為「我有這種想法，但是還沒有最後決定」；其次是「沒有想到打炮會引起這麼大的風波」。這種解釋是比較可信的。吳冷西曾回憶，毛澤東在當年11月的鄭州會議上說過：「在有些人的印象裡，好像炮轟金門是我們跟蘇聯商量好的。其實，赫魯雪夫在7月底8月初到中國來的時候，根本沒有談什麼金門問題。如果說了一句話也就算談了，但是一句話也沒有談到。」這裡毛澤東說得再明白不過，即有關炮擊金門同赫魯雪夫「一句話也沒有談到」。

以上證據表明，毛澤東在赫魯雪夫訪問北京期間並沒有同後者談過炮擊金門問題。但是，赫魯雪夫訪華本來是祕密進行的，卻大張旗鼓地離開，很容易造成中蘇在協商重大決策的印象。赫魯雪夫同毛澤東發表的《毛澤東和赫魯雪夫會談公報》中說，兩國領導人「就目前國際形勢中迫切和重大的問題，進一步加強中蘇之間友好、同盟、互助關係的問題和為爭取和平解決國際問題、維護世界和平而進行共同奮鬥的問題，進行了全面的討論，並且取得了完全一致的意見」。當然也存在這種可能性，即毛澤東以中蘇軍事合作出現分歧為理由促使赫魯雪夫緊急訪問北京，本來就是為了使美國認為解放軍的軍事行動得到蘇聯的贊成和支持，畢竟這時空戰已經開始。客觀上給美國人造成中國的軍事行動得到蘇聯支持的印象，這對中國採取軍事行動時避免美軍直接介入肯定是有利的。

如上所述，毛澤東決心炮擊金門的最高目標是爭取迫使國民黨軍隊撤出金門等地。不過他和其他領導人也都無把握靠現有作戰規模即能實現這一目標。問題是升高軍事行動強度就有可能招致美軍直接介入，而避免美軍直接介入又是軍事行動的一個底線，是決策過程中貫徹始終的原則。中國領導人有關避免與美軍直接衝突和避免採取有可能導致美軍直接介入的指示和部署等，已經為眾多論著所描述。被忽視的是還存在另外一條底線，即儘可能避免國民黨空軍轟炸大陸地區。特別是9月17日以後，美空軍接手臺灣的防空，使國民黨空軍得以每天投入200多架次戰機在金門掩護空投、海運，並經常集中數十架戰機在福建沿海上空巡航，以伺機空戰。周恩來在22日給毛澤東的信中說：轟炸金門「更不適宜，因這樣做，恰好給蔣介石空軍以轟炸我大陸的機會」，他認為在美國因不瞭解中方意圖而不支持國民黨空軍轟炸大陸的情況下，「我就以不促成蔣空軍向我大陸轟炸為有利」。毛澤東則認為周恩來的方針「是很對的」。對這兩條底線的堅持

再次證明了軍事計劃的重大影響，也證明了作戰的防禦性並沒有因為選擇炮擊金門而消失。

可以大致推斷，經過一段時間炮擊和封鎖以後，毛澤東已經看到單靠現有軍事手段和作戰規模，很難迫使國民黨軍隊自動撤出金門。9月3日，毛澤東在黃克誠起草的《軍委關於對臺灣和沿海蔣占島嶼軍事鬥爭的指示》批示「寫得很好」。這項指示明確說明，解決臺灣和沿海島嶼問題「必須有長期的打算」，長時間內不在金門、馬祖登陸作戰，以及不升高當前作戰的規模和強度。這裡已經確定了不急於攻占金門的方針。這再一次證明，毛澤東最終還是在既定的軍事計劃中選擇行動方案，儘管他隨後不斷賦予軍事行動更多的政治意義。問題是在這種情況下，如何實現迫使國民黨軍隊自動撤出金門？選擇無非是長期僵持，或尋找其他辦法。

在9月5日、8日的第15次最高國務會議上，毛澤東提出了所謂「絞索」的概念，即美國幫助國民黨軍隊防守金門等島嶼，等於「吊在我們中國人的鐵的絞索上面」。如果仔細比較這兩次講話便可以看出，毛澤東的思路明顯地轉向如何利用美國迫使國民黨從金門等島嶼撤走。5日的講話表明，毛澤東斷定美國已經協防福建沿海蔣占島嶼，即「一切包過去」了。8日的講話則透露出他已經認為美國「形成了金馬脫身政策」，辦法就是國民黨軍隊「這十一萬人走路」。出現這種變化主要是9月4日以後相繼發生的一些重要事件造成的。

9月4日中國政府宣布，中國領海寬度為12海里。做這一宣布的目的之一是為美軍劃出一條不得踰越的界限，是典型的危機管理措施，也是進一步向美國施加壓力。中國政府的聲明還包括明確宣布，包括金門在內的福建沿海各島「都是中國的內海島嶼」。同一天美國國務卿杜勒斯發表聲明，聲稱美國會授權美國總統「使用美國的武裝部隊來確保和保護像金門和馬祖等有關陣地」。當天美國務院聲明，不承認中國政府關於12海里領海寬度的主張。杜勒斯聲明的主調使毛澤東當時相信，美國要用「大包幹制度」來協防金門。但他很可能也注意到杜勒斯聲明中也有尋求談判的內容。他在6日同蘇聯外交部長葛羅米柯會談時說，美國有可能逼迫國民黨從金門、馬祖撤退。同一天周恩來發表聲明，在強烈譴責美

國軍事干涉的同時，也宣布「中國政府準備恢復兩國大使級會談」。

還沒有歷史文獻能用來解釋周恩來此刻發出這一聲明的原因和決策過程。目前有兩種可能。第一是美國務院9月4日聲明中，很明顯地將金、馬與臺、澎分開，聲稱中國政府用12海里領海權「把所謂解放沿海島嶼跟臺灣和澎湖群島直接聯繫起來」。美國做這種切割也算用心良苦，有意義的是周恩來6日的聲明中也將金馬與臺澎分開論述。聲明中的點睛之筆是：「中國人民解放自己的領土臺灣和澎湖群島的決心是不可動搖的。中國人民尤其不能容忍在自己的大陸內還存在像金門、馬祖這些沿海島嶼的直接威脅。」這句話既說明了兩個問題的不同性質，也點出了中國政府的輕重緩急。第二種可能是蘇聯外長葛羅米柯9月5日到中國，或許是蘇聯的擔心或其他表示起了特殊作用，中國領導人需要有所表示，不如此則難以獲得蘇聯的有力支持。以上兩點都是推論，也可能是它們共同起了作用，這些都需要深入挖掘歷史文獻來證明。

美國政府幾乎是立即對周恩來6日的聲明做出反應，白宮發言人當天即聲明，美國國家安全委員「特別注意到」周恩來的聲明中提到，中方「準備同美國恢復大使級會談」，美國駐華沙大使「隨時準備立即」同中方代表會晤。毛澤東很可能是根據此聲明斷定，美國有從金、馬「脫身」的意圖和可能，所以他設想利用中美大使級會談，促使美國壓蔣介石從金門撤軍。8日講話中「十一萬人走路」既出於此，也是為了達到這個目的，解放軍隨即加強了對金門的炮擊和封鎖。美軍對解放軍炮擊的反應則一度加強了毛澤東的信心。9月10日，外交部擬定了與美國談判的協議草案，其中包括中國必須收復金門、馬祖，「如國民黨軍隊願意主動地從這些島嶼撤走，中華人民共和國政府將不予追擊」，以及「在收復金門、馬祖等沿海島嶼以後，將爭取用和平方法「解放臺灣」和澎湖群島，並且在一定的時期內避免使用武力實現臺灣和澎湖群島的解放」。

9月15日，中美開始第一次會談，中方代表很快提出預訂方案，但遭到美方拒絕。中國領導人幾乎立刻意識到，以軍事壓力和外交手段促使美國逼國民黨軍隊撤出金門、馬祖同時就和平解決臺、澎作出承諾，不僅使相對主動的局面出現逆轉的趨勢，而且中方的方案有可能被美國利用來造成臺、澎與大陸永久隔絕的

結果。在第二次會談中，中方立刻調整了談判策略，以針鋒相對的姿態譴責美國在臺灣地區干涉內政。隨後經過一段時間觀察和考慮，毛澤東等終於下決心不攻占金、馬，將它們同臺、澎等「一攬子」解決，「一下子收回」。目前能看到，在10月6日，中聯部、外交部和對外文委向駐外和涉外機構發出通知，指出美國「也可能提出以蔣介石部隊撤出金門、馬祖來換取我們放棄「解放臺灣」、澎湖群島，承認美國侵占臺灣、澎湖群島合法化」，故在外交中必須強調反對「兩個中國」，以及中國必須收復包括臺、澎、金、馬的全部領土。顯然，中國領導人已經確信，臺、澎、金、馬「一攬子」解決的方案更有利於阻止將臺灣從中國分離出去。這實際上意味著攻占東南沿海蔣占島嶼的軍事計劃到此結束。

從軍事安全角度看，解放軍已經形成三軍聯合打擊和封鎖金門的能力，並取得了隨時打擊金門的主動權，對蔣介石來說金門已成困局，雖然還有政治價值。特別是解放軍空軍在戰役的第二階段，即8月23日到10月中旬，進入全部福建一線機場，在飛機數量和性能上占有明顯的優勢。經10月10日最後一次規模較大的空戰，解放軍空軍完全取得制空權，國民黨空軍不再進入大陸上空作戰。同時，中國領導人也基本確定，美國對福建沿海島嶼的政策並不是進攻性的，美國甚至有可能不再幫助臺灣當局防衛這些島嶼。從國防的角度看，已經沒有來自福建沿海島嶼迫在眉睫的軍事威脅，美國不大可能利用它們攻擊中國大陸，國民黨軍隊則沒有這個能力。這種判斷極大地緩解了使用武力奪取這些島嶼的壓力。換句話說，解放軍雖然沒有最終攻占金門、馬祖，但實現了根本消除美軍和國民黨軍隊利用福建沿海島嶼威脅大陸的目的。

從以上研究可以得出這樣的結論：1954年展開的東南沿海軍事行動是在中美因韓戰而處於尖銳對抗和美國越來越深地介入臺灣問題的背景下發生的。這次軍事行動從開始到後來不斷修改的過程中，大大增加了維護國家安全——當時主要是維護東南沿海地區安全的內容。更準確地說，維護東南沿海地區的基本安全是全部東南沿海作戰的首要目的，包括確保相關海域和空域不受國民黨軍隊的攻擊和騷擾；海上運輸航路的安全暢通；漁業生產和漁民的生命財產的安全；根本消除國民黨軍隊依託沿海島嶼所造成的軍事威脅，以及抵抗美國不斷變化的軍事壓力。毛澤東雖然在某階段上提出了政治口號或政治目的，但他對軍事形勢的判

斷和採取的措施，均未超出解放軍的戰略設想、軍事計劃和軍事能力。所以從軍事決策的全局看，毛澤東本人的個性和認知、1958年中國對外政策激進化等的影響到底有多大，的確需要認真加以界定。1958年炮擊金門是1956年解放軍確定「積極防禦」的國防戰略後的第一戰，研究它同「積極防禦」思想之間的聯繫是需要進一步探討的課題。歷史研究類似導演戲劇。導演有時為了劇情需要而將燈光聚焦在一個角色身上，以致觀眾看不到整個場景和其他角色。但是，如果一場戲劇演出從頭至尾都將燈光聚焦於一人或一處，就無法使人瞭解戲劇的全貌了。

論60年代末中國對美政策轉變的歷史背景

　　近年來，國內史學界對60年代末中國對美政策轉變的過程及其主要環節進行了深入的研究，相比較而言，對這次政策轉變的背景的探討則顯得較為薄弱。一些研究成果雖然從不同角度涉及到一些有關的因素，但對這些因素對中國對美政策轉變的影響以及這些因素之間的相互聯繫，尚缺少深入和系統的論述。本文的目的是針對以往研究成果中的不足，透過探討60年代中期到1968年末的中國安全戰略、外交政策和中越關係等幾個方面的變化及其相互關係，嘗試勾畫出一個相對系統的中國對美政策轉變的主要背景及其特徵。這裡需要指出，本文論述的三個主要因素之間的相互關聯和具體的互動過程是需要進一步深入探討和論證的，這篇論文只是將它們梳理出來並做初步的界定而已。

一、中國安全戰略的演變

　　1954年日內瓦會議以後,中國的安全環境有了重大的改善。在東北和西北邊疆,由於有中蘇同盟的保障,中國幾乎沒有任何安全方面的壓力。1953年達成的朝鮮停戰協議和1954年達成的印度支那停戰協議,極大地緩解了中國在朝鮮半島和印度支那半島面臨的軍事壓力,美軍被迫駐紮在三八線以南和法軍撤出印度支那以及越南南北雙方暫時相安無事,使中國在那兩個地區實際擁有了兩個安全緩衝地區。在臺灣海峽,經過1954—1955年和1958年兩次危機以後,中美互相瞭解了對方的底線,雙方基本上處於穩定的軍事對峙,而臺灣當局也基本停止對大陸及沿海地區的攻擊性行動。這一時期,中國透過和平外交的努力,使它與東南亞一些國家的關係明顯改善或得到緩和。總而言之,中國從這時起已經有條件可以集中精力進行經濟建設和內部事務,不必擔心會立刻發生針對中國的軍事行動。

　　從後來近十年形勢的演變看,導致60年代中期中國的安全環境迅速惡化的原因的確是多方面的。不過,不論中國在外交和安全政策上有多少值得商榷之處,它在南北兩線同時面臨來自美國和蘇聯的軍事壓力,卻是不爭的事實。

　　這裡有必要指出,中國領導人一直有著相當強烈的地緣安全意識。這種地緣安全意識部分來自中國的傳統安全觀念,在中國領導人看來,中國不能允許敵對大國的軍事力量過分接近中國的邊境地區,一旦出現這種情況,他們就認為中國沒有安全感,必須要作出強烈的反應。否則,他們就不會在新中國剛剛成立的時候,便進行抗美援朝戰爭和援越抗法戰爭,也不會在一定的條件下,接受沿三八線停戰和沿十七度線停戰。後來的歷史也足以證明,如果美國不從臺灣和臺灣海峽撤除它的軍事力量和軍事設施,中美關係正常化肯定是不可能實現的。他們領導中國革命的經驗和列寧主義的意識形態同樣影響著他們對國家安全戰略的思考。在列寧主義的理論中,社會主義國家將長期處於資本主義和帝國主義的包圍之中,而且只要帝國主義存在,戰爭就不可避免。正是列寧主義的基本理論加上革命戰爭時期的基本經驗,導致中國領導人對戰爭和戰爭威脅特別的關注和敏

感。所以,研究60年代中期中國安全環境的變化,以及中國對這種變化的反應,是理解中國安全戰略演變的關鍵。歷史已經證明,中國安全戰略的演變實際上構成了中國調整對美政策的主要背景。

1.越南戰爭升級與中國戰備

60年代初,印度支那地區的形勢出現新的動盪。但在第二次日內瓦會議以後,中國領導人曾經認為,美國直接進攻越南北方的可能性不大。1964年8月3日,突然爆發了「東京灣事件」,美軍隨即開始轟炸越南北方境內的目標。此後不久,美國參眾兩院分別透過「東京灣決議案」,聲稱「國會贊成和支持總統作為總司令決心採取一切必要措施,以擊退對美國部隊的任何武裝進攻,阻止進一步侵略」,以及「採取一切必要步驟,包括動用武裝力量,援助求援保衛其自由的任何東南亞集體防務條約成員國或保護國」。幾乎與此同時,美軍開始不斷投放無人駕駛偵察機侵入中國境內,從事軍事偵察活動。

美國的軍事行動引起中國領導人的嚴重關注。「東京灣事件」爆發前不久,由於美國不斷對北越發出戰爭威脅並在南越軍事介入、展開「特種戰爭」等等,中國領導人已經逐步開始作出反應。5月15日至6月17日,中共中央召開會議,討論第三個五年計劃。毛澤東在會議期間開始扭轉原定以解決「吃穿用」為主要目標制定的國民經濟計劃,提出了要下決心搞三線建設,而且各省都要建立軍事工業。會議結束後,毛澤東進一步反覆強調備戰的重要性和迫切性。他甚至要求北京、天津等大城市要做好應付戰爭的軍事準備。7月27日,毛澤東會見北越代表團成員。他在聲明將全力以赴地支持北越抗戰地位同時,表示中國也要準備打仗,並提出了中國參戰的可能性。

8月上旬,顯然是受到美國轟炸北越的影響,毛澤東和其他中國領導人更加關注來自美國的戰爭威脅。8月5日,就在美空軍開始轟炸北越境內目標的當天,人民解放軍總參謀部即命令有關部隊和軍兵種進入戰備狀態。第二天,毛澤東甚至感到有必要取消原定的活動計劃,因為「要打仗了」。在8月中旬召開的中共中央書記處會議上,毛澤東一再強調,要抓緊時間準備應付侵略戰爭,他甚至提出要不要搞三線建設,就如同大革命時期要不要到農村去建立根據地一樣,

是一個革命還是不革命的問題。10月間,毛澤東在給劉少奇、周恩來等人的一項批示中稱,三線建設「是長遠的戰略性的大問題,現在不為,後悔無及」。毛澤東的決定很快便成為中國決策層的共識,並被迅速貫徹下去。

1965年3月2日,美軍發動所謂「雷鳴行動」,開始對北越進行持續轟炸。美地面部隊則以保衛美空軍基地為理由,開始直接在南越與越南民族解放陣線的武裝力量作戰。4月間,首批美海軍陸戰隊在南越的峴港登陸。5月間,美空軍突破北緯20度線,將空襲擴大到整個越南北方。與此同時,美海空軍加強了對中國領海領空的侵擾活動,美海軍艦隻頻繁地在中國南海巡弋,美飛機不斷侵入中國領空,它們甚至襲擊中國的商船和漁船。

美國擴大在越南的軍事行動和不斷侵犯中國的領海領空,在中國南部邊疆造成了緊張局勢,實際上也就是一種安全威脅。為了反擊美海空軍的侵擾,1965年初,中國空軍奉命進駐海南島。4月上旬,中央軍委決定取消對入侵海南島地區的美機「只起飛監視」等規定,命令「對侵入我大陸和海南島上空的敵機採取堅決打擊的方針」。解放軍空軍隨後制定了與美空軍作戰的計劃,計劃包括在邊境地區與美空軍作戰和反轟炸的方案,同時也制定了在中國本土進行長期和大規模空戰的方針。

顯然,中國領導人當時對美國可能對中國實施空中打擊比較敏感。周恩來透過訪華的外國領導人向美國方面轉告,「如果美國對中國進行全面轟炸,那就是戰爭,而戰爭是沒有界限的」。4月12日,中共中央召開政治局擴大會議,討論透過了《中共中央關於加強備戰工作的指示》,認為美國在越南擴大戰爭「嚴重威脅了」中國的安全,「要準備對付美帝把戰火」引到中國,「要切實做好對付敵人空襲的準備」,「對小打、中打以至大打,都要有所準備」。

在加緊備戰的同時,中國領導人還試圖利用外交途徑,向美國轉達中國對美國在越南擴大戰爭的嚴重關切,闡明中國政策的底線,以便避免因誤解而導致與美國的直接戰爭。4月2日,周恩來利用訪問巴基斯坦的機會,向當時準備前往美國訪問的巴基斯坦總統阿尤布·汗系統地說明了中國政府的三點方針:「一、中國不會主動挑起對美國的戰爭。二、中國人說話是算數的。三、中國已經做了

準備。」他還對何謂美國對中國開戰做了明確的定義,即美國即使只是對中國進行空中戰爭,也將被視為對中國開戰。後來由於阿尤布・汗推遲訪美,周恩來又利用訪問坦尚尼亞的機會,於6月8日,委託坦尚尼亞總統尼雷爾向美國方面轉達中國政府的上述三點方針。8月20日,周恩來又向尚比亞政府代表團闡述了上述方針。

當時中國幾乎是全力以赴地援越抗美的動力和目的是相當複雜的,不過支持越南抵抗美國的軍事干涉是其中一個重要的內容,是中國維護國家安全利益的一個重要措施,這也是毫無疑問的。從近代歷史上看,一個敵對的大國在如此接近中國的周邊地區採取軍事行動,中國通常是不會袖手旁觀的,更何況美國在越南擴大戰爭本身的確也是針對中國的敵對行動。「東京灣事件」發生後,北越領導人曾經向中國領導人表示,他們打算保持行動謹慎,並嘗試與美國進行談判,以便儘可能地阻止美國直接進攻北越。中國領導人很有可能是基於同樣的考慮,贊成北越採取包括嘗試和談在內的謹慎措施。

從1965年春季起,中國領導人開始對北越與美國和談持反對立場,這一變化同蘇聯布里茲涅夫政府開始積極援助越南以及中蘇關係繼續惡化有直接關係。不過美國擴大對北越的轟炸和派遣地面部隊直接參戰也是一個重要的原因。4月初,越南勞動黨第一書記黎筍訪華,請求中國向北越派遣支援部隊,期間雙方簽訂了一系列涉及中國向越南提供軍事和經濟援助的協定。5月下旬,越南軍事代表團訪問中國,具體討論軍事援助和作戰問題。中共中央根據大規模援越工作的需要,組成了中央援越領導小組。從6月起,解放軍支援部隊開始進入北越,參加北越防空作戰和協助修築軍事工程、鐵路和提供後勤保障。到1970年7月,中國先後向越南派遣防空、鐵道、工程和後勤保障部隊共達32萬餘人,其中最高年份達17萬人。

顯然,由於失去了中蘇同盟的依託,中國抗擊美國入侵、主要是抗擊美國使用海空力量攻擊的能力,肯定受到了嚴重的削弱。因此,美國在越南擴大戰爭和對中國領海領空的侵擾,對中國安全造成的威脅相對來說是加強了。這些都在加劇中國領導人對安全的擔憂,他們認為有必要採取更強硬和堅決的措施來遏制美

國的干涉。這種局面無疑增加了中美軍事衝突的可能性。

2.中蘇邊界衝突與中國安全戰略的調整

這一時期中國安全形勢惡化還表現在與蘇聯不斷發生邊界糾紛。中蘇兩國當時擁有世界上最長的陸地邊界，並且曾經長期存在領土爭端和邊界糾紛。這種情況是由諸多歷史的和現實的複雜原因造成的。中華人民共和國成立以後，由於與蘇聯結盟和對邊界問題的認識，中國領導人一度並不重視解決中蘇邊界遺留問題。1960年代初期，由於中蘇開始出現分歧和中國開始同其他國家展開邊界問題談判，中國領導人決定與蘇聯談判，並準備以歷史上的有關條約為基礎，確定兩國邊界的全部走向。中蘇關係惡化後，雙方開始關注邊界問題，它們都加強了在邊界地區的武裝巡邏，並開始互相指責對方製造邊界糾紛。從1962年以後的情況看，邊界問題逐步演變成中蘇敵對升級的表現形式和雙方進行鬥爭的手段，特別是在蘇聯方面，成為向中國施加政治影響和軍事壓力的特殊手段。

1960年8月，蘇聯在中國新疆博孜艾格爾山口附近挑起第一次邊界事件，此後中蘇邊境地區便無安寧之日了。據中國方面公布的統計數字，從這時造成1964年10月，共發生1000餘起邊境糾紛。在此期間，蘇聯方面不僅在中蘇邊界挑起了糾紛，蘇聯領導人還利用中國與周邊國家的領土糾紛、特別是利用中國與印度的邊界衝突，攻擊中國的對外政策，貶損中國的國際形象。針對蘇聯領導人的攻擊，1963年3月8日，《人民日報》發表題為《評美國共產黨聲明》的社論，首次公開提出中蘇兩國之間存在不平等條約。社論還質問蘇聯方面，現在提出歷史遺留下來的不平等條約問題，「是不是要把所有不平等條約問題通通翻出來，進行一次總清算呢？」

1964年2月至8月，中蘇兩國在北京舉行邊界談判，雙方未能達成任何協議或諒解。會談期間，7月10日，毛澤東會見日本社會黨代表佐佐木更三。他在會談中說，沙皇俄國靠武力占領了中國大片的領土，「我們還沒有跟他們算這筆帳呢」。毛澤東的談話被公布以後，蘇聯輿論立即做出激烈的反應，9月初，蘇聯《真理報》發表文章，指責中國領導人「鼓吹一種帶有深遠意圖的公開的擴張主義計劃」。可能是為了向國際社會澄清他談話的本意，毛澤東曾經於9月10日利

用接見法國客人的機會，說明中國無意要求蘇聯歸還那150萬平方公里的土地，他只是說那是不平等條約造成的，是「採取攻勢」讓蘇聯人「緊張一下」。但是蘇聯領導人並沒有就此罷手。9月15日，赫魯雪夫在會見日本議員時針鋒相對地聲稱，誰膽敢破壞「神聖的」蘇聯邊界，誰就會遭到蘇聯的「堅決反對」。中蘇邊界談判結束後，蘇聯決定向中蘇邊境地區增兵，致使雙方存在爭議的邊界地段逐步發展為引起軍事衝突的熱門焦點。

赫魯雪夫的講話和蘇聯的軍事部署引起中國領導人的嚴重關注。毛澤東在10月7日和9日分別會見北韓的崔庸健和阿爾巴尼亞的巴盧庫時，均提到要對赫魯雪夫對中國使用武力有所準備。他在考慮部署華北大城市的防禦時，特別指出「不能只注意東邊，不注意北邊，一切都要準備好」。1965年5月21日，周恩來在中央軍委作戰會議上發表講話，明確提出要準備戰爭早打、大打，「帝國主義和修正主義聯合打，打核戰爭」，「準備兩面打」。這是迄今為止中國已經公布的最能夠直接說明中國這時就有過應付蘇聯發動戰爭的準備的文獻。

主要是由於在南面面臨美國的壓力，中國領導人在中蘇邊界談判結束後，雖然對蘇聯可能採取針對中國的軍事行動抱有日益增高的警惕，但在處理邊界問題上總的說來是謹慎的和有節制的，對邊界爭論採取了凍結的態度。中國當時的確嚴厲抨擊了蘇聯的對外政策，但仍限於口誅筆伐，用毛澤東的話說，中蘇論戰不過是「筆墨官司，反正死不了人」。中國領導人仍然認為，蘇聯的威脅與美國在越南擴大戰爭有根本區別，美國的擴張才是全球性的和直接的威脅。

1964年10月14日，蘇聯發生政變，赫魯雪夫突然倒臺。中國領導人立即決定利用這一機會，嘗試改善中蘇關係。11月，周恩來率領中國黨政代表團訪問莫斯科，參加蘇聯舉行的十月革命紀念活動。這次訪問顯然沒有達到改善中蘇關係的目的，但中國領導人並沒有因此便完全放棄這方面的努力。1965年2月，毛澤東接見了訪問北越途經中國的蘇聯總理柯西金，周恩來也同柯西金舉行了多次會談，並就改善兩國關係提出了六點建議。根據周恩來當時的判斷，毛澤東接見柯西金「自有積極作用」，會談即使不能解決目前的分歧，也可以為今後的交往「作一交代」。此後周恩來在會見蘇聯新任駐華大使拉賓時，曾向他轉達2月向

柯西金提出的六點建議,並說「中國政府說話是算數的」。這表明中國領導人仍然試圖維持住中蘇的國家間關係。

3月1日至5日,蘇共中央在莫斯科召開了一次各國共產黨和工人黨會議的籌備性的會議,並發表了兩項會議公報。中共中央曾經一再表示反對在未經協商一致的情況下召開這樣的會議,並拒絕了蘇共中央發出的會議邀請。3月23日,《人民日報》和《紅旗》雜誌編輯部聯合發表題為《評莫斯科三月會議》的社論,透過譴責蘇共中央召開此次會議是繼續執行赫魯雪夫的修正主義路線,實際上公開宣布與蘇聯新領導人決裂,並宣布社會主義陣營不復存在。6月間,《人民日報》和《紅旗》雜誌編輯部聯名發表題為《把反對赫魯雪夫修正主義的鬥爭進行到底》的文章,提出要反對美帝國主義「就必須把反對赫魯雪夫修正主義的鬥爭進行到底」。至此,中蘇同盟已經名存實亡。

9月6日,印度向巴基斯坦發動軍事進攻,印巴在喀什米爾地區的局部戰爭擴大成為兩國間的全面衝突。中國政府立即發表聲明,強烈譴責印度的軍事行動「是赤裸裸的侵略行為」。與此同時,中國開始在中印邊界問題上向印度施加壓力。在中國政府發表聲明譴責印度侵略巴基斯坦的同一天,中國外交部照會印度駐華大使館,強烈抗議印度軍隊越過中國－錫金的邊界,並在中印邊界的西段侵入中國領土,進行軍事挑釁。中國對印巴衝突做出強烈反應同中蘇關係的狀況有直接的關係。中國在猛烈抨擊印度的軍事行動是侵略行為時,特別指出不僅美國是印度擴張主義的支持者,而且蘇聯也在「為印度侵略者撐腰」,並稱蘇聯支持印度侵略巴基斯坦的行為,同蘇聯在1959年和1962年的中印邊界衝突中的政策一樣,是在「玩弄同樣的手法」,其目的之一是「在全世界範圍內掀起一個新的反華浪潮」。

1966年1月,蘇聯與蒙古人民共和國簽訂帶有軍事同盟性質的友好條約,並向中蒙邊界地區大量增兵。蒙古人民共和國政府曾經宣布,由於該國家處在中蘇兩大社會主義國家之間,已經沒有必要保持常備軍,而且蘇軍也於50年代分批撤出。蘇軍這時宣布重新進駐蒙古人民共和國南部與中國毗鄰地區,在中國領導人看來顯然是在加強對中國的軍事威脅,他們立即做出強烈反應。3月28日,毛

澤東在會見日本共產黨代表團時，激烈地指責蘇聯企圖入侵中國東北和新疆，與美國一起分裂中國。

　　中國領導人對蘇聯對華政策的上述認識和反應同迅速增加的中蘇邊界糾紛結合在一起，構成了他們決定在中蘇邊界採取強硬行動的主要原因。根據中國方面公布的數字，從1964年10月造成1969年3月，雙方的邊界糾紛達4189起，比此前增加了三倍。即使說當時公布的這個數字有所誇張，它所反映的情況也是足夠嚴重的了。正是在這種背景下，中國決策層於1968年1月做出了在中蘇邊界東段進行軍事反擊的決定。中共中央軍委在給瀋陽軍區和北京軍區的指示中，要求解放軍有關部隊作好軍事上配合外交鬥爭的必要準備，在警告無效和蘇軍打死中方人員時，邊防部隊可以開槍實行自衛還擊。

　　1968年8月21日，蘇軍入侵捷克斯洛伐克，這一事件成為推動中國領導人開始從國家安全戰略的全局考慮蘇聯威脅問題的關鍵因素。8月23日，毛澤東在中南海他的住處召開緊急會議，除林彪外，中國的主要軍政領導人均出席了會議。會議討論了蘇軍入侵捷克斯洛伐克後的形勢，決定公開譴責蘇聯。同日，《人民日報》發表評論員文章，將蘇聯定性為「社會帝國主義」國家，指責蘇軍占領捷克斯洛伐克是「美蘇勾結妄圖重新瓜分世界的結果」。10月31日，中共中央全會透過了八屆十二中全會公報，公報正式確認了以前美蘇「妄圖重新瓜分世界」的判斷。在此期間，毛澤東在會見一些到訪的外賓時一再提出，現在需要考慮世界大戰的問題。他認為美國和蘇聯都有發動世界大戰的能力，而且它們都在準備擴大戰爭，因此「似乎要打仗了」，「既不打仗，又不革命，這種狀況不會持續很久了。」

　　事實表明，從1964年中蘇邊界談判失敗到1968年8月蘇軍入侵捷克斯洛伐克這一時期，中國的安全戰略出現了重大的調整。這次調整的主要內容是在面臨美蘇從南北兩個方向威脅中國的安全時，中國國防的戰略重點從「重南（美國）」逐步轉向「南北並重（美蘇）」。此後不久發生的美越和談與珍寶島事件則促成了中國安全戰略從「南面」防禦美國為主向「北面」防禦蘇聯為主的轉變。

二、中國外交政策演變與決策機制的重建

　　中國的外交決策經常受到決策層內的矛盾、分歧甚至鬥爭的影響。在某些情況下，影響中國外交決策的矛盾、分歧或鬥爭，未必都與對外政策所要處理的問題有多少直接的關係。因此，研究有關時期裡中國國內和中共黨內的政治狀況，揭示政治形勢對中國外交決策機制、決策人物命運的影響等等，對分析和理解中國對外政策的演變具有重要的意義，儘管有時那些事件開始時未必同某一個特定的重要決策有直接的聯繫。

1.「文革」對中國外交的衝擊

　　就在中國的安全戰略逐漸發生變化的同時，中國對外政策與決策機制也在「文化大革命」的動盪中發生潛在的變化。50年代後期，受到「大躍進」運動和在國際共產主義運動中反對修正主義思潮的影響，中國外交政策開始出現「左」的錯誤。60年代初，由於國民經濟遭遇嚴重困難，中國不得不對國內經濟政策進行重大的調整，對外政策也隨之出現了變化的跡象。其明顯的表現是，中共中央聯絡部部長王稼祥對一個時期以來的中國對外政策及其指導思想，進行了系統地檢討和批評。從王稼祥1962年下半年起不再主持中聯部工作的情況看，中國對外政策糾「左」的努力未能實現。1963年以後愈演愈烈的中蘇論戰加劇了中國對外政策指導思想中的「左」傾錯誤，在關於時代、世界形勢、戰爭與和平、世界革命、和平共處、核戰爭、裁軍以及民族獨立運動與和平運動等等當時對中國外交具有指導意義的理論問題上，中國領導人的思想表現出越來越片面和絕對化。

　　1965年間，繼3月《人民日報》和《紅旗》發表《評莫斯科三月會議》，宣布社會主義陣營不復存在後，《人民日報》和《紅旗》又於6月發表題為《把反對赫魯雪夫修正主義的鬥爭進行到底》的編輯部文章，痛斥蘇聯對外政策的「靈魂」就是美蘇合作，並第一次提出了「反帝必反修」。中國對外政策「兩個拳頭打人」的局面從此成型。

9月3日,《人民日報》發表了由國防部部長林彪署名的長篇文章《人民戰爭勝利萬歲》。該文突出地強調了毛澤東人民戰爭思想在世界革命形勢中具有普遍的指導意義,提出現在是「世界資本主義和帝國主義走向滅亡,社會主義和共產主義走向勝利的時代」,國際政治格局是「世界的城市」和「世界的農村」,世界革命「也是一種農村包圍城市的形勢」以及中國是「世界革命的根據地」等等一系列觀點,並且用極其富於鼓動性的文字加以宣傳。文章發表後在國內外產生了強烈的反響,文章中提出的觀點成為「文化大革命」期間一度占主導地位的「中國革命中心論」的主要內容,可以說這篇文章為「文化大革命」初期的「左」傾外交提供了但其含義是相當明確的。林彪在1967年11月6日的一次講話中明確提出要把中國建設成為「更加強大的世界革命根據地」。林彪:《在首都人民紀念十月革命五十週年大會上的講話》,1967年11月6日,《人民日報》,1967年11月7日。思想基礎。

1966年8月,中共中央召開八屆十一次全體會議。這次會議肯定了上述林彪的文章,稱它對「當代世界革命一系列重大問題,做了馬克思列寧主義的科學分析」。會議透過的公報進一步強調,「當前正處在世界革命的一個新時代」,「各種力量正在經歷著一個大動盪、大分化、大改組的局面」。在這種形勢下,中國對外政策的「最高指導原則」就是「無產階級國際主義」。八屆十一中全會公報的有關論述對中國對外政策造成的影響是重大的。

首先是中國有關對外政策的宣傳越來越激進、調門越唱越高。一方面是慷慨激昂地宣稱,當今是「世界革命的新時代」,是「以毛澤東思想為偉大旗幟的新時代」,是「無產階級和資產階級在全世界進行大決戰的偉大時代;另一方面則自詡為「世界矛盾的焦點,世界革命風暴的中心」、「世界的革命中心」,等等。需要指出的是,這些宣傳的目的很可能更多的是要促使人們更加熱心地支持和投入「文化大革命」,所以它們把進行反對修正主義的國內政治鬥爭描述成是為了世界革命的前途和實現人類的美好理想,聲稱中國向何處去「關係到世界無產階級革命命運的問題」,是「關係世界革命的一件頭等大事」。但是,這種對世界形勢的描述和如此廣泛強烈地宣傳中國是世界革命的中心,不可能不嚴重地影響人們對外部世界的態度和處理外交事務的行為。

這時「文化大革命」已經開始，在當時國內政局越來越混亂的情況下，被上述宣傳煽動起來的情緒被狂熱地宣洩出來，從而使中國外交脫離了正常的軌道。最初遭到衝擊的是中國的駐外機構。「文化大革命」開始後不久，中國政府陸續召回除駐埃及大使黃華以外的所有駐外大使，這一行動必然會使中國與建交國家的關係出現困難。

1966年9月8日，國務院外交事務辦公室祕書組編印的《文化大革命中涉外問題簡報》和共青團中央文革籌委會、臨時書記處編印的《一坦尚尼亞群眾來信對我外交事務活動中的資產階級思想作風提出尖銳批評》被同時送呈毛澤東，毛澤東於第二天會主義道路，還是走資本主義道路？》。批示稱：「這個批評文件寫得很好，值得一切駐外機關注意，來一個革命化。」至此中國駐外機構的工作開始與國內政治運動接軌，駐外機構內部出現混亂。隨著國內政治運動不斷升溫，在國際上宣傳毛澤東思想變成了中國駐外使館的主要工作。一些涉外人員和駐外機構濫發毛澤東思想宣傳品，張貼或展出宣傳「文革」的圖片，在外交場合發表與其外交人員身分完全不符的各種宣傳演講，等等。

2.中國外交決策機制的破壞與重建

繼駐外機構陷入混亂後不久，中國國內的外交領導機構也受到嚴重的衝擊。1967年1月22日，《人民日報》發表社論，號召造反派在全國範圍內「奪權」。迅速蔓延全國的奪權狂潮波及到外交部門，上至外交部長陳毅，下到幾乎所有的大使、參贊，都遭到批判和揪鬥，外交部門幾乎無法正常展開外交工作。8月7日，「中央文革」成員王力對外交部造反派發表講話，煽動他們打倒陳毅，在外交部門奪權。由於得到「中央文革」的支持，外交部造反派加強了奪權行動。他們衝砸外交部政治部，查封外交部黨委辦公機構，擅自以外交部名義向中國駐外機構發布指令，其結果造成了國家的外交大權旁落，外交活動陷入混亂的無政府狀態。

與國家外交系統陷入混亂的同時，被政治狂潮鼓動起來的群眾運動也開始波及外國駐華機構。1967年1月，一些中國留歐學生回國途經莫斯科時，到列寧、史達林墓前集體朗誦毛澤東語錄，結果遭到蘇聯警察的圍攻毆打。消息傳到國內

後，大批群眾前往蘇聯駐華大使館前舉行示威遊行。此後還相繼發生了造反群眾衝砸印度、印度尼西亞和緬甸等國駐華使館的事件。從5月到8月，中國先後同已經建交的十幾個亞洲、非洲和歐洲的國家發生糾紛。最嚴重的是8月22日晚，在北京發生了萬人圍攻英國代辦處（今駐英國大使館），火燒辦公室、批鬥英駐外代表的惡性事件。

火燒英國代辦處是「文革」期間中國外交混亂的頂點，不過它實際上也成為中國外交調整的一個契機。「文革」開始後中國駐外使館出現的混亂很快引起主管外交事務的中國領導人的關注。1967年1月間，周恩來委派陳毅在人民大會堂宣布，「外交業務之權不能奪」。2月6日，針對中國駐外使館的混亂情況，陳毅指示他的祕書起草了一份制止在駐外使領館搞「四大」的電報，並於當晚報送周恩來，周恩來立即轉報給毛澤東，毛澤東於第二天即批發。周恩來在隨後審改該電報時，補充了不許大串聯、使館不許建立戰鬥隊以及不能進行奪權運動等內容。該電報以指示電的形式於2月7日發出。3月3日，中共中央、國務院和中央軍委聯合發出《關於勸阻紅衛兵和革命群眾自發赴越援越抗美的通知》，以阻止一些紅衛兵和青年非法進入越南境內。

這些措施顯然不足以消除外交領域的混亂局面。陳毅在「二月抗爭」失敗後，逐步失去了對外交部的控制，周恩來不得不一再直接出面。8月8日，周恩來從紅衛兵小報上看到王力的「八七講話」。他曾經為此事約見康生和王力，結果被康、王二人拒絕。周恩來此舉很可能是希望透過交換意見取得共識，以便控制局勢，但他顯然已經是力不從心了。在隨後與外交部造反派的數度直接交涉中，周恩來顯然無法再憑藉自己的聲望和威信，制止外交系統混亂的事態進一步惡化。

在如此困難的時刻，周恩來決心利用火燒英國代辦處提供的機會扭轉局勢。8月25日，周恩來單獨與楊成武會談，請他向在外地巡視的毛澤東彙報北京發生的嚴重局勢，並將王力的「八七講話」轉交毛澤東。8月26日，毛澤東痛斥王力的講話「極壞」，並決定由周恩來主持逮捕王力等人。中共中央隨即根據毛澤東的決定，宣布對王力等進行隔離審查。10月3日，毛澤東在周恩來的陪同下會見

外賓時，再次對周恩來給予支持，說紅衛兵要打倒周恩來和陳毅等人「這不對」。

　　毛澤東的表態是中國外交調整的一個重要轉折點，其重要性首先表現在外交系統的動亂受到遏止，一度失控的局面有所恢復。毛澤東之所以支持周恩來穩定外交系統，主要是因為他不希望外交系統真的陷於癱瘓。在他看來，中國的安全畢竟面臨著嚴重的威脅，何況中國還肩負著支援各國人民反對美帝國主義擴張和批判蘇聯修正主義的重任。從1967年夏季到中共九大召開前，毛澤東多次就涉外交事務發表批示，批評那些自我標榜、自我中心和強加於人的宣傳和做法。在「文革」狂熱的背景下，毛澤東那些就事論事的措施當然不可能根本糾正外交領域的「左傾」錯誤，但處理王力和譴責「八七講話」畢竟是對「中央文革」中支持王力煽動奪外交大權的那些人的打擊，特別是為周恩來著手恢復外交系統的秩序和正常的工作，提供了迴旋餘地，儘管這個餘地是相當有限的。

　　其次是在處理王力等人的過程中，在中國外交系統形成或說是確立了一種「毛澤東－周恩來外交決策體制」。在「文革」初期，緣於國內政治鬥爭的人事變動使中國外交原有的決策機制遭到破壞，參與中國外交決策的主要人物如劉少奇、鄧小平、陳毅等等，多數無法繼續從事相應的工作，致使中國的外交決策機制幾乎癱瘓。那些在「文革」初期開始走紅的極左人物，無疑渴望乘機一舉奪取外交大權。但是，他們一手煽動起來的狂熱情緒終於釀成火燒英國代辦處，而且事件發生後他們不是束手無策，便是熟視無睹。反之，周恩來表現出了必要的敏感、明達和穩健。毛澤東採納周恩來的建議，並決定立即由周恩來負責處理王力等人，實際上排除了極左領導人控制外交大權的可能性，確立了周恩來在制定和執行對外政策中的關鍵地位。後來中國外交政策調整的實踐證明，1967年8月開始形成的「毛澤東－周恩來外交決策體制」具有極其重大的意義。

三、中國與北越關係的變化

　　中國與北越關係的變化是影響這一時期中國對美政策轉變的至關重要的因素，以往的研究多少忽略了這一點。在以往的研究中，援越抗美政策對這一時期中國外交政策的影響，一直存在被低估的傾向。實際上在60年代中期，中國幾乎是全力以赴地貫徹援越抗美政策，因為它在當時的中國外交中具有舉足輕重的意義。這項政策首先反映了中國在地緣安全方面的需要，支持北越抵抗美國的軍事進攻，可以有效地保衛中國南部邊疆的安全；其次，援越抗美也成為毛澤東革命外交路線的佐證，使中國支援世界革命的口號在印度支那落到實處，同時成為暴露和批判蘇聯修正主義叛賣行經的有力武器。第三，抗美援越還可以在國內鬥爭中，鼓舞人們更加熱情地投入到「文革」的「極左」運動中。正是因為援越抗美政策同時反映並且滿足了上述中國對外政策的多方面的需要，所以它在當時的中國外交中幾乎占有頭等重要的位置。

　　另一方面，從建國後中國領導人的許多談話中可以看出，他們認為中美關係包含著全球戰略、雙邊關係和地區問題等三個層次的矛盾和衝突。在雙邊層次上主要是美國干涉中國的內政和破壞中國的國家統一與領土完整，其中最突出也是最嚴重的是臺灣問題。在地區層次上，當時主要是美國在中國周邊地區、特別是在越南的軍事干涉，對中國的安全構成了直接的威脅。在全球戰略層次上，美國要稱霸，以及聯合蘇聯反對中國和鎮壓世界各地的革命運動。在60年代中期，中國與美國在越南戰場的對抗，比較集中地反映了中美在全球和地區兩個層次上的矛盾和鬥爭。換句話說，只要美國在越南擴大戰爭，中國就必定要加強同北越的政治和軍事關係，承擔援助和支持北越的義務，因而也就很難調整安全戰略和改變對美國的政策。歷史的機緣是中國與北越的關係恰恰在1968年發生了重要的變化。

　　1.中國與北越雙邊關係中的矛盾

　　1965年春季美國擴大在越南的軍事干涉後，中國立即決定加強對北越的各種援助，並直接派遣軍隊進入北越。中國積極支持北越抵抗美國，使雙方的關係

獲得了前所未有的鞏固和發展。不過從另一個角度看,中越政治和軍事關係的密切發展只不過掩蓋了雙方的矛盾,這些矛盾從發展趨勢看是越來越嚴重。

首先是歷史和地緣政治因素給中越關係帶來的摩擦。就在中國幾乎是全力以赴地援助北越抵抗美國擴大戰爭時,北越的報紙雜誌卻不斷發表有關中國封建統治者侵略越南的歷史文章。越軍在接受中國軍事援助的同時,仍然對中國加以防範,對中國封鎖越軍內部的情況、戰鬥情況和兵力數字,要求取得對中國駐北越防空部隊的指揮權,等等。此外還發生過北越港口人員以維護國家主權為理由,拒絕中國船隻入港的事件。最嚴重的是,即使是在抗美戰爭最激烈和中國援越最堅決、最積極的時刻,北越仍然有人公開談論來自「北方(中國)的威脅」。中國領導人多次強烈指責越南方面的這些言行。1966年4月13日,鄧小平在中越領導人會談中告訴越方,毛澤東曾經批評他們對越南援助「過分熱心」。如果北越方面確實不放心,中國可以撤回全部援越部隊。中國的憤怒和北越承受的壓力由此可見一斑,而由此類問題造成的雙方隔閡和疏離,則隨著戰爭形勢的演變日漸清晰。

2.中蘇關係對中越關係的消極影響

1964年10月,布里茲涅夫上台,此後蘇聯對越南戰爭的政策出現了明顯的變化,即從只是消極地反對美國的軍事干涉,轉變為積極援助越南抵抗美國的戰爭,其標誌是11月27日,蘇聯發表聲明,表示願意向越南「提供必要的援助」。1965年2月,蘇聯總理柯西金訪問河內,雙方發表聯合聲明,蘇聯在聯合聲明中表示不會對保障越南的安全「漠然視之」。4月10日至17日,越南勞動黨第一書記黎筍訪問莫斯科,蘇聯在蘇越聯合公報中聲稱,蘇聯在必要的情況下,將應北越方面的請求,派蘇聯人員前往越南參加戰鬥。蘇聯的積極介入和向越南提供大量的軍事和經濟援助,使北越和蘇聯的關係迅速密切起來,蘇聯對北越的影響力明顯增強

幾乎從蘇聯公開表示積極介入越南戰爭開始,中蘇即在有關的各種問題上發生矛盾。2月,柯西金訪問越南路過北京時,曾經向中方提出兩方面的建議。其一是雙方協調援越行動,發表一個社會主義各國首腦援越抗美的聯合聲明。其二

是爭取和平解決越南問題，提出應給美國「從越南找到一個出路」。中國領導人表示不打算在越南問題上與蘇聯合作，他們拒絕了蘇聯的有關建議，只同柯西金討論緩和中蘇關係的有關問題。3月莫斯科會議以後，中國對蘇聯的印度支那政策進行了越來越嚴厲的譴責，並且一再聲明反對蘇聯和平解決越南問題的任何建議，在越南問題上決不與蘇聯搞「聯合行動」。中共八屆十一中全會公報明確說明：國際反美統一戰線不包括蘇聯，對於蘇聯「必須劃清界限」，「堅決揭露他們工賊的真面目」，「不可能同他們搞什麼聯合行動」。

中共中央不與蘇聯合作的方針也反映在具體的行動中。1965年2月，柯西金訪華後不久，蘇聯政府便向中國提出，透過中國鐵路運送蘇聯軍隊前往北越，並請求中國為蘇聯軍用飛機前往北越提供軍用機場和開闢空中航線。中國拒絕了蘇聯的這些要求。中國領導人表示，蘇聯援越物資透過中國，只能按照協議進行，並以此為理由，拒絕蘇聯利用中國港口向越南增運物資。中國領導人還一再向越南表明，中國堅決反對蘇聯志願人員參加越南作戰。

中國阻止蘇聯插手和利用越南問題，根源於中國這一時期的對外政策，它所產生的實際效果難免引起越南方面的反對。越南面臨的首要問題是抗擊美國擴大戰爭，它的對外政策的首要目標必然是要為民族的生存，爭取一切可以得到的外援，因此不可能接受中國的立場，在反對美國擴大戰爭的同時，拒絕接受或自我限制接受蘇聯的援助，更何況越南領導層中確實存在著對中國的不信任。在這種情況下，中國施加壓力的做法產生適得其反的影響也是自然的。越南領導人曾經直接告訴中國領導人，他們不認為蘇聯正在出賣越南，蘇聯的援助是「全心全意的：，一個社會主義國家評價另一個社會主義國家的標準應該是國際主義，在越南問題上尤其如此。意即越南只能以它的戰略利益和對它的援助作為制定對蘇政策的出發點。由此可以斷定，不論中國是基於什麼理由，北越方面對於中國反對與蘇聯聯合行動以及拒絕蘇聯援越物資過境，肯定是心懷不滿的。

3.美越和談與中國的機遇

這裡首先需要指出的是，上述兩個矛盾在這一時期的中國與北越的關係中，遠不是那麼突出和影響巨大的，因為對中國來說，援助北越主要是基於國家安全

和支援越南民族革命的考慮，只有「和談」才是真正涉及到雙方的戰略考慮的關鍵問題。

　　大致是從1965年春季起，中國開始堅決反對北越與美國舉行和談。促使中國反對美越和談的因素是相當複雜的，如前所述，其中固然有美國在越南擴大戰爭的原因，也有中國反對蘇聯修正主義鬥爭的影響，因為蘇聯差不多從插手越南問題之日起，就透露出爭取和平解決越南戰爭的意圖。此外，在「文革」造成的熾熱氣氛中，北越的抗美救國戰爭也被賦予了同時具有反對美帝國主義鬥爭的第一線和代表世界革命的一面旗幟等雙重意義。不過這裡有必要強調，不論在各個階段影響中國政策的因素如何複雜，中國支持北越的政策目標是貫徹始終的，即制止美國在越南的軍事干涉，支持越南民主共和國完成國家統一。這與北越和越南南方民族解放陣線的戰爭目標是一致的。

　　1965年3月22日，越南南方民族解放陣線中央委員會發表聲明，闡述了民解在抗美救國戰爭中的五點宣言。聲明同時提出兩點和談的先決條件：（1）從越南撤出一切美國軍隊及其裝備和設施；（2）民解必須在政治解決中有決定性的發言權。4月8日，范文同在北越第三屆國會第二次全體會議所作的政府工作報告中，闡述了北越關於和談的四點立場，即：（1）美國從越南撤退軍事力量和設施，停止在越南南方的軍事干涉和對越南北方的轟炸；（2）在越南實現統一以前，嚴格遵守日內瓦協議；（3）根據越南南方民族解放陣線的綱領，由南方人民自己解決自己的問題；（4）由越南兩個地區的人民自己解決越南統一問題，外國不許干涉。中國政府立刻發表聲明，表示完全支持上述立場。

　　到1968年秋為止，中越曾就和談問題進行多次談判，雙方的討論和爭論主要圍繞是否堅決貫徹以及如何更好地實現越南南北兩方聲明的目標。中國領導人當時不贊成北越立即與美國開始談判，他們提出的理由主要是擔心北越受到兩個因素的影響，放棄既定的目標，致使抗美救國戰爭半途而廢。這兩個因素是：（1）在蘇聯的影響下對美國妥協。中國領導人多次利用外交場合，介紹在中國解放戰爭時期，蘇聯是如何對美國妥協，並在革命即將取得最後勝利的時刻，如何企圖阻止解放軍打過長江。在中國領導人看來，當時美國提出和談建議不過是

消滅越南革命力量的「陰謀」，那麼蘇聯促使北越接受美國的和談建議，就是要使越南人民的革命鬥爭「半途而廢」。（2）關於談判時機問題。中國領導人根據他們與美國打交道的經驗認為，只有在戰場上取得軍事優勢，大量殲滅美軍及其傀儡軍隊的生力軍，美國才會認真談判撤出越南。

1968年初，越南武裝力量發動了新春攻勢。對於越南來說，這場軍事攻勢在政治上取得了巨大的成功，它在美國國內引起了極大的震動。美國公眾能夠透過媒體的報導看到，美國雖然投入了巨大的人力和物力，付出了難以接受的人員傷亡，卻摧毀不了越南人民的戰鬥意志和戰爭能力。在空前高漲的美國反戰輿論的壓力下，美國政府的戰爭意志趨於瓦解。不過，從軍事角度看，越南人民武裝力量在戰鬥中遭受了慘重的損失，作戰能力明顯下降，民解的基層組織也遭到嚴重的破壞，大批幹部被捕被殺，總之他們的士氣也因犧牲巨大而嚴重低落。正是在這一背景下，詹森於3月31日對全國發表電視講話，宣布停止轟炸北越北緯20度以北地區。4月3日，北越即同意派代表與美國談判。

中國領導人在事後才獲知越南的決定，他們表示堅決反對越南立即開始與美國舉行和談。在同越南領導人的多次會談中，中國領導人表示，越南的談判決定與它過去宣布的立場不符，而且當前時機對越方並不有利，立即接受和談建議將使自己喪失主動，陷於被動。中越在和談問題上的分歧還引發了如何評價蘇聯政策的爭論。中國領導人在和談問題上與越南方面的分歧和越南在宣布與美國和談前未與中國協商的作法，顯然嚴重地損害了雙方的關係。11月14日，毛澤東在聽了周恩來關於與范文同等越南領導人的會談後說：「一切由他們自己做主。」1969年6月9日，周恩來在同羅馬尼亞黨政代表團會談時，公開說明了中國與越南拉開距離的方針。

從中國外交政策調整的角度看，中國因種種原因而決定與越南拉開距離，的確是歷史提供的機緣。可以設想，如果沒有越南戰爭因為美越開始和談而相對降溫，中國國防重點完成向北轉移幾乎是不可能的。進一步說，在八屆十一中全會將「無產階級國際主義」定為中國外交的「最高指導原則」的背景下，如果中國繼續保持同越南的密切關係並因此承擔相應的政治和軍事義務，而且越南自己不

首先邁出調整與美國關係的步伐，後來中國領導人要作出打開中美關係的決定，至少也會困難得多。

結論

上述研究表明，1969年3月珍寶島事件發生前，中國的安全戰略、對外政策及外交決策機制、中越關係等，均發生了重大的變化。這些變化雖然是在涉及中國外交的各個領域和不同層次上分別發生的，而且有些變化並非是中國領導人有意為打開中美關係而為之，但它們之間的內在聯繫和相互影響是顯而易見的。正是這些有機地聯繫在一起的變化，構織成中國對美政策轉變的大背景，使毛澤東和周恩來等中國領導人得以在「文革」極度混亂的局面中，實現了中國對美政策的轉變，從而帶動中國外交完成了一次戰略調整。

略論60年代中期的美國對華政策

　　60年代中期，美國對華政策開始醞釀重大的調整。這一時期中美兩國的尖銳對抗和在越南戰場進行的間接戰爭無疑導致了美國調整對華政策進程的延後，不過同時也的確為美國政府根本改變其政策造成了一些必不可少的主客觀條件，這些條件後來被證明都是有長期影響的，因為它們植根於美國的外交決策體制與程序，以及該體制與程序背後的政治與社會結構。迄今為止，國內的有關研究主要著重於兩個方面。一類研究著重於分析這一時期美國對華輿論的變化，研究成果達到了很高的水準。另一類研究則是勾勒這一時期美國對華政策所涉及的各個方面，不論是基於何種原因，後一類研究成果與前一類相比，總的看可以說是比較粗略的。本文的目的是在綜合上述兩類研究成果的基礎上，針對幾個關鍵性的問題做進一步地探討，以揭示這一時期美國對華政策的內在矛盾及其產生的原因，以及政策後來轉變的必然性。這幾個關鍵性問題包括：1950年代後期至1960年代初期有關對華政策的討論及其影響；1960年代中期有哪些因素導致美國對華政策面對必須調整的局面；美國對華輿論的主要特點和影響等。

一、甘迺迪上台前後有關對華政策的討論

從50年代末開始，美國社會中開始出現了一種要求改變美國僵硬的對華政策的動向。這是由兩個因素引起的。其一是1958年的臺灣海峽危機給美國對華政策造成了衝擊，它使美國朝野擔心因臺灣問題而導致美國與中國大陸的戰爭。其二是美國政界一些人認為，有必要根據變化的世界形勢，重新審議美國的外交政策。作為這種動向的比較典型的反映是1959年頒布的《美國對亞洲的外交政策——美國康倫公司研究報告》，後來被簡稱為《康倫報告》。

1958年春季，美國參議院外交委員會在該委員會主席威廉·傅爾布萊特的主持下，就美國對東亞、南亞、非洲、歐洲以及拉丁美洲的政策，舉行了一系列聽證會，目的是對美國的對外政策進行一次系統的檢查。5月間，參院外交委員會根據聽證會的情況及其效果，決定成立一個特別小組委員會，討論全面研究美國對外政策的可行性和必要性。該小組經研究認為，進行有關的研究既有必要又切實可行。7月15日外交委員會投票透過決議，要求參議院授權進行有關的研究。31日參議院透過決議，授權外交委員會「對美國的外交政策進行一次充分而全面的研究」，並撥款30萬美元予以資助。《康倫報告》即是這項研究的產物之一。

《康倫報告》頒布的重要意義主要體現在兩個方面。首先是報告突出了中國的重要性。該報告雖然分為南亞、遠東和東南亞兩個部分，但是綜觀全文，不論哪一部分都包含著對中國的嚴重關注。正如報告所指出的：「共產黨中國是美國在亞洲面臨的最複雜和最嚴重的問題」，「對我們將來在亞洲和世界的地位來說，沒有再比美國對華政策的決定更起決定性的作用了」。報告還指出，美國應該確認兩個基本事實，其一是中國的政權是穩固的，而不是像當時許多美國人所認為的那樣「是一個暫時的現象」。報告稱「大部分跡象表明，現政府是近代中國歷來最堅強、最團結的政府」，「只要不和美國作戰，中國共產黨政府長期存在下去是非常可能的」。其二是中國的政治、經濟和軍事迅速增長，「非常可能在二十世紀後期作為一個主要世界強國而出現」。所以報告提出，美國的對華政

策「不管具體形式怎樣」，都應該根據上述「假設來實施」。

其次是《康倫報告》實際上已經成為後來美國朝野人士考慮對華政策的重要參考。在後來一段時間裡，美國各方人士曾經多次提出改變對華政策的設想和建議，但是他們都沒有超出《康倫報告》設計的框架。此外，參議院外交委員會參與策劃這一項目的人包括了很有影響的民主黨參議員，如傅爾布萊特和後來擔任總統的甘迺迪。報告的撰寫人包括著名的中國問題專家斯卡拉賓諾等。這些人在政界和思想界都有著重大的或獨特的影響，所以報告所包含的一些重要想法必然會被傳播並保留。

根據參議院外交委員會的計劃，《康倫報告》頒布後準備繼續就對華政策問題舉行聽證會，以便就對華政策展開討論。不過在艾森豪威爾政府時期，顯然不存在重新考慮對華政策的任何條件，加之1958年的臺灣海峽危機結束不久，美國內對中國的敵意相當強烈，所以國務院決定不派人參加聽證會。11月間《紐約時報》登載了《康倫報告》的內容，結果引起臺灣方面的強烈反應。最後由美國國務卿赫脫親自出面發表聲明，並且國務院還專門出版了有關臺灣問題的小冊子，表示美國確實「無意改變現行政策」，這才將事態平息下去。

在1960年的美國總統競選中，對華政策成為民主黨和共和黨辯論的重要議題之一。從兩黨爭論的情況看，雙方均無意對美國的對華政策做重大的改變。值得注意的是，民主黨方面為了競選政治的需要，試圖在對華政策方面做些文章。不過他們的觀點差不多就是《康倫報告》的設想。

4月間，美國的《外交》季刊發表了民主黨的政策委員會主席、曾經當選參議員、後來在甘迺迪政府中擔任副國務卿的切斯特·鮑爾斯的長篇文章《重新考慮中國問題》。鮑爾斯在文章中提出，美國應根據中國的現實和美國的利益制定對華政策。目前的中國政權已經「穩固」，而且實力日增。美國在處理有關地區性的事務（如東南亞問題）和全球性事務（如裁軍問題）時，如沒有中國參與，其成效值得懷疑。至於如何解決中美之間的臺灣問題，鮑爾斯提出了所謂的「中臺國方案」，其內容包括臺灣當局從金門、馬祖撤軍，大陸沿海島嶼中立化以及臺灣成立獨立的「中臺國」。

鮑爾斯的文章很可能反映了民主黨方面在對華政策上的主流意見。在總統競選進入白熱化的階段，民主黨候選人甘迺迪指責共和黨政府在對華政策上分不清輕重緩急。他一方面繼續指責中國推行「敵視」美國和「好戰」的對策，同時也公開表示，希望同中國「建立和平的關係」，並稱民主黨希望同中國「和平相處是正確的」。他在10月7日和13日的電視辯論中提出，美國應該只保衛臺灣，放棄金門、馬祖和其他一些大陸沿海島嶼。共和黨候選人尼克森則批評甘迺迪是在中國的「訛詐面前屈膝投降」，而他本人決不會把任何地方的「一寸土地讓給共產黨」。甘迺迪抨擊共和黨的對華政策並不完全是競選時期的靈機一動，除了他的競選團隊的建議外，他本人在1957年發表的一篇文章中，就曾批評過美國的對華政策過於僵硬和傾向使用武力。

　　不過就如同美國選舉政治通常表現出來的一樣，甘迺迪和他的政策團隊在競選時期就對華政策發表的言論並沒有在贏得大選後付諸行動。根據尼克森的回憶，甘迺迪在競選期間便透過助手向他表示過，不希望在涉及對華政策的問題上過多糾纏。甘迺迪這樣做很可能是因為意識到，在美國國內當時的政治氣氛下，在總統競選中過多地強調改變對華政策是不智之舉。

　　甘迺迪當選總統後多少表現出調整對華政策的意願。他在1961年2月1日主持召開的國家安全委員會第一次會議上，曾經討論過是否可以略微放寬對中國的貿易禁運，允許西方盟國的船隻為中國承運糧食。甘迺迪在會議上要求國務院進一步研究可行的辦法。在華沙的中美大使會談中，美方也曾經提出交換記者和以優惠條件向中國出售糧食等建議。考慮到當時中國國民經濟正面臨嚴重困難，中國政府已經開始在國際上大量採購糧食等情況，甘迺迪政府的上述想法還是有一定的象徵性的。

　　不過甘迺迪的這些政策「微調」很快便不了了之了，其原因主要是包括甘迺迪在內的參與處理中美關係的人物們，基本上沒有理解中美關係的癥結，以及中國政府當時的基本立場和態度。他們一直企圖繞過臺灣問題，透過一些「微調」先緩和中美之間的氣氛。問題恰恰在於，即使像鮑爾斯那樣曾經試圖改變美國對華政策的人物提出的辦法，當時根本不可能為中國領導人所接受，而且只會增加

他們的懷疑和敵意。

這一時期中國領導人顯然也在考慮和試探緩和雙方關係的可能性。1959年3月13日，毛澤東在會見美國記者安娜·路易絲·斯特朗等人時曾表示，他希望「到密西西比河去游泳」，阻礙他的是共和黨政府的三位領導人：艾森豪威爾、尼克森和杜勒斯。

1960年美國總統選舉進入高潮時，周恩來於8月30日會見了美國記者史諾。周恩來指出，美國方面企圖繞過臺灣問題來緩和中美關係是行不通的，至於所謂的「中臺國」則是根本不可能接受的。值得注意的是在美軍撤出臺灣的問題上，周恩來提出了比以往靈活的建議，即美國首先必須同意從臺灣撤出其軍事力量，至於美軍何時和如何撤出臺灣的具體步驟，可以隨後討論。10月18日，周恩來再次會見史諾，系統地闡述了中國在裁軍、中國的聯合國席位、核試驗和臺灣等問題上的立場和政策。周恩來在談話中表現出對民主黨在對華政策上的觀點瞭如指掌，而且此前他在旅途中還向史諾詳細介紹有關中蘇分歧的情況。由此觀之，至少可以肯定周恩來對談話是有所準備的。四天以後，即10月22日，毛澤東同史諾討論了甘迺迪與尼克森的電視辯論的有關內容。毛澤東集中闡述了中國解決臺灣問題的立場和政策，指出中國會把金門和馬祖留在蔣介石手裡，中國「要的是整個臺灣地區」，不過中國會承擔維護和平的責任，不主動向美國開戰，並「要談判解決」臺灣問題，「不要武力解決」。

中國領導人會見像史諾這樣的美國記者從來都是有的放矢的，毛澤東和周恩來在美國總統大選期間花如此之多的時間與史諾討論中美關係，很可能是在為與美國的新領導人打交道進行試探和準備。

甘迺迪當選總統後不久，王炳南在大使級會談中向美國方面表示，希望甘迺迪政府「在中美關係的進展方面有所建樹」。他的表態肯定是得到中國領導人允許的。陳毅在1961年4月訪問雅加達期間，在回答《紐約時報》記者關於中美關係的提問時，一方面指出甘迺迪政府的對華政策「和艾森豪威爾政府在基本上並沒有什麼變化」，同時也說明在改善中美關係的問題上「要看美國的新總統能否採取主動」，「美國政府是不是可以先做出一點貢獻」。

目前已經公布的歷史文獻尚不足以清晰全面地揭示這一時期中國對美政策的全貌。不過上述跡象已經表明，在美國政局發生重大變動期間，中國領導人的確在進行密切的觀察和謹慎的試探。

毛澤東關於不會進攻金門、馬祖的談話其實也是講給蔣介石聽的。在美國總統選舉期間，臺灣當局對有關對華政策的辯論表現出極度的敏感。10月11日，蔣介石會見美國記者梅爾文（Davis Mervin）時強硬地表示，臺灣當局即使「戰至最後一人」，即使沒有美國的支持而「必須單獨作戰」，也決不放棄金門、馬祖。三天後，臺灣「外交部」發表聲明，指名道姓地斥責甘迺迪「不負責任」、「大慷他人之慨」、「隨便處置」他國的領土，等等。聲明還信誓旦旦地宣布：「不會放棄……一平方英吋領土」，而且不需要美國協防金門、馬祖。10月29日至11月2日，蔣介石親自前往金門、馬祖視察，並在金門題字「經營戰場」、「培養戰力」。此後不久，臺灣當局舉行大規模軍事演習，參演部隊達14萬人，包括坦克、裝甲運兵車等7000輛各類軍車。

毫無疑問，毛澤東公開聲明不使用武力攻占金門、馬祖，至少在客觀上是對蔣介石堅守金馬的最有力的支持和鼓勵，也是臺灣當局敢於保證不在金門、馬祖的防衛問題上拖美國下水的重要原因。毛澤東和蔣介石在反對美國「兩個中國」政策上的隔海配合的確是相當默契的。

由於臺灣海峽兩岸的領導人都明確表示堅持「一個中國」的立場，美國朝野一些人企圖用「兩個中國」的方案作為改變對華政策的出路，一開始便走不通了。當然，除了臺灣海峽兩岸反對「兩個中國」的計劃，甘迺迪政府在美國國內也面臨著巨大的反對力量，特別是在美國國會中，親臺灣的勢力不斷透過各種各樣的決議，以便反對和挫敗任何有可能削弱美臺關係的行動。甘迺迪是以微弱多數票戰勝共和黨候選人的，剛入主白宮時政治地位尚不穩固，還不敢在重大政治問題上冒險。另外在他看來，新政府在內政和外交領域，都面臨著遠比對華關係更為重要的問題，因此他私下表示，不希望在改變對華政策這樣敏感和困難的問題上，招致公眾輿論的過分關注。

甘迺迪不打算調整對華政策的意圖很快便在美國領導人的言行中反映出來。

4月12日，甘迺迪就任總統後首次就對華政策發表公開講話。他聲稱美國將繼續履行對臺灣當局的政治和安全「承諾」，反對在目前的形勢下允許「紅色中國」進入聯合國，支持臺灣當局保留其在聯合國的位置。5月3日，美國會參議院兩黨領袖共同提出一項提案，支持甘迺迪關於繼續履行對臺灣承諾的聲明。5月14日，美國副總統詹森訪問臺灣，進一步表明美國無意改變對華政策的立場。

9月21日，聯合國大會指導委員會透過表決，同意將中國代表權問題列入聯大討論的議程。以此為標誌，美國多年來用擱置討論的辦法阻撓恢復中國在聯合國的席位的企圖已經失敗。面對這種局面，甘迺迪政府的方針是儘可能地推遲中國恢復在聯合國的席位。在甘迺迪政府的高層會議上，美國駐聯合國代表史蒂文森曾經主張，用聯合國同時給予「兩個中國政府」席位的辦法，保住臺灣當局的席位，同時也讓中國進入聯合國，而甘迺迪考慮的是至少要將中國恢復在聯合國的席位的時間拖到美國的中期選舉以後。他告訴史蒂文森，「如果紅色中國在我們來到首都的第一年期間進入聯合國……，他們就會把我們兩人都弄得筋疲力盡。」

10月19日，甘迺迪發表特別聲明，聲稱「美國堅決反對中共進入聯合國或聯合國的任何機構」。史蒂文森也在聯合國大會拚命鼓噪，於12月1日提出了所謂「重要問題案」，即接納中國進入聯合國取代臺灣當局的位置，必須要出席聯合國大會的國家的三分之二多數透過。12月15日，聯合國大會以61票對34票、7票棄權，表決透過了美國牽頭的「五國提案」，將中國進入聯合國列為「重要問題案」，從而為恢復中國在聯合國的席位設置了新的障礙。

中國政府對美國阻撓恢復中國在聯合國的席位進行了嚴厲的譴責，《人民日報》連續發表文章，抨擊甘迺迪政府是在搞「反華新陰謀」。至此可以說在甘迺迪任內，美國政府改變對華政策的可能性已經完全消失了。

二、1960年代中期的困境

　　國內新的研究成果認為，甘迺迪有意在他的第二任期（如果他能競選連任的話）重新審議對華政策，其根據是甘迺迪在遇刺前不久，曾經在1963年11月14日舉行的一次記者招待會上說：「當紅色中國人表示其願意同美國及其鄰國和平相處時，那麼很明顯，美國就將重新審議自己的政策。我們並不墨守對紅色中國的敵視政策。」甘迺迪遇刺後不久，主管東亞事務的助理國務卿希爾斯曼於12月13日發表了經甘迺迪審閱過的長篇講話，其中首次提出要對中國採取「不把門關起來」的政策。用他自己的話說就是，美國「對未來中國可能發生的變化敞開大門，對那裡出現的能夠促進中國利益、服務於自由世界和有益於中國人民的變化，不把門關起來」。由於甘迺迪被刺身亡，人們無法證實上述觀點的可靠性。但是有一點是可以肯定的，即這時的美國對華政策確實已經到了山窮水盡的地步，而且詹森政府也未能採取、確切地說是根本沒有能設想出任何切實可行的步驟來解決問題。

　　從甘迺迪到詹森兩屆美國政府在處理對華關係方面，都面臨著中蘇分裂、中國發展核子武器和越南戰爭等三個關鍵性的問題。

　　1.關於中蘇分裂問題

　　從中蘇結盟之日起，美國政府便一直試圖使用各種手段，離間和分化中蘇關係。甘迺迪上台後，面對漸行漸遠的中蘇關係，在繼續奉行促使中蘇分裂政策的同時，美國政府開始考慮如何利用中蘇分裂。

　　甘迺迪上台後不久，即下令對中蘇關係進行深入的研究。可能是因為喬治·凱南在競選期間曾經在中蘇關係問題上寫信向甘迺迪進言，甘迺迪於是請他再度出山，主持有關中蘇的研究項目。凱南在1960年8月17日給甘迺迪的信中聲稱：在最近的將來，對美國而言「沒有比保持中蘇之間在觀點和政策上的分歧更重要的了」。到1961年底，該項目由國務院政策設計室完成了初稿，全文長達77頁，題為《中蘇分歧與美國的政策》。報告的主要觀點是，社會主義陣營正在分

裂，中蘇分歧表面是意識形態之爭，實際上是雙方的「國家利益」的衝突，因此也是難以彌合的。從長遠的角度看，中蘇分歧符合美國的利益，但從近期看美國未必會立即獲益。因為中蘇仍然都將美國視為敵人，而且由於中國的「好戰」，美國在東南亞將面臨更嚴重的挑戰。

1962年1月2日，國務卿魯斯克首次主持召開了專門討論中蘇分裂的國務院政策計劃會議，會議討論的依據便是上述凱南主持完成的報告。與會者認為，中蘇分裂具有「前所未有」的歷史意義，但由於缺乏有關的情報，美國難以對其發展及其影響作出判斷和反應。魯斯克在會議上決定，有必要動員朝野力量，進一步收集情報並進行更為深入的研究。值得注意的是，資深外交官、蘇聯問題專家查爾斯‧波倫在討論中聲稱，蘇聯與中國的分歧就像是「孟什維克」與「布爾什維克」的分歧一樣，中國比蘇聯更激進，美國可以支持狄托，但不能支持中國那類的「左派」。波倫的觀點在美國政府中有相當大的代表性。

根據此次會議的建議和安排，美國政府的有關機構、美國的思想庫、甚至包括北大西洋公約組織的有關機構，均對中蘇分裂的情況展開研究。綜合起來看，美國各有關方面主要關心的問題包括中蘇分裂的程度、性質、未來的發展以及中蘇分裂對兩國對西方的政策的影響等。隨著中蘇分裂的日益加劇，到1963年夏季，甘迺迪政府大致斷定，中蘇分裂已經不可挽回了，而且對中蘇未來的衝突可能達到的程度有些預測，如估計中蘇有可能發生邊界軍事衝突等等。實際上從60年代中期中蘇發生邊界糾紛後，詹森政府已經多少獲得了一些有關情況的報告。

關於中蘇分歧的性質，美國政府居主流的看法是，雖然中蘇的分歧是圍繞意識形態展開的，但其深層原因的確相當複雜。兩國的國家利益和對外政策的目標互不相容，歷史上中俄兩個民族的矛盾的影響，中蘇結盟後雙方在軍事和經濟問題上的分歧等等因素，都是導致中蘇分裂和矛盾升級的重要因素。也正是因為造成中蘇分歧的原因如此複雜，所以從根本上看雙方的分歧是不可調和的。

至於中蘇分裂對兩國對西方的政策的影響，甘迺迪政府中的主流看法是，蘇聯和中國都對美國和西方國家保持敵對的態度，這一點並沒有因為它們之間的爭

論而發生根本變化。不過相比較而言,中國更為「激進」和「好戰」。1962年以來發生的一系列重大事件,如古巴飛彈危機、中印邊界衝突和中國支持越南的民族革命戰爭等等,均強化了甘迺迪政府中敵視中國的情緒,使美國的決策者深信,中國是對美國更直接和更危險的威脅。美國輿論界也危言聳聽地散布所謂「中國是主要威脅」的言論。

根據1962年底檢討美國對華政策的結果,甘迺迪政府認為,只有使中國「軟弱、孤立」,才符合美國的利益,因此美國必須繼續在政治、軍事和經濟等各個領域保持對中國的壓力。在這種方針指導下,一旦斷定中蘇同盟不復存在,甘迺迪政府首先採取的策略就是利用蘇聯與中國的分歧,向中國施加壓力,對中國採取更加敵視的政策,而詹森政府在對華政策上則基本是蕭規曹隨的。

2.關於中國發展核子武器問題

在甘迺迪上台以前,美國政府就在跟蹤、瞭解中國的核子武器發展計劃。根據美國情報部門在1960年的估計,中國將在1961年晚些時候建成核反應堆,在1962年生產出可用於核分裂的鈾。從1961年起,美國開始利用臺灣作為U-2偵察機的基地,對中國進行間諜活動,其深入地點達到蘭州和包頭。這些偵察飛行的主要目的之一就是要瞭解中國核子武器研製的進展。與此同時,由於衛星照相技術的發展,美國可以透過衛星獲得有關的照片資料。1961年12月,美國透過衛星拍攝,得到了第一張中國羅布泊核試驗場的照片。1963年3月和6月,美國情報部門透過衛星照片分析認為,中國核原料工廠坐落在蘭州。有關照片還提供了一些發電廠與蘭州工廠之間的輸電線路。美國情報機構對中國何時會爆炸第一顆核裝置作出了種種估計,其中一種相對接近後來實際情況的估計是,中國將在1964年晚些時候或1965年進行第一次核試驗。

隨著情報部門提供越來越多的有關中國核子武器發展的資料,美國政府中的文武官員們越來越感到緊張。他們認為,中國掌握核子武器將是對美國安全的非常嚴重的威脅。首先是中國掌握核子武器,將對美國和亞太美軍的安全構成直接的威脅;其次,美國在亞太地區的盟友和一些非共產黨國家的安全也會受到更嚴重的威脅,其中一些國家有可能在中國的壓力下疏遠美國,接近中國;第三,一

些亞太國家如日本、印度、澳洲等，有可能因為恐懼而發展自己的核子武器；第四，中國的對外政策有可能變得更加咄咄逼人。總之，美國無論如何也要阻止中國成為擁核國家。甘迺迪本人更是堅決地表示他「無法忍受」中國掌握核子武器，美國必須在阻止中國成為擁核國家的問題上「有所作為」。

甘迺迪的智囊們曾經企圖利用美蘇首腦會晤，爭取蘇聯與美國合作，共同阻止中國研製核子武器。但是甘迺迪與赫魯雪夫的維也納會晤證明，甘迺迪政府至少也是時機沒有選對。赫魯雪夫當時雖然有意與美國一起搞點兒緩和，但並不想走得太遠。會談中甘迺迪一再建議赫魯雪夫應該反對中國的好戰政策，包括在禁止核試驗問題上與美國相互配合，結果都被赫魯雪夫一一駁回。美蘇首腦會晤後，甘迺迪曾經相當悲觀地表示，一旦中國掌握了核子武器，它就會控制整個東南亞。

1962年夏季，美國政府試圖加快與蘇聯談判達成禁止核試驗條約的步伐。引起美國對禁止核試驗的態度變化的主要原因一方面固然是美蘇在核領域競賽的狀況。1961年8月30日，蘇聯恢復了大氣層核試驗。1962年1月美英蘇在日內瓦的三邊會談失敗，美國隨後於4月25日開始進行大氣層核試驗。美蘇競相恢復大氣層核試驗引起國際輿論的強烈反應，甘迺迪政府不能不有所顧忌，加之美國在核技術方面領先於蘇聯，所以甘迺迪政府也企圖利用禁止核試驗談判來約束蘇聯。

不過當時對甘迺迪政府來說，更重要的原因則是對中國發展核子武器的擔心。甘迺迪在夏季主持召開的一系列與武器控制和國家安全有關的高層會議上，美國決策者及其助手們普遍表現出對中國和其他一些國家將擁有核子武器的嚴重關切和沮喪。與會者認為，美國有必要在防止核子武器擴散的問題上與蘇聯合作。

直到10月發生古巴飛彈危機以後，美國政府的努力才開始從蘇聯得到回應。蘇聯政府當時建議，美蘇簽署的應該是一項全面停止核試驗的條約。1963年1月在討論禁止核試驗條約的會議上，甘迺迪明確地表示，他在禁止核試驗問題上的重要考慮之一是如何防止中國擁有和使用核子武器。如果一項禁止核試驗

條約有助於阻止中國擁有核子武器，就值得美國認真予以考慮，儘管那是蘇聯提出的也無關宏旨。

根據甘迺迪的決定，美國政府對談判採取了積極的態度。2月12日日內瓦三邊談判復會。5月下旬，美蘇簽訂了和平利用原子能的合作備忘錄。6月8日，赫魯雪夫致函甘迺迪，宣布同意美英派特使到莫斯科談判。兩天後，甘迺迪便以一次熱情洋溢的公開講話給予了回應。7月14日，美國特使哈里曼率領的談判代表團到達莫斯科，並受到蘇聯政府的熱烈歡迎。甘迺迪在第二天給哈里曼的指示中，再次透露了他對急於與蘇聯達成協議的動機。他聲稱即使少量的核子武器掌握在中國領導人手中，對「我們大家都是非常危險的」，所以哈里曼還應在私下與蘇聯領導人討論中國發展核子武器的嚴重性。顯然，拉攏蘇聯以阻止中國掌握核子武器，至少也是甘迺迪政府急於同蘇聯達成協議的主要原因之一。

7月25日，美英蘇三國代表在莫斯科草簽了《禁止在大氣層、外空與水下核子武器試驗條約》，其主要內容就是兩條：一是簽約國不進行條約禁止的核試驗；二是不縱容其他國家進行核試驗。8月5日美英蘇代表在克里姆林宮舉行了正式簽約儀式，10月10日互換文本，條約正式生效。從美國對華政策的角度看，該條約其實是美國在核子武器問題上向中國施加政治壓力和在國際上孤立中國的手段。實際上美國在條約簽訂以前已經估計到，蘇聯對中國核政策的影響力微乎其微，儘管甘迺迪仍然幻想蘇聯也許能說服中國也簽署該條約。蘇聯與美國合作與其說是準備承擔義務，說服中國放棄研製核子武器的計劃，不如說是因為恐懼而與美國合謀向中國施加壓力。

美國領導人在爭取蘇聯合作迫使中國放棄研製核子武器計劃的同時，也在考慮使用武力打擊中國的核設施。6月24日，甘迺迪在訪問波恩期間舉行的記者招待會上，針對中國研製核子武器問題稱，美國將說服其他國家不要「抓起棘手的核問題」，否則得到的將是「與核擴散相伴而來的虛假安全」。

在為哈里曼赴莫斯科談判做準備的過程中，瞭解蘇聯是否會與美國合作對付中國的核子武器計劃，成了美國決策圈子的重要話題。甘迺迪在哈里曼啟程前授權後者，在探討美蘇就對付中國達成諒解的可能性方面，他「要走多遠就可以走

多遠」。哈里曼到達莫斯科的第二天便接到甘迺迪的一項更為露骨的指示，要求他「盡力查明赫魯雪夫對限制或阻止中共核計劃的看法，以及他願意由蘇聯採取行動，還是願意接受美國的行動」。根據哈里曼的報告，赫魯雪夫對美國的試探興趣不犬。他認為，在法國也沒有簽署禁止核試驗條約的情況下，單獨將中國挑出來作為威脅是難以接受的，而且一旦中國有了核子武器，就不會像現在這樣「大喊大叫」了。蘇聯領導人很可能認為，與美國共同簽署禁止核試驗條約，已經是向中國施加了足夠的壓力，因此沒有必要再為過分的行動付出政治代價。

美英蘇簽署禁止核試驗條約後，美國政府內部一直有關於使用軍事打擊阻止中國核試驗的設想。其中比較具體的是1964年4月，國務院的羅伯特‧詹森根據國務院政策設計室領導人的要求，提出了四種供選擇的方案：（1）由美國發動對中國核設施進行空中打擊；（1）由臺灣的空軍進行空中打擊；（3）僱傭在中國的特務進行地面破壞；（4）空投國民黨軍隊。不過他在報告中指出，先發制人的軍事行動並不可取，不僅是因為沒有蘇聯的合作行不通，而且美國可能會付出沉重的政治代價。9月15日，在中國第一次核試驗前一個月，詹森總統專門召集會議，再次討論如何對付迫在眉睫的中國核試驗。與會者排除了由美國單獨採取先發制人的軍事打擊的計劃，但是仍然企圖嘗試與蘇聯採取聯合行動的可能性，並獲詹森同意。這次會議的決定實際上反映了美國決策層這一時期多數人的看法，即美國用先發制人的軍事打擊來阻止或拖延中國成為擁核國家，即使能夠成功也是代價高昂的，而且根據中國的實際能力和對外政策的趨向，其實是沒有必要的。

10月16日，中國成功地爆炸了第一顆原子彈，美國不得不面對一個新的核大國已經崛起的事實。美國政府的反應是在儘可能地貶低其影響的同時，拒絕接受中國成為核俱樂部的成員。詹森在當天發表的聲明中聲稱，中國的核試驗並不「出乎意料」，美國和西方國家會「認識到這種爆炸的有限意義」，而且不必擔心「立即導致發生戰爭的危險」。但是，在美國政府內部不少人心裡都明白，不管美國願意不願意，中國因為握有核子武器而恢復在聯合國的席位和參與核裁軍等國際事務的談判，只是個時間問題了。

甘迺迪早在競選總統期間就說過：如果沒有「人民中國」的參與，同蘇聯達成任何有關核試驗的協議「都將是不完整的」。在中國第一次核試驗成功前，美國政府內部的一些關於核武器擴散和裁軍的報告已經透露出對中國早晚要加入裁軍談判的無可奈何。問題是到那時美國還能拒絕承認中國嗎？10月28日，國務院的湯瑪斯在給助理國務卿邦迪的備忘錄中寫道，美國必須記住的兩個重要事實是：一，中國早晚會進入聯合國和參加核裁軍的國際談判；二，中國與西方國家的貿易和交往正在越來越迅速地增加。因此美國必須設法改變僅僅是「遏制」的對華政策，逐步打開同中國交往的大門。這項建議毋寧說是中國核試驗給美國未來的對華政策帶來的啟示。

3.關於越南戰爭問題

甘迺迪和詹森兩屆政府逐步使美國捲入越南戰爭的主要原因，就是因為當時的美國領導人幾乎無一不信奉所謂的「多米諾骨牌」理論，而且將這種理論同對中國的敵視緊密地結合在一起。

在甘迺迪政府時期，美國領導人就斷定，印度支那地區的緊張形勢是由共產主義勢力擴張造成的，那裡的民族革命戰爭不過是那種被甘迺迪形容為「堅如磐石、冷酷無情的陰謀運動」的一個部分。詹森更是堅定不移地認為，如果美國在南越遭受失敗，蘇聯和中國，特別是中國就會前來填補美國離開後的「真空」，可能會有兩億中國軍隊從「山間小路」湧進印度支那，而且其鄰國會一個一個地向中國「屈服」。為了制止中國的擴張，詹森從上任伊始，便聲稱他「將不喪失越南」，不做「目睹東南亞重蹈中國覆轍」的美國總統。需要指出的是，詹森的這種看法並不是孤立的，而是代表了美國政府內的主導傾向，它毋寧說是當時美國政府中瀰漫著的反華、反共和反革命的歇斯底里的典型而且是極其有影響力的反映。

在美國決策者看來，在印度支那的干涉、特別直接參與越南戰爭，目的都是為了遏止中國在這一地區的擴張，但是美國也因此而陷入無法解脫的矛盾。首先是因為中國在這一地區的實力和地位，從一開始就限制了美國干預的規模和限度。換句話說，美國既要遏止中國，又不希望與中國發生直接的衝突，這種困境

從一開始就在折磨美國領導人。例如在甘迺迪執政初期，美國政府內部曾經有人建議，在寮國形勢危急時，直接向那裡派遣美國軍隊，結果遭到否決。反對派遣美軍的人的主要理由就是擔心那樣做會引起中國介入，他們提出要麼大幹，要麼不幹，除非美國準備使用戰術核子武器，否則乾脆不要直接插手。

詹森政府在決定直接介入越南戰爭時，面臨同樣的困境。它每一次決定是否將軍事干涉升級時，都不得不反覆考慮中國的反應，因為他們確實擔心會重蹈韓戰的覆轍。結果是美國為了遏止中國而捲入越南戰爭，同時又因為擔心同中國發生直接的軍事衝突而不得不對軍事捲入的規模和程度有所限制。

美國面臨的另一個困境是，北越由於得到中國的有力支持，一再拒絕了美國關於舉行和談的建議。據美國方面的統計，直到1968年，美國為和談而進行的大大小小的試探多達2000多次，但是從未有結果。北越堅持武裝抵抗的重要原因之一是中國在向北越提供全面援助的同時，也一再勸告北越領導人不要輕易接受美國的和談建議，否則越南的民族解放鬥爭和完成國家統一的鬥爭將前功盡棄。中國的反對至少也是北越長期拒絕與美國談判的主要原因之一。不僅如此，中國領導人還利用自己的影響，在國際上製造反對美國和談「陰謀」的輿論。中國報刊這一時期強烈譴責美國的和談不過是企圖欺騙越南人民，軟化北越進行抗美救國鬥爭的立場。中國的強硬立場沉重地打擊了美國鼓動國際調停的努力。

中國支持北越堅決抵抗和頑強反對美國和談「陰謀」的兩手政策，確實使美國政府在越南戰爭中進退兩難。從美國調整對華政策的角度看，這種局面構成了一種特殊的背景，它決定了美國如要從越南戰爭中「脫身」，就有必要改變其對華政策，起碼不能將遏制中國作為進行干涉的目標。另一方面，美國要緩和中美關係，就必須放棄在印度支那的軍事干涉，至少需要首先表明，它確實準備為結束軍事干涉作出切實的努力。

這裡有必要提及1966年3月中美大使級會談第129次會談的情況。根據中國代表王國權的回憶，美國代表在會談中有意地使用了「中華人民共和國」的稱呼，並在會談結束後向中方的翻譯強調了這一用語的含義，而且中方翻譯確認了那是「友好的表示」，並將此情況轉達國內。王國權本人和有的論著認為，主要

是因為受到中國國內政治形勢（「文革」）的影響，中國政府未能迅速作出反應，從而「錯過了一次及時推動中美關係的有利時機」，或者說是「失之交臂」。就探討中國對美決策的國內環境而言，必須承認「文革」造成的激烈氣氛很可能對當時處理這一情況造成了重要的影響。不過如果考慮到美國正在擴大越南戰爭，而中國正全力以赴地支持北越抵抗美國侵略並堅決反對北越與美國和談等情況的話，可以基本上斷定，當時基本上不是「推動中美關係的有利時機」。換句話說，中國政府沒有及時做出反應，很可能並不主要是受國內政治的影響，它涉及到中美關係總的狀況、中國的國防政策和對越南戰爭的政策等複雜的因素。

　　以上的分析表明，美國的對華政策到60年代中期確實已經陷入絕境，從根本上調整對華政策已經勢在必行。

三、美國對華輿論的變化及其特點

正如以往的研究指出的那樣，這一時期的美國對華輿論出現了重大的變化，其突出的表現就是當美國政府的對華政策陷入絕境而無法自拔時，要求改變美國現行對華政策的輿論卻愈顯活躍，聲勢與日俱增。

美國輿論變化的最初標誌是《康倫報告》的頒布，其內容已如前述。60年代初，儘管甘迺迪政府繼續推行僵硬的對華政策，美國民間關於中美關係和改變美國對華政策的研究和討論並沒有中斷，其中最有影響的是對外關係委員會主持的中國研究項目。

1962年1月，美國政府由於迫切希望瞭解有關中蘇分裂的情況，認為有必要動員「非政府」的智力資源，展開相關的資料收集和研究工作。正是在國務院領導人的授意下，代表東部權勢集團的思想庫紐約對外關係委員會從2月起邀集大批專家學者，就中蘇分裂和美國的對策進行討論。

很可能是受到這些大型研討會的影響，對外關係委員會在福特基金會的贊助下，於4月提出了一項研究中國的宏大項目。對外關係委員會設計這一項目的原因是該委員會認為，中國對西方在亞洲的地位構成的威脅，是美國在60年代面臨的兩大挑戰之一，必須給予關注並對那裡的新情況進行深入的研究，並檢討過去10年來美國的對華政策。該項目的研究成果包括：提供政策備忘錄供決策者參考；在《外交》季刊和其他重要的學術刊物上發表有關的文章；出版有關的小冊子以及出版正式的系列著作。

根據該項目的計劃於1966年陸續出齊的8部著作涵蓋了中國的政治、軍事、經濟、外交以及各國的對華政策等領域。儘管8本書的內容不同且觀點各異，但是它們的出發點都是要重新研究中國各方面的情況及其對美國和中美關係的含義，歸宿則在於探討美國對華政策的得失，並為制定對華政策「努力開拓新的理解」。

這套叢書的另一個引人注意的特點是，作者具有相當高的權威。他們中間包

括有報導中國問題的資深記者、著名的研究中國經濟的專家、曾在中國任職的退休高級將領以及多次參與中美談判的外交官,等等。值得注意的是,這一項目不僅本來就同美國政府要求研究中蘇關係有密切關係,而且項目的「指導委員會」還聘請前國務卿的弟弟、曾經任中央情報局局長的艾倫‧杜勒斯擔任主席,從而大大增加了該項目的「非政府」色彩。

這一時期美國對華輿論的變化的確給美國的政治氣氛多少帶來了一些變化。例如對外關係委員會的叢書出版後,美國一些有影響的報刊給予了報導,一些權威性的報刊如《紐約時報》、《星期六評論》、《芝加哥論壇報》等,均給予了肯定的評價。這種變化表明,談論「重新考慮對華政策」至少已經不是大逆不道的了。

繼紐約對外關係委員會的中國研究項目啟動之後,美國輿論界主張鬆動對華關係、改變對華政策的言論此伏彼起,從未中斷。其中最有影響的當數1966年由美國參議院外交委員會主席傅爾布萊特主持的對華政策聽證會。

1964年3月5日,傅爾布萊特在參議院發表題為《舊神話與新現實》的講話,抨擊美國現行的對外政策僵化,與國際政治的現實脫節。他在講話中指出,不能排除美國與中國的關係在未來的時期裡會有所改變,美國的對華政策應該具有靈活性,以適應變化的現實。特別值得指出的是,他在談到中國的現實時說:「最重要的是,實際上並沒有『兩個中國』,而是只有一個,那就是中國,它是在中共的統治之下,並且很可能將無限期地統治下去。」這裡實際上否定了美國對華政策長期以來賴以支撐的那個完全是虛幻的依據,即中國大陸的共產黨政權不會長期存在下去。

從1965年開始,隨著美國在印度支那的軍事干涉的升級,美國會中的反戰勢力和公眾輿論越來越表現出強烈的不滿。在這種背景下,國會參、眾兩院就美國的對越南政策舉行聽證會。作為這些聽證會的組成部分,參議院外交委員會於1966年3月8日至30日,舉行了12次對華政策聽證會。應邀出席作證的包括一些持各種觀點的著名中國問題或國際問題專家如費正清、鮑大可、漢斯‧摩根索等,也有當年著名的「中國幫」的成員周以德。這些人中除周以德等少數人表示

擁護美國政府現行的對華政策外，多數人分別從不同的角度，對美國的對華政策進行了不同程度的批評。其中最有意義的是鮑大可提出，美國對華政策應該是「遏制但不孤立」。

作為在聽證會上作證的第一人，鮑大可明確指出，「在未來的十年裡，如何處理對華關係將是我們對外政策面臨的最棘手的問題之一」，而美國的政策必須被置於現實的基礎之上，即中國大陸的共產黨政權並非「即將消失的現象」，而是會「繼續存在下去」，美國只能「面對這個現實」。他認為，由於中國會得到國際社會越來越廣泛的承認，美國企圖將中國永遠排除在聯合國之外的做法越來越難以為繼。從以往的經驗看，美國對中國的遏制也許還是有成效的，但是孤立中國則是失敗的和不明智的。他建議美國政府當前對中國應實行一種「遏制但不孤立」的政策，而最終目的則是與中國「建立正常的外交關係」。鮑大可的觀點不僅得到多數出席作證者的贊同，而且在美國政界中引起了一定反響，美國政府中的一些人實際上也是在沿著這條思路醞釀改變對華政策的。

傅爾布萊特聽證會的意義在於它導致了對美國對華輿論的一次轉折。在聽證會期間，198位專家聯名發表公開聲明，呼籲美國政府面對亞洲的現實，採取靈活的對華政策，與中國建立聯繫。聽證會結束後，公開討論和批評美國對華政策再也不是禁區了，要求改變對華政策日益成為美國公眾的呼聲。當尼克森政府終於下決心打開與中國交往的大門時，美國社會已經形成了要求改變對華政策的不可忽視的輿論力量。

這裡需要強調的是，本節所分析的對華輿論實際上是所謂的「精英輿論」，其主要特點之一是它的產生和形成與美國的決策層有著相當密切的聯繫。這種聯繫主要表現在以下三個方面。

（1）製造這種輿論的機構和運行機制中，包括許多與這一時期各屆政府有密切關係的人物，他們或是從政府退休的前官員，或是有機會在未來的政府中任職，或是與政府中的一些官員有個人交往。他們有時接受政府的諮詢，有時甚至反映的是政府中一些人不宜公開表達的某種觀點。

（2）這種輿論有時有可能對重要決策產生影響，或對政策轉變創造有利的

氣氛和條件，如1966年傅爾布萊特聽證會所起的作用。不過這種輿論有時也受政府政策調整的影響，是政府政策「導向」的直接或間接的產物。如紐約對外關係委員會1962年實施的中國研究項目，其實就是國務院建議該委員會研究中蘇關係的一個副產品。至於這種輿論後來如何演變，就不是政府所能干預的了。

（3）一些參與對華決策的關鍵人物往往是這種輿論的參與者。如前所述，甘迺迪本人在執政前參與過傅爾布萊特的研究項目，並在重要刊物上就對華政策發表過公開的評論。最典型的還是打開中美關係的歷史性人物尼克森，他在1967發表的那篇受到毛澤東關注的文章《越南以後的亞洲》，其實就是當時要求改變對華政策的輿論的一個重要部分。參與製造輿論以及在此過程中思考有關問題和感受國內的政治氣氛，是尼克森上台後決心改變對華政策的不可缺少的思想準備。

總而言之，上述事實已經足以表明，關注和深入研究美國對華輿論、特別是精英輿論，的確是有重要意義的。

結論

本文的研究表明，這一時期的美國對華政策一直存在著深刻的內在矛盾。這種內在矛盾表現在一方面美國將中國視為最危險的敵人，斷定中國對美國的利益和安全的威脅甚至比蘇聯還要嚴重，所以美國必須儘可能地遏制和孤立中國。另一方面，美國朝野逐步認識到，或者說是體會到，中國的國際地位日益提高，中國對國際事務的影響日益增強並得到國際社會越來越廣泛的承認。美國企圖長期孤立這樣一個正在崛起的大國，拒絕與之來往，既不合情理，也做不到。美國處理對華關係中的這種內在矛盾到60年代中後期已經無法再協調下去了，與美國對華政策陷入絕境同步發展的美國對華輿論的變化，正是這種狀況的突出表現。這一矛盾的歷史進程的意義就在於，與美國對華政策陷入山窮水盡的同時，美國對華輿論已經醞釀出對華政策將要進行調整的內在邏輯和方向。

中國、印度支那戰爭與尼克森政府的東亞政策
（1969—1973）

  尼克森政府的亞洲政策不僅在冷戰時期產生了重大的影響，而且從冷戰結束十幾年後的今天看這項政策的特點及其實施的過程，仍然可以感受到它對東亞地區地緣政治和國際關係的長期和巨大的影響。甚至可以說，到今天為止東亞國際政治格局仍可看到當年尼克森政府構想的影子，儘管美國成了唯一的超級大國，以及中國成了一個迅速上升的強國，它在東亞地區的影響力正急速擴大。當然，尼克森政府當年在東亞的努力能夠如願以償，是與當時一些特殊的歷史條件有關的。例如尼克森政府剛好碰到了毛澤東、周恩來這樣的東亞國家領導人，以及中國的大動亂「文化大革命」恰逢此時出現了一個短暫的「間歇期」。季辛吉就說過：「（當時的）中國領導人是我所遭遇過的對手中，最能接受尼克森式外交手法的一群人。」尼克森的智慧表現在他認識到了這些條件，他是因為相信「美國不是萬能的」，才為美國在東亞締造了自冷戰爆發以來，對美國的戰略利益而言是比較合理的國際秩序。所謂比較合理是指，為實現在東亞遏制蘇聯的戰略目標，美國後來付出的代價比尼克森政府之前要小得多。最近不斷解密的美國歷史檔案，還有中國政府不時公開的一些有價值的歷史文獻，以及日本、越南等方面陸續公開的歷史文獻，為瞭解那段歷史提供了新的內容和細節。它們一方面可以幫助釐清過去的一些疑問，另一方面有利於更深入地挖掘冷戰時期美國東亞政策發展的歷史邏輯。

  在學術研究領域，尼克森政府的亞洲政策是一個已經被廣泛研究和評論過的課題。不過對這項政策的形成和實施的過程及其一些基本特徵，仍然存在一些值得探究的疑問。例如：當時美國領導人對全球均勢和東亞地區均勢之間的聯繫的看法；美國領導人對中國在地區問題——包括印度支那戰爭、印巴戰爭等等——上的影響力的看法，以及他們在多大程度上指望能得到中國的合作；在處理對華關係過程中，利用緩和中美關係對抗蘇聯與結束在印度支那的干涉戰爭這兩個比

較關鍵性的問題上,美國領導人是如何將它們連接起來的?尼克森政府對日本在東亞的地位和中日關係的看法;等等。

本文無意梳理和分析上述以及尚未述及的所有問題,對一篇論文來說,那是不可能做到的。本文將重點放在分析尼克森政府對華政策與結束印度支那干涉政策這兩者之間的關係,並在此基礎上解讀尼克森政府是如何構建東亞的地區均勢,並將其與所謂的全球均勢聯繫起來。之所以選擇尼克森政府對華政策與結束印度支那干涉政策這兩者之間的關係作為分析的案例,主要是因為尼克森政府之以後中美雙方在東亞地區有意義的合作,主要體現在印度支那問題上,如1979年中國對越南的軍事打擊以及隨後解決柬埔寨問題的進程。任何一個重大歷史事態的發展過程,通常看上去都是雜亂無章的。後人的解讀難免會根據結果推導原因,從而將其中的各個環節合理化。本文也只能是儘量避免出現這種情況。

(一)

尼克森執政期間的對外政策調整,幾乎涉及了冷戰時期美國遏制戰略的各個主要方面,如壓縮美國在亞洲的駐軍、結束在越南的軍事干涉、與中國和解、同蘇聯簽訂《反彈道飛彈條約》和《美蘇限制戰略武器談判條約》、停止美元與黃金掛鉤、沖繩歸還日本和調整美日軍事同盟關係,等等。在所有這些重大的調整中,尼克森政府在東亞的所作所為,對於冷戰中的美國政策是最具里程碑意義的,因為調整東亞政策是尼克森時期開始的美國遏制戰略大調整的起點,這項政策的內容反映了尼克森主義——美國戰略調整的指導思想——的邏輯的前提,即世界已經形成多個力量中心,美國「不是萬能的」;美國沒有能力也沒有必要在全世界所有的地方特別是亞洲,承擔所有的責任;它需要以國家利益為根據進行選擇,在並非至關重要的問題上,讓受援國承擔更多的責任。這些思想反映在幾個重要的文件中,它們包括:1967年10月發表在《外交》季刊的文章《越南之後的亞洲》、1968年3月28日在全國廣播公司播送的演講、1969年7月25日在關島發表的非正式談話、1970年2月18日尼克森向美國國會提交的報告《70年代的美國對外政策:爭取和平的新戰略》。

從上述文件相繼發表的順序看,尼克森改變美國的對外政策的確是從思考美

國在越南戰爭以及在東亞面臨的嚴重問題開始,逐漸延伸到整個美國對外政策的。尼克森在他的回憶錄中,專門提到他在1967年那段「不過問政治的休假」期間的一次全球遊歷。那段時間的遊歷和思考,使他對世界的變化和美國面臨的困難,有了與以往很不相同的認識,並為他執政後提出新的對外政策奠定了基礎。作為尼克森主義的發端之作的《越南之後的亞洲》,就是這次遊歷的產物之一。尼克森當時曾說,他在遊歷中親眼看到了美國面臨的「問題、機會和危險」,主要就是美國陷入越南戰爭對美國世界地位造成的嚴重後果,以及導致美國陷入越南戰爭的政策問題。

從冷戰爆發後的歷史進程看,冷戰雖然是美蘇兩國主要在歐洲對抗的產物,但美國在亞洲的軍事干涉卻成為那段時間美國對外政策中最嚴重、最突出的挑戰和挫折。美國從50年代初開始,在東亞投入了大量的人力、物力和其他各種資源。首先是在1950年介入韓戰,隨後是在60年代初開始,逐步介入印度支那地區的衝突,直到在越南進行大規模的軍事干涉與戰爭。如果從第二次世界大戰結束算起,到1973年美軍全部撤出印度支那這28年左右的時間裡,美國差不多有一半時間在東亞進行戰爭,而且規模巨大。這的確是相當嚴重的,這種狀況與東亞國際政治的演變一起,極大地影響甚至塑造了美國人對這個時期對外政策問題的認識。尼克森政府調整全球戰略從理解、論述並調整亞洲政策開始,應該是歷史進程的必然。

如果將尼克森政府同其前任比較,詹森的困境和痛苦在於,已經意識到不該深陷越南泥潭,卻難以從全球視角中重新給美國在亞洲的干涉清楚地定位。造成這種狀況固然同領導者個人的特質和當時的處境有關,但這還不是主要原因,因為任何一個宏大的歷史過程,都不可能產生於簡單、偶然的因素。冷戰後美國在亞洲的軍事干涉一度日益擴大乃至難以自拔,很可能同干涉韓戰開始於第二次世界大戰結束後僅僅5年有關。

對第二次世界大戰的記憶和理解在多大程度上影響了美國對戰後世界政治和安全形勢的認知,是很難精確界定的。不過,不論是當時的歷史文獻還是後來的很多研究都證明,這種影響存在並且是巨大的。美國大規模介入韓戰的決策中,

有兩個關鍵性的認知在起作用：其一是相信北韓的進攻是在蘇聯的指使下發動的；其二是金日成發動的戰爭是蘇聯全世界擴張的又一個步驟。如同杜魯門所描述的，當時根據美國相關部門提供的一些關鍵性的文件，「凡是東西方有接觸的地方」，都可以使人做出蘇聯將在那裡發起進攻的判斷。李奇威將軍在回憶中說，他和很多同事當時甚至認為，金日成發動的進攻是「第三次大戰開始了」，蘇聯「終於決心攤牌了」。在此前一段時間，美國政府的文件中的確反映出美國決策者們幾乎都相信，慕尼黑事件是一個導致慘痛後果的負面教訓，必須要避免此類悲劇重演。所以，韓戰爆發後，美國領導人立即決心在「遠在天邊的地方」投入戰鬥。

中國軍隊的介入和戰爭最終凍結在三八線，除了加劇美國領導人對蘇聯陣營的亞洲部分的仇恨、懷疑和戒備之外，沒有也不大可能促使他們去思考，東亞國家——不論是屬於什麼主義，除了無條件地效忠蘇聯或美國以外，是否還有其他更重要的需求，而那些需求很可能是推動那些國家的領導人做出諸多對外政策決定的主要動力。例如，很多研究已經證明，金日成決定進攻南方肯定得到了史達林的同意和支持，但北韓軍事行動的原動力就很難說是來自史達林的意志和擴張意圖。再如中國軍隊跨過鴨綠江的主要動機，肯定不是為了推動世界革命或向朝鮮半島擴張勢力範圍，等等。

韓戰結束後，美國人對那場戰爭的理解又與二戰的經驗結合起來，嚴重影響了美國領導人在隨後處理印度支那問題的立場和政策，他們將類似寮國問題那樣由相當複雜的因素造成的地區矛盾和衝突，一體視為共產黨陣營擴張計劃中的一個步驟，從而使他們相信，印度支那半島對美國也具有了地緣政治方面的重要性。例如，艾森豪威爾總統就這樣形容那裡的局勢：「寮國若是陷入共產黨手中，可能造成其仍然自由的鄰國柬埔寨和南越的相繼淪陷，甚至泰國和緬甸也可能不保，猶如一排骨牌紛紛倒塌。這樣的連鎖事件將替共產黨奪取整個東南亞打開通路。」甘迺迪後來則聲稱，他對多米諾骨牌理論深信不疑，因為中國是如此巨大，「以致失去南越，不但會增強他們向馬來西亞發動游擊戰進攻的地理位置上的優勢，還會給世人造成東南亞未來的趨勢屬於中國和共產黨的印象」，所以印度支那的未來便成了美國的一場「重要鬥爭」。於是，美國幾經猶豫和反覆，

最終還是在印度支那地區進行了長達十年並以失敗告終的軍事干涉與戰爭。後來的發展表明，印度支那問題的複雜性更是大大超過了朝鮮半島，而當時美國對那裡的認識卻比對朝鮮半島的認識來得更簡單，美國領導人的解釋也更為直截了當，即必須在寮國和南越——後來又加上柬埔寨——贏得勝利，否則就會丟掉全世界。

50年代末到60年代中期，亞洲新興民族解放運動和反殖民主義運動正掀起新一波的浪潮。這股浪潮對所有主要國家都產生了巨大的影響，問題恰恰是，在這個階段，尼克森的前任，從杜魯門開始一直到詹森（主要是指他執政的前期），都好像是站在雲端來俯瞰東亞。在他們眼中，那裡只是歐亞大陸向東延伸出的一個邊緣板塊兒，沒有任何其他的個性和色彩；它要麼被蘇聯占領，要麼成為自由世界的一部分。那裡發生的各種政治運動和動盪，不是受到蘇聯的指使，就是中國的陰謀的結果。

實際上，不論是從文化、社會、政治和經濟等哪個方面看，東亞國家都遠比美國當時理解的要複雜得多。那些國家正處在對它們來說很特殊的歷史階段，複雜而嚴峻的國內需求，如民族國家建構與國家認同的形成、爭取實現或維護國家統一和安全、社會與經濟的現代化等等，從根本上決定著它們的對外政策方向。在那裡的國家，不論其大者如中國，或小者如柬埔寨、寮國等，差不多都是在根據各自國家內在需求的優先次序，制定其對外政策。越南在1960年代開始在中蘇之間的來回擺動和在1970年代中期在中蘇之間選擇倒向蘇聯一邊，便是一個典型的例子。周恩來在1972年第一次與尼克森會談時告訴後者，防止印度支那被蘇聯控制的最好辦法，就是美軍盡快撤出，否則只會幫助蘇聯擴大影響力。這很可能是當時中國領導人的經驗，越南人因為同美國的戰爭而需要並可以從蘇聯得到比中國那裡更有效的軍事援助，導致他們選擇更靠近蘇聯。結果是擴大了蘇聯在那個地區的影響，儘管比當時很多人想像的要小些。

從冷戰開始後美國對亞洲政策的進程看，尼克森自稱他的政策是「美國對外政策的一個分水嶺」，並非言過其實。因為尼克森和他的主要助手季辛吉對美國政策的主要改變，就是在承認世界力量格局已經變化，定義美國力量的限度以及

逐步瞭解東亞地區問題的獨特性的基礎上，做出了停止在東亞進行軍事干涉，並依靠一種獨特的均勢來維持美國戰略利益的重大決定。所以，儘管冷戰的中心和美國遏制戰略的重心在歐洲，尼克森政府對外政策的戰略性調整卻是開始於美國的亞洲政策。

從近些年來已經公布的一些重要的歷史文獻看，尼克森在入主白宮之前已經提出，要依靠建立一種全球性的均勢，來維護美國的戰略利益。當尼克森以白宮新主人的身分考慮對外政策時，隨著對中國和對華政策的獨特見解大致形成，他在所謂世界已經形成的「五個力量中心（美蘇歐日中）」的架構中，逐步提出了中美蘇「戰略三角」關係的設想。「戰略三角」這個概念不時出現在當時的美國政策文件中。隨著對華政策調整和中美關係緩和趨勢日益明朗，尼克森政府的全球均勢設想中，逐步延伸出了東亞地區的均勢藍圖，即透過在加強美日軍事同盟的基礎上讓日本發揮更重要的作用，以及緩和中美關係，構建起一個美日中蘇的均勢結構，以維護美國在這個地區的優勢和影響力。

從「五個力量中心」到「戰略三角」，再到亞太「四邊均勢」，這是歷史文獻給後來者提供的一條思考線索。它看上去包含著令人吃驚的邏輯性，以及從美國國家利益角度看所難以否認的合理性，所以也很容易使後來的研究者將這種邏輯性和合理性等作為尼克森等領導人的基本認知軌跡。不過如同任何戰略設想一樣，它最終能夠成為現實，必定要經歷一個複雜的過程。其中各種必備的條件（包括是否有運氣在內）姑且不論，一個起碼的要求是能否解決當下迫在眉睫的戰略性問題。對尼克森政府來說，就是能否結束美國在越南的軍事干涉和緩和中美關係，其中結束在越南的軍事干涉尤為突出。這兩者之間的聯繫正是本文要探討的主要問題。

（二）

關於美國如何結束在越南的軍事干涉的問題，國內外的研究成果可以說是汗牛充棟了，而且還有大量的歷史文獻和當事人的回憶，它們提供了相當豐富的細節。不過尼克森政府結束在印度支那的軍事干涉與美國全球戰略調整之間的聯繫，特別是尼克森政府結束干涉的決策及其執行的過程，對東亞均勢的形成產生

了何種影響，還有進一步探討的空間。這個問題自然聯繫到另一個事件：緩和中美關係。已經出版的研究成果差不多都是將兩個課題分開研究的。特別是在中國學術界，將中美關係的歷史性轉變差不多都歸結為出現了「蘇聯威脅」這個第三者，而且這個威脅超過了美國曾經造成的威脅。對印度支那戰爭的進程與中美關係緩和兩者之間的相互影響，沒有給予更多的關注。最近出版的論著表明，中國學術界已經在思考和探討，印度支那戰爭對中國對美政策的影響，並認為其影響是至關重要的。這些研究可以從一個側面加強對尼克森政府有關政策的解讀。

季辛吉在他的《大外交》中，表達了對尼克森訪華和中美關係緩和的如此理解，即：「拋開外交辭令」，《上海公報》的有關部分確認，「中美已經心照不宣地結盟阻止蘇聯在亞洲的擴張主義。」一年以後美國撤出了印度支那，七年以後中國對越南進行了軍事打擊，後來雙方又合作解決了越南入侵柬埔寨造成的問題。共同解決柬埔寨問題成為1989年政治風波和蘇聯東歐局變時期，中美仍然維持住基本關係的重要原因。當然，這期間中美還在阿富汗為抗擊蘇聯的入侵進行了有成效的合作。

另一方面，可以做這樣的推測，即中國領導人對中美和解和兩國關係正常化的基礎的理解，也是建立在中美在亞洲，主要在印度支那地區合作的基礎上的。特別是在印度支那地區的合作，使所謂的中美戰略關係具有真實的地緣戰略價值。1989年政治風波以後，美國宣布制裁中國，鄧小平向到訪的布希總統特使斯考克羅夫特說：中國「沒有做任何一件傷害美國的事」。細算起來，中國在尼克森政府以後與美國的戰略合作包括：共同反對蘇聯入侵阿富汗（中國為此加入了抵制莫斯科奧運會的行列）、在南亞反對印度入侵巴基斯坦、在印度支那反對蘇聯的擴張與共同解決柬埔寨問題，等等。其中最主要的、持續時間最長也是最有實際效果的，是中國在印度支那地區的作為，它使鄧小平最有理由如此明確地告誡美國，當時中美和解和兩國關係實現正常化，是建立在對地緣戰略的相互理解的基礎之上的；中國在中美建交以後立即的作為——對越作戰，是建立在上述季辛吉所理解的（很可能也是毛、周、鄧等中國領導人所理解的）在亞洲「心照不宣的結盟」之上的。這樣推斷的理由之一，是歷史反覆證明的一個簡單的事實，即高明的政治家都明白，只是現實才能把各種事件聯繫起來，人們提出的政

策概念可能聽上去富有邏輯，卻不可能將各種事件實際上糾合在一起。這是國際政治中的一個常識而已。

　　尼克森政府當時面臨的現實是，盡快結束越南戰爭，否則尼克森和季辛吉關於建立全球和地區均勢的所有計劃，都將成為紙上談兵。美國的對華政策必須與這個基本現實聯結，儘管還有其他一些問題，如美日關係的調整，以及由此引起的中國對日本和美日同盟的態度和政策。尼克森政府還是比較幸運的，因為它恰好趕上了田中角榮在那個時刻成為日本的首相。這位在日本政治中可算是怪傑的日本領導人敢做敢為，他竟斷然採取措施，用比尼克森式祕密外交有過之而無不及的方式，迅速同中國實現了邦交正常化，從而消除了美國調整美日軍事同盟政策可能給中美和解帶來的負面影響。不論尼克森本人對日本持正面還是負面的看法，支持日本在亞洲發揮更大的作用（最初包括在遏制中國方面發揮更大作用），畢竟是美國公開宣布和持續推行的政策。這項政策曾經受到中國的嚴厲批評和譴責。反對美日軍事同盟和所謂「日本軍國主義復活」，一直是中國有關日本政策的輿論的主調。尼克森在同中國領導人會談時，曾經花了不少時間，解釋美國在亞洲軍事存在對抑制日本可能再次出現擴張傾向的重要含義以及他本人對此類問題的態度，以便消除中國領導人的疑慮，至少不要使這種疑慮妨礙他與中國和解的努力。顯然，中日關係的迅速正常化解決了美國在構建亞太均勢面臨的一個相當棘手的問題。

　　目前已經公開的美國外交文件中，有大量的文字證明了美國最終決定對印度支那進行軍事干涉的邏輯。幾任美國領導人的一個突出的考慮，就是要在該地區遏制「共產主義」的擴張，主要就是遏制所謂「紅色中國」的擴張。早在韓戰結束後不久，美國就斷定中國在東南亞有擴張野心。當時的美國決策者就認為，1954年的日內瓦會議不能成為在印度支那的又一個「慕尼黑」。已經公開的歷史文獻，包括解密的歷史檔案表明，尼克森等美國領導人似乎並沒有在這方面做過深刻的檢討，即印度支那的局勢是不是中國擴張造成的？中國是否在印度支那有一個擴張的計劃或意圖？以及中國能夠在結束印度支那戰爭中發揮什麼作用？等等。這是歷史的真實，看上去很不合邏輯。尼克森在他那篇1967年發表的文章中，繼續強調中國是亞洲——包括印度支那地區——緊張的根源。不過奇怪的

是，他入主白宮後開始考慮改變對華政策時並沒有提到，他的前任決定再次到萬里之外進行軍事干涉的理由，是否過於荒謬。3月初情報機構根據季辛吉的要求提交的一份「國家情報評估」，對中國當前和未來可能的對外政策進行了分析。雖然該文件繼續認為中國會在亞洲支持「人民戰爭」，但總地看內容了無新意。對尼克森要調整對華政策的願望似乎沒有什麼影響。

另一個值得關注的情況是，尼克森執政後不久，在3月間便決定加強對北越的轟炸，並將轟炸擴大到柬埔寨。但與此同時，尼克森政府內部為數不多的有關如何打開中美關係的記錄幾乎都沒有提到，印度支那戰爭升級可能對雙方關係產生什麼影響。當時尼克森政府將外交領域的努力都放在與蘇聯協調上面，他們認為，在影響北越領導人的政策方面，蘇聯是比中國重要得多的外部因素。這不僅僅是因為美國相信蘇聯有更大的影響力，很可能更多的是因為美國與中國沒有什麼聯繫。這時美國對華政策調整不過是一個在想著的事情，遠沒達到能直接影響美國政府一些重要決定的程度。

尼克森在7月下旬到8月初的出訪，可能對他的對華政策產生了重大的影響。在此之前，尼克森有關與中國和解的看法，更多的是基於對國際政治現實的基本觀察，以及基於常識的合理推理，即美國無法也不應該孤立像中國這樣的大國，如此而已。即使在如何認識和應對中蘇之間已經公開的衝突方面，尼克森政府也是模稜兩可的。尼克森政府的主要領導人仍然相信，中國的對外政策是擴張性的，是對東亞特別是中國的鄰邦的威脅。尼克森向他拜訪的亞洲國家領導人聲稱，美國不在乎中國的國內政策，關鍵是中國的對外政策對其鄰國是個威脅。但是，這在那些國家的領導人看來，這種表白基本上是缺乏根據和多餘的。從一些亞洲非共產黨國家的領導人如巴基斯坦總統葉海亞‧汗和東歐的共產黨國家羅馬尼亞總統希奧塞古那裡，尼克森和季辛吉聽到的是對中國對外政策的另一種評價，同當時包括二位在內的美國人的評價，幾乎是截然相反的。

8月2日尼克森與希奧塞古的談話是目前能看到的這樣一份歷史記錄，它表明尼克森終於聽到了（很可能也是聽進去了）對中國亞洲政策的另一種分析，它不同於韓戰以後幾乎所有相關的美國官方文件的分析。希奧塞古告訴尼克森：中

華人民共和國沒有威脅過他的任何鄰國。這次出訪使尼克森印象深刻,即所有的亞洲國家都反對針對中國的所謂亞洲「集體安全體系」,因為它們更擔心蘇聯會從中得到好處,以致加強它在亞洲的擴張。

北京時間8月13日,中蘇在中國新疆的鐵列克提地區再次發生流血衝突。華盛頓時間8月14日,尼克森在國家安全委員會會議上提出了季辛吉所稱的「革命性的理論」,即在中蘇衝突中,「蘇聯是更具侵略性的一方」。這一判斷對甘迺迪政府(或許更早)以來的美國對華政策的邏輯——中國比蘇聯更危險和更有侵略性,是具有顛覆性的。從時間的連接看,上述出訪的確有可能在關鍵時刻,促使尼克森做出了關鍵性的判斷。

這次訪問有可能也是引起尼克森政府重新思考中國與越南戰爭關係的一個重要因素。根據已經公開的記錄,在1969年8月2日與齊奧塞斯庫會談後,尼克森應該是有一次談話,向後者專門解釋了他在越南問題上將採取什麼樣的政策,不過目前還沒有看到這次會談的記錄。從中國文獻中披露的內容,可以推測羅馬尼亞領導人可能曾經試圖向中國領導人轉達美國的政策意圖。9月間,參加了與尼克森會談的羅馬尼亞部長會議主席揚·格奧爾基·毛雷爾在參加胡志明葬禮途中,訪問北京並與中國領導人會談。從中國方面間接披露的部分談話內容看,雙方肯定談到了越南問題,毛雷爾是否轉達了尼克森的談話則不得而知。

值得注意的是,周恩來非常明確地告訴毛雷爾,中國明顯地同北越拉開了距離。他表示對北越的政策到底是戰還是和,中國均不干預;中國對進行中的巴黎和談也全無興趣。至於中美關係能否緩和,關鍵就是臺灣問題和中華人民共和國在聯合國的合法席位問題。無法確定羅馬尼亞領導人是否將周恩來的這種態度轉達給尼克森政府,以及尼克森政府是否從中體會出什麼東西。不過尼克森政府從後來不久與中國方面接觸和間接的訊息來源中也注意到,中國方面明顯地將越南問題與中美關係切割,並不將美國的印度支那政策作為緩和中美關係的條件和議題。

不論中國的這種立場對尼克森政府是利好還是利空,已有的文獻都表明,是中國從一開始就將越南問題同中美關係緩和切割開了。由此產生的問題是,美國

是否願意以及如果願意的話，如何將兩個問題連接起來？

（三）

當尼克森政府決心結束在印度支那的軍事干涉並將其放在對外政策調整的首要位置時，它在尋求與中國和解的過程中，不可能不考慮利用中美和解造成對美國有利的條件。事實上，尼克森、特別是具體規劃和執行政策的季辛吉，從一開始就試圖將兩者連接起來。季辛吉的典型手法用他自己的話說，就是提出令對方心動的「誘因」。在獲知中國方面強調在中美和解的過程中，中國只關注美國在臺灣問題上是否改變政策後，季辛吉即將美國在臺灣的軍事存在與印度支那局勢聯繫起來。他在給尼克森的備忘錄中稱，在可能發生的雙方高層次的會談中，不應只討論臺灣問題，而且要說明美國在臺灣的軍事存在與東亞的緊張局勢有關，美國軍事存在的削減取決於消除這個地區的緊張局勢。

在季辛吉第一次祕密訪問北京之前，美國領導人已經達成共識，即在解決越南問題上，美國需要中國的合作，至少必須共同討論這個問題。季辛吉在第一次見周恩來時，將印度支那問題列為雙方需要討論的第二個議題，僅次於臺灣問題。很有可能的是，在季辛吉心目中，將臺灣問題列在第一，只是外交手腕兒的需要而已。

在同周恩來的第一次會談中，季辛吉花了相當多的時間，向周恩來解釋美國的政策和美越談判的進展與最新出現的癥結。當時尼克森似乎希望，在這個議題上季辛吉應有所節制，可能是他不希望使中國留下美國有求於中國的印象。不過季辛吉畢竟在與北越進行祕密談判，這足以促使他自覺或不自覺地將兩者緊密地連接起來。季辛吉以看上去儘可能坦誠的方式，詳細並耐心地向周恩來解釋了尼克森政府希望從越南撤軍的真誠願望，並力圖使後者相信，事實上美國與北越是有很多共同點的，目前和談進展困難，主要是因為北越領導人立場有些僵化；他們不斷提出新的提案以致造成新的障礙，他們好像不能理解，美國早一天撤走對北越其實是有利的。季辛吉對周恩來竟然不瞭解巴黎談判的情況和對北越的「新九點建議」一無所知，肯定會留下印象。他不厭其詳地向周恩來介紹美國與北越的分歧，並試圖使周相信，美國撤軍的意圖是真誠的，美國準備制定出完全撤出

印度支那的具體可行的時間表,而且完全不必擔心美國撤出後,還會找藉口捲土重來。

尼克森政府很走運,中國領導人明白無誤地解讀了季辛吉的良苦用心。周恩來在與季辛吉第一次會談開始就直率地指出,他並不諱言臺灣與印度支那這兩個問題是相互關聯的,而且印度支那地區因為「還在流血」,所以可能更緊迫一些。周恩來告訴季辛吉,中國完全支持北越的七點建議,而且那是一個供討論的基礎。中國的立場就是兩點:第一是外國軍事力量完全撤出印度支那地區;第二是那裡的問題由那裡的人民自己解決。美國撤出後,中國不會派軍隊去那裡,也反對任何外部勢力介入,就像反對蘇聯入侵捷克斯洛伐克和它支持印度肢解巴基斯坦那樣。周恩來還說明,中國並不瞭解也無意詳細探討美越談判的具體內容,而且也不清楚北越新提出的「九點建議」,美越談判完全是它們之間的事情。不過從會談記錄中可以看出,他對季辛吉就美國撤出越南的決心和準備採取的步驟,如制定時間表和撤出後將絕不返回等,還是給予了很大的關注並且印象深刻。

周恩來在會談之初向季辛吉表示,中國無意介入美國與北越的談判。這並不是外交託辭。自1968年11月以後,中國的印度支那政策出現了重大的調整,其突出的特點是同北越的關係降溫。中國領導人明確表示,中國不像過去那樣,堅決反對北越與美國會談,但也絕不介入北越的和談政策和過程。從後來一段時間看,中國的援越部隊從1969年2月造成1970年7月,陸續全部撤回中國(如周恩來在會談中告季辛吉,中國在越南沒有軍隊),軍事援助也大幅削減。周恩來在會談中表現出對巴黎談判和北越的新建議不甚瞭解,以及他表示中國不會介入美國與北越的談判,也是實情。這種情況一方面反映了當時中越關係的冷淡程度;另一方面也是中國的印度支那政策的基本特點使然。

美國在印度支那的軍事干涉升級後很長一段時間裡,中國一直反對北越與美國進行和談。中國的理由除了政治經驗、軍事考慮之外,還是因為對北越的支持和援助有重要的象徵意義。援越抗美是證明所謂「毛澤東革命外交路線」付諸實施的重要標誌,甚至是鼓舞中國公眾熱情參與「文化大革命」以把中國建成「世

界革命根據地」的重要手段。周恩來在向外國領導人解釋中國不干預美越巴黎和談進程的理由時說：美越談判有蘇聯「插手」，蘇聯把越南當作與美國交易的籌碼。由此也多少可以看出，中國是如何看待美越和談的。所以當北越在未與中國協商即公開宣布準備與美國談判後，中國很快便決定冷淡與北越的關係，並減少軍事援助。

1970年春美軍入侵柬埔寨以後，中國與北越的關係有所改善，中國公開表示將加強對北越的援助。中國領導人也在會談中向北越領導人表示，可以理解並支持北越選擇與美國談判的政策。毛澤東甚至讚揚北越外交努力的成果。更重要的是中國這時已經向美國提出，雙方需要透過更高級別的談判，才能排除阻礙中美和解的障礙。中國領導人當然不可能再像過去那樣，簡單地否定北越的和談政策。不過中國領導人這時很可能仍然不相信美越談判會有真正的結果，就如同他們還不能斷定中美和解的進程必然實現或必然很快實現一樣。在他們看來，北越與美國和談不過是另一種鬥爭手段而已。中國媒體則繼續保持既往的論調，在中國報刊公開發表的聲明或其他文章中，僅對北越的武裝鬥爭予以肯定和支持，對和談則避而不談，或間接地批評。可以說，即使中國與北越的關係有所改善，中國對越美和談不再持那麼僵化的立場，也不能因此就斷定，中國已經改變了對越美談判的基本政策，更不能斷定中國與北越已和好如初。

正因為如此，這一點特別值得注意，即周恩來與季辛吉祕密會談期間，很快改變了不介入美越談判的姿態。在7月11日的會談中，周恩來明確表示，他會向他的「越南朋友」轉達與季辛吉會談的這部分內容。發生這種變化首先當然是因為中國自己已經開始了與美國和解的進程，不過仍有一些更複雜的原因需要分析。

一方面，美國將從越南撤軍與削減在臺灣的軍事存在聯繫起來，可能產生了一些影響，中國領導人有可能希望加速美國撤出在臺灣的軍事力量，從而造成有利於解決臺灣問題的國際環境。例如1973年間，毛澤東曾經再次嘗試實現國共和談，以和平解決臺灣問題。中國領導人當時有可能認為，沒有美國的支持，臺灣的蔣介石政權是難以長期生存的。

從更廣闊的背景看，中國有關政策調整更多的是反映了中國安全戰略的逐步轉變，即從主要反對和防範美國的威脅，逐步轉向防範來自蘇聯的安全威脅。這個轉變一方面促使中國領導人將注意力轉向防範北方的蘇聯威脅。不過就當時的實際情況看，以美軍入侵柬埔寨為標誌的美國在印度支那的戰爭升級行動，仍然使中國強烈感到南面的威脅。早日結束美國在印度支那的干涉，是中國完成安全戰略轉變的關鍵之一。另一方面，蘇聯布里茲涅夫政府提出建立所謂「亞洲集體安全」的設想和加強在印度支那地區的介入後，中國在印度支那地區與蘇聯之間的競爭關係形成並持續升級。這方面的考慮構成了中國希望戰爭早日結束和美國盡快撤出的越來越重要的原因，因為美國持續的戰爭行動已經成為迫使北越加劇倒向蘇聯懷抱的重要因素。周恩來在後來一次與海格的談話中告訴後者，美國在越南轟炸的升級只會增加蘇聯的影響力和加劇地區緊張局勢。循著這個邏輯就可以理解，當確認美國確實希望早日從印度支那撤出軍事力量和絕無可能捲土重來之後，中國領導人很可能改變了過去對和談前景的看法，相信美國結束干涉是真心誠意的，結束戰爭的時機的確正在出現。季辛吉報告尼克森他與周恩來會談得到的印象是，中國在印度支那會對美國有所幫助，中國清楚表明希望談判解決並會轉告河內此一想法。

中國方面公開的一些文獻間接表明，中國領導人在與季辛吉會談後，的確做出了說服越南方面的努力。7月13日，即季辛吉離開北京兩天後，周恩來親自前往河內向北越領導人通報情況。目前中國文獻並未透露雙方會談的內容，不過有資料間接表明，北越對中方的看法很不滿意。周恩來離開後，越南的《人民報》於7月19日發表社論《「尼克森主義」一定破產》，明顯地影射批評中美會談。社論說：尼克森政策「陰謀實現各大國之間的妥協，妄圖強迫各小國必須聽從它們的擺布」，等等。周恩來後來曾在外交部發給各駐外機構的《外交通報》中批示說，在中美和解中，除雙邊問題外，凡涉及兩國之外的國家，只能由當事國自己解決，中國不能涉入。由此也可以推測，周恩來與北越領導人的會談至少也是不歡而散。

但是，不論周恩來與北越領導人的會談成功與否，季辛吉訪華與隨後發生的周恩來訪問河內，導致了中美在印度支那問題上邁出了相互理解、信任和合作的

第一步，也是所謂中美戰略關係對雙方真正在地緣戰略上具有實質意義的第一步。儘管這一步是非常初步的，但似乎立即產生了一些影響。例如北越在隨後的巴黎會談中，很可能開始更重視與中國領導人交換看法。是年11月，北越領導人，也是談判負責人范文同訪問北京，與周恩來簽署了聯合公報。雙方在公報中確認，支持南越臨時革命政府的七點建議，而七點建議基本點就是，美國從越南撤出全部軍事力量和讓越南人民自決其前途。這種表述所表達的其實就是周恩來在與季辛吉會談中闡述的原則，儘管在文字表述上增加了很多具體的措辭。至於為什麼北越方面11月接受了中國方面的意見（至少在公開的文字上表示接受），是需要進一步研究的問題，也有待相關的檔案進一步開放。

後來的發展表明，美國在印度支那戰爭問題上與中國的合作，遠不是一帆風順的。直到1973年11月美越簽訂協議為止，在有些時候中國甚至還加強了對印度支那三國抗美力量的支持與援助。由於中國的印度支那政策的極端複雜和對中國對外政策影響巨大等原因，中國領導人一直表示，不可能接受與尼克森政府合作的建議。中國領導人對他們將繼續支持北越抗戰，也是直言不諱的。這是題中應有之義，真正需要重視的是，美國在此期間空中作戰的升級，以及中國在此期間增加對北越的軍事援助，並強烈譴責美國的每一次軍事升級行動等等，都沒有導致中美和解陷於停頓。其根本原因就在前引《上海公報》中那段話，以及中美領導人對兩國戰略關係中的地緣政治含義的理解。也正是這種理解，導致中國在1979年對越作戰並相信和實際上得到了美國的支持；也導致了中美後來在解決柬埔寨問題過程中的漫長合作。

結論

本文對尼克森政府東亞政策的初步分析表明，一項重大的戰略構想要成為現實並有長期的影響，必須能解決緊迫的地緣政治問題，否則很可能只是紙上談兵。尼克森政府東亞政策的調整是有重大戰略意義的，它的實施也是基於一種長遠的戰略設計。從實際過程看，這項戰略設計最終落實為可操作的東亞政策，並演變為東亞國際政治的現實，主要還是因為在其執行過程中，尼克森政府能將戰略性的設想逐步與東亞地區已經變化的地緣政治現實結合在一起。在尼克森政府

的對華政策中，固然包含著如何利用中國與蘇聯之間的矛盾，以形成新的戰略均勢。但是，如果尼克森政府不能在印度支那問題上找到與對華政策的聯結點，利用中國共同對付蘇聯的構想至少也會是內容貧乏的，很可能也是經不住考驗的。

　　本文在論述中也一再提到，尼克森政府的東亞政策得以實現，是有運氣的成分的，例如中日關係正常化、中蘇恰在那個時候發生邊境衝突、中國與北越關係降溫和中國調整其印度支那政策，等等。這種所謂的「運氣」其實表明的是，在大國之間既存在數不清的矛盾，也有數不清的機會。涉及到地緣政治和安全利益這類複雜的問題，最好不要用非此即彼、非黑即白的思維方式，過於簡單地理解對方，如此才可以獲得儘可能多的戰略利益。尼克森政府對東亞的戰略設想能夠逐步成為現實，在很多情況下也就在應對具體問題時的一念之差而已。

代結語

論中華人民共和國對外關係60年之經線

本文的目的是梳理和分析貫穿1949年以來的中華人民共和國對外關係（以下簡稱中國對外關係）的基本線索。任何領域的歷史研究之起步均在界定時間和空間，使用經緯的概念或許可以比較形象地界定時空。緯線類似研究者在認知過程中對時間的切割，即呈現所謂歷史發展演變的階段性，每個階段構成一個包含著複雜和流動性內容的相對獨立的空間，由於不同歷史時期決定對外政策的國家發展戰略和安全戰略不同，制定和執行對外政策的國際國內環境不同，以及不同的最高領導人對世界形勢的認識不同和對外交目標的追求各有其特點、側重，致使建國以來的對外關係發展出現明顯的階段性，在不同階段呈現出不同的特點，並反映了國家發展戰略和安全戰略在不同時期和不同領域的不同需要。中華人民共和國成立迄今歷經60個春秋，它的對外關係的歷程同國家的歷史進程一樣，可以大致劃分為前30年（1949—1978年）和後40年（1979年至今）兩個時期。前30年又可以大致分為三個階段，後30年則可以分為兩個階段。劃分階段的標準是以國內政治和與國內政治緊密聯繫的對外政策的變化為標準，至於為什麼以此為標準和如何劃分出這些階段，不是本文論述的重點，故在此不贅述。

經線則類似事務發展的連續性的追尋和表述。建國以來的對外關係的歷史包含非常豐富的內容，包括對外政策、對外關係的發生和發展、重要的外交活動、有關的外交人物和豐富的外交思想，等等。認識、把握和闡述這些豐富的內容有很多角度，也有相當多的或長或短的線索，不過其中主要的也是貫穿始終的線索是：（1）中國近代以來特別是中國共產黨領導的革命運動的影響；（2）中國內政的影響；（3）中國對外關係產生和發展的國際環境及其與中國外交之間互動的影響。這三條經線本身肯定不是什麼新東西，它們的存在應該是沒有爭議的。但是，對它們在60年裡是如何貫穿始終的，每條經線都包含什麼內容、它們之間的關係，等等，則大有必要深入分析和研究。本文只是在這方面做初步的嘗試，很有可能是論文提出的問題比解決的問題要多得多。

一、中國革命運動的影響

要理解中國對外關係，首先必須理解近代以來特別是中國共產黨領導的中國革命運動，理解中國革命運動與60年中國對外關係的「天然聯繫」。提出這個問題是基於一個簡單而又基本的歷史事實，即中華人民共和國對外關係是同中國革命運動聯繫在一起的，而不是同建國前歷屆政府的外交聯繫在一起的；它是基於對此前中國外交的徹底否定和深刻批判，而不是此前中國外交的自動延續或有意繼承。在這方面，世界上相反的例證大大多於相同的例證。從全球史的角度看，中華人民共和國對外關係的發生對研究革命國家的外交是有典型意義的。

所謂「天然聯繫」，從歷史連接的意義上就是指中華人民共和國對外關係是從中共領導的革命運動的對外關係直接轉變過來的。在中華人民共和國建立之前，中國革命運動已經同外部世界建立了某種聯繫，如與蘇聯和共產國際的關係，與一些國家從事民族和革命運動的組織之間的關係，還有抗日戰爭時期與美英等西方國家駐華機構之間的複雜關係，等等。這些關係遠談不上是豐富全面的，但對後來成為中國執政黨的中共的外交思想形成、組織建構和人員構成等等方面的影響，卻是不可低估的。

不過所謂的「天然聯繫」並不僅僅是，而且主要還不是指「歷史連接」。它的核心是指新中國外交形成和發展的最初動力直接來自中國革命運動，它在形成階段的主要目標產生於中國革命運動，它的主要特點也是由中國革命運動所塑造的，而且它也是直接從中國革命運動的對外關係延續下來的，中華人民共和國早期的對外政策就是在國共內戰後期（1948年冬至1949年春）制定的。在最深層面上可以說，中華人民共和國外交的核心價值如獨立、平等和尊嚴，以及以平等為中心的現代國際正義訴求等，都是在革命運動時期醞釀成熟並最終轉移到60年的外交之中並逐步扎根。所以，只有瞭解這一歷史過程，才能理解中國對外關係的緣起及其主要特徵的來龍去脈。

中國革命運動的興起同中國近代對外關係的形成與發展有直接的關係。中國革命運動之所以發生，直接的原因之一就是1840年鴉片戰爭以後，中國近代對

外關係在其發生和發展的過程中，給中國政治、經濟、社會和文化等各個方面造成巨大的衝擊、痛苦和破壞。總地看來，從清王朝崩潰到辛亥革命失敗，無論中國的統治者和各種政治勢力基於什麼樣的現實需要、試圖或已經採取何種政策和措施來應對越來越嚴重的外部威脅，以及爭取建立符合他們利益的對外關係，其後果幾乎都是導致中國的各種權益不斷地喪失，以及列強對中國內部事務的干預日漸深入。

另一方面，日益尖銳的民族矛盾和危機成為重要的催化劑，促成了一波又一波並日益加速的社會下層民眾的反抗運動和上層各種形式的改革運動，並最終在20世紀初開始逐步匯聚成一場聲勢浩大的民族革命運動。站在這場運動前列的部分中國人普遍認為，中國反對帝國主義侵略和壓迫的民族解放運動與中國的政治、社會的變革是相輔相成的。中國未來的革命運動必定同時兼具政治、社會改造和民族解放的雙重使命，它的目標就包括推翻帝國主義在中國的統治，建立一種以獨立、平等和尊嚴為其核心訴求的全新的對外關係，進而爭取建立一種新型的國際秩序。

20世紀興起的民族革命運動因為中國共產黨的誕生和發展而展現了新的特點。中國共產黨誕生本身就同社會主義思潮在世界很多地區蓬勃興起有直接的關係，同第一次世界大戰後列寧關於帝國主義、民族和殖民地問題的思想在亞洲廣泛傳播有直接的關係。更重要的是，中共的誕生和發展同中國對外關係中的一個極為巨大和深刻的變化密切相關，即1917年列寧領導的十月革命的勝利和蘇聯推行面貌一新的對華政策，裂解了列強在華的權勢體系，緣起於中國下層社會和知識精英的反帝革命運動，終於得到一個大國真誠的同情與支持。「走俄國人的路」，在爭取民族解放的鬥爭中執行「聯俄」政策，成為當時一大批中國政治精英的選擇。後來的歷史證明，這一選擇對1949年以後中國對外關係的影響是極為深遠的。

中共從誕生之日起便高舉民族解放的旗幟，將推翻列強在中國的統治，廢除不平等條約等，作為革命運動的奮鬥目標之一。列寧關於帝國主義時代的理論、十月革命的勝利、辛亥革命失敗的教訓以及中共早期領導人的經歷和處境等，幾

乎從一開始就鑄造了毛澤東等中共領導人對國際事務、中國革命與世界的關係以及中國未來對外政策等等重大問題的認識框架，這種認識框架一直深刻地影響著他們在各個時期的戰略和策略。中共早期領導人當時認為：「最近世界政治發生兩個正相反的趨勢：（一）是世界資本帝國主義的列強企圖協同宰割全世界的無產階級和被壓迫民族；（二）是推翻國際資本帝國主義的革命運動，即是全世界無產階級的先鋒——國際共產黨和蘇維埃俄羅斯——領導的世界革命運動和各被壓迫民族的民族革命運動。」所以「中國的反帝國主義的運動也一定要併入全世界被壓迫的民族革命潮流中，再與世界無產階級革命運動聯合起來，才能迅速的打倒共同的壓迫者——國際資本帝國主義」。中國共產黨人相信，「中國勞苦群眾要從帝國主義的壓迫中把自己解放出來，只有走這條唯一的道路」。正是基於這樣的信念，從20年代到30年代中期，中共參加並參與領導了第一次國共合作和北伐戰爭，再到後來進行了長達十年的土地革命戰爭。也是在這個過程中，中共建立了基本的對外關係格局。中共在這十餘年裡與國際社會的全部聯繫，就是作為共產國際的一個支部，站在國際共產主義運動的行列裡，當然也得到了蘇聯的各種支持和援助。

在抗日民族統一戰線形成時期，中共中央曾經提出，應將「中國的抗日民族統一戰線與世界的和平陣線相結合」，主張中國與英、美、法建立「共同反對日本帝國主義的關係」。但1940年1月，在德國入侵波蘭後蘇聯與美、英、法等關係嚴重惡化和國共內戰尖銳化的背景下，毛澤東在《新民主主義論》中再次強調，中國革命運動是「世界無產階級社會主義革命的一部分」，在當今時代，殖民地半殖民地的「英雄好漢們」要麼站在帝國主義戰線方面，要麼站在蘇聯領導的世界革命戰線方面，「二者必居其一，其他道路是沒有的」。1941年末，蘇聯與美、英結成反法西斯同盟，導致中共領導人修正了關於國際上革命與反革命「兩大勢力」不可調和的觀點。他們認為美、英、蘇結盟導致了一種「世界新秩序」，在「世界新秩序」中，重大的國際問題必須以美英蘇「為首的協議來解決」，各國內部的問題也「必須按照民主原則來解決」。在美英蘇合作的大格局影響下，國民黨不敢大舉反共，中共也不宜進行激進的社會革命。自1942年夏季到抗戰結束，中共中央的內外政策曾幾經變化，但不論其調整幅度有多大，從

未超出過這個基本框架。

　　戰後初期，中共領導人已經注意到美蘇兩國之間的分歧越來越明顯，不過並不認為它們合作或相互妥協的局面會很快結束。毛澤東決定親赴重慶談判的重要原因之一，就是他相信全世界「都進入了和平建設的階段」，「蘇、美、英也需要和平，不贊成中國打內戰」。儘管重慶談判的實際成果相當有限，毛澤東回到延安後仍然重申，美蘇在「許多國際事務上，還是會妥協的」。重慶談判結束後不久，國共在華北爆發了軍事衝突。不過中共領導人對美蘇關係的認識並沒有發生根本變化。隨著蘇聯調整在東北的政策，美國總統杜魯門發表對華政策聲明和國共談判出現轉機，中共中央即宣布「中國和平民主新階段即將從此開始」。國共達成政協協議後，中共領導人相信，實現和平民主的最初推動力來自國際上美蘇妥協的大趨勢。

　　全面內戰的爆發和國際上美蘇冷戰的發生，促使中共領導人開始修改1942年夏季以來的基本看法，「中間地帶」思想的提出便是重要的標誌。「中間地帶」思想無疑具有豐富的內涵並產生了深遠的影響，它包含的重要觀點之一便是美蘇之間的爭鬥並不能決定性地影響中國的局勢。不過它是當時中共領導人的認識處於過渡狀態的產物，而且這一過渡階段是相當短暫的。1947年9月，歐洲九國共產黨情報局成立並發表宣言稱，世界已經形成以蘇聯為首的民主反帝陣營和以美國為首的帝國主義陣營。雖然報告中並沒有提及中國革命的重要意義，中共中央仍然毫不猶豫地表示接受「兩大陣營」理論，並宣布站在蘇聯陣營一邊。大約是從1948年春季開始，中共領導人表明了加強與蘇聯關係的迫切願望，同時在黨內加緊進行政治和思想準備。蘇聯與南斯拉夫的關係破裂後，中共中央立即表示堅決支持蘇聯的政策，儘管毛澤東本人曾經在黨內表示過對狄托的佩服和讚賞。四個月後，劉少奇在他的文章中乾脆提出，在當今的時代「中立」是不可能的，是否聯合蘇聯是「革命與反革命的界限」，是一個民族「走向進步或走向倒退的界限」。

　　當中共領導人開始考慮新國家的對外政策時，他們對世界政治形勢及其發展方向已經有了相當深入和固定的認識，即美蘇「兩大集團的衝突，是根本的衝

突，兩大集團的鬥爭，是你死我活的鬥爭」。這種看法有著深厚的歷史根源，是他們根據革命理論和長期領導革命運動的經驗觀察世界的結果。另一方面，他們當時提出的「一邊倒」方針也說明，他們開始考慮未來中國與世界的關係時，是以認識中國革命運動與世界的關係為出發點的。正如毛澤東在建國前夕發表的《論人民民主專政》中所說的，中國革命的主要和基本的經驗就是「兩件事」，其中之一便是聯合蘇聯陣營和其他各國的無產階級和廣大人民，「結成國際的統一戰線」。

強調中國對外關係與中國革命運動之聯繫的重要性，還因為建國後中國共產黨經歷了一個從革命政黨向執政黨的轉變過程。這個轉變過程又同毛澤東那一代中國領導人從革命運動的領袖向國家領導人的轉變密不可分，或者說就是一個問題的兩個不同層面。在這個轉變過程中，中國領導人在革命時期形成的一套有關國際政治的理論觀點、他們在革命時代對中國對外關係的認識和理解、他們在革命時期形成的某些思維方式和行為方式，不可避免地會對新中國外交產生重要的影響。

首先，是關於獨立自主原則的提出和堅持。任何一項對外政策原則能夠有長期的生命力並得到公眾的持久支持，必定是因為它同一國之國內政策有直接的關係，能夠反映一國之基本的國內需求和理解。獨立自主原則的提出和堅持，最初是同第二次國共合作與貫徹抗日民族統一戰線問題聯繫在一起。中共中央在第二次國共合作開始後不久，即提出在抗日民族統一戰線中必須堅持獨立自主的原則。由於特殊的歷史環境以及中共蘇聯和共產國際的特殊，要在抗日民族統一戰線中堅持獨立自主，就必須在與蘇聯和共產國際的關係中堅持獨立自主。這個歷史邏輯與觀念邏輯相互影響並高度統一的發展進程，最終鑄造了新中國外交的最主要和最堅定的指導原則。

獨立自主原則的提出和堅持固然有其客觀需求，同時也需要有其他條件。國民政府在抗戰初期同樣提出在外交中要獨立自主，但在現實中卻難以貫徹、難以堅持。從近代歷史看，晚清以來中國對外關係的一個突出特點是列強有能力對中國內政進行強有力的干預，它們甚至能夠直接利用在中國居統治地位的政治集團

的內部矛盾縱橫捭闔，從而達到操弄中國外交的目的。從中國內部看，不論是晚清政府，還是北洋政府，以至後來的國民政府，無一不是內部矛盾重重，派系林立。在幾乎所有那些矛盾紛爭的背後，或明或暗地都可以看到列強假手其中的魅影。

中國共產黨與當時中國所有那些政治集團的重要區別之一，就是它有至今看來也是罕見的極為堅強的組織。中共的領導核心是由一批有著共同理想的政治精英所組成的，他們長期保持著高度統一的思想和統一的意志，甚至有著相同或類似的政治性格。因此，任何一個大國當時幾乎都沒有可能在中共內部找到它們可以利用的矛盾，以達到影響中共內外政策的目的。這一特點在1940年代初期延安整風運動以後顯得尤為突出和鮮明。

另一方面，在中國近代歷史上，從來沒有一個政治組織曾經像中國共產黨人那樣如此堅忍不拔地頑強地深耕中國農村這片政治土地，從而獲得占中國人口絕大多數的農民真誠和長期的支持與擁護。這片政治土地在那個時代蘊含著驚天動地的力量，同時又與中國現代政治生活存在著巨大的鴻溝。中國共產黨人正是透過他們對中國鄉土社會的史無前例的改造，將中國農民與中國近代政治發展進程，特別是與中國民族革命運動連接起來，從而獲得了取之不盡、用之不竭的力量源泉。沒有這樣深厚的政治和社會基礎，中華人民共和國從建立直到今天都視為指針的「獨立自主」原則，最終會成為一句空話。蔣介石領導的國民政府即為前車之鑑。國民政府在抗日戰爭中曾經從國際上贏得了列強賦予的巨大合法性，它最終卻由於失去了中國人民的認同和支持而迅速土崩瓦解。

從更深的層面看，中國對外關係不論曾經經歷過什麼樣的形態，以及今後可能會出現多麼複雜的變化，它最終還是要回應中國、中華民族的基本需求和願望。任何政治集團如果不能有效地治理國家，不能從中國社會中獲得政治合法性，在處理對外關係時得到中國民眾的基本支持，其對外政策都將是軟弱無力和難以長久維持的。

其次，則是中國革命在最後階段那種大規模群眾和武裝鬥爭的進程與形態，以及這種形態之深層反映的革命領袖對解決政治和社會問題的認知與經驗。毛澤

東這一代中共領導人差不多是在第一次世界大戰前後走上中國政治舞台的，他們幾乎都走過一段從救國到革命，從學習西方到讚賞十月革命，並最終信奉共產主義的心路歷程。他們從鴉片戰爭到辛亥革命的歷史記憶，特別是第一次世界大戰後巴黎和會所加於中國人的恥辱，使他們越來越相信，只有透過激進的政治和社會革命，才能從根本上結束中國在國際社會中那種任人宰割和欺凌的屈辱地位，以及摧毀造成中國這種地位的國際體系。這個國際體系的核心就是壓迫和不平等。

中國近代社會變革運動的經驗也在激勵著他們。自鴉片戰爭失敗以後，從洋務運動到戊戌變法，從君主立憲到五族共和，從無政府主義到社會主義，中國的政治和社會運動一波未平一波又起。一系列的變革和革命呈加速度的發生和發展，社會思潮也在與外部世界的碰撞中飛速變化。那個革命的時代造就了革命的思維方式和革命的激情。中國的政治精英越來越相信和追求激進的變革，並充滿了革命的激情。毛澤東是他們中的典型。中國革命運動在毛澤東的心目中，是蕩滌舊世界一切汙泥濁水的洪流，是史無前例的艱苦卓絕的奮鬥，是中國歷史上驚天地泣鬼神的空前壯舉，是一首無比壯麗的史詩。毛澤東相信這場革命不僅可以創造一個新的中國，而且可以也應該創造出全新的中國外交，一舉洗刷中國一百年來蒙受的屈辱，並進而建立一個「天下大同」的新型國際秩序。可以說毛澤東這一代人在中國社會中造就了對革命的長期崇拜，其影響至大且久遠。

總之，中國革命運動的興起，它的特點和本質，對中國60年對外關係的影響至深且大。新的中國對外關係從其產生之日起，從某種意義上說就是在實現中國革命運動的目標。時至今日，革命運動的巨大影響仍然存在，包括革命的思維方式和革命運動的基本理論仍然在影響著對中國對外政策的評價和訴求。不過在經歷了60年正反兩方面的經驗之後，很有必要審視中國革命運動的部分訴求。中國近代追求的主權獨立、保持領土完整這些理念本身就是現當代國際體系的產物，甚至是這個體系賴以存在至今的核心理念。所以，追求主權獨立與領土完整是不可能靠摧毀現當代國際體系來實現的，其過程最終必定是導致這個體系的改革、改善。中國人在實現中國革命運動的訴求過程中最終導致的是重新認識和修訂中國革命運動的理念和理論本身，這正是歷史之深層邏輯值得玩味之處。

二、中國內政與中國對外關係

「外交是內政的延續」這句話在外交研究領域幾乎像公理一樣，是不言而喻的。學術界對某個國家的外交政策和對外關係的研究，差不多都要涉及到該國內部政治和社會體制的特徵、該國國內政治形勢的重大變動、國家發展戰略或國內一些重大政策的變動、國內不斷出現的新的重要政治需求、由不同領域不同層面的問題引起的政治鬥爭，等等。這些因素在不同時期和不同條件下，都會對該國的外交政策和對外關係產生不同的影響。任何國家的外交政策和對外關係的指導思想，從根本上說只有來自各種不同的國內政策與措施，並在該國國民的歷史經歷中占據核心地位，才能闡釋和主導該國有關的外交政策和重大外交事態的發展，從而形成重要和持久的影響力。

儘管如此，在中華人民共和國對外關係的研究中，對中國內政與外交的關係、尤其是內政對外交的影響等的分析和研究，存在明顯的不足，甚至不少研究成果顯示了明顯的無自覺，這主要表現為這方面的歷史描述無條理、不清晰，這方面的理論和方法的探討則接近於零。中國對外關係的歷史進程已經相當清楚地展示了中國內政對中國對外關係的重大影響，而且這種影響是貫徹始終的，它應該受到自覺的重視。由於中國內政在對外關係領域的巨大影響，分析和闡述這種影響的過程、程度和獨特的方式，應該成為分析和研究中國對外關係的邏輯框架的組成部分。另一方面，對中國內政對對外關係影響的研究，不論是實證性研究，還是方法論的探討，都構成了這個領域中的一類關鍵性知識。從經世致用的角度說，中國對外關係未來的發展仍然不可避免地要同內政糾纏在一起，有時甚至受到內政的決定性影響。積累這方面的知識，養成認知視角的自覺，是至關重要的。

影響中國對外關係的所謂內政基本上可以歸為兩個層次的因素：

第一個層次是比較直接的，內容大致包括：（1）決策層內部在重大的政策問題上——包括對外政策和其他一些政策——的分歧和矛盾等；（2）國內的發展戰略或重大政策的轉變，反映這些轉變的政治鬥爭和政治運動等；（3）國內

政治氣氛的變化，諸如媒體所造成的公眾情緒變化，其他一些問題導致的社會氛圍的變化，等等。這些因素都會直接或間接地影響甚至帶動對外政策發生變化。中國對外關係60年的歷史證明，國家發展戰略和安全戰略的轉變所產生的影響是最關鍵的。

近些年來，歷史學家的大量研究表明，中共領導人劉少奇在中華人民共和國成立前夕訪問莫斯科，為新中國與蘇聯建立戰略同盟奠定了基礎，史達林也從此決定，接納中國成為社會主義大家庭的一員。有關這次訪問中一個不太被重視但十分重要的情況是，劉少奇在歷時40多天的訪問中，與史達林會談的次數並不多，他利用其餘的時間參觀訪問了蘇聯的政府部門、職能機構和工礦企業，瞭解蘇聯國家管理和建設的各個領域，包括企業黨組織的活動和作用。他回國時腦子裡裝了一套蘇聯的國家發展模式。後來的歷史表明，中共領導人差不多就是根據蘇聯的模式建立了新國家。這導致中華人民共和國一誕生便與社會主義國際體系全面接軌，包括政治、經濟、貿易、教育、國防、外交等各個領域，從政策到體制，無一不是既迅速又順暢。顯然，建國初期的外交「一邊倒」同當時中共領導人選擇的建國模式和發展道路有關，這個選擇甚至有可能是起決定性作用的。

導致中蘇同盟破裂和中國脫離蘇聯陣營的原因是多方面的，其中關鍵的因素是史達林去世後，中國不能再容忍這個體系中蘇聯與其他國家那種「父子」、「貓鼠」式的不平等關係。不過中蘇關係破裂的更深層的原因是，當赫魯雪夫試圖對蘇聯的政治經濟體制進行有限的改革時，中國的發展道路卻在向相反的方向延伸。這也是導致後來的中蘇意識形態大論戰的一個關鍵原因，當然它也是中蘇意識形態大論戰的重要內容。正是在這場論戰中，毛澤東那一套「無產階級專政下繼續革命」的理論被逐步建構完成。中蘇同盟破裂過程是中國內政與外交互動（也可以說是惡性循環）的一個經典案例。

1970年代初中國決定打開對美關係，主要是由於調整國家安全戰略的需要。但是，發展與美國以及其他西方國家的關係與當時中國國內「文革」極端「左傾」的政策極不協調，這其實是制約中美關係正常化進程，使談判長達多年的重要因素之一。而恰恰是對這一問題的忽視或缺乏研究，給相當多的中國人造

445

成這樣一種看法，即只要在戰略安全方面有共同的利益，就足以維繫與美國的關係。不過事實是共同的戰略利益只促成了中美關係的緩和，中美關係的正常化卻是與中國決定改革開放直接聯繫在一起的，即使在時間上也是基本同步的。

中共十一屆三中全會以後，中國的國家發展戰略、安全戰略和對外政策完成了一次歷史性的協調，其標誌性事件是中美關係正常化。這種協調的出現是以國家發展道路的巨大轉變為基礎和主要動力的，它為中國對外關係的全面發展開拓了廣闊的空間。可以設想，如果沒有中國發展戰略的重大轉變，冷戰後中國對外關係面臨的困難要嚴重得多。1980年代的中蘇關係正常化進程也證明，中國之所以後來奉行「獨立自主的不結盟的和平外交政策」，從根本上說也是因為鄧小平領導的中國決心退出美國與蘇聯兩種社會發展模式的競爭，走一條適合中國國情的發展道路。當今中國對外關係的發展，仍然在不斷地證明上述結論。

第二個層次是同中國多民族統一國家的建設與發展有關的因素。從現代多民族統一國家發展的角度看，中華人民共和國是一個新的特殊階段。如同20世紀的新興民族國家特別是第二次世界大戰以後的新興民族國家發展一樣，中國的現代國家建設在1949年以後面臨著一些基本的問題。在中國任何政治力量、政黨的存在和是否擁有合法性，都同解決這些基本問題有關；這些政治力量、政黨提出和推行的各種思想、各項政策，包括對外政策，也必須能夠解決或有利於解決這些問題，才具有持久性和指導意義。這些基本問題主要包括如下幾個方面。

首先是確保主權與領土完整。主權與領土完整作為現代民族國家生存和發展的最基本條件，它們不能受到侵犯和損害，或者不能讓它們受到的威脅達到這樣的程度，即在這個國家生活的國民普遍感到不安全，或者感到沒有基本的發展前途。不論當今世界上有關國家主權不可侵犯的問題存在多少爭論，對第二次世界大戰以後的新興民族國家來說，維護國家主權不受侵犯仍然是生存尤其是發展的起碼條件。

其次是發展經濟和實現社會進步，或統稱為實現現代化。這也是新興民族國家在當今世界上保持國家生存的基本條件。改革開放以後的中國具有典型意義，中國社會的各個階層對此問題有高度的共識。在經歷了建國後多年的曲折後，當

今的中國有兩個強大的推動力，推動決策者集中精力於「發展經濟，實現現代化」。一個推動力是人們追求發財致富的強烈願望；另一個是實現中華民族偉大復興的歷史性追求。這兩個動力產生於中華民族近代的歷史和當今的中國社會，基礎極其深厚。中國的對外政策必須為現代化首先是為經濟發展服務，是沒有多大爭議的原則。

　　第三是實現和維護國家的統一。二戰後亞洲一些新興民族國家長期存在實現和維護國家統一的嚴重任務。如越南透過十餘年的戰爭，才在1975年實現了國家統一；朝鮮半島現在還處於分裂狀態，等等。維護國家統一問題對中國更為突出，也更為敏感，這一方面是因為中國目前還沒有實現國家的完全統一，以及面臨著反分裂的嚴峻挑戰。爭取早日解決臺灣問題，實現國家完全統一，同時反對各種分裂勢力，以及各種被認為可能導致中國出現分裂內亂的政治意圖、意識形態和活動，一直是中國對外政策中的一個非常重要的內容，也得到中國公眾廣泛的支持和認同。另一方面，在中華民族幾千年的歷史中，維護國家統一一直是政治治理的核心問題，也是一種「核心價值」。從歷史上看，秦以後的中國一直是靠實行中央集權的政治制度來維護國家統一的，沒有任何一種歷史經驗證明，中國可以用別的方式實現這個目標，或者說是維護這個價值。這是中國政治體制改革具有高難度的重要原因（今後有可能成為主要原因）。當今的一個突出的問題是，這種政治治理模式（它的建構當然不全是為了維護國家統一）成了中國同一部分發達國家的所謂「結構性矛盾」的一個根源。

　　第四是社會核心價值的建構與國家認同的形成。二戰後所有新興民族國家都必定要經歷一個社會核心價值的建構過程，並在已建立的核心價值基礎上，逐步形成相對牢固的國家認同，包括對國家特性和基本形象的認知、認可甚至欣賞，以及對國家的忠誠和國家基本制度的信任和信心。這是歷史進程決定的，二戰結束後不久發生的冷戰使這個問題更為突出，並經常在一些國家導致極其尖銳的政治鬥爭。1949年10月中華人民共和國建立以後，中華民族同樣面臨社會核心價值建構的問題。解決這個問題的過程同中國對外關係的發展存在著明顯的互動，其影響巨大是不爭的事實。中國今後完成現代國家核心價值的建構過程，必定會伴隨著對外政策的討論，伴隨著如何認識中外關係的討論，來自外部世界的影響

很可能會比以往更強烈。

第五是執政集團的合法性問題。二戰後所有新興民族國家的執政者都面臨合法性的挑戰，這部分是因為這些執政集團最初得到支持是因為他們在革命階段滿足了公眾對民族解放和國家主權獨立的訴求。但在完成這一歷史使命後，能否為國民提供基本的安全感，必要的榮譽感，以及滿足國民對國家經濟發展和社會進步的日益強烈的要求，則成為對合法性的挑戰。應對這一挑戰的成功與否既取決於能否遵循大致滿足公眾知情權、參與權、表達權的正義程序，也取決於能否制定和有效地貫徹合理的國家戰略和政策。在此前提下，為國家的生存和發展包括解決上述幾個基本問題創造比較有利甚至是越來越有利的外部環境，是衡量當今中國外交成就的基本標準，是執政者合法性的重要來源之一。

最後是中央與地方的關係。這既是中國歷史延續下來的問題，也是中國現代國家建設中獨特的重大問題，它不可避免地影響到中國對外政策，今後可能影響會更突出。這類問題有幾種不同的形式，如不同地區與中央的關係、不同地區對外部世界不同的依存程度、同中國周邊不同地區形成的不同關係、受到性質和程度不同的外部影響、在不同的邊疆地區也面臨著不同類型的安全威脅，等等。它們反映到中國外交上，不同地區表現出不同的需求，甚至有不同的價值取向。可以預期，隨著中國對外關係更全面的發展，以及地方國際化進程的深入，包括中國地區社會特別是邊疆地區社會在同外部交往中不斷發生變化，等等，變化中的中央與地方的關係有可能對中國外交政策產生更為重要和複雜的影響。

以上幾個問題是相互關聯的，中國對外政策和對外關係在根本上是為解決這些基本問題服務的，是為解決這些基本問題創造有利的外部條件。中國對外關係在其發展的過程中雖然出現過特殊時期，但絕不可能長期與回應這些問題的基本需要背道而馳。換一個角度說，上述幾個問題結合在一起構成了一個理解對外政策問題的框架。執政者在其中思考和制定對外政策；公眾依靠它衡量對外政策和提出訴求，研究者則可以透過它觀察和分析對外政策。

三、國際環境及其與中國對外關係的互動

國際環境對中國對外關係有重大的影響，這是不需要更多論證的結論，中國的對外政策在一些方面就是對不斷變化的外部形勢做出的反應。但是，國際環境作為影響中國對外關係的重要因素，在不同的歷史時期主要包括哪些內容，透過什麼途徑和方式產生影響，以及在那些值得研究的重大事件中它的影響達到什麼程度，等等，都還是需要討論和研究的，對這些問題的理解仍大有豐富和深化的必要。

在最表層，國際環境對中國對外關係的影響表現在國際政治形勢的變化，以及中國領導人如何認識那些變化並作出反應，制定或調整對外政策。從二戰後國際政治的歷史進程看，影響中國對外關係的外部環境基本上可以分為兩個時期。一個是冷戰時期，另一個是「後冷戰」或冷戰後時期。前一個時期世界政治的主要特徵被簡單地稱為是美蘇兩極對立，美蘇兩個超級大國及其陣營的對抗決定著世界政治的基本特點和基本走向。後一個時期在中國被稱為是走向多極世界，國際政治力量的基本格局是「一超多強」，這種力量格局和多極化發展趨勢支配著世界政治。當然兩個時期只是大略的劃分而已，隨著近十幾年來「全球史」研究的興起，越來越多的歷史研究成果描述出一個更為豐富也更為複雜的世界圖景。在每個時期都有遠比所謂「兩極世界」或「一超多強」、「多極化趨勢」等複雜得多的內容，它們很可能同樣在影響中國對外關係。

中國革命取得最後勝利同二戰結束後不久爆發的冷戰有密切的關係。正是美蘇兩國在中國都奉行既互相限制又互相妥協的政策，造成了獨特且有利於中國革命運動發展的外部條件。當時在中國出現的美蘇互相遏制，國共一競雄長的局面，使國共兩黨都有機會盡其所能地利用美蘇的矛盾，爭取形成對自己有利的國際條件。在這方面，中國共產黨人看起來顯然更有智慧和謀略，當然首先是因為他們在中國具有更堅實和廣泛的社會基礎。

美蘇冷戰既是中國革命勝利的外部條件，也是中共建國時不得不面對的主要外部環境，中華人民共和國對外政策部分地就是為應付美蘇對抗的局面而制定

的。中共中央選擇「一邊倒」向蘇聯的對外政策塑造了後來十幾年中國對外關係的基本格局，即站在蘇聯陣營一邊，與美國對抗。這種對外關係格局的出現，除了前述理論觀點和經驗使然，也是中共當時在兩極對抗的國際格局中，針對美蘇對中國革命運動的態度做出的反應，是中共分別與美蘇互動的結果。美蘇同中共的關係的確有本質的區別：蘇聯是中共的支持者，不論這種支持達到何種程度和有何種複雜的特點；美國則是中國革命運動的反對者。

1960年代中期中國對外政策的調整和對外關係隨之發生變化等，固然有其內政的原因，但也包含著對變動的外部環境做出反應。這種外部環境的變化主要是指美蘇力量對比和相互關係的變化，蘇聯對外政策和對華政策的變化，以及美國對外政策和對華政策的變化，等等。

從美蘇關係的變化看，60年代末美蘇兩國的力量對比發生了重大變化，即兩個超級大國之間形成了戰略均勢，特別是核均勢。這給美蘇雙方提出了重大的對外政策問題，即選擇繼續對抗，還是選擇緩和。蘇聯選擇了前者，美國則選擇「緩和」。美蘇關係的變化帶動了歐洲和廣大第三世界地區的形勢變化。與此相聯繫，1960年代末期中國直接面對的外部環境也出現了兩個基本變化。一個是中國同蘇聯從盟友變成敵人，蘇聯對中國的國家安全構成了威脅，也成為中國對外政策的嚴重挑戰。中蘇邊界持續升高的緊張局勢最終在1969年3月釀成了雙方在中蘇邊界東段的珍寶島發生軍事衝突，並在夏季蔓延到中蘇邊界的西段。此前不久，1968年8月2 1日蘇軍入侵捷克斯洛伐克，這一事件在促使中國大幅度改變對外政策方面也是至關重要的，它推動中國領導人開始從國家安全戰略的全局考慮蘇聯威脅的問題。10月31日透過的中共八屆十二中全會公報確認了蘇聯已經成為新的戰爭策源地的判斷，這導致了後來中國安全戰略和對外政策的革命性轉變。

另一個重要的因素是1960年代中期美國對華政策開始醞釀重大的調整。尼克森執政後不久，便決定採取措施緩和中美關係。美國的戰略調整和有關調整對華政策的宣示和措施是促使中國領導人重新認識國際形勢的重要國際因素。1969年秋季，在初步穩定了中蘇邊界局勢並大致判斷清楚美國對華政策調整的

方向之後，中國領導人決心邁出緩和中美關係的步伐。1972年2月，在經過艱苦的外交努力以後，尼克森終於實現訪華。中美雙方在上海簽訂了聯合公報，從而邁出了中美和解並最終實現關係正常化的第一步。

在中蘇關係全面緊張和中美關係開始緩和的背景下，針對冷戰中美蘇戰略態勢的變化，中國從1970年代中期開始推行被稱為是「一條線」和「一大片」的國際反霸統一戰線政策。這項政策的主要內容是聯合世界上一切主張和平和反對霸權主義的國家、民族和各種政治力量，組成反對美國和蘇聯兩個超級大國的擴張政策和戰爭政策的國際統一戰線，其中主要是反蘇聯的擴張政策。這個時期毛澤東提出的「三個世界」思想就包含了國際反霸統一戰線政策的思想。

特別需要強調的是，「三個世界」的思想並不完全是對美蘇關係格局變化的反應。毛澤東使用這個概念並試圖據此建立一套理論，目的主要還是回應世界政治中的另一個巨大變化，即二戰後興起的民族解放運動出現歷史性轉變，包括中國在內的一大批新國家力量蓬勃興起，正成為世界政治中越來越重要的力量。1970年代初中國恢復在聯合國合法地位以及因中東石油輸出國聯合限制石油出口所造成的石油危機等事件，極大地影響了中國領導人對世界政治的看法和判斷。他們提出「三個世界」的理論就是要為中國在日益複雜的世界格局中界定位置，以及為相關的政策提供認識框架和理論支撐。相比較而言，中國在這個時期對二戰後新興民族國家重視的程度大大超過後30年，其原因需專文探討。對中國恢復在聯合國合法地位對中國對外關係的巨大影響，學術界至今還缺乏深入的探討，這需要彌補。

1990年代初，冷戰以東歐劇變和蘇聯的突然解體而告結束，二戰後世界政治的一個時代結束了，這也是1949年以來中國外部環境的最大變化。從1989年東歐國家發生劇變開始，中國領導人已經在關注國際政治局勢的變化。當時中國面對的另一個直接和突出的問題就是以美國為首的西方發達國家對中國的全面制裁。這些變化是推動中國領導人提出「韜光養晦」政策的主要國際背景。

從冷戰結束至今，國際形勢雖然不斷發生著變化，但是蘇聯解體後所形成的國際政治格局並沒有發生根本性的變化。在中國國內，不斷就冷戰後的國際格局

和中國所處的國際環境進行研究和討論。特別是針對冷戰後美國的世界地位和美國對華政策的討論，從1990年代中期到末期從未中斷並日益深入，在1999年北約轟炸南聯盟時甚至達到一個高潮。這些討論的發生和持續本身就表明，國際環境對中國對外關係的影響正日益深入，因為中國同國際社會的關係正在經歷極其深刻的變化，人們必然更加關注外部環境的變化及其可能造成的各種影響。

以上指出國際環境的變動及其與中國對外關係之間互動的重要影響，除了因為這是理解中國對外關係發展方面必須認識到的一個基本因素之外，還是因為它可以促成更有啟發性的思考。在上述互動的過程中，中國人對世界國際政治潮流（有時被稱為時代）的認識起著關鍵的作用。歷史進程表明，決定中國外交成敗的重要條件（如果不是首要條件），就是中國人對世界政治潮流的判斷合理與否，包括全面認識和理解世界政治主要潮流的發展方向，合理判斷它們在各個階段上的影響和相互關係。世界政治潮流的內涵並不是單一的，是由幾個大趨勢構成的，它們是相互影響和變動不居的。世界政治格局通常都是在它們的相互激盪、相互抵消或促進的共同作用下，透過重大事變來實現飛躍性發展。

二戰結束至今雖然有冷戰和後冷戰兩個時期，決定世界政治發展的主要潮流在本質上並無變化。這些主要潮流包括：（1）世界強國之間的複雜關係。在冷戰時期主要表現為美蘇兩個超級大國和各自控制的軍事集團的對抗與對峙；在後冷戰時期主要表現為一超多強之間複雜的合作、競爭與地緣政治對抗。（2）民族解放運動的興起及其後果，即大批新獨立的國家成為世界政治中的新興力量，並在冷戰後形成世界政治中一些新的力量中心。（3）以經濟全球化為主要表現形式的現代化潮流的快速擴展。在中國實行改革開放和冷戰結束後，現代化潮流的全球性愈顯突出。（4）科學技術巨大跨越式的進步。它持續不斷地改變著人類社會的生存方式和思考方式，也極大地改變了世界政治的基本面貌，包括改變大國政治的存在和發展方式。（5）意識形態鬥爭。在冷戰時期比較集中地表現為美蘇兩國圍繞兩種社會制度和新興國家現代化實現模式的激烈鬥爭，同時也存在其他一些重要的思潮；冷戰後則演變為「西化」與非西方思潮、全球化與反全球化思潮的爭論與鬥爭。

中國對外關係60年的發展證明，中國外交與國際環境的互動曾經由於主觀認知的歷史侷限性、片面性——忽視或過度強調世界政治潮流的某個方面——而受到影響，甚至導致對外關係出現全局性的錯誤。以前30年為例，毛澤東比較重視民族解放運動及其前途和對世界政治的影響，支持民族解放運動以及後來大力發展同第三世界國家的關係，成為中國外交的突出任務。再如對美蘇兩個超級大國之間對抗的認識，使毛澤東極為重視中國的國家安全，並在一個時期形成了同時同美蘇兩個大國對抗的局面。如果將毛澤東這些認識分開來看，都各有其根據。問題是他嚴重忽視甚至無視世界政治中的其他潮流，諸如忽視追求現代化的世界性潮流，以及忽視科學技術進步對世界政治越來越突出的影響，等等。結果導致對時代問題的認識長期搖擺，不承認有維持較長時間基本和平的可能性，否定國際形勢中緩和因素的存在以及出現緩和趨勢的歷史性原因，甚至誇大「世界戰爭」與「世界革命」的可能性，一度斷言世界正處於「資本主義和帝國主義走向滅亡，社會主義和共產主義走向勝利的時代」，「世界已進入毛澤東思想的新時代」，提出以亞非拉「廣大農村」包圍資本主義「世界城市」，等等。這些認識和政策導致相當極端的外交行為，致使中國一度陷入孤立。

改革開放以後，在總結前30年的經驗和教訓的基礎上，也是經過長時間的觀察和思考，中國領導人提出「和平」與「發展」兩個主題的思想，即在各種複雜的世界政治潮流相互影響和相互激盪中，「和平」與「發展」逐步發展成為世界絕大多數國家和人民的主要追求和世界政治發展的主要方向。世界規模的戰爭是可以避免的，不存在對中國大規模入侵的可能性。這一思想是基於對大國關係、經濟全球化的趨勢、發展中國家的歷史地位、科學技術的重要性以及意識形態鬥爭在國家關係中的作用等重大問題的長期思考和判斷，在1980年代中期提出後經過多次爭論和論證，在中國形成了高度的共識。60年正反兩方面的經驗證明，時時關注時代潮流的變化並順應時代潮流的發展是非常必要的。

從更長的歷史時段看，研究國際環境與中國外交的互動是由一個歷史性的命題決定的，這個歷史性的命題可以簡稱為「中國與世界」。自1840年鴉片戰爭至今160年來，中國人對這一問題的思考和回答，從根本上決定著中國對外關係的走向和成敗。這一古老命題演化至今，其核心部分就是中國與現存國際體系的

關係。

中國與現存國際體系的關係這一命題之所以日顯突出,最初是由冷戰後中美關係變化引起的,因為人們越來越認識到,影響中美關係發展的最深層因素是中國與當今國際體系的關係,這是由冷戰後世界政治經濟格局的基本特徵、中美各自在其中的地位以及中國所處的歷史進程所決定的。改革開放30年來,中國與外部世界的關係發生了巨大和深刻的變化。也許正是由於中國與外部世界正形成著越來越密切的關係,同時又不斷遇到困難和麻煩,中國人開始越來越多地關注和談論中國與現存國際體系的關係。與之相伴而生的諸如「與國際經濟接軌」、「參與全球化進程」、「建設性融入」、「做負責任的大國」等等觀點,從不同層次和不同角度反映了中國人在此領域的思考及其達到的深度。

「中國與現存國際體系的關係」之所以成為一個重要的問題,無疑包括內外兩方面的原因。外部原因主要與現存國際體系的一些主要特徵聯繫在一起,即以美國為代表的西方發達國家在其中占主導地位,這個體系的主要規則是由它們主導制定的,當然也就更符合它們的利益,而且一些規則還在按照它們的願望修改或調整。另一個更為深刻一些的因素則來自中國的內部,即中國發展道路的選擇。歷史的進程表明,改革開放以來的國家發展道路固然給中國發展與現存國際體系的關係提供了巨大的推動力。不過這條發展道路在其演變過程中逐步顯露出來的某些特點,同樣也構成了目前中國與現存國際體系融合的內在限度。正是內外兩方面的因素,特別是內部的因素,決定了中國完全認同現存國際體系注定經歷了一個曲折和漫長的過程後才變成現實。在這個過程中,中國對外關係的發展自然展現了一些獨特的面貌。

中國人對現當代國際體系的認同是國家認同的延伸。中國人的國家認同形成與對外關係聯繫緊密,中國對外關係的緣起同革命與冷戰緊密相關,中國人的國家認同是在冷戰的背景下塑造成型的,它在很大程度上決定了當時中國人對現當代國際體系的態度。中國人對現代國際體系的認同大致起始於1971年中華人民共和國恢復在聯合國的席位和一切合法權利。從那時造成今天,中國已經全面參與到包括全球的和地區的幾乎所有國際組織。作為逐步走上認同現代國際體系道

路的一個結果,各種國際組織對中國對外關係的影響日益增強,與各種國際組織之間的互動已經成為中國對外關係的一個重要方面,而且肯定會變得越來越重要。中國對外關係的研究必定要大大超越傳統論述中專注於雙邊關係、大國關係、戰略關係等範疇,從全球史和現代國際體系演變史等更廣闊的視角,界定中國對外關係的研究領域和問題。

結論

以上概述了60年中國對外關係的三條經線,也即是理解60年中國對外關係的三條基本線索。本文的內容只能算是粗略地提出並界定了每條基本線索的主要內容,實際上在每一個方面都還需要更為深入和豐富的論述。尤為重要的是這三條線索是如何在一系列重大事件中相互交織、相互影響,以及那些處於領導地位的歷史人物是如何有意或無意地回應這些經線中包含的歷史性需求,並用他們的思考和個性給歷史留下獨特的烙印,等等,這些都是需要大量的專門和深入的研究的,如此才有可能更為清晰地展示著三條經線之間的連接,中國對外關係也因此才是鮮活和引人入勝的。可以說這些專門和深入的研究在中國外交研究領域是特別缺乏的,這種缺乏正是造成宏觀思考難以深入、結構探討和方法少有創新的關鍵性原因。

國家圖書館出版品預行編目(CIP)資料

冷戰與中國外交決策 / 牛軍 著. -- 第一版.
-- 臺北市：崧燁文化，2019.01

面 ； 公分

ISBN 978-957-681-789-2(平裝)

1.冷戰 2.外交決策 3.中國

574.18　　　　108000352

書　　名：冷戰與中國外交決策
作　　者：牛軍 著
發行人：黃振庭
出版者：崧燁文化事業有限公司
發行者：崧燁文化事業有限公司
E-mail：sonbookservice@gmail.com
粉絲頁　　　　網　　址：
地　　址：台北市中正區重慶南路一段六十一號八樓 815 室
8F.-815, No.61, Sec. 1, Chongqing S. Rd., Zhongzheng
Dist., Taipei City 100, Taiwan (R.O.C.)
電　　話：(02)2370-3310　傳　真：(02) 2370-3210
總經銷：紅螞蟻圖書有限公司
地　　址：台北市內湖區舊宗路二段 121 巷 19 號
電　　話：02-2795-3656　傳真：02-2795-4100　網址：
印　　刷：京峯彩色印刷有限公司（京峰數位）

　　本書版權為九州出版社所有授權崧博出版事業股份有限公司獨家發行電子書繁體字版。若有其他相關權利及授權需求請與本公司聯繫。

定價：750 元

發行日期：2019 年 01 月第一版

◎ 本書以POD印製發行